ケース別

債務超過の会計実務

個別・連結上の論点と組織再編・繰越欠損金の取扱い

第2版

EY新日本有限責任監査法人［編］

中央経済社

改訂にあたって

近年，資本市場の発展に伴うグローバル化の進展や，感染症の発生による企業活動への制限，そして，国際紛争によるエネルギー価格，資材価格，サプライチェーンへの影響，さらにはテクノロジーの進化による企業活動の変化が進んでいます。日本の会計基準も国際会計基準に合わせ，収益認識に関する会計基準，時価の算定に関する会計基準の制定などさまざまな更新が行われています。また，税務においても連結納税制度からグループ通算制度への移行が行われるなど会計基準以外にも改訂が行われています。

本書は，実務家の皆様にとって，債務超過の問題を理解し，適切に対処するための実践的な指南書となることを目指して執筆いたしました。初版の出版から約10年の月日が経過したことに伴い，繰延税金資産の回収可能性に関する適用指針の制定や企業結合に関する会計基準，連結財務諸表に関する会計基準の改正，グループ通算制度の取扱いなど債務超過会社の会計処理を検討する上で適用される会計基準にも変化が生じています。第２版では，これらの基準改正を反映し，「債務超過」の状態にある会社の会計実務への留意点を解説しています。

皆様が業務において，本書をご活用いただければ幸いです。

2024年８月

EY新日本有限責任監査法人

執筆者一同

初版はじめに

本書は，「債務超過」の状態にある会社の会計実務の留意点を解説した書籍です。債務超過というあまり馴染みのない論点に焦点をあてた本書は，既刊の『為替換算調整勘定の会計実務』に続く，専門的な会計実務本の第２弾となります。

景気変動の影響やビジネスモデル固有の要因などから，関係会社が業績不振に陥りやむなく債務超過の状態になってしまう場合があります。また，企業グループの戦略として，債務超過の会社をあえて買収して連結子会社とする場合もあるかもしれません。そのような債務超過の会社は，通常の経理実務では想定していなかった処理が必要となる場合が多いと考えられます。

債務超過の会社がある場合，経理実務や監査実務に携わる方にとっては，非常にタイトな状況でさまざまな懸案事項を解決しなければならないことでしょう。そのような状況下で，実務担当者の負担を少しでも軽減できるように本書では，債務超過をキーワードに経営的観点（債務超過の解消），会計的観点（具体的な会計処理），税務的観点（税務上の取扱い）における基礎論点から応用論点までを幅広くカバーしています。

執筆には当法人の公認会計士が携わり，実務家の視点に立った書籍とすべく執筆いたしました。特別な論点ではありますが，専門的な実務書として皆様のお役に立つことができれば幸いです。

最後に本書籍の発刊に対して，あらゆる場面でご尽力いただいた中央経済社の末永芳奈氏に心より御礼申し上げます。

平成26年３月

新日本有限責任監査法人
理事長　加藤　義孝

CONTENTS

第Ⅱ部　自社が業績不振の場合の会計処理

第Ⅳ部　債務超過と組織再編

第Ⅴ部　繰越欠損金の取扱いと税効果会計

【略記等】

正 式 名 称	略称
「外貨建取引等会計処理基準」	外貨建会計基準
「研究開発費等に係る会計基準」	研究開発費会計基準
「連結キャッシュ・フロー計算書等の作成基準」	連結キャッシュ・フロー作成基準
「退職給付に係る会計基準」	退職給付会計基準
「税効果会計に係る会計基準」	税効果会計基準
「固定資産の減損に係る会計基準」	減損会計基準
「連結財務諸表制度の見直しに関する意見書」	連結財務諸表見直し意見書
「固定資産の減損に係る会計基準の設定に関する意見書」	減損基準設定意見書
企業会計基準第１号「自己株式及び準備金の額の減少等に関する会計基準」	自己株・準備金減少基準
企業会計基準第７号「事業分離等に関する会計基準」	事業分離等会計基準
企業会計基準第９号「棚卸資産の評価に関する会計基準」	棚卸資産会計基準
企業会計基準第10号「金融商品に関する会計基準」	金融商品会計基準
企業会計基準第11号「関連当事者の開示に関する会計基準」	関連当事者会計基準
企業会計基準第12号「四半期財務諸表に関する会計基準」	四半期会計基準
企業会計基準第13号「リース取引に関する会計基準」	リース会計基準
企業会計基準第16号「持分法に関する会計基準」	持分法会計基準
企業会計基準第18号「資産除去債務に関する会計基準」	資産除去債務会計基準
企業会計基準第21号「企業結合に関する会計基準」	企業結合会計基準
企業会計基準第22号「連結財務諸表に関する会計基準」	連結会計基準
企業会計基準第24号「会計方針の開示，会計上の変更及び誤謬の訂正に関する会計基準」	企業会計基準第24号
企業会計基準第25号「包括利益の表示に関する会計基準」	包括利益会計基準
企業会計基準第26号「退職給付に関する会計基準」	退職給付会計基準
企業会計基準第30号「時価の算定に関する会計基準」	時価算定基準
企業会計基準適用指針第２号「自己株式及び準備金の額の減少等に関する会計基準の適用指針」	自己株・準備金減少適用指針
企業会計基準適用指針第３号「その他資本剰余金の処分による配当を受けた株主の会計処理」	その他資本剰余金配当処理
企業会計基準適用指針第６号「固定資産の減損に係る会計基準の適用指針」	減損適用指針

正　式　名　称	略称
企業会計基準適用指針第10号「企業結合会計基準及び事業分離等会計基準に関する適用指針」	企業結合適用指針
企業会計基準適用指針第13号「関連当事者の開示に関する会計基準の適用指針」	関連当事者適用指針
企業会計基準適用指針第14号「四半期財務諸表に関する会計基準の適用指針」	四半期適用指針
企業会計基準適用指針第16号「リース取引に関する会計基準の適用指針」	リース適用指針
企業会計基準適用指針第21号「資産除去債務に関する会計基準の適用指針」	資産除去債務適用指針
企業会計基準適用指針第22号「連結財務諸表における子会社及び関連会社の範囲の決定に関する適用指針」	連結範囲適用指針
企業会計基準適用指針第24号「会計方針の開示，会計上の変更及び誤謬の訂正に関する会計基準の適用指針」	企業会計基準適用指針第24号
企業会計基準適用指針第25号「退職給付に関する会計基準の適用指針」	退職給付適用指針
企業会計基準適用指針第26号「繰延税金資産の回収可能性に関する適用指針」	回収可能性適用指針
企業会計基準適用指針第28号「税効果会計に係る会計基準の適用指針」	税効果適用指針
企業会計基準適用指針第29号「中間財務諸表等における税効果会計に関する実務指針」	中間税効果実務指針
実務対応報告第６号「デット・エクイティ・スワップの実行時における債権者側の会計処理に関する実務上の取扱い」	DES債権者取扱い
実務対応報告第10号「種類株式の貸借対照表価額に関する実務上の取扱い」	種類株式実務取扱い
移管指針第２号「外貨建取引等の会計処理に関する実務指針」	外貨建実務指針
移管指針第４号「連結財務諸表における資本連結手続に関する実務指針」	資本連結実務指針
移管指針第５号「株式の間接所有に係る資本連結手続に関する実務指針」	間接所有資本連結実務指針
移管指針第６号「連結財務諸表等におけるキャッシュ・フロー計算書の作成に関する実務指針」	連結キャッシュ・フロー実務指針
移管指針第７号「持分法会計に関する実務指針」	持分法実務指針

正式名称	略称
移管指針第11号「研究開発費及びソフトウェアの会計処理に関する実務指針」	研究開発費実務指針
会計制度委員会報告第13号「退職給付会計に関する実務指針（中間報告）」	退職給付実務指針
移管指針第９号「金融商品会計に関する実務指針」	金融商品実務指針
監査委員会報告第27号「関係会社間の取引に係る土地・設備等の売却益の計上についての監査上の取扱い」	関係会社間取引取扱い
監査第一委員会報告第43号「圧縮記帳に関する監査上の取扱い」	圧縮記帳取扱い
監査・保証実務委員会実務指針第52号「連結の範囲及び持分法の適用範囲に関する重要性の原則の適用等に係る監査上の取扱い」	連結範囲重要性取扱い
監査・保証実務委員会実務指針第56号「親子会社間の会計処理の統一に関する監査上の取扱い」	会計処理統一取扱い
監査・保証実務委員会実務指針第61号「債務保証及び保証類似行為の会計処理及び表示に関する監査上の取扱い」	債務保証取扱い
監査・保証実務委員会実務指針第63号「諸税金に関する会計処理及び表示に係る監査上の取扱い」	諸税金取扱い
監査委員会報告第70号「その他有価証券の評価差額及び固定資産の減損損失に係る税効果会計の適用における監査上の取扱い」	減損税効果取扱い
監査・保証実務委員会報告第74号「継続企業の前提に関する開示について」	継続企業前提開示
監査・保証実務委員会報告第76号「後発事象に関する監査上の取扱い」	後発事象取扱い
監査・保証実務委員会実務指針第81号「減価償却に関する当然の監査上の取扱い」	減価償却取扱い
監査・保証実務委員会実務指針第88号「連結財務諸表における子会社及び関連会社の範囲の決定に関する監査上の留意点についてのＱ＆Ａ」	範囲決定監査上留意点QA
監査基準委員会報告書570「継続企業」	監基報570
監査委員会研究報告８号「有価証券報告書等の「関係会社の状況」における債務超過の状況にある関係会社の開示に係る重要性の判断基準について」	監査委員会研究報告８号
「消費税の会計処理について（中間報告）」	消費税会計処理

正　式　名　称	略称
「金融商品取引法」（昭和23年法律第25号）	金商法
「企業内容等の開示に関する内閣府令」（昭和48年大蔵省令第５号）	開示府令
「財務諸表等の用語，様式及び作成方法に関する規則」（昭和38年大蔵省令第59号）	財務諸表等規則
「財務諸表等の用語，様式及び作成方法に関する規則」の取扱いに関する留意事項について	財務諸表等規則ガイドライン
「連結財務諸表の用語，様式及び作成方法に関する規則」（昭和51年大蔵省令第28号）	連結財務諸表規則
「「連結財務諸表の用語，様式及び作成方法に関する規則」の取扱いに関する留意事項について」	連結財務諸表規則ガイドライン
「四半期財務諸表等の用語，様式及び作成方法に関する規則」の取扱いに関する留意事項について	四半期財務諸表等ガイドライン
「会社法」（平成17年法律第86号）	会社法
「会社計算規則」（平成18年法務省令第13号）	会社計算規則
「法人税法」（昭和40年法律第34号）	法人税法
「法人税法施行令」（昭和40年政令第97号）	法人税法施行令
「法人税法施行規則」（昭和40年大蔵省令第12号）	法人税法施行規則
「法人税基本通達」（昭和44年５月１日付直審（法）25）	法人税基本通達
「地方税法」（昭和25年法律第226号）	地方税法
「土地の再評価に関する法律」（平成10年法律第34号）	土地再評価法

第Ⅰ部

債務超過とは？

第Ⅰ部は，業績不振に陥った会社に関するさまざまな論点の総論である。第Ⅱ部以降で債務超過になった会社の各種論点を詳細に記述していくが，第Ⅰ部はその導入の役割を担っている。

第1章「資本の欠損・債務超過」では，業績不振に陥った会社の状態を説明する場合の基本的な用語である「資本の欠損」「債務超過」を平易に解説している。ここでは，純資産額の概念からはじまり，「資本の欠損」「債務超過」それぞれの定義や両者の違い，実質的な債務超過の考え方に言及した。なお，理解を助けるために具体的な事例も用いている。

第2章「業績不振・債務超過となることによる経営への影響」では，業績不振の会社は，主に厳しい経営環境下でどのようなマイナスの影響があるかについて解説している。一般に，ひとたび業績不振になるとなかなか抜け出すことができず，負のスパイラルに陥りやすいといわれる。そのような状況を避けるために資本の欠損や債務超過の状況を解消する手段や，解消できなかった場合の会社の営業活動，資金繰り，決算への影響などについて端的に説明している。

第1章

資本の欠損・債務超過

本章のポイント

- 会社の業績悪化による「資本の欠損」,「債務超過」の状態を理解するためには，はじめに純資産額の概念を知る必要がある。純資産額は資産項目と負債項目の差額概念であり，純資産の部として表示する。
- 会社の業績が悪化し赤字による損失が累積すると，やがて純資産額が設立時の出資額と設立後の法定準備金の積立額の合計額より小さくなる。この状態が「資本の欠損」である。
- 会社の業績がさらに悪化し累積損失が大きくなると，純資産額自体がマイナス，すなわち負債の総額が資産の総額より大きくなってしまう。この状態が「債務超過」である。

1　純資産額とは

純資産額は差額概念であり，貸借対照表項目を資産項目と負債項目に分類した結果の差額として，「純資産の部」で表示される。「純資産の部」では，株主に直接帰属する，資本金，資本剰余金，利益剰余金および自己株式を「株主資本」という区分で表示し，それ以外のものは「評価・換算差額等」(連結財務諸表では「その他の包括利益累計額」),「株式引受権」,「新株予約権」,「非支配株主持分」(連結財務諸表のみ）などの別の区分で表示する（図表１－１参照)。

図表１－１　純資産の部

<table>
<tr><td rowspan="3">資産</td><td>負債</td></tr>
<tr><td>株主資本（＝株主に帰属するもの）
・資本金
・資本剰余金
・利益剰余金　等</td></tr>
<tr><td>株主資本以外のもの
・評価・換算差額等（その他の包括利益累計額）
・株式引受権
・新株予約権
（・非支配株主持分）等</td></tr>
</table>

（※）（　）は連結財務諸表の区分。

企業会計基準適用指針第８号「貸借対照表の純資産の部の表示に関する会計基準等の適用指針」によると，純資産の部は図表１－２のように表示することとされている。

図表１－２　純資産の部の表示科目

<table>
<tr><td>（個別貸借対照表）
純資産の部
Ⅰ　株主資本
１　資本金
２　新株式申込証拠金
３　資本剰余金
（１）資本準備金
（２）その他資本剰余金
資本剰余金合計
４　利益剰余金
（１）利益準備金
（２）その他利益剰余金
××積立金
繰越利益剰余金
利益剰余金合計
５　自己株式
６　自己株式申込証拠金
株主資本合計</td><td>（連結貸借対照表）
純資産の部
Ⅰ　株主資本
１　資本金
２　新株式申込証拠金
３　資本剰余金
４　利益剰余金
５　自己株式
６　自己株式申込証拠金
株主資本合計</td></tr>
</table>

Ⅱ　評価・換算差額等	Ⅱ　その他の包括利益累計額
1　その他有価証券評価差額金	1　その他有価証券評価差額金
2　繰延ヘッジ損益	2　繰延ヘッジ損益
3　土地再評価差額金	3　土地再評価差額金
	4　為替換算調整勘定
	5　退職給付に係る調整累計額
評価・換算差額等合計	その他の包括利益累計額合計
Ⅲ　株式引受権	Ⅲ　株式引受権
Ⅳ　新株予約権	Ⅳ　新株予約権
	Ⅴ　非支配株主持分
純資産合計	純資産合計

2　資本の欠損とは

「資本の欠損」とは，会社の作成する決算書の純資産額（＝資産総額－負債総額）が，資本金および法定準備金の合計額より小さい財政状態をいう。

資本の欠損：純資産額　＜　資本金＋法定準備金（＝資本準備金＋利益準備金）

営利目的で設立された通常の会社は，さまざまな事業活動を通じて利益を獲得する。その結果，決算書の利益剰余金が増加し，純資産の額も大きくなっていく。

しかし，事業がうまく立ちゆかなくなる等により損失計上が続き，会社の財政状態が悪化すると，やがて純資産額が会社の資本金および法定準備金の合計額に満たなくなることがある。この状態が「資本の欠損」である。

次の設例１－１で会社設立から資本の欠損の状態になるまでをみてみる。

設例１－１　資本の欠損

Ａ社は×１年度に設立された。設立から×２年度末までの財政状態の推移は次のとおりである（以下，単位：千円）。

① ×１年度に払込資本10,000（資本金9,000，資本準備金1,000）で設立。

ｉ）仕訳（設立）

（借）資産	10,000	（貸）	資本金	9,000
			資本準備金	1,000

ⅱ）簡易貸借対照表（×１年度期首）

科目	金額	科目	金額
資産	10,000	資本金	9,000
		資本剰余金	1,000
		（資本準備金）	(1,000)

ⅲ）純資産額10,000（＝資産10,000）＝資本金9,000＋法定準備金1,000（=資本準備金1,000）

② ×１年度期中に金融機関から3,000の借入れを実施した。

ｉ）仕訳（借入）

（借）資産	3,000	（貸）負債	3,000

ⅱ）簡易貸借対照表（×１年度期中）

科目	金額	科目	金額
資産	13,000	負債	3,000
		資本金	9,000
		資本剰余金	1,000
		（資本準備金）	(1,000)

ⅲ）純資産額10,000（＝資産13,000－負債3,000）＝資本金9,000＋法定準備金1,000（=資本準備金1,000）

③ ×１年度の純損益は2,000の純利益であった。

ⅰ）　仕訳（純利益計上）

(借) 資産	2,000	(貸) 繰越利益剰余金	2,000

ⅱ）　簡易貸借対照表（×１年度期末）

科目	金額	科目	金額
資産	15,000	負債	3,000
		資本金	9,000
		資本剰余金	1,000
		（資本準備金）	(1,000)
		利益剰余金	2,000
		（その他利益剰余金）	(2,000)
		（繰越利益剰余金）	(2,000)

ⅲ）　純資産額12,000（＝資産15,000－負債3,000）＞資本金9,000＋法定準備金1,000（=資本準備金1,000）

④　×２年度に株主へ配当1,000を実施し，それに伴い利益準備金100を計上した。また，任意積立金400を積み立てた。

ⅰ）　仕訳（利益処分）

(借) 繰越利益剰余金	1,500	(貸) 資産	1,000
		利益準備金	100
		任意積立金	400

ⅱ）　簡易貸借対照表（×２年度期中）

科目	金額	科目	金額
資産	14,000	負債	3,000
		資本金	9,000
		資本剰余金	1,000
		（資本準備金）	(1,000)
		利益剰余金	1,000
		（利益準備金）	(100)
		（その他利益剰余金）	(900)
		（任意積立金）	(400)
		（繰越利益剰余金）	(500)

iii）　純資産額11,000（＝資産14,000－負債3,000）＞資本金9,000＋法定準備金1,100（=資本準備金1,000＋利益準備金100）

⑤　×２年度の純損益は8,000の純損失であった。

i）　仕訳（純損失計上）

（借）繰越利益剰余金	8,000	（貸）資産	8,000

ii）　簡易貸借対照表（×２年度期末）

科目	金額	科目	金額
資産	6,000	負債	3,000
		資本金	9,000
		資本剰余金	1,000
		（資本準備金）	(1,000)
		利益剰余金	△7,000
		（利益準備金）	(100)
		（その他利益剰余金）	(△7,100)
		（任意積立金）	(400)
		（繰越利益剰余金）	(△7,500)

iii）　純資産額3,000（＝資産6,000－負債3,000）＜資本金9,000＋法定準備金1,100（=資本準備金1,000＋利益準備金100）

（※）　A社の×２年度期末の財政状態は，△7,100（＝純資産額3,000－（資本金9,000＋資本準備金1,000＋利益準備金100））の「資本の欠損」となっている。

3　債務超過とは

「債務超過」とは，会社の作成する決算書における負債総額が，資産総額を上回っている状態のことをいう。

債務超過：資産の総額　＜　負債の総額

仮に資産・負債の帳簿価額が時価とイコールだとすると，債務超過は会社が保有するすべての資産を売却し，負債の返済に充てたとしても，負債を完済することができない状態といえる。いいかえれば，債務超過になると純資産の部の金額はマイナスになる。

設例１－２ 債務超過

設例１－１で示したＡ社の×３年度以降の推移は次のとおりである（以下，単位：千円）。

①　×３年度期中に当面の資金繰りのため，金融機関より2,000の借入れを行った。

ｉ）仕訳（借入）

（借）資産	2,000	（貸）負債	2,000

ⅱ）簡易貸借対照表（×３年度期中）

科目	金額	科目	金額
資産	8,000	負債	5,000
		資本金	9,000
		資本剰余金	1,000
		（資本準備金）	(1,000)
		利益剰余金	△7,000
		（利益準備金）	(100)
		（その他利益剰余金）	(△7,100)
		（任意積立金）	(400)
		（繰越利益剰余金）	(△7,500)

ⅲ）純資産額3,000：資産総額8,000＞負債総額5,000

（※）Ａ社の×３年度期中の財政状態は，△7,100の「資本の欠損」となっているが，債務超過ではない。
資本の欠損△7,100：
純資産額3,000＜資本金9,000＋法定準備金1,100（＝資本準備金1,000＋利益準備金100）

②　×３年度の純損益は2,000の純損失であった。

ｉ）仕訳（純損失計上）

（借）繰越利益剰余金	2,000	（貸）資産	2,000

ⅱ）　簡易貸借対照表（×３年度期末）

科目	金額	科目	金額
資産	6,000	負債	5,000
		資本金	9,000
		資本剰余金	1,000
		（資本準備金）	(1,000)
		利益剰余金	△9,000
		（利益準備金）	(100)
		（その他利益剰余金）	(△9,100)
		（任意積立金）	(400)
		（繰越利益剰余金）	(△9,500)

ⅲ）　純資産額1,000：資産総額6,000＞負債総額5,000

（※）　Ａ社の×３年度期末の財政状態は，△9,100の「資本の欠損」となっているが，債務超過ではない。
資本の欠損△9,100：
純資産額1,000＜資本金9,000＋法定準備金1,100（＝資本準備金1,000＋利益準備金100）

③　×４年度の純損益は1,500の純損失であった。

ⅰ）　仕訳（純損失計上）

（借）繰越利益剰余金	1,500	（貸）資産	1,500

ⅱ）　簡易貸借対照表（×４年度期末）

科目	金額	科目	金額
資産	4,500	負債	5,000
		資本金	9,000
		資本剰余金	1,000
		（資本準備金）	(1,000)
		利益剰余金	△10,500
		（利益準備金）	(100)
		（その他利益剰余金）	(△10,600)
		（任意積立金）	(400)
		（繰越利益剰余金）	(△11,000)

ⅲ）　純資産額△500：資産総額4,500＜負債総額5,000

（※１）　A社の×４年度期末の財政状態は，△10,600の「資本の欠損」となっている。
資本の欠損△10,600：
純資産額△500＜資本金9,000＋法定準備金1,100（＝資本準備金1,000＋利益準備金100）
（※２）　さらにA社の×４年度期末の財政状態は，△500の「債務超過」となっている。
債務超過△500：純資産額△500＝資産総額4,500－負債総額5,000

4　実質的債務超過

債務超過になると新たな金融機関への融資の申込みは，きわめて困難になるといわれる。債務超過になったから直ちに倒産というわけではないが，企業自体の継続が危険な状態にあることは間違いない。破産法においても，裁判所が法人の破産手続を開始する原因として，債務超過を挙げている（支払不能または債務超過（債務者が，その債務につき，その財産をもって完済することができない状態をいう。）（破産法16条１項））。

しかし，決算書では債務超過となっていても実質的には債務超過ではないケースがある（簿価債務超過・実質資産超過）。帳簿上の土地や市場価格のない有価証券は取得時の価額で計上されるが，土地が値上がりし含み益がある場合や市場価格のない有価証券の出資先の実質価額が上昇し，売却すれば利益が出る場合等である。

逆に，決算書では債務超過となっていなくても実質的には債務超過とみなされるケースがある（簿価資産超過・実質債務超過）。土地が値下がりし含み損がある場合，市場価格のない有価証券の実質価額が下落し売却すれば損失が出る場合等である。

以下，設例でそれぞれのケースを比較し検討してみる。

設例１－３　簿価債務超過・実質資産超過のケース（単位：千円）

①　Ｂ社の時価評価前の決算書（簿価ベース）は以下のとおりであった。

科目	金額	科目	金額
現預金	100	借入金	5,000
売掛金	400	資本金	9,000
土地	3,500	資本剰余金	1,000
投資有価証券	500	利益剰余金	△10,500

純資産額△500＝資産総額4,500－負債総額5,000 ＜ 0（簿価債務超過）

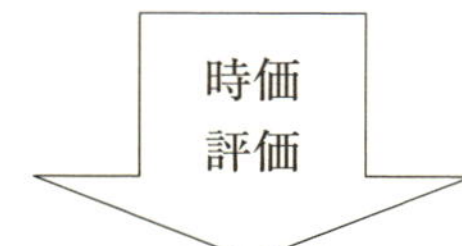

- 土地の評価額：5,000（含み益1,500）
- 投資有価証券の実質価額：800（含み益300）

②　Ｂ社の時価評価後の決算書（時価ベース）は以下のとおりとなった（ただし，税効果会計については考慮しない）。

科目	金額	科目	金額
現預金	100	借入金	5,000
売掛金	400	資本金	9,000
土地	5,000	資本剰余金	1,000
投資有価証券	800	利益剰余金	△10,500
		評価差額	1,800

純資産額：1,300（＝資産総額6,300－負債総額5,000）＞ 0（実質資産超過）

土地や市場価格のない有価証券を時価で評価したところ，決算書の純資産額はプラスになったため，Ｂ社は実質的には債務超過でないといえる。

設例1－4　簿価資産超過・実質債務超過のケース（単位：千円）

①　C社の時価評価前の決算書（簿価ベース）は以下のとおりであった。

科目	金額	科目	金額
現預金	100	借入金	5,000
売掛金	900	資本金	9,000
土地	4,500	資本剰余金	1,000
投資有価証券	500	利益剰余金	△9,000

純資産額1,000＝資産総額6,000－負債総額5,000 ＞ 0（簿価資産超過）

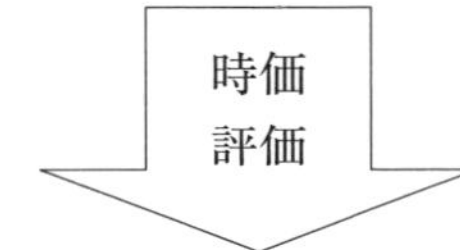

● 土地の評価額：2,500（含み損△2,000）
● 投資有価証券の実質価額：300（含み損△200）

②　C社の時価評価後の決算書（時価ベース）は以下のとおりとなった（ただし，税効果会計は考慮していない）。

科目	金額	科目	金額
現預金	100	借入金	5,000
売掛金	900	資本金	9,000
土地	2,500	資本剰余金	1,000
投資有価証券	300	利益剰余金	△9,000
		評価差額	△2,200

純資産額：△1,200（＝資産総額3,800－負債総額5,000）＜ 0（実質債務超過）

土地や市場価格のない有価証券を時価で評価したところ，決算書の純資産額はマイナスになったため，C社は実質的には債務超過といえる。

5　資本の欠損と債務超過の違い

資本の欠損は，純資産が資本金および法定準備金の合計額より小さい財政状態をいう。この状態を純資産の内訳だけみれば会社の設立時に出資された資本および資本と同等の拘束力を持つ法定準備金の合計を，その他利益剰余金の損失が食い込んでしまった状態といえる。そして，任意積立金等の積立金がある場合は，繰越利益剰余金のマイナスが積立金を上回った状態となる。次の設例１－５では，純資産の内訳から資本の欠損の状態に該当するか否かを判定してみる。

設例１－５　資本の欠損の判定

①　Ｄ社の各年度末の純資産の内訳から，資本の欠損の判定を実施する。

ｉ）　純資産の内訳（×１年度末）　　　　（単位：千円）

資本金	9,000	ⓐ
法定準備金	1,100	ⓑ
任意積立金	400	ⓒ
繰越利益剰余金	500	ⓓ

＜判定＞

任意積立金ⓒ400と繰越利益剰余金ⓓ500の合計が900とプラスであるため「資本の欠損」の状態にはなっていない。

ii）　純資産の内訳（×２年度末）　　　　（単位：千円）

資本金	9,000	ⓐ
法定準備金	1,100	ⓑ
任意積立金	400	ⓒ
繰越利益剰余金	△7,500	ⓓ

＜判定＞

任意積立金ⓒ400と繰越利益剰余金ⓓ△7,500の合計が△7,100となり，繰越利益剰余金ⓓのマイナスが任意積立金ⓒを上回っているため「資本の欠損」の状態である。

一方，債務超過は，資本の欠損において，債務（＝負債）が資産を上回り，純資産額がマイナスになった状態である。この状態を純資産の内訳だけでみれば，繰越利益剰余金のマイナスが純資産の部のその他の項目の合計を上回った状態ともいえる。次の設例１－６では，純資産の内訳から，債務超過の状態に該当するか否かを判定してみる。

設例１－６　債務超過の判定

①　Ｄ社の各年度の純資産の内訳から，資本の欠損および債務超過の判定を実施する。

ⅰ）　純資産の内訳（×３年度末）　　　　（単位：千円）

資本金	9,000	ⓐ
法定準備金	1,100	ⓑ
任意積立金	400	ⓒ
繰越利益剰余金	△10,200	ⓓ

＜判定＞

任意積立金ⓒ400と繰越利益剰余金ⓓ△10,200の合計が△9,800となり，繰越利益準備金ⓓのマイナスが任意積立金ⓒを上回っているため「資本の欠損」の状態である。しかし，繰越利益剰余金の△10,200が，純資産の内訳のその他の項目（資本金ⓐ，法定準備金ⓑ，任意積立金ⓒ）の合計10,500（=9,000＋1,100＋400）を上回っていないので「債務超過」の状態ではない。

ⅱ）　純資産の内訳（×４年度末）　　　　（単位：千円）

資本金	9,000	ⓐ
法定準備金	1,100	ⓑ
任意積立金	400	ⓒ
繰越利益剰余金	△11,000	ⓓ

＜判定＞

任意積立金ⓒ400と繰越利益剰余金ⓓ△11,000の合計が△10,600となり，繰越利益剰余金ⓓのマイナスが任意積立金ⓒを上回っているため「資本の欠損」の状態である。

また，繰越利益剰余金ⓓの△11,000が，純資産の内訳のその他の項目（資本金ⓐ，法定準備金ⓑ，任意積立金ⓒ）の合計10,500（＝9,000＋1,100＋400）を△500上回っているため「債務超過」の状態である。

設例１－５および設例１－６からわかるように，会社の業績が悪化し損失が累積すると「資本の欠損」の状態になる。しかし，「資本の欠損」になっても資産が負債を上回っている場合は，その時点で会社を清算しても，「資本の欠損」による負担は株主が負うだけで負債の部における各負債項目の債権者に影響はない。

しかし，さらに業績が悪化すると純資産額がマイナスとなり「資本の欠損」かつ「債務超過」の状態になる。この時点で会社を清算すると，清算時の損失負担を株主がすべて負ったとしてもカバーできず，負債の部における各負債の債権者にまで何らかの負担が及ぶことになる。

COLUMN

配当後に繰越利益剰余金がマイナスとなる場合

配当を行った結果，繰越利益剰余金がマイナス残高となってしまう場合でも配当は可能なのであろうか。

配当後に資本の欠損の状態となる場合，すなわち繰越利益剰余金のマイナスが，任意積立金の残高を超えてしまう場合は，原則，配当は認められず，実施した場合には会社法第465条の欠損が生じた場合の責任規定において，事後責任が課される場合があり得る。

では，配当後の繰越利益剰余金のマイナスを任意積立金の残高が超えていれば，その他剰余金がプラスになっているので，会社法上の剰余金の分配可能額の範囲内で，配当可能（会社法461条１項８号）であろうか。一般的には，任意積立金の趣旨を斟酌して，株主総会決議により取り崩してから配当財源に充てるというのが当初の株主の意思と解釈される。よって，配当後の繰越利益剰余金のマイナスを任意積立金の残高が超えていればよいというものではなく，少なくとも定款に基づいて積み立てられた任意積立金がある場合に，これを取り崩さないことにより，繰越利益剰余金がマイナスになるような会計処理は認められないと解される。

ただし，圧縮積立金などの税務上の積立金は，配当財源を確保するというよりも，税務上のメリットを享受することが目的であり，きわめて会計技術的なものであることから会社法でも法人税等の税額計算を含む決算手続として，株主総会決議を要することなく積立て・取崩しをすることを認めている（会社計算規則153条２項）。この点に鑑みると，会社法では，税務上の積立金の額の範囲内での繰越利益剰余金のマイナス処理については，税務上の積立金を取り崩さなくても例外的に容認される余地があると考えられる。

第2章

業績不振・債務超過となることによる経営への影響

本章のポイント

- 会社の事業がうまくいかなくなり，業績不振になると営業活動や資金繰りに影響が出る。
- 業績不振が続くと純資産は資本の欠損の状態になる。資本の欠損の状態では，さまざまな制約があるため，可能であればその状態を解消することが望ましい。
- 会社が債務超過の状態に陥ると，ステークホルダーは，継続企業の前提に対するアラームと受け止める。
- 債務超過の状態が継続すると，営業活動や資金繰りのみならず，決算の開示，上場の維持等，さまざまな面にマイナスの影響がある。
- 債務超過の状態になったからといって，直ちに企業価値がゼロになるわけではないが，負のスパイラルに陥らないように早期の解消を目指す必要がある。

1　業績不振に伴う経営への影響

業績不振が続くと純損失が発生し，純損失が累積すると純資産が毀損し，資本の欠損の状態となる。一般的に，資本の欠損の会社は，財政状態が悪化し，剰余金の分配可能額もない場合が多いため，剰余金の配当や自己株式の取得ができず，金融機関からの融資も受けにくいといわれる。よって，任意積立金や準備金を取り崩したり，減資を行ったりするケースが多くみられる。

2　資本の欠損を解消する手段

資本の欠損の会社が，欠損をてん補する手段としては，任意積立金や準備金の取崩しのほかに，資本減少（減資）を行うケースがある。

(1) 任意積立金の取崩し

任意積立金を取り崩して欠損てん補に充てる場合，会社は株主総会の普通決議により，剰余金の処分として任意積立金の減少による損失の処理を行い，その他利益剰余金の中で，任意積立金を繰越利益剰余金に組み入れる（会社法452条）。

(2) 準備金の取崩し

任意積立金を取り崩しても欠損をてん補できない場合，利益準備金または資本準備金を取り崩す。準備金を取り崩し欠損てん補に充てる場合は，準備金の減少手続を行わなければならない（会社法448条）。

(3) 資本減少（減資）

任意積立金や準備金を取り崩しても，なお欠損をてん補できない場合は，資本減少（減資）による欠損てん補を検討する。

資本金を減少する場合，減少する資本金の額等を決定し，株主総会の特別決議を経なければならない。ただし，減少する資本金がてん補の対象となる欠損金の範囲内であれば，株主総会の普通決議で減資を行うことができる（会社法309条２項９号）。

3　債務超過の影響

債務超過とは，資本の欠損の状態において，負債総額が資産総額を上回り，純資産額がマイナスになる財政状態であり，会社の継続性に疑義が生じる状況である。債務超過は純資産のマイナスとして開示されるため，決算書の財務諸表の純資産の部を見れば一目瞭然である。

債務超過の状況は事業活動に対してさまざまな影響を与えることになるが，

特に以下の影響を通じて会社の倒産リスクが顕在化することが想定される。

（1）営業活動への影響

債務超過に陥る原因はさまざまであるが，典型的には毎期営業損失が続き，それがやがて，資本金，法定準備金，積立金の合計額を超過するほど損失が累積してしまった場合が挙げられる。この場合，会社の根幹である事業活動が損失を生み出す原因であるため，いわゆる営業赤字体質を早期に解消しないと会社のキャッシュ・フローが悪化し，やがて運転資金が底をつき，ついには倒産する。倒産に至らなくても日々の営業活動へのマイナスの影響は避けられない。

販売活動においては，資産をすべて債務の返済に充てても完済できない状況にあるため，得意先の信用が低下するであろう。得意先は発注した商製品の供給がいつストップするか気が気ではなくなる。そのため取引の打切りや，足元を見られて取引価格の値引きを求められることがある。

購買活動においては，仕入先は商製品を納入しても代金が支払われないまま倒産するのではないかという疑念にかられる。そのため支払いサイトの短縮や，掛けによる信用取引が打ち切られ現金取引への変更を要求されることもある。

製造活動においては，資金繰りがタイトになることにより，製造工程に従事する従業員への給与の支払いに不安が発生し，製造意欲の低下や離職を招くリスクがある。また，資材の供給が滞りがちになると生産活動に支障をきたすことにもなりかねない。

（2）資金繰りへの影響

営業活動への影響は，そのまま資金繰りへの影響につながる。債務超過の状態は会社の継続性への危険信号であるから，資金をやり取りする利害関係者はそのような会社に対し慎重な行動を取らざるをえないであろう。

得意先は，いつ供給がストップするかわからないため，他社との複数購買に変更することを考える。その場合，必然的に売上が減少し，一時的には在庫の増加をまねくであろう。売上の減少は純利益の減少につながり，キャッシュ・インの減少要因となる。在庫の増加は，キャッシュを固定化することになり，営業活動によるキャッシュ・フローを悪化させる。また，得意先から足元を見られ，取引の継続を条件に得意先の支払いサイトの延長を要求されることもある。このような要求に応じると債権の現金化のタイミングが遅くなり，会社の資金繰りはさらに悪化する。

逆に仕入先は，支払いが滞ることを恐れて掛けの支払いサイトの短縮を要請するケースも多い。決済手段も手形や掛けから現金による前払いを要求されるケースもある。

このような資金繰りの悪化を見たメインバンクをはじめとする金融機関は，融資の継続についての判断を見直さざるをえないであろう。

金融機関は，債務超過にある会社に対して「融資しても返済が困難な会社」と判断する可能性が高い。それにより，金融機関の債務超過会社への貸付金に対する貸倒リスクが上昇し，債務超過会社は金融機関から金利の引上げや担保の追加を求められ，最悪の場合は借り換えを認めてもらえず，返済を要求されることもある。金融機関に借り換えを認めてもらえなければ，会社の資金繰りを直撃し倒産に向かうことはいうまでもない。

かつて銀行が債務者である会社を自己査定する際は，金融検査マニュアルに基づき，図表２－１のように区分していたといわれる。

このような債務者区分の考え方では債務超過の会社になると，良くて「要注意先」，大幅な債務超過だと「破綻懸念先」に区分されてしまう。

2019年12月に同マニュアルが廃止されたのちも，このような債務者区分の考え方は踏襲されているようである。

また，金融機関と借入契約を実施する際に「財務制限条項」を条件の１つに付与する場合がある。財務制限条項とは，金融機関が債務者に対して貸付けを行う際に，その契約において債務者の財務状況が一定条件以下となった場合には，債務者は期限の利益を喪失し，金融機関に対して即座に貸付金の返済を行わなければならないことを約する条項である。財務制限条項の条件例としては「経常利益の黒字維持」といった損益計算書に関するもの，「純資産を××以上に維持」といった貸借対照表に関する事項がある。

図表２－１　金融機関における債務者区分

破綻先	●法的・形式的な経営破綻の事実が発生している債務者
実質破綻先	●法的・形式的な経営破綻の事実は発生していないものの，深刻な経営難の状態にあり，再建の見通しがない状況にあると認められるなど実質的に経営破綻に陥っている債務者
破綻懸念先	●現状，経営破綻の状況にはないが，経営難の状態にあり，経営改善計画などの進捗状況が芳しくなく，今後，経営破綻に陥る可能性が大きいと認められる債務者
要注意先	●棚上げを行っているなど貸出条件に問題のある債務者，元本返済もしくは利息支払いが事実上延滞しているなど履行状況に問題がある債務者のほか，業況が低調ないしは不安定な債務者または財務内容に問題がある債務者など今後の管理に注意を要する債務者 ●要管理先 要注意先のうち，３か月以上延滞または貸出条件を緩和している債務者 ●要管理先以外 要注意先のうち，要管理先以外の債務者
正常先	●業績が良好であり，財務内容にも特段の問題がないと認められる債務者

黒字倒産

債務超過になったからといって直ちに倒産するわけではない。債務超過になっても売掛金の入金が順調で現預金残高が厚く，買掛金の支払いや従業員の給料等の運転資金に充てることができれば，一定期間の存続は可能である。しかし，業績が好調で売上が増加しても売掛金が増える一方で現金回収が見込めなくなる，売掛金の現金回収よりも仕入に対する支払いが常に先行する，過大な在庫をかかえる，などにより運転資金が回らなくなるとたとえ純損益が黒字でも会社は存続できなくなる。これがいわゆる黒字倒産である。

(3) 決算への影響

①　財務諸表作成への影響

債務超過の状態になると財務諸表を作成する際にも，さまざまな影響がある。財政状態，経営成績の悪化が続き債務超過にまで至ると「継続企業の前提に重要な疑義を生じさせるような事象又は状況」に該当してしまう（継続企業前提開示４）。そして，債務超過を解消し，または改善するための対応をしても，なお継続企業の前提に関する重要な不確実性が認められるときは，継続企業の前提に関する事項として，所定の事項を財務諸表に注記する必要がある。

また，債務超過になるまで財政状態，経営成績が悪化すると，固定資産の減損や繰延税金資産の回収可能性など，いわゆる評価・見積系といわれる勘定科目につき，経営者により慎重な判断に基づく会計処理が求められることが一般的である。

たとえば，将来減算一時差異に係る繰延税金資産の回収可能性に関しては，会社の実態に応じた判断が必要になるが，債務超過に陥っている会社は税務上の重要な繰越欠損金が存在する場合が多い。税務上の繰越欠損金に係る繰延税金資産の回収可能性を判断するとき，重要な税務上の欠損金が過去（３年）又は当期において生じている，過去（３年）において繰越期限切れとなっていた，当期末において繰越期限切れが見込まれる，のいずれかの要件に該当し翌期において一時差異等加減算前課税所得が生じることが見込まれる企業（いわゆる（分類４）の企業）や重要な税務上の欠損金が過去（３年）及び当期のすべての事業年度において生じ，翌期においても生じることが見込まれる企業（いわゆる（分類５）の企業）にとっては厳しいものとなろう。前者の（分類４）の企業の場合は，一定の合理的な反証が可能でかつ企業が合理的な根拠をもって説明する場合を除き，翌期の一時差異等加減算前課税所得の見積額の範囲内で回収可能性が認められるが，後者の（分類５）の企業は原則として回収可能性は認められない（回収可能性適用指針26項～31項）。

もし，過去（３年）及び当期において，課税所得が大きく増減（臨時的な要因を除く）しているが，重要な税務上の欠損金が生じていない企業（いわゆる（分類３）の企業）が債務超過の状況に陥り重要な税務上の欠損金を生じさせ分類４の企業に該当することになると，おおむね５年以内の一時差異等加減算前課税所得の見積額の範囲内で計上していた繰延税金資産を，おそらく翌期を除く残り４年分取り崩さなければならなくなる。そしてさらに重要な税務上の欠損金の計上が続くと（分類５）の企業となり翌期の分の繰延税金資産も取り崩すことになる。いずれにせよ決算の最終損益において繰延税金資産の取崩しによるマイナス影響は避けられず，債務超過のさらなる悪化の要因となる。

会計監査の観点からも債務超過の会社に対する監査の実施にあたっては，監査リスクの顕在化が顕著であるため，会計監査人は一定の保証水準を担保するために，継続企業の前提に関する注記や評価・見積系の勘定科目をはじめとしたさまざまな局面で，経営者の判断の合理性についてより慎重な判断が求められる。そのため，財政状態，経営成績が良好な会社と比較して，時間やヒトといった監査資源がより多く投入されることになり，会社の監査対応にかかる負担も大きくなる傾向にある。

②　上場への影響

ｉ）上場維持／廃止基準

上場会社が債務超過の状況に陥った場合，取引所の上場維持／廃止基準に抵触し，上場廃止となる可能性がある。各取引所の上場維持／廃止基準をまとめると図表２－２のようになる。

図表２－２　上場維持／廃止基準

①　東京証券取引所

市　場	上場維持／廃止基準における取扱い	
・プライム ・スタンダード ・グロース	上場維持基準の項目に「純資産が正」と定められている。	債務超過の状態となった場合，原則，１年以内に債務超過が解消されなければ上場廃止

②　名古屋証券取引所

市　場	上場維持／廃止基準における取扱い	
・プレミア ・メイン ・ネクスト	上場維持基準の項目に「純資産が正」と定められている。	債務超過の状態となった場合，原則，１年以内に債務超過が解消されなければ上場廃止

③　札幌証券取引所

市　　場	廃止基準における取扱い	
・本則市場 ・アンビシャス	廃止基準の項目に債務超過が含まれる。	上場会社が債務超過の状態となった場合において，1年以内に債務超過の状態でなくならなかったとき

④　福岡証券取引所

市　　場	廃止基準における取扱い	
・本則市場 ・Q－Board	廃止基準の項目に債務超過が含まれる。	上場会社が債務超過の状態となった場合において，1年以内に債務超過の状態でなくならなかったとき

⑤　TOKYO PRO Market

市　　場	廃止基準における取扱い	
―	廃止基準の項目に債務超過が含まれない。	ただし，J-Adviserとの契約関係を失い，一定期間内に別のJ-Adviserを確保できない場合は，整理銘柄に指定されたのち上場廃止

TOKYO PRO Marketを除き，どの取引所も，上場維持／廃止基準の項目に「債務超過」が挙げられ，かつ債務超過になってから1年間の猶予期間を設けている。債務超過の上場会社は，この猶予期間のうちに何らかの手段で債務超過の状態を解消しなければ，上場廃止となり取引所からの退場が強制される。

ⅱ）株価への影響

債務超過は純資産額がマイナスの状態であるから，理論的には上場会社の取引市場における株価はゼロ円になってしかるべきである。株式会社の株主は有限責任であることから，出資した金額以上に遡求されることはないため株価がマイナスになることはないであろう。しかし，上場会社で債務超過の状況にあっても取引市場の株価がゼロ円にならないケースがある。

これは債務超過となった上場会社に対するメインバンクの支援が期待され，債務超過の解消が1年以内に見込まれて上場が維持される可能性が高いと投資家が判断した場合等，いろいろな思惑が交錯した結果である。このような債務超過の上場会社の取引市場の株価は一定の株価まで下がると，下げ止まる傾向にあるといわれる。

投資家の中でも機関投資家は，投資の意思決定をする際に，その可否を判断するため，一定の投資基準を定めていることが通常である。投資基準自体は各機関投資家の戦略に従って定められるものであり，こうあるべきという投資基準はない。

ただし，基準の大きな枠組みとして，主に経済的基準，技術的基準，その他定性基準の３つがあり，これらを組み合わせて機関投資家は自らの投資基準を定めるといわれる。

機関投資家が自ら定める投資基準に合致すれば，たとえ債務超過の上場会社であっても，投資を実行するだけの価値があると判断され，株価はその価値を反映しゼロにはならないと考えられる。

債務超過と非上場会社の企業価値との関係

債務超過は純資産額がゼロ未満の状況なので，非上場会社が債務超過である場合，企業価値はゼロと考えることが通常であろう。しかし，債務超過の非上場の会社を買収する場合に買収価格がプラスとなるケースがある。たとえば，技術開発型の会社で，他社よりも優位な技術を保有しているが，営業力が劣る等の理由により収益が思うように上がらず一時的な債務超過に陥った会社などを買収する場合である。

この場合，買収価格の算定時に当該技術力をコアとした将来獲得利益を合理的に織り込んだ企業価値の算定を行うことにより，たとえ買収対象の会社が債務超過であっても企業価値はプラスになるであろう。

なお，主な買収価格の算定には以下の方法がある。

①　DCF法

将来のキャッシュ・イン・フローを現在価値に割り引いて，その合計額を投資価値とみなす方法。

この方法によれば，買収時点で債務超過であったとしても，将来のキャッシュ・イン・フローの金額の割引価値がプラスであれば，企業価値はプラスとなる可能性がある。

②　正味現在価値法

将来予測される収益を現在価値に割り引き，その金額と収益活動を構成しない資産，負債の総和で投資価値を図る方法。

主として，会社収益力により会社の価値を評価する方法であるため，将来の収益力が見込めれば，債務超過の会社であっても企業価値はプラスとなる可能性がある。

③　ゴードンモデル方式

配当がさらに再投資され，その再投資された配当がさらに配当を生み出すという仮定等からその投資価値を判断する方法。

債務超過会社は，資本の欠損の状態にあるため，配当の仮定は困難であるため，債務超過会社の企業価値の算定に用いるには無理がある。

④　類似会社比準方式

類似会社を選定して，その株価に各種比率を乗じる方法。

評価会社とジャスト・フイットする類似会社を選定可能であれば，合理的な方法である。ただし，債務超過の会社と類似した会社を選定することは事実上困難といえる。

⑤　類似業種比準方式

評価方法の属する業種について，国税庁が公表している上場会社の株価平均値に上場会社平均と評価会社との配当・利益・純資産の比率を考慮して，株価を算定する方法。

ただし，算定方法から債務超過の会社の企業価値を算定する方法には向かない。

⑥　簿価純資産価額方式

評価会社の帳簿上の資産から負債を控除した金額をもって，評価する方法。

この方法は，会社のストックについて，帳簿価額のみを利用する。この方法によると債務超過の会社の企業価値はマイナスとなる。

⑦　時価純資産価額方式

評価会社の資産・負債を時価に換算して，その正味価値により評価する方法。

会社の収益力は加味せずに，会社のストックの時点価値で評価する方法。この方法によると簿価債務超過・実質資産超過の場合であれば，企業価値はプラスとなる。

4　債務超過を解消する手段[1]

業績不振から資本の欠損の状態になり債務超過に至った会社は，事業活動に対してさまざまなデメリットがあるため，一刻も早くその状況を解消する手段を模索するであろう。資本の欠損を解消する手段として，任意積立金，法定準備金の取崩し，および減資を前述したが，その他に債務超過を解消する手段として考えられるのが，増資，債務免除とデット・エクイティ・スワップ（DES）である。

(1) 増　資

資本金および資本準備金の増加額が債務超過額を上回るように，新たな出資を受けて増資をすることができれば債務超過は解消する。しかし，100百万円の債務超過会社に100百万円出資したところで依然，１株の簿価ベースの価値はゼロ円に過ぎないため，将来の業績回復が確実な事業計画が提示されるなど投資リスクを回避する事象がなければ，通常は債務超過の会社への増資に応じる投資家はいない。ただし，債務超過の会社の規模が巨大であり，利害関係者が多岐にわたり，債務超過が続いた結果，上場廃止，倒産という事態が招く社会的な影響の重大性に鑑みて，このような場合でもメインバンク等，特定の利害関係者が政策的に増資に応じるケースはある。

(2) 債務免除

債務超過は総資産の額より総負債の額が大きくなっている状況であるから，債務超過を解消する手段として，総負債の額を減少させるため金融機関等の債権者に債務免除を要請することが考えられる。

債務免除とは，簡単にいえば金融機関等が自らの貸付金の回収を放棄することである。金融機関等からの債務免除を受けることができれば，債務超過の会社は以下の会計処理を行うことで，債務免除を受けた負債を債務免除益として剰余金に実質的に振り替えることができる。

1　債務超過の解消については，第８章にて詳述している。

会計処理

(借)	借入金	×××	(貸)	債務免除益	×××

ただし，債務免除を実施した金融機関は，債権を放棄することにより確実に損失を計上することになるため，債務者である債務超過の会社の提案に応じ当該会社を存続させることの合理性を，自らの利害関係者に説明できるだけの根拠が必要となろう。

(3) デット・エクイティ・スワップ（DES）

負債の減少と純資産の増加を同時に実現し債務超過の解消をねらう手法がデット・エクイティ・スワップ（DES）（債務の株式化）である。

債務超過の会社の債権を保有する債権者が，当該債権を現物出資し同社の株式とすることで，同社の債務が資本金に振り替わる，すなわち負債を純資産に振り替えることで債務超過の解消を図る手法である。ただし，債務超過の会社は財務状況が悪化しているため，債権者にとって債権回収が困難な場合が多く，債権放棄の代わりにDESに合意する場合は，DESにより債権者が取得する株式の時価はゼロに近くなり債権者はその分の損失を計上することになる。

5　債務超過における不正の考察

債務超過になるとさまざまなデメリットがあるため，経営者はなんとか債務超過の状況を回避しようと努力する。しかし，債務超過回避の努力を怠り安易に不正に走るケースもある。

債務超過に起因する負のスパイラルを避けるために，過去に発生した不正事例から，（1）不正に至った動機，（2）主な不正の手法，につき考察する。

(1) 不正に至った動機

不正の動機はさまざまであるが，債務超過に陥ることにより上場廃止基準に抵触するため，債務超過を避け上場を維持するために粉飾決算を行ったケースが多く見受けられる。

たとえば，実質支配力基準に従って連結財務諸表を作成すると，業績が悪化し赤字が続いている子会社も含めなければならないが，そうなると連結財務諸表の経営成績は赤字となり，財政状態は債務超過の状態になってしまう会社があった。このような債務超過の状態の連結財務諸表を公表すると金融機関から借入れが困難になり，上場廃止になるリスクも極めて高くなる。そのため，本来は債務超過である連結財務諸表を資産超過の状態と粉飾した決算を行ったケースがある。最後は粉飾決算の事実が明らかになり，旧経営陣は証券取引法（当時）違反容疑で逮捕されるという結末を迎えた。

また，公開直前期のため取引市場に公開するには経営成績が伸びていることが前提というプレッシャーから，公開することを目的として，架空売上や売上の先行計上，費用の繰延べなどの粉飾決算を行った会社があった。その後，相変わらず経営成績が伸びないため債務超過に陥り，公開後すぐに上場廃止の危機を迎えた。この危機を乗り越える手段として第三者割当増資を実行するために，さらに粉飾決算を続けたケースもある。最後に粉飾による不正が発覚し，財務諸表の訂正を余儀なくされたが，訂正後財務諸表は売上高，損益が大幅な減少となり，２期連続の債務超過，また上場申請期が赤字，上場後一度も適切な財務諸表を開示していないことが明らかになり，この会社は上場廃止となった。

上場廃止基準への抵触を回避する目的以外にも，親会社からのプレッシャーから，連結子会社が債務超過の解消を偽装するため粉飾決算を行うケースもあった。親会社は経営多角化のため，債務超過の会社を買収して連結子会社としたが，親会社の立場から株主への説明責任を果たすため，当該子会社に業績の向上による早期の債務超過の解消を強く迫った。依然厳しい財務状況の中で，当該子会社は親会社からのプレッシャーに負け粉飾決算を行ってしまったケースである。結局，連結子会社による不適切な会計が明らかになり，親会社はその旨を公表するとともに，訂正有価証券報告書を作成し提出することになった。

（2）主な不正の手法

債務超過を回避するための粉飾決算の手法はさまざまであるが，大きくは連結財務諸表の範囲に関する粉飾や個別の会計処理の粉飾が挙げられる。

（連結財務諸表の範囲に関する粉飾）

- 連結の範囲から恣意的に業績悪化の子会社を除外
- 連結除外を利用した押し込み販売

（個別の会計処理による粉飾）

- 押し込み販売・架空売上
- 循環取引
- 棚卸資産の過大計上
- 費用の繰延べによる過少計上

また，債権回収不能な不良債権を回収可能と偽ったり，隠蔽して貸倒損失を計上しなかったり，粉飾を前提とした繰延税金資産の過大計上や本来は継続すべき会計方針を，利益を水増しするために虚偽の理由で恣意的に変更する例もあった。

第Ⅱ部

自社が業績不振の場合の会計処理

業績不振に陥っている企業は，大きく自社が当事者である場合と，子会社または関連会社が当事者である場合とに分けられる。第Ⅱ部では，主として自社が当事者である場合に焦点を当てていく。なお，ここでいう「自社」とは，必ずしも企業集団の親会社に限らず，自らが他社の子会社または関連会社である場合も含まれる。

自社の業績が思わしくない企業が，自主的に何らかの対応策を取らなければならないケースにおいて，財政状態に大きなインパクトを与える論点として，リストラクチャリング，固定資産の減損，繰延税金資産の回収可能性の見直しといったものが挙げられる。また，合わせて資金繰りや継続企業の前提に関して慎重な検討が求められることも多い。

第３章から第５章では上記の論点を中心に解説を行っているが，これらの論点は密接に関連しているという特徴がある。このため，たとえば「資産の毀損等による，固定資産の減損やリストラクチャリングが，資金繰りの悪化をまねき，継続企業の前提に重要な不確実性が生じる」といったように，１つの論点の発生が他の論点に波及していく可能性についても常に注意を払う必要がある。

《業績不振下における論点とその関連性》

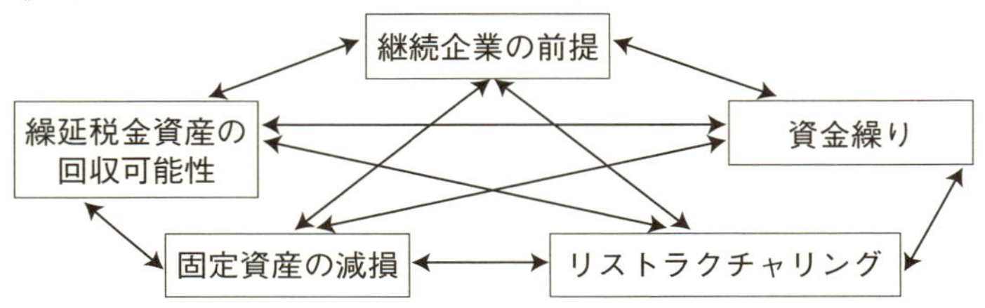

第３章

継続企業の前提

本章のポイント

- 継続企業の前提の成立は，（1）事象または状況が存在するか→（2）疑義があるか→（3）継続企業の前提に関する評価→（4）不確実性があるか→（5）継続企業に基づき財務諸表を作成できるか，の流れで判断する。
- 「疑義あり＝注記」ではなく，不確実性の程度によって開示の内容が異なる。
- 事象，状況を解消または改善するための対応策は，財務諸表作成時現在において計画されており，効果的で実行可能である必要がある。
- 重要な不確実性があるか否かは，影響の大きさと発生可能性を勘案しながら総合的に判断していく必要がある。

1　継続企業の前提とは

業績不振に陥っている企業にとって，切っても切り離せない論点の１つに継続企業の前提に関する検討がある。

継続企業の前提とは，「企業が将来にわたって事業活動を継続するとの前提」と定義される。財務諸表は，一般に公正妥当と認められる企業会計の基準に準拠して作成されるが，当該会計基準は継続企業の前提を基礎としていると解されている。このため，経営者が財務諸表を作成するにあたっては自社に継続企業の前提が成立しているかどうかを評価する必要がある。

継続企業の前提は，大きく分ければ「成立しているか」「成立していないか」の二者択一である。継続企業の前提が成立していない場合とは，経営者に当該企業の清算もしくは事業停止の明確な意思がある，またはそれ以外に現実的な代替案がない状況をいうと考えられる。そのような場合にはもはや通常の財務諸表，すなわち継続企業の前提に基づく財務諸表の作成は不可能であり，会計制度委員会研究報告第11号「継続企業の前提が成立していない会社等における資産及び負債の評価について」などで示されている考え方を踏まえつつ，資産，負債の帳簿価額の適否について経営者はより慎重な判断を行っていく必要がある。

一方で，継続企業の前提が成立していると判断できる場合でも，その確実性の程度はさまざまであり，「全く問題なく成立している」から「かろうじて成立している」まで大きな幅があることに留意する必要がある。

継続企業の前提が成立しているか否か，またその確実性の程度は，利害関係者が当該企業に対してさまざまな意思決定を行うにあたり，非常に重要な判断要素となることから，経営者による慎重な検討が必要となる。

継続企業の公準

企業会計は，企業が予測し得る将来にわたって事業を継続することを前提としてその考え方が整理されており，これを「継続企業の公準」と呼ぶ。この公準から，期間損益計算，すなわち半永久的な存続期間を人為的に区切り，その期間内の企業の活動，財務情報等を利害関係者に対し報告するという考え方が導き出せる。また，企業の資産および負債は，通常の事業活動において回収または返済できるものとして計上されている。たとえば，固定資産の評価額は，その耐用年数が到達するまでの期間，企業が存在すると仮定されるため，報告対象期間末時点の時価ではなく，取得価額から減価償却累計額を控除した金額を計上することが認められるのである。

2　継続企業の前提に関する判断

企業の経営活動はさまざまな因子から構成され，相互に複雑に関連している。このため，継続企業の前提の成立や，その確実性の程度に関して画一的な答えを求めることは困難であり，実務的には図表３－１で示すフローチャートの流れに沿って検討を行っていくことになると考えられる。

図表３－１　継続企業の前提に関する判断フローチャート

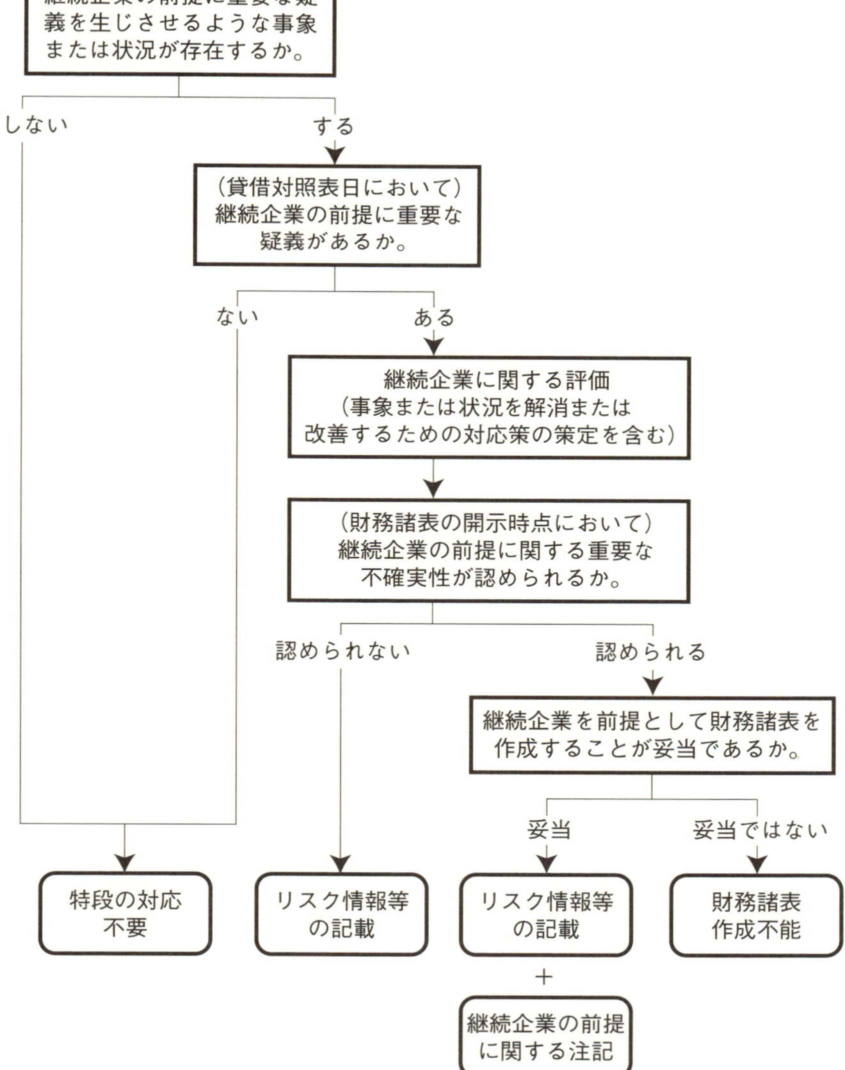

このように，継続企業の前提に関する判断は外形的な事実をもってのみ画一的に判断できるものではない。また，たとえ継続企業の前提に対する影響を軽

減するような対応策を策定したとしても，なお重要な不確実性が残る場合には注記が必要とされる。加えて，たとえ注記に至らないと判断した場合であっても，リスク情報等に一定の開示が求められる点にも留意が必要である。

（1）継続企業の前提に重要な疑義を生じさせるような事象または状況が存在するか

継続企業の前提に重要な疑義を生じさせるような事象または状況が存在するか否かの検討にあたっては，その判断の指針の１つとして，継続企業前提開示および監基報570において例示されている項目が参考となる。

継続企業前提開示「４．継続企業の前提に重要な疑義を生じさせるような事象又は状況」における例示

＜財務指標関係＞

- 売上高の著しい減少
- 継続的な営業損失の発生または営業キャッシュ・フローのマイナス
- 重要な営業損失，経常損失または当期純損失の計上
- 重要なマイナスの営業キャッシュ・フローの計上
- 債務超過

＜財務活動関係＞

- 営業債務の返済の困難性
- 借入金の返済条項の不履行または履行の困難性
- 社債等の償還の困難性
- 新たな資金調達の困難性
- 債務免除の要請
- 売却を予定している重要な資産の処分の困難性
- 配当優先株式に対する配当の遅延または中止

＜営業活動関係＞

- 主要な仕入先からの与信または取引継続の拒絶
- 重要な市場または得意先の喪失
- 事業活動に不可欠な重要な権利の失効
- 事業活動に不可欠な人材の流出
- 事業活動に不可欠な重要な資産の毀損，喪失または処分
- 法令に基づく重要な事業の制約

＜その他＞

- 巨額な損害賠償金の負担の可能性
- ブランド・イメージの著しい悪化

監基報570第Ａ１項における例示（継続企業前提開示と重複しているものについては省略している。）

＜財務関係＞
- 流動負債が流動資産を超過している状態
- 長期性資産の資金調達を短期借入金に過度に依存している状態
- 債権者による財務的支援の打切りの兆候
- 過去の財務諸表または予測財務諸表におけるマイナスの営業キャッシュ・フロー
- 主要な財務比率の著しい悪化
- 資産価値の著しい低下
- 配当の遅延または中止
- 支払期日における債務の返済の困難性

＜営業関係＞
- 経営者による企業の清算または事業停止の計画
- 主要な経営者の退任
- 労務問題に関する困難性
- 重要な原材料の不足
- 強力な競合企業の出現

＜その他＞
- 企業に不利な影響を及ぼすと予想される法令または政策の変更
- 付保されていないまたは一部しか付保されていない重大な災害による損害の発生

経営者は，企業の置かれている状況を俯瞰し，自社においてこれらの項目の中に該当するものがあるか否かを，慎重に検討する必要がある。

なお，これらの項目はあくまで例示であり，その企業の規模や業種等により，金額的重要性や質的重要性を加味して判断すべき事項もある。また，その企業が営む業種の特殊性等により，これらの項目と異なる財務指標を用いることが適切な場合や，これらとは異なる事象または状況が継続企業の前提に重要な疑義を生じさせるような場合もある。さらに，企業が連結財務諸表を作成する際には，経営者は親会社の個別財務諸表に対する検討だけではなく，連結ベースの財務指標や，子会社において発生または発現した継続企業の前提に重要な疑義を生じさせるような事象または状況のうち，親会社の継続企業の前提に重要な影響を及ぼす可能性がある項目もあわせて検討する必要がある。

判定の対象となる営業キャッシュ・フローについて

実務において「営業キャッシュ・フロー」が小計欄を指すのか，合計欄を指すのかが論点となるケースが見受けられる。たとえば，損失等の影響で小計欄がマイナスとなっているが，保険金や補償金，賠償金等の受取りにより合計欄がプラスになっている場合にマイナスの営業キャッシュ・フローとして認識すべきか否かが問題となる。この点，「企業が外部からの資金調達に頼ることなく，営業能力を維持し，新規投資を行い，借入金を返済し，配当金を支払うために，どの程度の資金を主たる営業活動から獲得したかを示す」（連結キャッシュ・フロー実務指針７項本文）という基準の趣旨にある「主たる営業活動」の意味からすれば，営業活動以外の活動から生じたキャッシュ・フローを含まない小計欄を使用すべきであると考えられる。

（2）継続企業の前提に重要な疑義が存在するか

前掲の例示項目，またはその他の事象や状況が識別された場合，それが継続企業の前提に関する重要な疑義であるか否かを判断することになる。なお，形式的に該当するものがあったとしても，その事実をもって即座に重要な疑義が存在すると結論付けられるわけではない。たとえば，２～３期継続して営業損失を計上したとしても，その金額がわずかな場合や，豊富な剰余金を有している場合は，企業の継続性に疑義なしと判断されることもある。また，流動負債が流動資産を超過していたとしても，それが企業の置かれている環境（たとえば，建設会社等で契約負債が多い場合）や，経営方針（たとえば，長期運転資金を長期借入金ではなく短期借入金をロールさせることによりまかなう場合）から見て，継続性に重要な疑義が存在するという判断をしないこともある。

一般的に重要な疑義は，複数の事象または状況が密接に関連して発生または発現することが多いと考えられる。このため，経営者は継続企業の前提の評価の過程において，前項で例示したような項目が継続企業の前提に重要な疑義を生じさせるような事象または状況に該当するかどうかについて，総合的に判断する必要がある（継続企業前提開示４）。

（3）継続企業の前提に関する評価（対応策の策定を含む）

前節の検討において継続企業の前提に重要な疑義が存在していると判断された場合，経営者は継続企業の前提に関する評価を行う。この評価には当該事象または状況を解消し，または改善するための対応策が含まれる（継続企業前提開示５，６）。

継続企業の前提に重要な疑義を生じさせるような事象または状況を解消し，または改善するための対応策は，財務諸表作成時現在において計画されており，効果的で実行可能である必要がある。また，合理的な期間（少なくとも貸借対照表日の翌日から１年間）にわたり企業が事業活動を継続できるかどうかについて，入手可能なすべての情報に基づいて継続企業の前提に関する評価を行うことが求められる（継続企業前提開示５，６）。このため対応策は，事象または状況を解消または改善できるほど効果的なものであると同時に，机上の空論であってはならない[1]。この点，監基報570第Ａ15項において示されている監査人の検討ポイントが参考になると考えられる（図表３－２参照）。

図表３－２　対応策の実行可能性に関する検討ポイント

対応策の種類	実行可能性の検討に関し留意すべきポイント
資産の処分による対応策	•資産処分の制限（抵当権設定等） •処分予定資産の売却可能性 •売却先の信用力 •資産処分による影響（生産能力の縮小等）
資金調達による対応策	•新たな借入計画の実行可能性（与信限度，担保余力等） •増資計画の実行可能性（割当先の信用力等） •その他資金調達の実行可能性（売掛債権の流動化，リースバック等） •経費の節減または設備投資計画等の実施の延期による影響
債務免除による対応策	•債務免除を受ける計画の実行可能性（債権者との合意等）

1　監査基準改正に際し，立案担当者であった金融庁総務企画局企業開示課長（当時）の三井秀範氏が「『継続企業の前提に関する注記』に係る制度改正と実務上の対応」（『企業会計』（中央経済社）平成21年６月号，pp.82-83）において，経営者の対応策のレベル感に関して，監査基準改正にあたって参考とした国際的な基準において用いられている「feasible」という言葉の解釈について言及している。

また，上記以外の対応策として，リストラ，生産ラインの見直し，新規市場や得意先の開拓といったものも考えられるが，当然この場合も，その効果の程度と実行可能性を慎重に判断していく必要がある。

（4）継続企業の前提に関する重要な不確実性が認められるか

対応策の策定を含めた継続企業の前提に関する評価を行った後，必要な対応を講じたとしてもなお継続企業の前提に重要な不確実性が認められるかの判断を行う。なお，実際には両者は行きつ戻りつの関係であり，厳密に区分できるわけではない。

不確実性の程度に画一的な評価基準があるわけではないが，監基報570第16項において「不確実性がもたらす影響の大きさおよびその発生可能性」が監査人の検討ポイントとして示されていることから，経営者による判断の際には当該ポイントが参考になると考えられる。簡単に図示すると図表３－３のようになる。

図表３－３　重要な不確実性に関する判断

このように，重要な不確実性が認められるか否かの判断には幅があり，また対応策も通常複数の項目から成り立っている場合が多いことから，確実な対策だけ抜き出して機械的に適否を判定するのではなく，対応策の組み合わせやそ

れぞれの実現見込みも踏まえ，諸事情を総合的に判断していく必要がある。

なお，実務上，自社が他の会社の子会社（または関連会社）である場合に，当該出資元より「支援を確約する」旨の書面を入手するケースが見受けられる。継続企業の前提に重要な疑義を生じさせる事象または状況が存在する場合には，本来，当該事象または状況を改善するための具体的な対応策が求められることになるが，一般的にサポートレター，経営指導念書と呼ばれることが多いこれらの書面を入手したときには，先方の財務状況等が良好であり，かつ具体的な支援が期待できることが前提となるが，例として資産処分や資金調達の計画が存在する状況で，資産を売却する相手や資金を調達する相手から計画実行の確約が得られていなくても，たとえば親会社から支援を確約する旨の書面があれば，継続企業を前提として財務諸表を作成することが適切であると判断できるケースが多いと考えられる。その上で，継続企業の前提に関する重要な不確実性が認められるものとして，当該注記を記載することになる。

（5）継続企業を前提として財務諸表を作成することが適切であるか

継続企業の前提に関する重要な不確実性が存在すると判断された場合，継続企業を前提として財務諸表を作成することが適切であるか否かを検討する必要がある。しかしながら，継続企業の前提が成立しているかどうかの判断は実務上困難なことが多い。会計制度委員会研究報告第11号「継続企業の前提が成立していない会社等における資産及び負債の評価について」では継続企業の前提が成立していない会社の例として，たとえば，次のような一定の事実が存在する会社を挙げている。

- 更生手続開始決定の取消し，更生計画の不認可など
- 再生手続開始決定の取消し，再生計画の不認可など
- 破産手続開始の申立て
- 会社法の規定による特別清算開始の申立て
- 法令の規定による整理手続によらない関係者の協議等による事業継続の中止に関する決定
- 行政機関による事業停止命令

なお，継続企業を前提として財務諸表を作成することが適切であるか否かは，上記のような事実が存在するか否かを形式的に当てはめるだけではなく，そのような事態となる可能性が高いか否かにも留意し，慎重に検討を行う必要がある。

3　財務諸表への開示

(1) 経理の状況における開示

継続企業の前提が適切であるかどうかを総合的に評価した結果，貸借対照表日において，単独でまたは複合して継続企業の前提に重要な疑義を生じさせるような事象または状況が存在する場合であって，当該事象または状況を解消し，または改善するための対応をしてもなお継続企業の前提に関する重要な不確実性が認められるときは，継続企業の前提に関する事項として，以下の事項を財務諸表に注記する（継続企業前提開示7，財務諸表等規則8条の27，連結財務諸表規則15条の22）。

- 当該事象又は状況が存在する旨及びその内容
- 当該事象又は状況を解消し，又は改善するための対応策
- 当該重要な不確実性が認められる旨及びその理由
- 当該重要な不確実性の影響を財務諸表に反映していない旨

なお，当該注記は，その性質から比較情報制度になじまず，一般的には前事業年度に対応する事項の注記は不要であると考えられる。このため，前期以前から注記が行われている場合であっても，当期末に至る間の状況の変化等，財務諸表利用者の判断に資する情報は当期の注記に反映させ，前期の注記を併記する必要は必ずしもない[2]。

(2) 事業の状況における開示

「継続企業の前提に重要な疑義を生じさせるような事象又は状況」が存在するか否かという情報は財務諸表利用者にとって非常に重要である。このため，貸借対照表日において継続企業の前提に重要な疑義が存在する場合には，経理の状況における注記の有無にかかわらず，有価証券報告書の「事業等のリスク」および「財政状態，経営成績及びキャッシュ・フローの状況の分析」に，

---

2 「過年度遡及会計基準適用後の連結財務諸表・財務諸表の作成上の留意点」 徳重昌宏・中村慎二著，旬刊経理情報，平成24年4月10日号，中央経済社，pp.35-36.

以下のような項目を具体的に，かつ，わかりやすく記載することが求められている（開示府令 第三号様式 記載上の注意（13），（16），第二号様式 記載上の注意（33）b，（36）b）。

①「事業等のリスク」
　継続企業の前提に重要な疑義が生じている旨及びその具体的な内容

②「財政状態，経営成績及びキャッシュ・フローの状況の分析」
　「事業等のリスク」において記載した事象についての分析・検討内容及び当該重要事象等を解消し，又は改善するための対応策

なお，貸借対照表日後において，当該重要な不確実性が認められなくなった場合は，継続企業の前提に関する事項を財務諸表に注記することを要しないものとされているが（継続企業前提開示７なお書き），この場合であっても「事業等のリスク」等への記載は省略できないため注意が必要である。

また，資産の譲渡や資本の増加，資金調達等，実施または予定している対応策は重要な開示後発事象として注記対象となるケースが多いため，開示漏れが生じないよう留意する必要がある。

4　会社法における開示

継続企業の前提に関する判断，およびその記載内容については会社計算規則第100条に規定されているが，金融商品取引法に基づき要請される記載内容と比較して特段の相違はない。ただし，注記が必須とされているのは会計監査人設置会社のみであり，会計監査人設置会社でない会社では記載は不要である（会社計算規則98条１項１号，２項１号，２号）。

また，継続企業の前提に重要な疑義が存在する場合，会社法施行規則第120条第１項の以下の規定に基づき，事業報告において適切な開示を行うことが望まれるとされている（継続企業前提開示３）。

- 当該事業年度における事業の経過およびその成果（４号）
- 対処すべき課題（８号）
- その他当該株式会社の現況に関する重要な事項（９号）

5　決算日後に生じた事象または状況

貸借対照表日後に継続企業の前提に重要な疑義を生じさせるような事象または状況が発生した場合であって，当該事象または状況を解消し，または改善するための対応をしてもなお継続企業の前提に関する重要な不確実性が認められ，翌事業年度以降の「財政状態，経営成績及びキャッシュ・フローの状況」に重要な影響を及ぼすときは，重要な後発事象として，以下の事項について財務諸表に注記する（継続企業前提開示７）。

- 当該事象又は状況が発生した旨及びその内容
- 当該事象又は状況を解消し，又は改善するための対応策
- 継続企業の前提に関する重要な不確実性が認められる旨及びその理由

ただし，このような後発事象のうち，貸借対照表日において既に存在していた状態で，その後その状態が一層明白になったものについては，継続企業の前提に関する注記の要否を検討する必要があるとされている（同上ただし書き）。

しかしながら，実務上，貸借対照表日において存在していなかった事象または状況により継続企業の前提に重要な不確実性が認められるというケースはほとんどないものと考えられる。開示事例上も，後発事象の部分のみで重要な不確実性が存在している旨の記載を行っている会社は見当たらなかった。

6　債務超過会社における事例

継続企業の前提に関する注記は，財務諸表利用者が非常に関心を持つ項目の１つであり，かつ，注記の存在は一般的に企業の評判や与信にも影響を及ぼすことが多いことから，実態を適切に反映しない開示はかえって財務諸表利用者の判断を誤らせることにつながりかねない。このため，たとえ債務超過であったとしても，直ちに継続企業の前提に関する注記が必要となるわけではなく，当該事実が重要な不確実性をどれくらい高めているかを適切に評価することがポイントとなる。

ここで2020年４月期から2023年３月期の有価証券報告書提出会社のうち，債務超過に陥っている会社とリスク情報の記載，継続企業の前提に関する注記の有無をまとめると図表３－４のとおりである。

図表３－４　債務超過とリスク情報，継続企業の前提に関する注記

会社名	業種	取引所	決算期	リスク情報	注記（有価証券報告書）	注記（計算書類）
A社	サービス	グロース	2022年３月期	あり	あり	あり
B社	小売業	スタンダード	2022年２月期	－	－	－
C社	小売業	スタンダード	2022年２月期	－	あり	あり
D社	小売業	グロース	2021年12月	あり	あり	あり
E社	サービス業	グロース	2021年３月	－	－	－
F社	サービス業	スタンダード	2022年３月	あり	あり	あり
G社	サービス業	グロース	2021年12月	あり	あり	－
H社	サービス業	スタンダード	2022年６月	あり	あり	－

このように，多くの会社が有価証券報告書の継続企業の前提に関する注記を行っている一方で，リスク情報の記載のない会社が３社存在する。事例が少なく一般的な傾向を読み取ることは困難であるが，債務超過金額の重要性，債務超過に陥った原因や対応策の実現可能性の程度がその判断の根底にあるものと推察される。

また，継続企業の前提に関する注記を行っている会社では，債務超過以外の事象で注記を行っている会社と同様に，コスト削減（人員，経費等），資金調

達（増資），不採算事業からの撤退，営業強化といった項目を記載している。債務超過会社に特有と考えられるものは特段存在しないが，より即効性の高い対応策が若干多いように見受けられる。これは上場廃止を回避するため，至急債務超過状態から脱出する必要があるためであると考えられるが，あくまで推察であり，明確な傾向が存在するわけではない。

第４章

繰延税金資産

本章のポイント

- 回収可能性適用指針による企業の分類の判定により，計上できる繰延税金資産の金額が大きく異なる。
- 企業の分類の判定は，過去の実績と将来の見込等を総合的に勘案して判断される。
- 「重要な」繰越欠損金ではないと判断できるか，が，企業の分類の判定の大きなキーとなる。
- 企業の分類の変更のタイミングを遅らせると，取崩しリスクの先送りにつながりかねないことから，慎重な検討が必要である。
- 連結財務諸表固有の一時差異に関しては，未実現利益に係るもの，子会社に対する投資に係るものについて注意する必要がある。

1　繰延税金資産の回収可能性の判断

繰延税金資産は，将来減算一時差異が解消されるときに課税所得を減少させ，税金負担額を軽減することができると認められる範囲内で計上するものとし，その範囲を超える額については控除しなければならないものとされている（税効果会計基準注解（注５））。

このため，将来減算一時差異が解消されると見込まれる期において，その解消額に見合った課税所得が発生するか否かが非常に重要になるが，課税所得の見積りには予測を伴うことから，合理的な見積可能期間内で，将来に対する不確実性も考慮に入れながら慎重な判断を行うことが求められる。

（1）企業の分類の概要

繰延税金資産の回収可能性を判断する際の指針の１つとして，回収可能性適用指針がある。回収可能性適用指針では，企業の過去の業績と将来の見込等について複数の例示を挙げ，大きく５つの企業の分類に応じてそれぞれどのように回収可能性を判断するかについての指針を示している。そして，企業が有する将来減算一時差異の内容にもよるが，それぞれの分類で計上できる繰延税金資産の金額は大きく変わってくることになる。

＜企業の分類における５つの区分＞

1　次の要件をいずれも満たす企業は，（分類１）に該当する。

⑴　過去（３年）及び当期のすべての事業年度において，期末における将来減算一時差異を十分に上回る課税所得が生じている。

⑵　当期末において，近い将来に経営環境に著しい変化が見込まれない。

2　次の要件をいずれも満たす企業は，（分類２）に該当する。

⑴　過去（３年）及び当期のすべての事業年度において，臨時的な原因により生じたものを除いた課税所得が，期末における将来減算一時差異を下回るものの，安定的に生じている。

⑵　当期末において，近い将来に経営環境に著しい変化が見込まれない。

⑶　過去（３年）及び当期のいずれの事業年度においても重要な税務上の欠損金が生じていない。

3　次の要件をいずれも満たす企業は，回収可能性適用指針第26項⑵又は⑶の要件を満たす場合を除き，（分類３）に該当する。

⑴　過去（３年）及び当期において，臨時的な原因により生じたものを除いた課税所得が大きく増減している。

⑵　過去（３年）及び当期のいずれの事業年度においても重要な税務上の欠損金が生じていない。

なお，⑴における課税所得から臨時的な原因により生じたものを除いた数値は，負の値となる場合を含む。

4　次のいずれかの要件を満たし，かつ，翌期において一時差異等加減算前課税所得が生じることが見込まれる企業は，（分類４）に該当する。

⑴　過去（３年）又は当期において，重要な税務上の欠損金が生じている。

⑵　過去（３年）において，重要な税務上の欠損金の繰越期限切れとなった

事実がある。

⑶　当期末において，重要な税務上の欠損金の繰越期限切れが見込まれる。

５　次の要件をいずれも満たす企業は，（分類５）に該当する。

⑴　過去（３年）及び当期のすべての事業年度において，重要な税務上の欠損金が生じている。

⑵　翌期においても重要な税務上の欠損金が生じることが見込まれる。

（2）業績不振に陥っている企業における企業の分類と回収可能性の判断

一般的に，業績不振に陥っているとされる企業が，（分類１）または（分類２）の区分と判断されることはないと考えられる。このため，（分類３）以下の区分について詳細に見ていくことにする。

企業の分類ごとの取扱いは図表４－１のとおりである。

図表４－１　企業の分類の判断と取扱い

企業の分類	要件	回収可能性の判断指針
（分類３）の要件を満たす企業	次の要件をいずれも満たす企業（過去（３年）において，重要な税務上の欠損金の繰越期限切れとなった事実がある企業，または当期末において，重要な税務上の欠損金の繰越期限切れが見込まれる企業を除く） (1)　過去（３年）および当期において，臨時的な原因により生じたものを除いた課税所得が大きく増減している。 (2)　過去（３年）および当期のいずれの事業年度においても重要な税務上の欠損金が生じていない。	将来の合理的な見積可能期間（おおむね５年）(※３) 以内の一時差異等加減算前課税所得の見積額に基づいて，当該見積可能期間の一時差異等のスケジューリングの結果，繰延税金資産を見積る場合，それに係る繰延税金資産を計上する。
（分類４）の要件を満たす企業	次のいずれかの要件を満たし，かつ，翌期において一時差異等加減算前課税所得が生じることが見込まれる企業 (1)　過去（３年）または当期において，重要な税務上の欠損金が生じている。 (2)　過去（３年）において，重要な税務上の欠損金の繰越期限切れとなった事実がある。 (3)　当期末において，重要な税務上の欠損金の繰越期限切れが見込まれる。	翌期の一時差異等加減算前課税所得の見積額に基づいて，翌期の一時差異等のスケジューリングの結果，繰延税金資産を見積る場合，それに係る繰延税金資産を計上する。
（分類４）の要件を満たし（分類２）として取り扱われる企業	重要な税務上の欠損金が生じた原因，中長期計画，過去における中長期計画の達成状況，過去（３年）および当期の課税所得または税務上の欠損金の推移等により，将来の一時差異等加減算前課税所得を見積る場合，将来において５年超にわたり一時差異等加減算前課税所得が安定的に生じることが見込まれることを企業が合理的な根拠をもって説明する場合	（分類２）と同様に取り扱う。
（分類４）の要件を満たし（分類３）として取り扱われる企業	重要な税務上の欠損金が生じた原因，中長期計画，過去における中長期計画の達成状況，過去（３年）および当期の課税所得または税務上の欠損金の推移等により将来の一時差異等加減算前課税所得を見積る場合，将来においておおむね３年から５年程度は一時差異等加減算前課税所得を生じることが見込まれることを企業が合理的な根拠をもって説明する場合	（分類３）と同様に取り扱う。
（分類５）	次の要件をいずれも満たす企業 (1)　過去（３年）および当期のすべての事業年度において，重要な税務上の欠損金が生じている。 (2)　翌期においても重要な税務上の欠損金が生じることが見込まれる。	原則として，繰延税金資産の計上はできない。

（※１）　その性質から，スケジューリング可能であるが解消に長期間を要する一時差異であり，回収可能性適用指針では退職給付引当金（連結財務諸表上は退職給付に係る負債（回収可能性適用指針35項））と減価償却超過額の２つが例示項目として挙げられている。なお，この取扱いの適用は，その計上および解消に会社の恣意性が介在する余地が少ないもの，項目の性質としてあらかじめ解消に長期間を要することが想定されているものに限定されていると解されており，たとえば，役員退職慰労引当金は該当しないものとされている（回収可能性適用指針37項）。また，償却性資産に対する減損損失の計上に係る減価償却超過額についても適用されない（回収可能性適用指針36項，減損税効果取扱いⅡ）。

将来解消見込年度が長期にわたる将来減算一時差異（※1）の回収可能性	タックス・プランニング（※2）の実現可能性
将来の合理的な見積可能期間（おおむね5年）を超えた期間であっても，繰延税金資産を計上することができる。	次の①および②をいずれも満たす場合，タックス・プランニングに基づく一時差異等加減算前課税所得の見積額を，将来の合理的な見積可能期間（おおむね5年）または5年を超えてスケジューリングされた一時差異等に係る繰延税金資産が回収可能であることを企業が合理的な根拠をもって説明する場合は5年を超える見積可能期間の一時差異等加減算前課税所得の見積額に織り込むことができるものとする。 ①　資産の売却等に係る意思決定の有無および実行可能性 　将来の合理的な見積可能期間（おおむね5年）または第24項に従って繰延税金資産を見積る企業においては5年を超える見積可能期間に資産を売却する等の意思決定が事業計画や方針等で明確となっており，かつ，資産の売却等に経済的合理性があり，実行可能である場合 ②　売却される資産の含み益等に係る金額の妥当性
翌期における解消額が限度となる。	次の①および②をいずれも満たす場合，タックス・プランニングに基づく一時差異等加減算前課税所得の見積額を，翌期の一時差異等加減算前課税所得の見積額に織り込むことができるものとする。 ①　資産の売却等に係る意思決定の有無および実行可能性 　資産の売却等に係る意思決定が，適切な権限を有する機関の承認，決裁権限者による決裁または契約等で明確となっており，確実に実行されると見込まれる場合 ②　売却される資産の含み益等に係る金額の妥当性
（分類2）と同様に取り扱う。	（分類2）と同様に取り扱う。
（分類3）と同様に取り扱う。	（分類3）と同様に取り扱う。
原則として，繰延税金資産の計上はできない。	原則として，繰延税金資産の回収可能性の判断にタックス・プランニングに基づく一時差異等加減算前課税所得の見積額を織り込むことはできないものとする。ただし，税務上の繰越欠損金を十分に上回るほどの資産の含み益等を有しており，かつ，(4)①および②をいずれも満たす場合，タックス・プランニングに基づく一時差異等加減算前課税所得の見積額を，翌期の一時差異等加減算前課税所得の見積額に織り込むことができるものとする。（※4），（※5）

（※2）　将来減算一時差異の解消年度および繰戻・繰越期間または繰越期間に含み益のある固定資産または有価証券を売却する等，課税所得を発生させるような計画

（※3）　個々の会社の業績予測期間，業績予測能力，会社の置かれている経営環境等を勘案した結果，5年以内のより短い期間となる場合がある。

（※4）　この点，「債務超過＝繰延税金資産計上不可」では必ずしもないことに留意する必要がある。

（※5）　タックス・プランニングの他にも，将来減算一時差異等と同一年度に解消する将来加算一時差異があり，その回収可能性が認められる場合には，繰延税金資産を計上することも考えられる。この取扱いに関しては，企業の分類が（分類4）区分以上のケースでも同様である。

(3) 企業の分類の判定にあたっての論点

① 「重要な」の判断について

前掲のとおり企業の分類の判定にあたっては，欠損金等が大きく影響するが，例示においてもすべて「重要な」という文言が付されているとおり，欠損金等が生じているからといって直ちに企業の分類が（分類４）以下と判断されるわけではない。「重要か否か」は一律に判断できるものではないが，過去の課税所得の発生実績の推移と比較して，発生した欠損金が容易に回収できる程度の規模であるかどうかといった点が１つの目安として考えられる。

一方で，判断にあたっては単年度の発生実績だけではなく，累計金額でも検討を行うことが重要である。たとえば，２期連続で欠損金を計上した場合，単年度の発生額はそれより前の課税所得の獲得水準からみて容易に回収可能と判断できたとしても，２期分の累計では解消に複数年かかるため，重要であると判断されるといったケースも考えられる。

また，監査委員会報告第66号では，当期末における重要な税務上の繰越欠損金の存在等を，企業を分類する際の要件としていたが，重要な税務上の繰越欠損金の存在が重視されすぎており，当期末に重要な税務上の繰越欠損金が存在するかどうかではなく，過去（３年）または当期において重要な税務上の欠損金が生じているかどうかに焦点を当てた要件とすることに変更した（回収可能性適用指針26項(1)参照）。

② 債務超過と（分類５）

監査委員会報告第66号では，「債務超過の状況にある会社や資本の欠損の状況が長期にわたっている会社で，かつ，短期間に当該状況の解消が見込まれない場合」についても，（分類５）に該当するものとしていたが，回収可能性適用指針では，分類の要件に一貫性を持たせる観点から，これらを（分類５）に係る分類の要件とはしなかった。

③ そ の 他

回収可能性適用指針は過去の業績等に基づき回収可能性の判断基準をカテゴライズしており，一見すると明確なようであるが，「重要な」といった部分で実質的な判断を行う必要があり，その判断の結果が，繰延税金資産の計上額を大きく左右する。

また，区分ごとに計上できる範囲が決まっていることから，特に，建物に関する減価償却超過額や退職給付引当金（退職給付に係る負債）といった将来解消見込年度が長期にわたる将来減算一時差異に対する繰延税金資産の計上が制限される（分類４）や（分類５）への変更は，一般的に巨額の繰延税金資産の取崩しが必要となるケースが多く，その結果，純資産が大きく毀損する可能性が高い。このため，「なるべく区分は変更したくない」という予断のもとで判定されやすい傾向がある。

しかしながら，回収可能性は毎期見直す必要があり，ある年度で回収可能性適用指針の区分を維持したとしても，翌年度も同様に維持できるとは限らない。繰延税金資産については会社法上配当制限の定めがないこともあり，財政状態悪化のリスクを先送りすることがないよう，タックス・プランニングの実現可能性，将来加算一時差異の十分性も含め，慎重に判断を行うことが望まれる。

（４）その他の会計処理・表示上の論点

ここでは，債務超過会社で論点となり得るその他の税効果会計の会計処理および表示上の論点について記述する。

①　繰延税金資産の取崩しに係る会計処理

債務超過ないし業績不振のケースでは，回収可能性適用指針の企業の分類がたとえば（分類３）から（分類４），（分類４）から（分類５）というように，下方に修正されることが考えられる。企業の分類が下がると，これまで計上していた繰延税金資産の取崩しが発生することとなり，取崩しの相手勘定は繰延税金資産の源泉により異なる。当該会計処理に関して，図表４－２にまとめている。

図表４－２　繰延税金資産の取崩しの際の相手勘定

源泉	取崩し	（参考）売却による実現
一般的な一時差異 （繰越欠損金を含む。）	法人税等調整額	法人税等調整額
その他の包括利益 （評価・換算差額等） （土地再評価差額金を除く。）	その他の包括利益 （評価・換算差額等）	その他の包括利益 （評価・換算差額等）
土地再評価差額金	その他の包括利益 （評価・換算差額等）	法人税等調整額
連結上の評価差額 （時価評価差額）	法人税等調整額	法人税等調整額

2　連結財務諸表固有の一時差異に係る繰延税金資産の回収可能性

「連結財務諸表固有の一時差異」とは，連結決算手続の結果として生じる一時差異のことをいい，課税所得計算には関係しない（税効果適用指針４項(5)）。連結財務諸表固有の一時差異として以下の５つが挙げられている（税効果適用指針86項）。

① 連結決算手続において，親会社及び子会社が採用する会計方針を統一した場合に，連結貸借対照表上の資産額（負債額）が個別貸借対照表上の当該資産額（負債額）と相違するときの当該差額
② 資本連結手続に際し，子会社の資産及び負債の時価評価による評価差額
③ 子会社の資本に対する親会社持分相当額及びのれんの未償却額の合計額と親会社の個別貸借対照表上の投資簿価との差額
④ 連結会社間の取引から生ずる未実現損益の消去額
⑤ 連結会社間の債権と債務の相殺消去による貸倒引当修正額

このうち④以外の一時差異に対する回収可能性の判断は，個別財務諸表における判断と特段異なる点はなく，税効果適用指針第８項(3)に従い処理されることになる（税効果適用指針35項）。一方で，④の連結会社相互間の取引から生ずる未実現損益の消去に関しては，他の一時差異と異なる定めが示されており，留意が必要である。また，③に関しては，個別財務諸表上で評価減を行った際

に，連結財務諸表上特別な取扱いが定められている。

（1）未実現損益に係る一時差異とは

連結会社間の取引から生じた未実現利益は，連結手続上消去されることになるが，個別財務諸表では，資産を売却し利益を計上した売却元である連結会社において当該利益に対し課税され法人税等が計上される。つまり，連結財務諸表上，資産売却益は消去されているが，税務上は資産売却益に対して課税され，逆に，当該利益が連結財務諸表上実現したときには課税されないことになる。

連結手続上，未実現利益の消去が行われると，売却された資産の連結貸借対照表上の価額と購入側の連結会社の個別貸借対照表上の資産額との間に一時差異が生じるが，個別財務諸表ベースでみた場合，未実現利益が発生した連結会社と一時差異の対象となった資産を保有している連結会社が相違する点で，他の一時差異とは性質が異なる。

つまり，未実現利益が発生した連結会社においては，個別財務諸表において課税関係は完了しており，当該連結会社においては未実現利益の消去に係る将来の税金の減額効果は存在しないことになる。同様に，資産を保有する連結会社の個別財務諸表においても購入した資産の計上価額と税務上の資産額とは原則として一致しているため，一時差異は発生しない。しかしながら，連結手続上消去された未実現利益は連結財務諸表固有の一時差異に該当するため，税効果を認識することになる（税効果適用指針129項）。

（2）回収可能性の判断と計上限度額

連結手続上消去された未実現利益に関する税効果は，未実現利益が発生した連結会社と一時差異の対象となった資産を保有する連結会社が異なるという特殊性を考慮し，かつ，従来からの実務慣行を勘案して，売却元で発生した税金額を繰延税金資産として計上し，当該未実現利益の実現に対応させて取り崩すという，いわゆる繰延法の考え方が採用されている。また，この売却元で発生した税金は確定した金額であるため，繰延税金資産の計上額は，売却元において未実現利益の金額に対して売却年度の課税所得に適用された法定実効税率を使用して計算される。したがって，将来年度において税率の変更があったとしても，その変更が計上額に反映されることはない。

さらに，上記の未実現利益の消去に伴う税効果は，土地，建物等であって，その未実現利益の実現が長期間にわたることになっても認識する（税効果適用指針130項）。

また，未実現利益の消去に係る繰延税金資産の回収可能性については，他の繰延税金資産とその性格が異なることから，回収可能性適用指針第６項の判断要件は適用されない（税効果適用指針35項）。このため，たとえば過年度に子会社へ売却した土地の未実現利益に対し繰延税金資産を計上していた場合，回収可能性適用指針の企業の分類が５と判定され繰延税金資産を全額取り崩す必要が生じたとしても，土地の未実現利益に対応する部分は取り崩されることはなく，購入元の子会社が当該土地を外部へ売却する等により未実現利益が実現した期に取り崩されることになる。

このように未実現損益の消去に係る一時差異については，回収可能性の判断は不要となっている一方で，売却元の売却年度における課税所得額を超えることはできないとされている。また，未実現損失の消去に係る将来加算一時差異の額も，売却元の当該未実現損失に係る損金を計上する前の課税所得額を超えることはできないとされている（税効果適用指針36項）。

たとえば，親会社Ｐ社が100%子会社Ｓ社に資産を売却したケースを簡単に図示すると図表４－３のようになる。なお，法定実効税率は30%とする。

図表４－３　未実現損益と課税所得の関係

（単位：千円）

ケース１　未実現利益を計上した場合…帳簿価額200の資産を400で売却

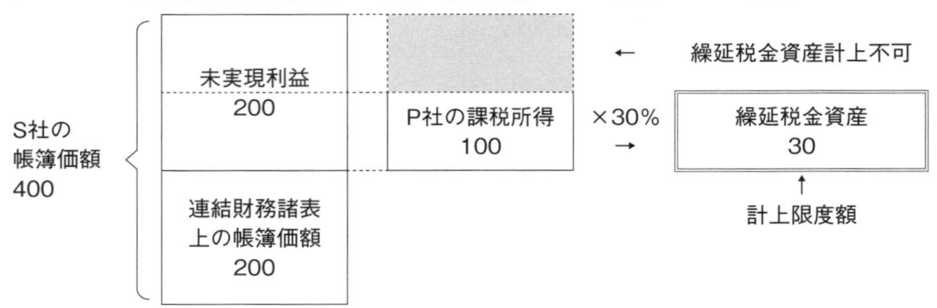

ケース２　未実現損失を計上した場合…帳簿価額400の資産を200で売却

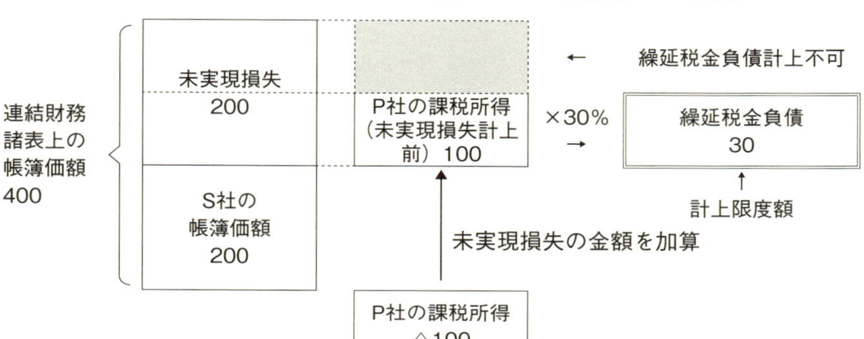

（３）未実現損益に係る税効果に関するその他の留意事項

未実現損益に関する特殊な取扱いから，特に業績不振に陥っている企業は未実現利益に係る繰延税金資産が計上できない可能性が高い。そのため，連結財務諸表における未実現損益に係る税効果の会計処理には留意が必要である。

昨今，連結財務諸表の作成にあたり連結決算システムを利用する会社が多い。連結決算システムの特徴の１つとして，債権債務や取引高の相殺消去，未実現損益や貸倒引当金の消去，税効果会計の適用といった定型的かつ分量の多い仕訳を自動的に処理してくれる点がある。これは非常に便利な機能で，導入のメリットの１つとして数えられることも多いが，一方で自動処理されてしまうがゆえに注意が必要な点もある。特に税効果に関しては，税率マスタ等の名称で一括管理されており，実際売却元で課税所得があるかないかにかかわらず「消去された未実現損益の金額」×「税率マスタに登録された税率」で自動計上される仕組みであることが多いことから，本来計上すべきではない繰延税金資産や負債が計上されてしまうおそれがある。

自動仕訳は，自動であるがゆえに実務上，検証が行き届きにくい点がある。このため，税率マスタを各社の状況に応じ適宜更新するとともに，計上すべきでない仕訳が計上されていないかチェックできる仕組みの構築が大切であるといえる。また，連結決算システムを使用していない会社であっても，スプレッドシート等で管理・計算している場合，仕組みによっては同様の誤りが起こる可能性があるため留意が必要である。

(4) 子会社への投資の評価損

子会社への投資は，その子会社が計上した損益，為替換算調整勘定およびのれんの償却等により，連結貸借対照表上の価額と，親会社の個別貸借対照表上の投資簿価との間に差額が生じ，連結財務諸表固有の一時差異を構成する（税効果適用指針第27項)。この一時差異については原則として税効果は認識されないが，売却が確定している等，一定の要件を満たした場合，繰延税金資産または繰延税金負債が計上されることがある（税効果適用指針22項)。

ここで，親会社の個別貸借対照表上の投資簿価は税務上の簿価とイコールであるとされていることから，親会社の個別財務諸表で評価損が行われている場合，資本連結手続において消去されることによって発生する将来加算一時差異の取扱いについて，図表４－４のとおり定められている（税効果適用指針20項)（イメージ図については図表４－５参照)。

図表４－４　評価損の消去に伴う将来加算一時差異の取扱い

税務上の処理	個別財務諸表	連結財務諸表
有税処理	将来減算一時差異が発生する。	評価損の消去に係る将来加算一時差異に対して，個別財務諸表上で税効果を認識した将来減算一時差異の金額を限度として税効果を認識する。 →税効果を認識していない結果と同様になる。
無税処理	将来減算一時差異は発生していない。	評価損の消去に伴う将来加算一時差異に対して税効果を認識しない。 →消去手続に伴い追加の仕訳は発生しない。

図表4－5　評価損の消去に伴う将来加算一時差異の取扱いのイメージ図

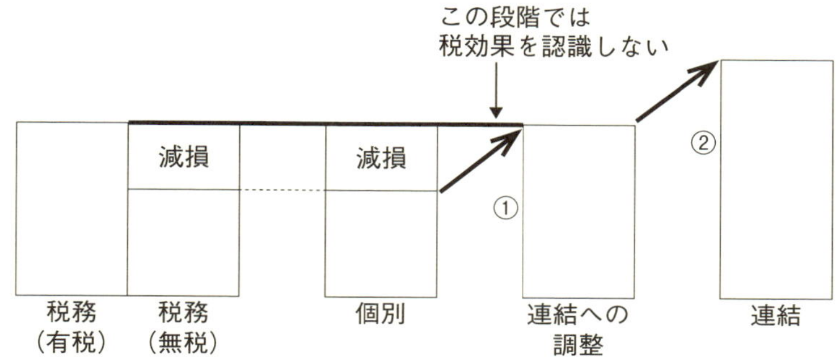

①　減損を戻すとともに，有税で繰延税金資産が計上されている場合は取り消す（将来減算一時差異が解消）。
　無税の場合には，将来加算一時差異が発生しているが，この段階では，税効果を認識しないものとされている。
②　その上で改めて，連結上の簿価との一時差異を把握する。

（出典）「会計処理アドバンストＱ＆Ａ」新日本有限責任監査法人編，中央経済社，p.344.

継続保有を前提としている場合，子会社の評価損に対して税効果を認識することはあまり多くないと考えられる。しかし，リストラクチャリングの一環として業績不振子会社を売却により切り出す場合や清算させる場合など，業績不振に陥っている企業では逆に認識しなければならないケースも想定されるため，注意が必要である。

第5章

業績不振下にある企業における その他の論点

本章のポイント

- 業績不振下においては，固定資産の減損において「使用範囲又は方法について回収可能価額を著しく低下させる変化」または「経営環境の著しい悪化」により減損の兆候を認識しなければならないケースが多く，その検討漏れが生じないよう十分に注意する。
- 「コベナンツ抵触＝直ちに返済」ではないが，継続企業の前提に重要な疑義を生じさせるような事象または状況とされることが多い。
- リストラクチャリング関連の引当金は施策の進捗状況により計上できるか否かの判断が異なり，場合によっては逆に積むことができないこともあるため，未計上だけではなく過計上にも留意が必要となる。
- 業績不振企業にとって，担保をどのように設定するかの戦略が資金調達コストの削減のための鍵であり，類型，範囲について幅広い視点を持つことが重要である。
- 関係会社への土地設備等の売却に関しては，成立要件の充足漏れにより取引自体を否定されることがないよう，経済的実質に沿った慎重な検討を行うことが求められる。

1　固定資産の減損

固定資産の減損とは，資産の収益性の低下により投資額の回収が見込めなくなった状態を指し，減損処理とは，そのような場合に，一定の条件のもとで回収可能性を反映させるように帳簿価額を減額する会計処理であり（減損基準設定意見書　三　３），①減損の兆候の把握，②減損の認識の判定，③減損損失の測定の３つのステップにより行われる。

（１）減損の兆候

減損の兆候とは，資産または資産グループに減損が生じている可能性を示す事象のことで，減損適用指針では図表５－１の４つの例示とそれぞれの具体的な指針を示している（減損適用指針12項から15項）。

図表５－１　減損の兆候の例示と具体的指針

例示項目（※１）	具体的指針
営業活動から生ずる損益またはキャッシュ・フローが継続してマイナス（12項）	•「営業活動から生じる」とは，基本的に企業が行う管理会計上の損益区分に基づいて行われる。 •「継続してマイナス」とは，①おおむね過去２期マイナスで当期見込みもマイナスである場合，または②前期がマイナスで当期以降の見込みも明らかにマイナスである場合を指す。 • キャッシュ・フローが利用できるのは，管理会計上キャッシュ・フローしか把握していない（損益を把握していない）場合に限られている（※２）。
使用範囲または方法について回収可能価額を著しく低下させる変化がある（13項）	• 事業の廃止又は再編成 • 当初予定より著しく早い処分 • 異なる用途への転用 • 遊休化，かつ将来の用途が定まっていない • 稼働率の著しい低下 • 著しい陳腐化 •（建設仮勘定）計画中止や大幅延期の決定，遅滞
経営環境の著しい悪化（14項）	• 市場環境の著しい悪化 • 技術的環境の著しい悪化 • 法律的環境の著しい悪化
市場価格の著しい下落（15項）	• 少なくとも市場価格が帳簿価額から50%程度以上下落

（※１）項数は減損適用指針の項数を示している。
（※２）容認規定であり，双方を把握している場合は損益が判定に利用される。

また，共用資産（複数の資産または資産グループの将来キャッシュ・フローの生成に寄与する資産）に関しては，①共用資産を含む，より大きな単位について，減損適用指針第12項から第15項における事象がある場合，または，②共用資産そのものについて，第13項または第15項における事象がある場合，のれんに関しては，のれんを含む，より大きな単位について，第12項から第15項における事象がある場合，それぞれ減損の兆候を識別する（減損適用指針16項，17項）。

実務上，減損の兆候の判定は，指標があり客観視しやすい営業損益や市場価格の下落を中心に一義的に判断されることが多いと考えられる。しかし，業績が悪化している企業の場合，たとえ営業損失が継続していない場合や市場価格の下落が著しいとはいえない状況であっても，使用範囲や方法の変化，市場環境の悪化等が生じていることが多く，個別にまたは複合して減損の兆候ありと判断される可能性が高いといえる。減損の兆候が識別されなければ減損損失も計上されないため，該当の有無について慎重に判断することが必要である。また，共用資産やのれんについても減損の兆候がないか慎重に検討しなければならない。

（2）減損損失の認識と測定

減損の兆候を識別した資産グループから得られる割引前将来キャッシュ・フローの総額が帳簿価額を下回る場合に，減損損失を認識する。そして，減損損失が認識された資産グループについては，帳簿価額を回収可能価額（正味売却価額と使用価値（＝割引現在価値）のいずれか高い方の金額）まで減額し，当該減少額を当期の損失として計上する（減損会計基準　二　3）。

なお，将来キャッシュ・フローは，企業に固有の事情を反映した合理的で説明可能な仮定および予測に基づいて見積る必要がある（減損会計基準　二　4(1)）。

（3）減損損失に関するその他の留意事項

①　決算日後に生じた減損の兆候

たとえば，決算日後に固定資産の用途廃止の意思決定を行った場合に，減損の兆候を当期と翌期のどちらで捉えるかが問題となる。

この点，期末時点の経営環境から遊休化することが明らかであり，単に遊休とする旨の意思決定が期末日後となったのに過ぎないのであれば，期末日に減損の兆候が発生していると考えられる。その場合，減損損失を認識するかどうかの判定を行い，減損損失が認識される場合は当期に減損損失を計上する必要がある。

一方，遊休化の意思決定が期末日後の経営環境の変化に対応したものであるなら，減損の兆候が発生したのは期末日後だと考えられる。ただし，この場合でも，開示後発事象として，注記の要否を検討する必要があるので留意が必要である。

②　再評価を行った土地について減損処理を行った場合の土地再評価差額金

土地再評価法により再評価を行った土地については，再評価後の帳簿価額に基づいて減損会計が適用される。このため，減損処理を行った部分に係る土地再評価差額金は同法第８条第２項に基づき取り崩すこととなる（減損適用指針64項）。この場合の取崩額は，減損後の帳簿価額が再評価前の帳簿価額を上回っている場合は減損処理した金額に相当する金額（土地再評価法８条２項１号），再評価前の帳簿価額を下回っている場合は全額（同２号）である。

なお，法律の定めのもとで計上された土地再評価差額金は，売却した場合と同様に，剰余金修正を通して繰越利益剰余金に繰り入れることとされており，その他の包括利益を構成しない（包括利益会計基準31項なお書き）。

③　償却性資産の減損と税効果

回収可能性適用指針で（分類３），また（分類４）から（分類３）に該当するものとして取り扱われると判定された会社では，税務上加算された減価償却超過額に係る将来減算一時差異の繰延税金資産を合理的な見積可能期間を超えた年度であっても計上することができる（回収可能性適用指針35項⑵⑶）。一方で減損損失に係る将来減算一時差異については，回収可能性適用指針と同様な取扱いを適用しないものとされている（回収可能性適用指針36項）。このため（分類３），また（分類４）から（分類３）に該当するものとして取り扱われる会社であっても，合理的な見積可能期間内に解消される部分についてのみ繰延税金資産の計上が認められることに留意が必要である。また，減価償却計算の基礎である耐用年数の終了を待たずに処分が予定されている場合は，当該処分予定に基づいてスケジューリングすることになる。

2　コベナンツ

コベナンツという言葉に明確な定義が存在するわけではなく，財務制限条項とイコールとして扱われる場合もあるが，本来の単語の意味は契約，誓約であるため，一般的にはもう少し幅広い意味で捉えられることが多いようである。後述するように，財務制限条項への抵触以外でも期限の利益喪失事由に該当することがあることから，ここでは，コベナンツを「社債や借入による資金調達の際に，その社債要項または借入契約の内容として，債務者の債務履行能力の維持を図るため当該債務者に一定の誓約事項を課すもの」と定義する。

コベナンツには財務の健全性維持を図ること，債務履行能力を低下させるような一定の行動を取らせないようにすることで，債務者である企業の規律が保たれ，また，債権者による債権回収の確実性が高まるといったメリットが存在するといわれ，シンジケートローンやコミットメント取引，ストラクチャードファイナンス等，さまざまなファイナンスの場面において利用されている。

(1)コベナンツの内容

コベナンツには，作為義務（しなければならないこと）および不作為義務（してはならないこと）があり，資金調達の目的やそのリスクの程度に応じ，さまざまな条項を組み合わせて設定される。

以下，代表的な項目を列挙する。

- 遵守義務事項（適法性の確保，会計基準への準拠性，反社会的勢力でないこと等に対する保証）の遵守
- 特定の事項（契約条項への違反，貸付人からの請求事項等）に関する報告義務
- 報告書等の提出義務
- 主たる事業を継続することの確約
- 格付維持条項
- 担保制限条項
- 財務制限条項
- クロスデフォルト条項

また，財務制限条項に関しては，以下のようなものがある。

- 純資産額の維持
- 自己資本比率の維持
- 一定の利益水準の維持
- 負債額の維持
- インタレスト・カバレッジ・レシオ（※）の維持

（※）さまざまな捉え方があるが，東証の短信作成要領では「キャッシュ・フロー÷利払い」と定義されている。

（2）コベナンツ違反とその対応

借入人である企業がコベナンツ違反を起こした場合，契約上，期限の利益喪失事由に該当する。しかし，たとえば手形交換所の取引停止処分のように直ちに期限の理由が喪失する（当然喪失）わけではなく，貸付人である債権者からの請求を受けてはじめて期限の利益を喪失する（請求喪失）ケースが一般的である。

また，コベナンツ違反に対する貸付人の対応は３つに分けることができる。

①　直ちに期限の利益を喪失させる
②　期限の利益を喪失させる権利を行使しない（ウェイブ）
③　貸出条件を更新し，コベナンツへの違反状態を解消する（アメンド）

このうち，貸付人が①を選択した場合，企業は該当する借入について元本および利息その他費用のすべてを一括で返済しなければならない。また，クロスデフォルト条項が付されている他の借入がある場合，その借入についても期限の利益喪失事由に該当し，先方の対応次第では，同様に債務の一括弁済を迫られる可能性がある。このためリファイナンスや含み益を有する資産の売却等が迅速に行えない限り，資金ショートによる倒産の危機に直面する可能性が高い。

一方で，貸付人が②，③を選択した場合は，とりあえず期限の利益の喪失のおそれから解放され，改めて返済の計画を練り直すことができる。このため，企業としては①を選択されないよう，貸付人との交渉を進めていくことになる。

（3）その他の論点

①　継続企業の前提との関係

継続企業前提開示において，継続企業の前提に重要な疑義を生じさせるような事象または状況の例示項目の１つに「借入金の返済条項の不履行又は履行の困難性」がある。コベナンツ違反は，その事実をもって重要な疑義があると判断されるわけではなく，ウェイブないしアメンドが行われていれば，重要な疑義がないと判断できる可能性もある。しかしながら，貸付人との交渉が完了していない場合は，期限の利益を喪失する可能性が排除できないことから，重要な疑義がないとはいえず，かつ将来に対する不確実性もあると判断される可能性が高い。特に公認会計士による監査を受けている企業の場合，貸付人との交渉結果が判明しないうちは意見が表明されないこともある。

また，シンジケートローンについては，コベナンツ違反に対する対応方針の決定について多数貸付人の同意が必要であり，その交渉に時間がかかることが多い。このため，違反の蓋然性が高まってきた時点で，早めのアクションを起こすことが必要となる。

②　開示書類への注記

監査・保証実務委員会実務指針第77号「追加情報の注記について」第５項において，たとえば借入金や社債等に付された財務制限条項が財務諸表等に重要な影響を及ぼすと認められる場合など，利害関係人が会社の財政状態，経営成績およびキャッシュ・フローの状況に関して適切な判断を行う上で必要と認めた場合には，追加情報として財務諸表等に注記しなければならない旨が定められている。

この定めの適用は財務制限条項へ抵触の有無ではなく，各企業の実態に応じて判断されるべきものであることに留意する必要がある。

なお，実務上は貸借対照表関係の注記として，財務制限条項が付されている借入金等に紐付ける形で開示が行われている事例が多い。また，記載を行っている会社のうち８割以上が，たとえば「○期連続して営業損失を計上しない」「純資産の残高を○○（比率や金額）以上に維持する」といった契約書の文言に沿った形での具体的な条件を開示しており，単に財務制限条項が付されていることのみ，または，たとえば「純資産の残高に関して財務制限条項が付されております」といった概略のみ記載している会社は少数派であった。

③　不正によるコベナンツ違反

企業が業績不振に陥る原因の１つとして，不正の存在が挙げられる。この不正の影響や帰結いかんでは，遵守義務違反としてコベナンツに抵触する可能性がある。

3　リストラクチャリングの手法と関連する会計処理

リストラクチャリングの手段として，（1）事業の整理（譲渡，統合，撤退等）や子会社等の整理（売却，清算等），（2）事業所の統廃合，工場の閉鎖および縮小，不採算店舗の閉鎖，（3）従業員の配置転換，子会社等への転籍，希望退職者の募集等が行われることがある。

これらにより生じる費用または損失については，個々の会計事象ごとに異なる会計基準が適用されることになるが，実務上，リストラクチャリングという目的に関連付けて，一括して事業構造改善引当金，事業撤退損失引当金，事業整理損失引当金等の名称で引当金を計上・表示している事例も見られる。また，リストラクチャリングに伴う将来の営業損失を，関連する引当金に含めているように見受けられる事例もある（後述「（4）将来の営業損失」参照）。

これらの処理はその背景や内容がさまざまなこともあり，相当程度幅のある実務が行われているのが実情であるが，会計制度委員会研究資料第３号「我が国の引当金に関する研究資料」（以下，本章において「研究資料」という。）を参考に，処理の方針について整理していくことが考えられる。

（1）事業の整理（譲渡，統合，撤退等）や子会社等の整理（売却，清算等）（研究資料２【ケース19】）

リストラクチャリングに伴い発生する費用または損失については，原則として，固定資産の減損損失，投資有価証券の減損処理，貸倒引当金，未払退職金等のそれぞれの内容に応じた会計基準等を適用して会計処理し，表示することになる。その上で，会計基準等では直接定められていない費用または損失のうち，その金額を合理的に見積ることができる場合には，引当金を認識することになると考えられる。

この場合，引当金の認識時期は，リストラクチャリング計画の決定・公表後，計画実行前の，引当金の認識要件を満たした時点になると考えられる。

(2) 事業所の統廃合，工場の閉鎖および縮小，不採算店舗の閉鎖（研究資料２【ケース20】）

リストラクチャリングに伴い発生する本社，事業所，工場および店舗等の移転または閉鎖等に伴う費用または損失の見込額に関して，固定資産については，その後の用途（除却，売却，転用等）に応じて，減損損失の認識の要否の検討ならびに耐用年数および残存価額の見直しを通じて費用または損失処理が行われる。また，賃借物件の原状回復義務は資産除去債務として計上される。したがって，移転または閉鎖等の場合に引当金の計上対象となり得るその他の費用または損失としては，賃借契約の解約に伴う中途解約違約金や，オペレーティング・リース取引に係る未経過リース料が考えられる。

一方で，移転費用については，期末日までに移転が行われている場合には未払金等として計上されるが，移転または閉鎖等の方針を決定しただけで期末日までに移転が行われていない場合，一般的には，費用の発生が当期以前の事象に起因しているとは判断されないため，引当金の認識要件を満たしている場合は多くないものと考えられる。

(3) 従業員の配置転換，子会社等への転籍，希望退職者の募集（研究資料２【ケース21】）

リストラクチャリングに伴う人員整理の一環として，従業員の配置転換，子会社等への転籍，希望退職者の募集に伴う割増退職金の支払い等が行われることがある。

事業または子会社等の整理に伴い従業員の早期退職の募集が行われる場合には，退職給付会計において，割増退職金の費用処理は，従業員が早期退職制度に応募し，当該金額が合理的に見積られる時点で行われるとされている（退職給付適用指針10項）。このため，引当金として計上できるか否かは，早期退職募集に関する一連の手続の進捗状況に応じて変わってくることになる（図表５－２参照）。

図表５－２　早期退職募集の進捗に応じた場合分け

進捗状況	考　え　方
経営者が決定したのみの段階	実行可能性が不透明な場合や合理的な見積りが困難な場合が多く，一般的には，引当金の認識要件を満たさないと考えられる。
従業員に周知された段階	•実行可能性が高まり，金額の合理的な見積りも可能となるケースも想定されるため，引当金の認識要件を満たす場合があると考えられる。 •労使関係等の状況によって慎重な判断が必要。
募集開始後，募集完了までの間	リストラクチャリング計画が従業員に周知された段階と同様に，応募人員や金額の合理的な見積りが可能となることも想定されるため，引当金の認識要件を満たす場合があると考えられる。
早期退職者が確定した段階	割増退職金は債務として確定していることから，未払退職金等として計上される。

なお，期末日時点では意思決定のみが完了した状態で，監査報告書日までの間に従業員への周知，募集の開始・終了，金額の確定が順次進捗した場合，修正後発事象として当期の決算に織り込むべきかどうか，実態に応じた判断が求められる[1]。また，引当金の計上が行われない場合であっても，大量の希望退職者の募集を行うことについて取締役会等の決議があった場合には，開示後発事象として開示が求められること（後発事象取扱い　付表２　１⑽参照）に留意する必要がある。

（４）将来の営業損失（研究資料２【ケース16】）

企業が，事業部門や子会社・関連会社の売却または撤退等のリストラクチャリングを進める際，その意思決定後の事業年度において追加的な損失が発生す

1　当該論点については，早期割増退職金に関する費用の計上時期についてばらつきが生じている可能性があるとして，2014年７月10日に開催された基準諮問会議（財務会計基準機構）において検討が行われ，会計基準開発のニーズが認識されている。一方で，退職給付会計上は，適用指針において早期割増退職金に関する費用計上時期が明確に示されているため，ばらつきに関する論点はないと考えられる。よって仮に基準開発を行う場合には，この適用指針と引当金の要件を定めている注解18の関係を整理することが主要な作業になると考えられる。しかしながら，この整理を行う場合には，リストラクチャリング関連の引当金と同様に，引当金に関する一般的な原則に関わる議論に及ぶことが考えられ，新規テーマとして取り上げた場合，基準開発が円滑に行われない可能性があると考えられている。

る場合がある。我が国では，意思決定後，最終的な売却または撤退までに生じる営業損失をリストラクチャリングに関連した引当金に含めているように見受けられる事例があるが，保守主義の観点から，将来の営業損失をリストラクチャリングの意思決定時に認識することは容認されるかが論点となり得る。

この点，実際に営業活動を行わなければ発生しない将来の営業損失については，過去の不利な契約の締結により生じる損失を除き，その発生が当期以前の事象に起因しているとはいえないことから，引当金の認識要件を満たさないと考えられる。

4　担　　保

業績不振に陥っている企業は，金融機関の自己査定の債務者区分において，要注意先または破綻懸念先として取り扱われているケースが多いと考えられる。

一方で金融機関は，将来の損失発生に備えるため，自己査定の結果に基づき，債権の回収可能性の程度に応じて各債権に対する引当処理等を行わなければならない。また，金融機関にとっての貸倒リスクの上昇に対応して，債権のうち担保等で保全されていない部分について貸出金利が高めに設定されることが一般的である。

このため，業績不振企業にとって，グループ全体として担保をどのように設定するかが資金調達コストの削減のカギとなる。

（1）担保の種類

担保にはさまざまな種類があるが，物的担保は，民法上に規定のある典型担保と規定のない非典型担保に分類される。また，典型担保はさらに法定の成立要件が揃うと自動的に発動する法定担保物権と，設定契約をすることにより発生する約定担保物権に分類することができる（図表５－３参照）。

図表５－３　担保の類型

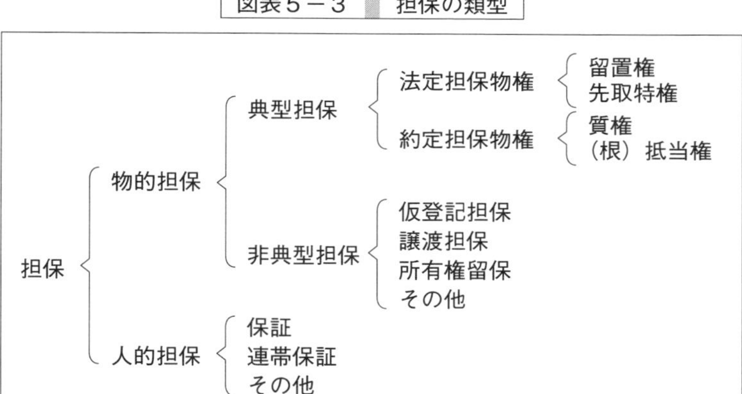

そして，このうち金融機関との間でよく活用される担保としては質権，抵当権，根抵当権，譲渡担保，保証があり，それぞれの特徴は図表５－４のとおりである。

図表５－４　担保の特徴

担保	内　容	特　徴	主な対象資産
質権	債権の担保として債務者または第三者から受け取った物（質物：不動産でも動産でもよい）で，債権者が占有し，その物について他の債権者を差し置いて優先的に弁済を受けることができる権利（民法342条）	・目的物を引き渡すことが必要であり，債務者または第三者は質物を利用することはできない。 ・譲り渡すことができない物を目的物とすることはできない。 ・所有権は移転しない。 ・引渡が第三者対抗要件。	定期預金 売掛債権 金銭債権 有価証券
抵当権	債務者または第三者が占有を移転しないで債務の担保に供した不動産について，他の債権者に先立って自己の債権の弁済を受ける権利（民法369条）	・目的物を引き渡す必要はなく，債務者または第三者は目的物を使用収益することができる。 ・所有権は移転しない。 ・登記が第三者対抗要件。 ・個別の取引が終わるたび，附従性によって消滅する。	不動産
根抵当権	継続的に発生する債務を一定額（極度額）まで担保するための抵当権（民法398条の２）	・一定の範囲に属する不特定の債権を，極度額を限度として担保するために設定される。 ・取引の終了によって消滅しない。 ・上記以外は抵当権と同じ。	不動産
譲渡担保	債権者が債権担保の目的で所有権等を債務者または第三者から法律形式上譲り受け，被担保債権の弁済をもってその権利を返還するという形式をとる担保方法	・判例法上認められてきた担保形式。 ・債権者に目的物の所有権を移転させ，債務者は目的物を賃借する契約を締結する。 ・構成部分が変動する複数の動産の集合体も目的物とすることができる（集合物譲渡担保）。 ・確定日付ある証書による通知もしくは承諾が第三者対抗要件（の１つ）。	売上債権 金銭債権 棚卸資産 不動産
（根）保証	主たる債務者が債務を履行しない場合に，その債務を主たる債務者に代わって履行する義務を負う（民法446条）。	・保証債務は，それによって担保されている主たる債務とは別個独立の債務である。 ・書面または電磁的記録による契約の締結が必要。 ・保証人は保証債務を履行するだけの資力を有している必要がある。 ・一定の範囲に属する不特定の債権を保証の目的とすることもできる（根保証）。 ・一般に担保能力は強いとされている。 ・自社が子会社等に対し行うことが大半だが，自社に支配株主が存在する場合に保証を行ってもらうケースもある。	

（2）財務諸表上の開示

資産が担保に供されているときは，当該資産の全部または一部が担保に供されている旨，ならびに当該担保資産が担保に供されている債務を示す科目の名称およびその金額（当該債務の一部に担保が付されている場合には，その部分の金額）を記載するものとする。なお，当該資産の一部が担保に供されている場合には，当該部分の金額を明らかにするものとする。資産が財団抵当に供されている場合には，その旨，資産の種類，金額の合計，当該債務を示す科目の名称および金額を注記する（財務諸表等規則43条）。

債務の保証を行っている場合，偶発債務としてその種類および保証先等を示し，その金額を注記する（財務諸表等規則58条）。なお，ここでいう「債務の保証」には債務の保証と同様の効果を有するものを含むとされており，保証契約だけではなく，保証予約や，経営指導念書の差入等も対象に含まれる（債務保証取扱い１）。

また，保証先の財政状態の悪化等により，債務不履行となる可能性があり，その結果，保証人が保証債務を履行し，その履行に伴う求償債権が回収不能となる可能性が高い場合で，かつ，これによって生ずる損失額を合理的に見積ることができる場合には，保証人は，当期の負担に属する金額を債務保証損失引当金として貸借対照表に計上する必要がある（債務保証取扱い４）。

なお，債務保証注記は重要性が乏しければ注記を省略することができるが，担保に関しては省略規定が存在しないため留意が必要である。

計算書類における記載も，基本的にほとんど相違がない（会社計算規則103条１号，５号）。なお，継続企業の前提に関する注記と異なり（「第３章　継続企業の前提」「４　会社法における開示」参照），会計監査人設置会社だけではなく，会計監査人非設置の公開会社（株式譲渡制限の定めがない会社）でも注記が求められている（会社計算規則98条１項７号，２項１号，２号）。

5　関係会社への土地設備等の売却

リストラクチャリングの一環として，自社保有資産の見直しと処分が行われることがあり，その過程の中で，関係会社への売却を選択し，その結果売却益が計上されるケースがある。

関係会社間の土地・設備等の売買に伴い売却益を計上した場合において，その取引自体の真実性，妥当性などの吟味は，関係会社間で行われる通常の取引，すなわち，仕入，売上の場合と実質的に異なるところはない。

しかしながら，土地・設備等は，貨幣価値の下落等によって著しく時価と隔離した帳簿価額が付されているものもあるので，利益操作に利用される可能性も否定できない。また，たとえば関係会社に土地・設備等を譲渡して利益を捻出した後，当該資産を正当な理由なく買い戻したような場合は，形式上売買契約など法律上の要件が満たされた取引であっても，会計的には，固定資産について評価益の計上が行われたと同一の結果を招くことになり，妥当な処理とは認め難い。このため，「関係会社間取引の取扱い」において，会計上の利益が実現したかどうかの判定を行うための指針が以下のように示されている。

- 譲渡価額に客観的な妥当性があること
- 合理的な経営計画の一環として取引がなされていること
  —異種業種の分離独立
  —補助部門の分離独立
  —許認可等の関係で分離独立
  —責任体制明確化のための分離
  —遊休不動産の売却
  —固定資産の管理保全の一元化
- 買戻し条件付売買または再売買予約付売買でないこと
- 資産譲渡取引に関する法律的要件を備えていること
- 譲受会社において，その資産の取得に合理性があり，かつ，その資産の運用につき，主体性があると認められること
- 引渡しがなされていること，または，所有権移転の登記がなされていること
- 代金回収条件が明確かつ妥当であり，回収可能な債権であること
- 売主が譲渡資産を引続き使用しているときは，それに合理性が認められること

また，上記の検討の結果として売却益が実現したと判断された場合であっても，買戻しがあった場合には次のとおり取り扱われる。

- 売却された事業年度中または当該事業年度に係る監査報告書作成日までに買い戻されている場合は，売買取引がなかったものとして取り扱う。
- 売却のあった事業年度に係る監査報告書日作成日以降，短期間（通常２・３年程度）に買戻しが行われた場合
  —正当な理由がなく買戻しが行われた場合には，売買取引がなかったものとして取り扱う。
  —正当な理由により買戻しが行われた場合であっても，買戻しが行われた旨，その理由，当該資産の内容，買戻し価額，相手方会社名等を財務諸表に注記する。

一方で，特別目的会社を設立してその会社へ売却するケースも実務上よく行われているが，この点，会計制度委員会報告第15号「特別目的会社を活用した不動産の流動化に係る譲渡人の会計処理に関する実務指針」では，「不動産の売却の認識は，不動産が法的に譲渡されていること及び資金が譲渡人に流入していることを前提に，譲渡不動産のリスク（経済環境の変化等の要因による当該不動産の価値が下落するリスク）と経済価値（当該不動産を保有，使用又は処分することによって生ずる経済的利益を得る権利に基づく価値）のほとんどすべてが他の者に移転した場合に当該譲渡不動産の消滅を認識する」とされている（同２項，３項）。

このリスクと経済価値の移転に関しては実質的な判断が求められているが，指針として以下のような項目が挙げられている（同７項から11項）。

- 不動産に対する継続的関与の内容
- 通常の不動産管理業務を行っている場合の取扱い
- 譲渡人が買戻し条件付きで譲渡している場合の取扱い
- 特殊性を有する不動産と継続的関与の有無
- セール・アンド・リースバック取引を行っている場合の取扱い

また，不動産の流動化が，譲渡人の子会社に該当する特別目的会社を譲受人として行われている場合には，譲渡人は売却処理を行うことができないとされているため（同12項），留意が必要である。

関係会社への土地設備等の売却および売却益の計上は，古典的な益出し行為の手口の１つに数えられるが，その実現性に対する判断は，益出しの意図を有しているか否かとは無関係である。関係会社間の売買が一律に否定されるもの

ではないが，売却にあたっては，その行為を否定されることがないよう，経済的実質に沿った慎重な検討を行うことが求められる。

第Ⅲ部

関係会社等が債務超過の場合の会計上の論点

第Ⅲ部では，投資先，特に関係会社（子会社または関連会社）が業績不振に陥ったケースの取扱いについて確認していく。

投資先の業績悪化は，投資先の決算のみならず，投資会社（株式を保有する会社）の決算にも影響を及ぼす。具体的には，どこまでの損失を投資会社で計上すべきか，という点が実務上の重要な課題となってくる。

出資した株式の評価（第６章）という点だけでなく，投資先に対して保有する債権や投資先の借入金等の債務に対して行う保証（債務保証）に関し，どれだけの引当金を計上すべきか，さらには，債務超過それ自体が引当ての要因となるケースもあり（第７章），投資会社としては極めて慎重な検討が必要となる。これら個別財務諸表上の会計処理を受け，連結財務諸表においてどのような連結修正仕訳を行うべきか判断していくことになるが，第９章および第10章では投資先が連結子会社のケース，また，第11章では投資先が関連会社であり持分法が適用されるケースを解説する。

また，会計上の論点に加え，関係会社が債務超過になった場合に，その状況を改善する施策についても詳細に解説を行っている。第８章では，当該施策の内容を述べるとともに，それぞれの施策の会計処理を解説している。

さらに，最終的に関係会社を清算するという意思決定を行うケースもあると思われるが，その場合の会計処理について第12章で記述し，これら関係会社の業績不振・債務超過の場合の開示上の取扱いを第13章で事例とともに説明している。

なお，関係会社自身の会計処理上の論点という意味では，自社が業績不振のケースを解説した第Ⅱ部（第３章から第５章）も適宜ご参照いただきたい。

第6章

債務超過会社に対する投資価値の評価

本章のポイント

- 債務超過会社を含め，市場価格のない株式等については，当該株式の発行会社の「財政状態」の悪化により「実質価額」が「著しく低下」したときは，「回復可能性」が十分な証拠によって裏付けられる場合を除き，相当の減額を行い，評価差額は当期の損失として処理しなければならない。
- 「実質価額が著しく低下したとき」とは，少なくとも株式の実質価額が取得原価に比べて50%程度以上低下した場合をいい，通常は，時価評価を加味して算定した１株当たり純資産額に所有株式数を乗じた金額が当該株式の「実質価額」となるが，会社の超過収益力や経営権等を加味することもある。
- 「回復可能性」の検討にあたっては，事業計画等を入手して，赤字の発生が創業赤字によるものであるか，特定のプロジェクトによるものであり赤字の発生は想定内のものであったか，債務超過解消の目処は立っているか，金融機関の支援はあるか，収益改善の見込みはあるか，資産の売却予定はあるか等を検討し，特定のプロジェクトによる開業当初の累積損失を除き，「おおむね５年以内に回復する」可能性を検討することとなる。

1　債務超過会社に対する投資価値の評価

（1）問題の所在

景気後退期，または停滞した状況下においては，投資先企業が債務超過に陥ることも少なくない。そのような債務超過に陥った会社に対する投資価値をいかに評価し，適切な財務報告，財務状況の健全化，投資戦略の策定に役立たせるかは，企業にとって重要な課題の１つである。

単に上場会社の株式を保有しているのみであれば，時価評価だけで問題となることは少ないが，非上場の子会社や関連会社が債務超過となった場合には，いくつかの問題が生じ得る。

そこで，この第６章では，特に子会社や関連会社が債務超過となった場合の投資価値の評価を中心として，債務超過会社に対する投資価値の評価について見ていきたい。

（2）金融商品会計

債務超過会社に限らず，投資価値の評価方法は，金融商品会計基準に定められている。

金融商品会計基準では，金融資産について，「一般的には，市場が存在すること等により客観的な価額として時価を把握できるとともに，当該価額により換金・決済等を行うことが可能である」ため，これを時価評価し，適切に財務諸表に反映することが必要であるという立場をとっている。しかし，金融資産の属性およびその保有目的に鑑み，実質的に価格変動リスクを認める必要のない場合や，直ちに売買・換金を行うことに事業遂行上等の制約がある場合も考えられることから，有価証券については時価評価を基本としながらも，保有目的に応じて，①売買目的有価証券，②満期保有目的の債券，③子会社株式および関連会社株式，④その他有価証券の４区分への分類を行うこととし，それぞれについて評価および会計処理の方法を図表６－１のように定めている。

債務超過会社に対する投資価値を評価する際も例外ではなく，保有目的ごとに評価することが基本となる。

図表６－１　有価証券の分類と評価方法

分　　類	貸借対照表価額	評価差額の計上
売買目的有価証券	時価	損益計算書に計上
満期保有目的の債券	償却原価	なし
子会社株式・関連会社株式	取得原価	なし
その他有価証券	時価	貸借対照表（純資産の部）に計上

2　子会社株式および関連会社株式の投資価値の評価

(1) 子会社株式および関連会社株式の評価

債務超過会社の評価において特に問題となるのは，先に述べたように③子会社株式および関連会社株式の評価である。さらに，債務超過であるか否かにかかわらず，市場価格のある場合と，市場価格のない場合とで評価方法は異なるが，市場価格のない場合にその評価が特に問題となることが多く，また，多くの企業の子会社株式および関連会社株式には市場価格がないことから，まず，市場価格がない場合の子会社株式および関連会社株式の評価を確認する。

(2) 市場価格のない株式等

2019年に公表された時価算定会計基準においては時価のレベルに関する概念を取り入れ，たとえ観察可能なインプットを入手できない場合であっても，入手できる最良の情報に基づく観察できないインプットに基づき時価を算定することとされている。このような時価の考え方のもとでは，原則として時価を把握することが極めて困難な有価証券は想定されない。

このため，金融商品会計基準においても時価を把握することが極めて困難と認められる有価証券の記載が削除されている。ただし，株式については，市場において取引されており価格が存在する場合のみ市場価格のある有価証券とし，市場で売買されない株式について，たとえ何らかの方式により価額の算定が可能としても，それを時価（合理的に算定された価額）とはせず，当該株式は市場価格のない株式等として取り扱うこととされている（金融商品会計基準81項）。

市場価格のない株式等の評価は，子会社株式であれ，関連会社株式であれ，その他有価証券であれ，取得原価をもって貸借対照表価額とすることが基本であるが，債務超過等により，当該株式の発行会社の「財政状態」が悪化し，「実質価額」が「著しく低下したとき」は，「回復可能性」が十分な証拠によって裏付けられる場合を除き，株式の価額について相当の減額を行い，評価差額は当期の損失として処理（減損処理）しなければならない（金融商品会計基準17項，21項）。このように，市場価格のない株式の減損処理にあたっては，「財政状態」，「実質価額」，「著しく低下したとき」，「回復可能性」の４つがポイントとなる。そこで，これらの４つの用語の意味を確認しながら，減損処理の要否の判定方法について確認をしていきたい。

（３）減損処理の要否の判定

①　財政状態とは

ｉ）財政状態の考え方

「財政状態」とは，企業の財政の状態，つまり企業の健全性を示すものであるが，金融商品会計基準で用いられる財政状態とは，一般に公正妥当と認められる会計基準に準拠して作成した財務諸表を基礎に，原則として資産等の時価評価に基づく評価差額等を加味して算定した１株当たり純資産額をいう。これは，時価評価に基づく，より実態に近い財政状態を算定した上で，その悪化についての判定を行う趣旨である。したがって，発行会社の財務諸表において資産等の時価評価が行われていない場合には，時価評価のための資料が合理的に入手可能である限り，それに基づいて財務諸表を修正する必要がある（金融商品実務指針285項）。

また，この際に基礎とする財務諸表は，決算日までに入手し得る直近のものを使用し，その後の状況で財政状態に重要な影響を及ぼす事項が判明していればその事項も加味する。

ⅱ）連結ベースの財政状態

減損処理の検討にあたっては，資産の時価評価や超過収益力が加味されるが，子会社株式の減損を検討するにあたっては，子会社が保有する子会社株式，つまり，孫会社株式の評価をどのように取り扱うかという問題も生じ得る。

子会社が保有する子会社株式（孫会社株式）は，子会社の財務諸表上は取得原価で計上されているが，連結財務諸表上は取得後に獲得した損益が反映されている。

金融商品実務指針において，資産の時価評価や，超過収益力の加味は，発行会社の財務諸表を無条件に使用するのではなく，時価評価に基づくより実態に近い財政状態を算定した上で，その悪化について判定を行うという趣旨であることから，子会社が保有する子会社株式（孫会社株式）についても，連結財務諸表上の価額（いわゆる取得後利益剰余金を反映した評価額）を用いたり，資産の時価評価を行った価額を用いたりすることが適切と考えられる。

②　実質価額とは

通常，上記の１株当たり純資産額に所有株式数を乗じた金額が当該株式の実質価額であるが，企業買収等により取得された株式等は，会社の超過収益力や経営権等を反映して，１株当たり純資産額を基礎とした金額に比べて相当高い価額が実質価額として評価される場合もある（金融商品実務指針92項）。子会社及び関連会社の場合には，財務諸表を実質ベースで作成したり，事業計画等を入手することが可能であり，減損の検討にあたっては，資産の時価評価のみならず，超過収益力等も加味し，企業の存続可能性，健全性を総合的に判断することが望ましい。

③　実質価額が著しく低下したときとは

市場価格のない株式等の実質価額が「著しく低下したとき」とは，少なくとも株式の実質価額が取得原価に比べて50％程度以上低下した場合をいう。そして，この場合，一般には減損処理が必要となるが，回復可能性が十分な証拠によって裏付けられる場合には，期末において相当の減額をしないことも認められる（金融商品実務指針92項）。

④　回復可能性とは

「回復可能性」とは，実質価額が著しく低下した株式の価額が，著しい低下前の価額まで回復する可能性のことであり，「回復可能性」が十分な証拠によって裏付けられる場合とは，一般的には，下落した価額について，おおむね５年以内に取得原価まで回復する見込みが相当程度あり，事業計画等の十分な証拠によってその見込みが客観的に裏付けられている場合をいう。ここでの，事業計画は実行可能で合理的なものでなければならず，単に，取締役会等によって承認された事業計画があれば良いというものではなく，その計画内容の合理性，十分性，実行可能性，適切性等をよく検討する必要がある。

一般的にはおおむね５年以内の回復可能性により判定されるが，特定のプロジェクトのために設立された会社で，当初の事業計画等において，５年を超えた期間経過後に累積損失の解消が合理的に見込まれる等の場合においては，５年を超えた期間による回復可能性の検討も許容される（金融商品実務指針285

項)。

これらの減損処理の要否の判定の流れをまとめると，図表６－２のようになる。

図表６－２　市場価格のない株式等の減損処理判定

実質価額の取得原価に対する下落率	「回復可能性」の判定	減損処理の要否
50%程度以上	回復可能性なし，または不明	要
	回復可能性あり	原則として不要
50%未満	⇒	

（４）減損処理検討の流れ

減損処理の要否の判定にあたっては,「実質価額の著しい低下」と「回復可能性」の検討が重要となることから，設例によって，これらの検討の際に注意すべき点を確認していきたい。

設例６－１　債務超過となった子会社の実質価額（資産に含み益があるケース）

前提条件

①　Ｐ社は，製造業を営む上場会社である。Ｐ社は，創業時より販売業を営むＳ社の株式の100%を保有している。

②　Ｓ社は，×１年３月期，×２年３月期の２期連続赤字により，×２年３月期に債務超過に陥った。

減損処理の要否の検討手順

①　Ｓ社より直近の決算書を入手する。

ｉ）会社情報

会社名	Ｓ社
業種	販売業
上場区分	非上場
設立年	××年

ⅱ）株式の状況

発行済株式数	100	千株
所有株式数	100	千株
取得年	××	年
所有割合	100	%
取得価額	240,000	千円

ⅲ）財務の状況

（単位：千円）

P/L	×０年３月	×１年３月	×２年３月
売上高	2,000,000	1,800,000	1,600,000
経常利益	200,000	△100,000	△300,000
当期利益	200,000	△100,000	△300,000
１株当たり利益（円）	2,000	△1,000	△3,000

B/S	×０年３月	×１年３月	×２年３月
資産	5,000,000	4,950,000	4,800,000
負債	4,700,000	4,750,000	4,900,000
純資産	300,000	200,000	△100,000
１株当たり純資産額（円）	3,000	2,000	△1,000

iv）貸借対照表

（単位：千円）

×2年3月31日現在	簿価		簿価
流動資産	1,600,000	流動負債	1,900,000
現預金	400,000	買掛金	1,000,000
売掛金	700,000	借入金	900,000
製品および仕掛品	500,000	固定負債	3,000,000
固定資産	3,200,000	借入金	3,000,000
建物	1,000,000	純資産	△100,000
器具備品	1,000,000	資本金	300,000
土地	1,200,000	利益剰余金	△400,000
資産合計	4,800,000	負債および純資産合計	4,800,000

ここで留意すべき点は，直近の財務諸表を入手すべきという点である。子会社の決算期が親会社と同じであれば，連結決算の有無にかかわらず，通常，同じ期末の財務諸表の入手も可能であり，当該期末の決算の財務諸表を入手しなくてはならない。

子会社の決算期が異なる場合においては，直近の決算の財務諸表を入手し，決算日後の重要な影響を及ぼす事項を加味するか，または，直近の試算表を入手する等が求められる。

②　資産等の時価評価に基づく評価差額等を加味する。

実態調査の結果，一部の遊休土地について500,000千円の含み益が発生していることがわかった。S社は当該土地を１～２年内に売却する予定である。なお，法人税等の実効税率は30%としている。

（単位：千円）

×２年３月31日現在	簿価	時価	含み損益
流動資産	1,600,000	1,600,000	－
現預金	400,000	400,000	－
売掛金	700,000	700,000	－
製品および仕掛品	500,000	500,000	－
固定資産	3,200,000	3,700,000	500,000
建物	1,000,000	1,000,000	－
器具備品	1,000,000	1,000,000	－
土地	1,200,000	1,700,000	500,000
資産合計	4,800,000	5,300,000	500,000

	簿価	時価	含み損益
流動負債	1,900,000	1,900,000	－
買掛金	1,000,000	1,000,000	－
借入金	900,000	900,000	－
固定負債	3,000,000	3,150,000	150,000
借入金	3,000,000	3,000,000	－
繰延税金負債	－	150,000	150,000
純資産	△100,000	250,000	350,000
資本金	300,000	300,000	－
剰余金	△400,000	△50,000	350,000
負債および純資産合計	4,800,000	5,300,000	500,000

時価評価を反映して財務諸表を修正する場合には，通常，この評価差額は税効果会計における将来減算一時差異または将来加算一時差異に該当するので，税効果の勘案も必要となる点に留意が必要である。当該事例においては，含み益が発生しており，繰延税金負債となるため，将来の支払可能性を判断し，将来支払いが見込まれるもののみ計上することとなるが，支払可能性が認められないケースは限定的である。一方で含み損が発生している場合には，将来の課税所得が十分に見込めるなど，回収可能性があるもののみ繰延税金資産を考慮することとなる。

土地の評価損益のほか，売掛金，有価証券，棚卸資産，退職給付引当金等についても，子会社が適切な評価を行っていない場合や，回収が困難と思われる場合等には，適時，財務諸表を修正する必要がある。

また，時価の実現可能性についても留意が必要である。ここでは，遊休資産について，500,000千円の含み益を想定しているが，これが営業上必要不可欠となる工場や土地等の固定資産について発生している含み益である場合，必ずしも時価を反映すべきとはいえない。

③　実質価額を算定する。

実質純資産	200,000	千円
発行済株式数	100	千株
１株当たり純資産額	2,000	円
所有株式数	100	千株
実質価額	200,000	千円

④　実質価額の著しい低下の有無を検討する。

実質価額	200,000	千円
取得原価	240,000	千円
(実質価額－取得原価)÷取得原価	△16.67	%

取得原価と比較した実質価額の下落率は50％に満たないため，会社が特別な方針を有していない限り，「著しく低下したとき」には該当せず，減損処理は原則として不要との判断となる。

設例６－２　債務超過となった子会社の実質価額（超過収益力があるケース）

前提条件

①　Ｐ社は，製造業を営む上場会社である。Ｐ社は，×１年４月１日に販売業を営むＳ社の株式100％をＣ社より600,000千円で取得した。×１年４月１日時点のＳ社の純資産額は200,000千円であり，取得価額との差額400,000千円は，全額連結財務諸表上ののれんとして計上し，10年の均等償却を行うこととした。のれんの１年当たりの償却額は40,000千円である。

②　Ｓ社は，×２年３月期，×３年３月期の２期連続赤字により，×３年３月期末に債務超過に陥った。なお，この２年間の赤字は買収当初から想定されていたものであり，減損テストの結果を受けて，のれんおよびその他の固定資産に減損損失は計上されていない。

減損処理の要否の検討手順

①　S社より直近の決算書を入手する。

ｉ）会社情報

会社名	S社
業種	販売業
上場区分	非上場
設立年	××年

ⅱ）株式の状況

発行済株式数	100	千株
所有株式数	100	千株
取得年	×1	年
所有割合	100	%
取得価額	600,000	千円

ⅲ）財務の状況

（単位：千円）

P/L	×1年3月	×2年3月	×3年3月
売上高	1,800,000	1,000,000	1,450,000
経常利益	50,000	△100,000	△200,000
当期純利益	50,000	△100,000	△110,000
1株当たり当期純利益（円）	500	△1,000	△1,100

B/S	×1年3月	×2年3月	×3年3月
資産	4,950,000	4,900,000	4,800,000
負債	4,750,000	4,800,000	4,910,000
純資産	200,000	100,000	△10,000
1株当たり純資産額（円）	2,000	1,000	△100

iv）貸借対照表

（単位：千円）

×３年３月31日現在

	簿価		簿価
流動資産	1,600,000	流動負債	1,810,000
現預金	400,000	買掛金	910,000
売掛金	700,000	借入金	900,000
製品および仕掛品	500,000	固定負債	3,000,000
固定資産	3,200,000	借入金	3,000,000
建物	1,000,000	純資産	△10,000
器具備品	1,000,000	資本金	300,000
土地	1,200,000	剰余金	△310,000
資産合計	4,800,000	負債および純資産合計	4,800,000

②　資産等の時価評価に基づく評価差額等を加味する。

実態調査の結果，含み損益の発生は確認されなかったため，入手した財務諸表の純資産額をそのまま実質価額として使用することとした。

③　実質価額を算定する。

ｉ）１株当たり純資産額に所得株式数を乗じた金額を実質価額とした場合

実質純資産	△10,000	千円
発行済株式数	100	千株
１株当たり純資産額	△100	円
所有株式数	100	千株
実質価額	△10,000	千円

ⅱ）超過収益力を反映した金額（連結ベースの純資産額）を実質価額とした場合

個別純資産	△10,000	千円
取得時のれん	400,000	千円（※１）
のれん償却額	△80,000	千円（※２）
実質価額	310,000	千円

（※１）前提条件①参照。

（※２）△80,000千円＝のれん償却額40,000千円/年（前提条件①参照）×２年（×２年３月期，×３年３月期）

通常は，１株当たり純資産額に所有株式数を乗じた金額が当該株式の実質価額であるが，このように，会社の超過収益力や経営権等を反映して，１株当たり純資産額を基礎とした金額に比べて相当高い価額を実質価額として使用できる場合もある。

本設例では，連結ベースの純資産額を超過収益が反映した金額として使用した。のれん償却額以外に超過収益力の毀損がないと判断されれば，当該金額を実質価額として使用できる。ただし，経営環境の変化などにより，のれん償却額以上に，超過収益力が毀損し，実質価額が大幅に低下することもあり得る。したがって，そのような場合には，たとえ発行会社の財政状態の悪化がないとしても，将来の期間にわたってその状態が続くと予想され，超過収益力が見込めなくなった場合には，実質価額が取得原価の50％程度を下回っている限り，減損処理をしなくてはならない（「金融商品会計に関するQ&A」Q33)。

④　実質価額の著しい低下の有無を検討する。

実質価額	310,000	千円
取得原価	600,000	千円
(実質価額－取得原価)÷取得原価	△48.33	%

設例６－３　債務超過となった子会社の回復可能性の検討

前提条件

設例６－１の会社において，実態調査の結果，土地の含み益がなかった場合（Ｓ２社）を想定する。

減損処理の要否の検討手順

①　Ｓ２社より直近の決算書を入手する。

ｉ）会社情報

会社名	Ｓ２社
業種	販売業
上場区分	非上場
設立年	××年

ⅱ）株式の状況

発行済株式数	100	千株
所有株式数	100	千株
所有割合	100	%
取得価額	240,000	千円

ⅲ）財務の状況

（単位：千円）

P/L	×０年３月	×１年３月	×２年３月
売上高	2,000,000	1,800,000	1,600,000
経常利益	200,000	△100,000	△300,000
当期純利益	200,000	△100,000	△300,000
１株当たり当期純利益（円）	2,000	△1,000	△3,000

B/S	×０年３月	×１年３月	×２年３月
資産	5,000,000	4,950,000	4,800,000
負債	4,700,000	4,750,000	4,900,000
純資産	300,000	200,000	△100,000
１株当たり純資産額（円）	3,000	2,000	△1,000

iv）貸借対照表

（単位：千円）

×２年３月31日現在	簿価		簿価
流動資産	1,600,000	流動負債	1,900,000
現預金	400,000	買掛金	1,000,000
売掛金	700,000	借入金	900,000
製品および仕掛品	500,000	固定負債	3,000,000
固定資産	3,200,000	借入金	3,000,000
建物	1,000,000	純資産	△100,000
器具備品	1,000,000	資本金	300,000
土地	1,200,000	剰余金	△400,000
資産合計	4,800,000	負債および純資産合計	4,800,000

②　資産等の時価評価に基づく評価差額等を加味する。

実態調査の結果，含み損益の発生は確認されなかったため，入手した財務諸表の純資産をそのまま実質価額として使用することとした。

③　実質価額を算定する。

実質純資産	△100,000	千円
発行済株式数	100	千株
１株当たり純資産額	△1,000	円
所有株式数	100	千株
実質価額	△100,000	千円

④　実質価額の著しい低下の有無を検討する。

実質価額	△100,000	千円
取得原価	240,000	千円
(実質価額－取得原価)÷取得原価	△100	%

（※）実質価額がマイナスとなっているが，下落率の算定にあたっては，実質価額をゼロとして算出している。

取得原価と比較した実質価額の下落率は50％を超えるため，回復可能性が十分な証拠によって裏付けられる場合を除き，減損処理が必要となる。回復可能性の検討をせずに減損処理を行うことも可能ではあるが，子会社や関連会社の場合には，時価評価などを反映して財務諸表を実質ベースで作成したり，事業計画等を入手したりすることが可能なため，極力これを行うことが望ましいとされている（「金融商品会計に関するＱ＆Ａ」Ｑ33）。

⑤　回復可能性の検討

回復可能性の検討にあたっては，事業計画等を入手して，赤字の発生が創業赤字によるものであるか，特定のプロジェクトによるものであり赤字の発生は想定内のものであったか，債務超過解消の目処は立っているか，金融機関の支援はあるか，収益改善の見込みはあるか，資産の売却予定はあるか等を検討することとなる。

回復可能性の検討にあたって，会社は以下の資料を入手した。

〈事業計画〉

（単位：千円）

P/L	×２年３月	×３年３月	×４年３月	×５年３月	×６年３月	×７年３月
売上高	1,600,000	1,800,000	2,000,000	2,200,000	2,200,000	2,200,000
経常利益	△300,000	△100,000	100,000	300,000	300,000	300,000
当期純利益	△300,000	△100,000	100,000	300,000	300,000	300,000
1株当たり当期純利益(円)	△3,000	△1,000	1,000	3,000	3,000	3,000

B/S	×２年３月	×３年３月	×４年３月	×５年３月	×６年３月	×７年３月
資産	4,800,000	4,700,000	4,800,000	5,000,000	5,200,000	5,500,000
負債	4,900,000	4,900,000	4,900,000	4,800,000	4,700,000	4,700,000
純資産	△100,000	△200,000	△100,000	200,000	500,000	800,000
1株当たり純資産額(円)	△1,000	△2,000	△1,000	2,000	5,000	8,000

財政状態	×２年３月	×３年３月	×４年３月	×５年３月	×６年３月	×７年３月
実質純資産	△100,000	△200,000	△100,000	200,000	500,000	800,000
発行済株式数(千株)	100	100	100	100	100	100
1株当たり純資産額	—	—	—	2,000	5,000	8,000
所有株式数(千株)	80	80	80	80	80	80
実質価額	—	—	—	160,000	400,000	640,000
取得原価	240,000	240,000	240,000	240,000	240,000	240,000
(実質価額－取得原価)÷取得原価	△100.00%	△100.00%	△100.00%	△33.33%	66.67%	166.67%

S2社は営業努力により，売上高を悪化前の水準に改善し，3年で債務超過を解消し，4年で取得原価の水準まで実質価額の回復を見込んでいる。

当該事業計画によれば，5年内に取得原価まで回復可能であることから，事業計画が実行可能で合理的なものであり，回復可能性が十分な証拠によって裏付けられていると判断し，減損処理をしないこととした。

回復可能性が十分な証拠によって裏付けられているか否かの最終的な判断は会社に委ねられており，一概にどのような事業計画であれば良いかの判断指針を示すことはできないが，少なくとも，事業計画は実行可能で合理的なものでなければならず，事業計画を裏付ける営業の進捗や，過年度の実績，具体的な経営戦略等の資料が揃っており，客観的に実現可能であることを理解できる事業計画が求められる。

また，回復可能性の判定は，当初より累積赤字の発生を計画している特定のプロジェクトなどを除き，おおむね5年以内に回復すると見込まれる金額を上限として行うものとされる。

さらに，回復可能性は毎期見直すことが必要であり，その後の実績が事業計画等を下回った場合など，事業計画等に基づく業績回復が予定どおり進まないことが判明したときは，その期末において減損処理の要否を検討しなければならない（金融商品実務指針285項）。例えば，5年間の事業計画を設定した場合，1年後には当期の予算達成状況と残り4年の業績予想を評価し，4年後に回復することが可能か検討する。

（5）減損の会計処理の流れ

子会社株式および関連会社株式の減損処理が必要と判断された場合，当該実質価額をもって貸借対照表価額とし，評価差額を当期の損失として処理（減損処理）しなければならない（金融商品会計基準21項）。なお，当該実質価額は翌期首の取得原価となる（金融商品会計基準22項）。

設例により，当該会計処理の流れを確認していきたい。

設例６－４　債務超過となった子会社の減損の会計処理

前提条件

①　設例６－３の会社において，回復可能性を示す事業計画が作成されていない場合（Ｓ３社）を想定する。

②　Ｓ３社に対して当社は50,000千円の債権を保有し，さらに，Ｓ３社の借入金に対して当社は連帯保証をしており，債務超過分については当社が全額弁済をする意向である場合を想定する。

③　税効果会計については考慮しない。

会計処理　（単位：千円）

①　子会社株式減損処理

（借）	子会社株式評価損	(※) 240,000	（貸）	Ｓ３社株式	(※) 240,000

（※）取得価額（設例６－３［減損処理の要否の検討手順］①参照）

②　債務超過に対応する債権の貸倒引当金計上

（借）	貸倒引当金	(※) 50,000	（貸）	Ｓ３社債権	(※) 50,000

（※）債権債務純額（前提条件②参照）

③　債務超過に対応する連帯保証の引受処理

（借）	債務保証損失引当金繰入額	(※) 50,000	（貸）	債務保証損失引当金	(※) 50,000

（※）50,000＝債務超過額100,000（設例６－３［減損処理の要否の検討手順］③参照）－貸倒損失50,000

［前期（×０年度）末B/S(抜粋)］

（資産の部）	
Ｓ３社株式	240,000
Ｓ３社債権	50,000

［当期（×１年度）末B/S（抜粋）］

（資産の部）	
Ｓ３社株式	－
Ｓ３社債権	－
（負債の部）	
債務保証損失引当金	50,000

取得原価と比較した実質価額の下落率は50％を超えており，株式の実質価額は著しく低下している。また，合理的な経営計画はなく，回復可能性の裏付けはないことから，実質価額まで減損処理が求められる。

ここで，Ｓ３社は実質債務超過であるが，有価証券の減損は，簿価以上は計上できないことから，実質価額０円として，取得原価240,000との評価差額240,000を減損処理するとともに，当社がＳ３社に対して保有する債権50,000については，貸倒損失を計上し，残額の債務超過分50,000については債務保証損失引当金の計上が求められる。

金融商品実務指針では債権の回収可能性がほとんどないと判断された場合には，貸倒損失額を債権から直接減額するとされている（金融商品実務指針123項）。ここでは，事業計画の合理性が認められておらず，会社は債務超過分全額を弁済する意向であることから，回収可能性はほとんどないものと判断し，債権から直接減額（オフバランス処理）を実施する。

なお，親会社の個別財務諸表上で，子会社株式の簿価を減損処理した場合の連結財務諸表上の論点として，減損処理後の簿価が連結財務諸表上の子会社の資本の親会社持分額とのれん未償却残高（借方）との合計額を下回った場合の会計処理がある。この場合は，株式取得時に見込まれた超過収益力等の毀損を反映するために，子会社株式の減損処理後の簿価と，連結財務諸表上の子会社の資本の親会社持分額とのれん未償却残高（借方）との合計額との差額のうち，のれん未償却残高（借方）に達するまでの金額についてのれん純借方残高から控除し，連結損益計算書にのれん償却額として計上しなければならないとされている（資本連結実務指針32項）。

そのため，連結財務諸表上のれんが計上されている場合には，当該のれんの一定額について一時償却が必要となる。

子会社が債務超過となり，減損処理が必要と判定された場合には，有価証券の減損のみならず，貸倒引当金（貸倒損失）および債務保証損失引当金ならびにこれらの他に関係会社事業損失引当金等の計上を検討する必要がある。

設例６－４においては，貸倒損失，債務保証損失引当金の計上を行っているが，債務超過における引当金の論点については，第７章において詳細に検討を行いたい。

また，設例６－４では税効果を考慮していないが，会計上の処理を実施した年度では税務上損金への算入が認められない場合において，会計と税務の処理の差異が解消するときに税金を減額させる効果がある場合には，税効果会計を適用し，回収可能性を検討した上で，当該差異の発生年度にそれに対する繰延税金資産を計上する必要がある。

図表６－３　債務超過となった子会社の減損処理の流れ

①直近の決算書を入手する。
↓
②資産等の時価評価に基づく評価差額等を加味する。
↓
③超過収益力を加味する。
↓
④実質価額を算定する。
↓
⑤実質価額の著しい低下の有無を検討する。➡著しい低下なし➡減損処理不要
（50％程度を下回る下落率）
↓
著しい低下あり
（50％程度を上回る下落率）
↓
⑥事業計画等を入手する。
↓
⑦回復可能性を検討する。➡回復可能性あり➡減損処理不要
（創業赤字/事業計画の合理性/実現可能性等）
↓
回復可能性なし
↓
⑧減損処理を行う。

投資損失引当金を設定していた子会社株式を減損処理する場合の会計処理

欠損子会社について，監査委員会報告第71号「子会社株式等に対する投資損失引当金に係る監査上の取扱い」の定めに従い，「子会社株式等の実質価額が著しく低下している状況には至っていないものの，実質価額がある程度低下したときに，健全性の観点から，これに対応して引当金を計上する場合」に該当するとの判断により，子会社株式に対する評価に関して，投資損失引当金を設定していることがある。その後，子会社の財政状態等の変動などにより，実質価額の回復可能性がなくなったものと判断し，引当金を取り崩して子会社株式を減損処理することがある。

このような場合に，減損処理に係る子会社株式評価損と投資損失引当金の戻入益を純額処理するかどうかが問題となることがあるが，子会社株式の評価損を計上するにあたっては，子会社株式評価損も投資損失引当金戻入益も同一の子会社株式への評価から生ずる損益であり，投資損失引当金の設定対象である子会社株式を減損処理した場合には，同引当金の目的取崩しとなり，純額表示が妥当と考えられる。

3　子会社株式および関連会社株式以外の市場価格のない株式等の減損処理

（1）減損処理の検討

市場価格のない株式等の減損にあたっては，子会社株式および関連会社株式の減損と同様の手続を踏むこととなるが，子会社株式および関連会社株式以外の有価証券については，事業計画等を入手することが困難な場合も想定される。

実質価額の算定については，子会社株式および関連会社株式と同じく，直近の財務データを用いて，時価情報等が入手可能な場合には時価評価等を加味した純資産額を用いることもあるが，多くの場合は，入手した財務データの簿価純資産額がそのまま用いられる。また，実質価額の著しい低下に該当すると判断された場合においては，回復可能性の検討を行うが，通常は外部の会社についての事業計画等の入手は困難なために回復可能性の検討ができず，その場合には，原則として減損処理を行うこととなる。

（2）優先株式などの種類株式の減損処理

前述のとおり，市場価格のない株式等の減損処理における実質価額とは，資産等の時価評価等を加味して算定した１株当たりの純資産額に，所有株式数を乗じた金額とされているが，これは普通株式を念頭に置いた取扱いであると考えられ，優先株式などの種類株式については，普通株式と異なる考慮が必要と考えられる。

当該処理を検討するにあたっては，まず，その種類株式の性格が債券と同様の性格を持つものかどうかを判断する必要がある。

形式的には株式であっても，発行会社が一定の時期に一定額で償還すると定めている種類株式や，発行会社や保有者が一定額で償還する権利を有し取得時点において一定の時期に償還されることが確実に見込まれる種類株式は，債券とほぼ同様の性格を持つと考えられ，その貸借対照表価額は債券の貸借対照表価額と同様に取り扱うことが適当である（種類株式実務取扱い Ｑ１）。したがって満期保有目的であれば償却原価法に基づいて算定された価額により計算され，それ以外の保有目的の場合には時価評価を行う必要がある。

債券と同様の性格を持つもの以外の種類株式のうち，市場価格のない種類株式は，取得原価をもって貸借対照表価額とされ，普通株式と同様，当該株式の発行会社の財政状態の悪化により実質価額が著しく低下したときは，相当の減額を行い，評価差額は当期の損失として処理（減損処理）される。

ここで，種類株式の実質価額の算定においては，原則として，以下によるものとされる（種類株式実務取扱い Ｑ３）。

①　評価モデルを利用する方法

市場価格のない種類株式のうち，満期の定めのない永久債に類似したようなものや，将来，市場価格のある普通株式に転換できること等により普通株式の市場価格と関連性を有するものについては，原則として，割引将来キャッシュ・フロー法やオプション価格モデルなどを利用した評価モデルによる価額を実質価額とする。このように評価モデルを利用して算定された価額が，取得原価に比べて50％程度以上低下した場合には，普通株式と同様，原則として，当該価額まで減額し評価差額は当期の損失として処理しなければならない。

②　評価モデルを利用しない方法

評価モデルを利用して算定された価額を得ることが困難である場合には，ⅰ）１株当たりの純資産額を基礎とする方法か，ⅱ）優先的な残余財産分配請求額を基礎とする方法のいずれかの方法を用いて実質価額を算定する。

ⅰ）１株当たりの純資産額を基礎とする方法

この方法では，種類株式数を普通株式に置き換えた場合の１株当たり純資産額を算定する。たとえば，利益配当請求権に関する普通株式との異同や転換を請求できる権利の条件等を考慮して，種類株式の普通株式相当数を算定することが可能な場合には，資産等の時価評価に基づく評価差額等を加味して算定した発行会社の純資産額を，種類株式の普通株式相当数と普通株式数の合計で除した１株当たりの純資産額に，所有する当該種類株式の普通株式相当数を乗じて実質価額を算定することが考えられる。

ⅱ）優先的な残余財産分配請求額を基礎とする方法

普通株式よりも利益配当請求権および残余財産分配請求権が優先的であるような場合には，優先的な残余財産分配請求額を基礎とする方法によって実質価額を算定することも考えられる。この場合，ⅰ）の方法と同様に，資産等の時価評価に基づく評価差額等を加味して算定した発行会社の純資産額が，優先的な残余財産分配請求権総額を下回っている場合には，当該純資産額（当該純資産額が，優先的な残余財産分配請求権総額を上回っている場合には，当該残余財産分配請求権総額に配当可能限度額のうち種類株式相当分を加えた金額）を，当該種類株式数で除した１株当たりの純資産額に，所有する当該種類株式数を乗じて実質価額を算定することが考えられる。

4　市場価格のある有価証券の減損処理

（1）減損処理の検討

市場価格のある有価証券の時価が「著しく下落した」ときとは，必ずしも数値化できるものではないが，個々の銘柄の有価証券の時価が取得原価に比べて50％程度以上下落した場合には「著しく下落した」ときに該当する。この場合には，合理的な反証がない限り，時価が取得原価まで回復する見込みがあるとは認められないため，減損処理を行わなければならない（金融商品実務指針91項）。

上記の金融商品実務指針で述べられているとおり，時価が50％程度以上下落した場合には「著しく下落した」ときに該当し，合理的な反証がない限り，時価が取得原価まで回復する見込みがあるとは認められないため，減損処理を行わなければならない。

（2）時価の下落率が取得原価に比べて30％以上50％未満の場合

①　著しい下落の判定

時価の下落率が，取得原価に比べて30％以上50％未満の場合には，状況に応じ個々の企業において時価が「著しく下落した」と判断するための合理的な基準を設け，当該基準に基づき回復可能性の判定の対象とするかどうかを判断する（金融商品実務指針91項）。

②　回復可能性の判定

「著しく下落した」と判定された有価証券の回復可能性については，金融商品実務指針第91項において図表６－４のような判定基準が置かれている。

図表6－4　回復可能性の判定

	回復可能性あり	回復可能性なし
株式	時価の下落が一時的なものであり，期末日後おおむね１年以内に時価が取得原価にほぼ近い水準にまで回復する見込みのあることを合理的な根拠(※)をもって予測できる場合	•株式の時価が過去２年間にわたり著しく下落した状態にある場合 •株式の発行会社が債務超過の状態にある場合 •株式の発行会社が２期連続で損失を計上しており，翌期もそのように予想される場合
債券	単に一般市場金利の大幅な上昇によって時価が著しく下落した場合であっても，いずれ時価の下落が解消すると見込まれる場合	•格付けの著しい低下があった場合 •債券の発行会社が債務超過の状態にある場合 •債券の発行会社が連続して赤字決算の状態にある場合

(※) この場合の合理的な根拠は，個別銘柄ごとに，以下のような時価下落の内的・外的要因を総合的に勘案して検討することが必要である。
・株式の取得時点，期末日，期末日後における市場価格の推移および市場環境の動向
・最高値・最安値と購入価格との乖離状況
・発行会社の業況等の推移等

上記の図表6－4にあるとおり，有価証券の発行会社が債務超過や連続して赤字決算の状態にある場合など，信用リスクの増大に起因して時価が著しく下落した場合には，通常は回復する見込みがあるとは認められないとされるため，債務超過時に時価が「著しく下落した」と判定された場合には，基本的に減損処理が必要となる。

(3) 時価の下落率が取得原価に比べて30%未満の場合

個々の銘柄の有価証券の時価の下落率がおおむね30%未満の場合には，一般的には「著しく下落した」ときに該当しないものと考えられる（金融商品実務指針91項）ため，減損処理を行う必要はない。

これは，その程度の下落率は，発行会社の業績の悪化ではなく市場要因などによって生ずることがあり，したがって，容易に時価が取得原価の水準にまで回復することがあると考えられるからである。

しかしながら，たとえ30%未満の下落率であっても，発行会社の業績の悪化や信用リスクの増大などによって生ずることもあるため，30%未満の下落率を合理的な基準として設定することを妨げない（金融商品実務指針284項）。

ここまでの取扱いをまとめると，図表６－５のとおりとなる。

図表６－５　市場価格のある有価証券の減損処理判定

<table>
<tr><th>時価の取得原価に対する下落率</th><th colspan="2">時価が「著しく下落した」に該当するか否かの判定</th><th>時価の「回復可能性」の判定[※1]</th><th>減損処理の要否</th></tr>
<tr><td rowspan="2">50%程度以上</td><td colspan="2" rowspan="2">原則として該当する</td><td>回復可能性あり</td><td>不要</td></tr>
<tr><td>回復可能性なし，または，不明</td><td>要</td></tr>
<tr><td rowspan="3">30%以上50%程度未満</td><td rowspan="3">個々の企業が設ける時価が「著しく下落した」と判断するための合理的な基準に基づいて判定</td><td rowspan="2">該当すると判定</td><td>回復可能性あり</td><td>不要</td></tr>
<tr><td>回復可能性なし，または，不明</td><td>要</td></tr>
<tr><td>該当しないと判定</td><td>⇒</td><td rowspan="2">不要</td></tr>
<tr><td>30%未満</td><td colspan="2">原則として該当しない[※2]</td><td>⇒</td></tr>
</table>

（※１）発行会社が債務超過の場合には原則として回復可能性なし。図表６－４参照。
（※２）30%未満の下落率であっても，発行会社の業績の悪化や信用リスクの増大などによって生ずることもあるため，30%未満の下落率を合理的な基準として設定することを妨げない（金融商品実務指針284項）。

設例６－５　その他有価証券の時価が取得原価に対して下落率50%以上の場合の減損の会計処理

前提条件

① 取得原価　9,000千円
② 前期（×０年度）末時価　7,800千円
③ 取得原価9,000千円のその他有価証券の当期末時価が，発行会社の赤字決算および債務超過により3,800千円となった。
④ 時価の下落率は57.8%であり，50%以上の下落率かつ債務超過であることから，通常は合理的な反証は想定されず，回復する見込みがあるとは認められないため，減損処理を行う。
⑤ その他有価証券の評価差額については，税効果会計を適用し，繰延税金資産の回収可能性はあるものとする。
⑥ その他有価証券の減損については，税務上も損金に算入されるものとする。
⑦ 法定実効税率は30%とする。

会計処理　（単位：千円）

①　期首洗替

（借）投資有価証券	（※1）1,200	（貸）その他有価証券評価差額金	（※2）840
		繰延税金資産	（※3）360

（※1）1,200＝取得原価9,000（前提条件①参照）－前期末時価7,800（前提条件②参照）
（※2）840＝1,200（※1）×（1－法定実効税率（30%））（前提条件⑦参照）
（※3）360＝1,200（※1）×法定実効税率（30%）（前提条件⑦参照）

②　期末減損処理

（借）投資有価証券評価損	（※）5,200	（貸）投資有価証券	（※）5,200

（※）5,200＝取得原価9,000（前提条件①参照）－当期末時価3,800（前提条件③参照）

［前期（×０年度）末B/S（抜粋）］

（資産の部）	
投資有価証券	7,800
繰延税金資産	360
（純資産の部）	
その他有価証券評価差額金	△840

［当期（×１年度）末B/S（抜粋）］

（資産の部）	
投資有価証券	3,800

［当期（×１年度）末P/L（抜粋）］

（特別損失）	
投資有価証券評価損	5,200

設例６－６　子会社の時価が取得原価に対して下落率30%以上50%未満の場合の減損の会計処理

前提条件

①　取得原価9,000の子会社Ｓ社株式の当期（×１年度）末時価が，Ｓ社の赤字決算および債務超過により5,400となった。

② S社株式の時価の下落率は40%と30%以上の下落率であり，親会社Ｐ社はＳ社株式の時価の下落を「著しく下落した」と判定している。

③ S社は債務超過であることから，通常は回復する見込みがあるとは認められないため，減損処理が求められる。

④ 法定実効税率は30%とする。

会計処理　（単位：千円）

① **Ｓ社株式の減損処理**

（借）子会社株式評価損	(※) 3,600	（貸）Ｓ社株式	(※) 3,600

（※）3,600＝取得原価9,000（前提条件①参照）－当期末時価5,400（前提条件①参照）

② **減損処理に対する税効果**

仕訳なし

当設例のように，時価の下落率が50%未満の減損については，通常，税務上の損金算入は認められない。また，子会社株式の評価損についてスケジューリングが可能とされるケースは限定的と考えられ，繰延税金資産が計上される場合は，回収可能性適用指針における企業の分類が（分類１）の会社であることが多い。ここでは，企業の分類が（分類１）以外の会社であると想定し，繰延税金資産は計上しないこととした。

なお，完全支配関係がある子会社については，時価の下落率が50%以上である場合においても減損の損金算入が認められない場合もあるが，これについては第20章で詳しく取り上げている。

設例６－７　その他有価証券の時価が取得原価に対して下落率30%未満の場合の減損の会計処理

前提条件

① 取得原価9,000のその他有価証券の当期末時価が，同社の赤字決算および債務超過により7,200となった。

② 時価の下落率は20%であり，30%未満の下落率であることから，一般的には「著しく下落した」ときに該当しないものと考えられ，債務超過ではあっ

ても減損処理は必要ないものとする。

③ 前期（×０年度）末時価 7,800千円

④ その他有価証券の評価差額については，税効果会計を適用し，繰延税金資産の回収可能性はあるものとする。

⑤ 法定実効税率は30%とする。

会計処理 （単位：千円）

① **期首洗替**

（借）	投資有価証券	(※１) 1,200	（貸）	その他有価証券評価差額金	(※２) 840
				繰延税金資産	(※３) 360

（※１）1,200＝取得原価9,000（前提条件①参照）－前期（×０年度末）時価7,800（前提条件③参照）

（※２）840＝1,200 (※１)×（１－法定実効税率（30%））（前提条件⑤参照）

（※３）360＝1,200 (※１)×法定実効税率（30%）（前提条件⑤参照）

② **期末時価評価**

（借）	その他有価証券評価差額金	(※１) 1,260	（貸）	投資有価証券	(※２) 1,800
	繰延税金資産	(※３) 540			

（※１）1,260＝1,800 (※２)×（１－法定実効税率（30%））（前提条件⑤参照）

（※２）1,800＝取得原価9,000（前提条件①参照）－ 当期（×１年度末）時価7,200（前提条件①参照）

（※３）540＝1,800 (※２)×法定実効税率（30%）（前提条件⑤参照）

［前期（×０年度）末B/S（抜粋）］

（資産の部）	
投資有価証券	7,800
繰延税金資産	360
（純資産の部）	
その他有価証券評価差額金	△840

［当期（×１年度）末B/S（抜粋）］

（資産の部）	
投資有価証券	7,200
繰延税金資産	540
（純資産の部）	
その他有価証券評価差額金	△1,260

［当期（×１年度）末P/L（抜粋）］

計上すべき勘定科目はない。

5　有価証券の減損の税務上の取扱いと税効果

有価証券の減損にあたって，次のような場合には，原則として，帳簿価額と時価との差額など一定の金額を限度として，税務上評価損の計上が認められる。国税庁のタックスアンサーにおいて，有価証券の減損の税務上の取扱いが以下のとおりまとめられている。

① 法人の所有する有価証券について次の事実が生じた場合で，その法人がその有価証券の評価換えをして損金経理によりその帳簿価額を減額したとき

(i) 取引所売買有価証券，店頭売買有価証券，取扱有価証券及びその他価格公表有価証券（いずれも企業支配株式に該当するものを除く。）について，その価額が著しく低下（注１）したことにより，その価額が帳簿価額を下回ることとなったこと

(ii) 上記(i)以外の有価証券について，その有価証券を発行する法人の資産状態が著しく悪化（注２）したため，その価額が著しく低下（注１）したことにより，その価額が帳簿価額を下回ることとなったこと

(iii) 上記(ii)に準ずる特別の事実

② 法人の所有する有価証券について，更生計画認可の決定があったことにより，会社更生法又は金融機関等の更生手続の特例等に関する法律の規定に従って評価換えをしてその帳簿価額を減額したとき

③ 有価証券を所有する法人について次の事実が生じた場合で，その法人が売買目的有価証券及び償還有価証券以外の一定の有価証券の価額について再生計画認可の決定があった時の価額により行う評定などの評定を行っているとき（確定申告書に評価損明細の記載があり，かつ，評価損関係書類の添付がある場合に限る。）

(i) 再生計画認可の決定があったこと

(ii) 上記(i)に準ずる事実

（注１）「有価証券の価額が著しく低下したこと」とは，当該有価証券の当該事業年度終了の時における価額がその時の帳簿価額のおおむね50％相当額を下回ることとなり，かつ，近い将来その価額の回復が見込まれないことをいうものとする。

（注２）「有価証券を発行する法人の資産状態が著しく悪化したこと」には，次に掲げる事実がこれに該当する。

(1) 当該有価証券を取得して相当の期間を経過した後に当該発行法人について次に掲げる事実が生じたこと。

イ　特別清算開始の命令があったこと。
ロ　破産手続開始の決定があったこと。
ハ　再生手続開始の決定があったこと。
ニ　更生手続開始の決定があったこと。
⑵　当該事業年度終了の日における当該有価証券の発行法人の１株又は１口当たりの純資産価額が当該有価証券を取得した時の当該発行法人の１株又は１口当たりの純資産価額に比しておおむね50％以上下回ることとなったこと。
（注）⑵の場合においては，次のことに留意する。
　１　当該有価証券の取得が２回以上にわたって行われている場合又は当該発行法人が募集株式の発行等若しくは株式の併合等を行っている場合には，その取得又は募集株式の発行等若しくは株式の併合等があった都度，その増加又は減少した当該有価証券の数及びその取得又は募集株式の発行等若しくは株式の併合等の直前における１株又は１口当たりの純資産価額を加味して当該有価証券を取得した時の１株又は１口当たりの純資産価額を修正し，これに基づいてその比較を行う。
　２　当該発行法人が債務超過の状態にあるため１株又は１口当たりの純資産価額が負（マイナス）であるときは，当該負の金額を基礎としてその比較を行う。

ただし，完全支配関係がある子会社で清算中の法人等および通算法人が有する他の通算法人（通算親法人を除く）の株式等に対し計上する評価損については，損金の額に算入されない。なお，完全支配関係がある子会社の税務上の取扱いと税効果については，第20章で詳しく取り上げている。

これらを簡潔にまとめると，非上場の有価証券については，会計上，減損処理により帳簿価額を減額している場合，かつ，図表６－６の判定要件のいずれも満たす場合，その価額の著しい低下について税務上の損金算入が認められる。

図表６－６　非上場有価証券の評価損計上要件

判定要件	内容
①資産状態の著しい悪化（右記いずれかを満たす）	破産手続の決定，再生手続の決定等があった場合
	事業年度末の有価証券の１株当たり純資産価額等が，取得時の１株当たりの純資産額等に比しておおむね50%以上下回る場合
②価額が著しく低下したこと	事業年度末の有価証券の価額が帳簿価額の50%相当額を下回り，かつ，近い将来その価額の回復が見込まれない場合

一方，上場有価証券については，会計上，減損処理により帳簿価額を減額し，事業年度末の有価証券の価額がその時の帳簿価額のおおむね50％相当額を下回

ることとなり，かつ，近い将来その価額の回復が見込まれない場合には，その価額の著しい低下について税務上の損金算入が認められる。

また，会計上の経理処理がなくとも，再生計画認可の決定等により評定を行った場合等には，税務上の損金算入が認められる。

税務上の回復可能性の判断については，会計上の判断と相違することも想定されるが，上場有価証券について一定の形式基準を設け，その合理性について監査法人のチェックを受けて，これを継続的に使用するものであれば，税務上もその基準に基づく損金算入は合理的なものと認められる（国税庁「上場有価証券の評価損に関するＱ＆Ａ」[1]）。

非上場の有価証券については，上場有価証券の考え方が準用されることはあるようだが，合理的な判断基準で回復可能性を示す必要があることから，個別具体的に検討することが必要となる[2,3]。

設例6－8　債務超過となった子会社株式および関連会社株式の減損の税務上の取扱いと税効果会計

前提条件

① 設例6－4の会社のケースについて，税務上の取扱いと税効果会計を検討する。

税務上の取扱いと税効果会計

取得原価と比較した実質価額の下落率は50％を超えており，株式の実質価額は著しく低下している。また，合理的な経営計画はなく，回復可能性の裏付けはないことから，実質価額まで減損処理を行っている。

税務上，「有価証券の価額が著しく低下したこと」とは，当該有価証券の当該事業年度終了の時における価額がその時の帳簿価額のおおむね50％相当額を

1　https://www.nta.go.jp/law/joho-zeikaishaku/hojin/090400/pdf/01.pdf

2　「非上場株式の評価損　回復可能性は上場株式の判断を準用も」週刊税務通信，2009年8月3日号，税務研究会，pp.11-13.

3　「非上場会社株式の評価損について」週刊税務通信，2020年2月17日号，税務研究会，pp.23-30.

下回ることとなり，かつ，近い将来その価額の回復が見込まれないことをいうものとされる。

すなわち，会計上は，回復可能性が不確かな場合には減損を行うこととなるが，税務上は，回復可能性が近い将来に見込まれないときにだけ減損が認められることとなる。

設例６－４のように，事業計画上では，５年内に取得価額まで回復するケースを想定していながら，合理性や実現可能性の観点から会計上は減損処理が必要とされた場合，当該事実によって，税務上は回復可能性がないとはいえず評価損の損金算入が認められない場合も想定される。

このように，会計上減損処理をした場合であっても，税務上は損金算入要件を満たさない場合も少なくなく，その場合は申告書別表４において加算調整を行うことになる。この加算調整については，通常は税効果会計における将来減算一時差異に該当するため，繰延税金資産の回収可能性を判断し，回収可能性があると判断されるときは繰延税金資産を計上することになる。ただし，子会社株式や関連会社株式の減損においては，スケジューリングが不能の場合も多く想定される。

第7章

業績不振企業に対する貸倒引当金・債務保証損失引当金等

本章のポイント

- 子会社が債務超過となり，減損処理が必要と判定された場合には，有価証券の減損のみならず，貸倒引当金および債務保証損失引当金ならびに関係会社事業損失引当金等の計上を検討する必要がある。
- 債務者の財政状態および経営成績等に応じて，債権を一般債権，貸倒懸念債権，破産更生債権等の３つに区分し，債権の区分に応じた貸倒引当金を設定する必要がある。
- 債務保証とは，主たる債務者が債務を履行しない場合に，保証人が当該債務を履行する責任を負うことを契約することによって債権者の債権を担保するものであり，債務保証は偶発債務であることから，引当金の計上の検討および注記の対象となる。

1　業績不振企業に対する貸倒引当金・債務保証損失引当金

（1）問題の所在

第６章では，債務超過会社に対する投資価値の評価を確認したが，このような業績不振企業に対して資本性の投資のほか，貸付金や売掛金等の債権（負債性の投資）を保有しているケースもある。

企業の多くが業績不振に苦しんでいる経済状況下においては，このような債権を適切に評価し，適切な貸倒引当金を設定することが欠かせない。また，企業によっては債務保証を行っていることもあるが，保証先の企業の業績が不振に陥った場合には，その保証に係る損失を適切に見積り，引当金を設定する必要がある。そこで，第7章では，一般事業会社を念頭に置き，特に債務超過子会社に対する引当金を中心に，貸倒引当金，債務保証損失引当金等の会計処理について留意すべき点を確認していきたい。

(2) 引当金

企業会計原則注解【注18】において，引当金計上の4要件が以下のように定められており，この要件に該当する場合には引当金の計上が求められる。

- 将来の特定の費用または損失である
- その発生が当期以前の事象に起因する
- その発生の可能性が高い
- その金額を合理的に見積ることができる

さらに，貸倒引当金の具体的な会計処理や考え方については金融商品会計基準および金融商品実務指針を，債務保証損失引当金の具体的な会計処理や考え方については債務保証取扱いを，それぞれ参照することとなる。

2　債務超過子会社に対する引当金

(1) 問題の所在

第6章では，債務超過会社に対する投資価値の評価を確認した。子会社が債務超過となった場合，「実質価額の著しい低下」の有無と「回復可能性」の有無を検討する必要があり，減損処理が必要と判断された場合，実質価額まで子会社株式の簿価を切り下げなくてはならない。

子会社が債務超過に陥った場合においても，株主としての責任は有限責任であるため，親会社は，会社法上は出資額を限度として損失を負担すればよい。しかしながら，親会社が主たる債権者であったり，債務保証を行っていたりする場合が多くあり，また，これらの契約等がない場合においても，親会社の子会社に対する経営責任や対外的な信用保持のための経営判断等により，親会社が最終的な損失を負担する場合が通常である。

一方で，子会社株式の簿価をマイナスにすることはできず，子会社株式の減損だけではそれ以上の損失について計上することができない。このような損失には，どのような会計処理が求められるかについて確認する。

(2) 考え方

子会社が計上した損失のうち株主の出資額を超える部分は，事実上親会社負担となることから，原則として，非支配株主の負担すべき額は非支配株主の出資額に限定され，債務超過額は非支配株主持分に負担させず，親会社が全額負担する。

しかしながら，非支配株主との間で損失分担契約がある場合や，債務の引受け，債務保証など，ある一定額まで出資額を超えて非支配株主が負担するといった合意が存在する場合には，契約による損失分担割合または持分割合等，債務超過額のうち非支配株主が事実上負担することになると考えられる割合に相当する額を非支配株主に負担させ，非支配株主が負担すべき額を超える場合には，当該超過額を親会社が負担する。

これらの考え方は連結財務諸表を作成する際に用いられるものであるが，個別財務諸表上の会計処理についても，基本的な考え方は変わらない。

債務超過子会社の損失についての責任は，第一義的には親会社にあると考えられ，当該損失を個別上も何らかの勘定科目によって計上することが求められる。

(3) 会計処理

上記の考え方を踏まえると，債務超過子会社の親会社は，債務超過部分を個別財務諸表上，何らかの損失として会計処理することが必要となる。

一方で，出資額を超える損失は，子会社株式を全額減損するだけではまかないきれない。そのような場合は，まかないきれない損失（債務超過）に対して引当金を計上することが考えられる。

まず，親会社が債権者である場合には，通常，当該超過部分については債権を回収できない可能性が高いといえるため，貸倒引当金を設定する（本章「３　貸倒引当金」参照）。

次に，子会社に対する債権以上の損失（債務超過）がある場合において，親会社が子会社に債務保証を行っている場合は，当該超過部分についても，通常，債務保証損失の発生の可能性が高いといえるため，債務保証損失引当金を設定する（本章「４　債務保証」参照）。

さらに，損失（債務超過）が残る場合は，引当金の要件を満たす限り，当該損失の性格に応じた引当金を設定する。たとえば，将来，親会社が子会社の損失を負担する可能性が高く，金額を合理的に見積ることができるような場合においては，①将来の特定の費用または損失であり，②発生は当期以前の事象に起因しており，③発生の可能性が高く，④金額を合理的に見積ることが可能となり，前述の引当金の４要件を満たすことから，引当金の計上が求められることとなる。多くの会社においては，「関係会社事業損失引当金」や「関係会社整理損失引当金」等の名称で，債務超過の金額に合わせて引当金を設定しているが，子会社の債務超過に関連して，リストラクチャリング費用や，それ以上の損失が想定され，引当金の要件を満たす場合には，債務超過以上の引当金を設定する場合もある（図表７－１参照）。なお，以下の説明では当該引当金について「関係会社事業損失引当金」という科目名に便宜的に統一する（なお，事例についてはp.117のコラム参照）。

図表７－１　債務超過子会社に対する引当金

①子会社に対する債権＞債務超過

貸倒引当金=債務超過

②子会社に対する債権＋債務保証額＞債務超過＞子会社に対する債権

貸倒引当金=子会社に対する債権
債務保証損失引当金=債務超過－子会社に対する債権

③子会社に対する債権＋債務保証額＜債務超過

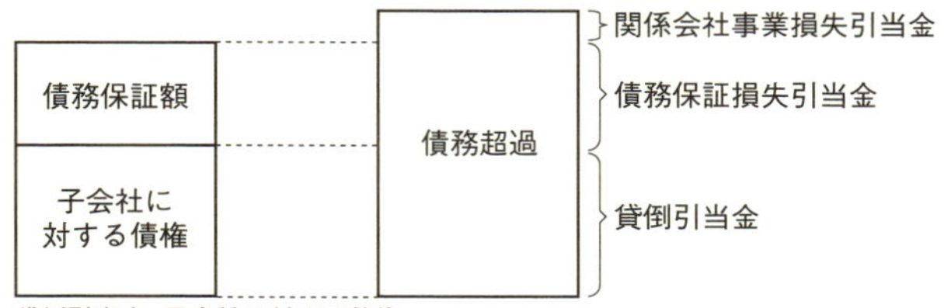

貸倒引当金=子会社に対する債権
債務保証損失引当金=債務保証額
関係会社事業損失引当金=債務超過－（貸倒引当金＋債務保証損失引当金）

④債務超過以上の損失が想定される場合

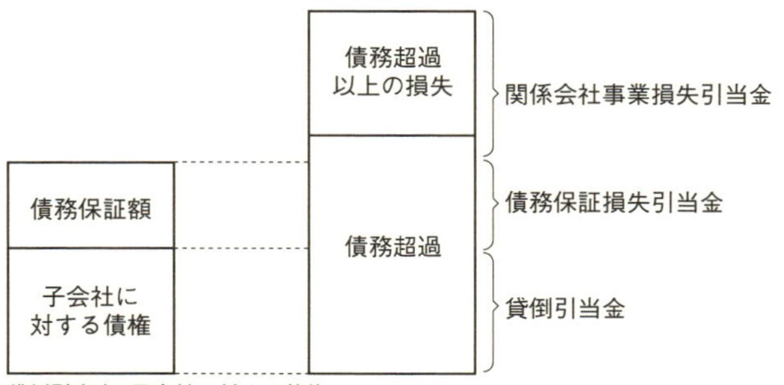

貸倒引当金=子会社に対する債権
債務保証損失引当金=債務保証額
関係会社事業損失引当金=債務超過－（貸倒引当金＋債務保証損失引当金）＋債務超過以上の損失

なお，孫会社が債務超過となっている場合には，子会社の貸倒引当金およびその他の引当金で調整を行う方法が考えられる。孫会社の債務超過を加味すると子会社も実質的に債務超過となる可能性が考えられることから，子会社の債務超過額を算定する前に，まず，子会社側で貸倒引当金およびその他の引当金の計上を検討することが求められ，この場合には，当該調整額を加味した子会社の債務超過額に応じて，親会社における引当金が計上されることとなる。

しかしながら，子会社は債務超過に至らず，親会社まで損失が及ばないことも想定される。そのような場合においては，必ずしも親会社における引当金の計上は必要ないものと考えられるが，孫会社の債務を保証している場合など，親会社に引当金の4要件を満たす事由が生じている場合においては，別途，引当金の計上が必要となる。

CMS子会社から債務超過子会社への引当金

近年，連結グループ内の資金管理の一元化や資金の有効活用を企図して，キャッシュ・マネジメント・システム（CMS）を導入する企業が増加している。CMSの運用主体は，親会社が務める場合もあれば，グループ内の金融子会社がその役割を担う場合もある。

このとき，債務超過の子会社の運転資金などを，CMS子会社が貸し付けている場合，当該CMS子会社において引当金（貸倒引当金など）を計上すべきかどうかという点が論点となる。債務超過見合いの引当金は，最終的な負担が親会社に帰属するのであれば親会社で計上することが考えられるが，実際にすでに資金を貸し付けているような場合には，原則としてCMS子会社として貸倒引当金の計上が必要となることも考えられる。その場合であっても，債務超過見合いの引当金と同様，貸付金の最終的な負担も親会社が引き受けることが考えられるが，当該損失（貸倒引当金繰入額）をCMS子会社ではなく親会社で計上するためには，債務保証契約など，一定の手続を要するとも考えられる。

東証プライム上場企業の引当金の分析

引当金の４要件を満たす限り，企業は貸倒引当金や債務保証損失引当金に限らず，債務超過子会社の損失に対する引当金や，過去の事象に起因した将来の事業損失に対しても引当金の計上が求められる。

以下は，東証プライム上場企業の2022年４月から2023年３月末決算において計上されていた，関係会社の事業損失などに起因すると思われる引当金の勘定科目の一例（およびその会社数）である。

（掲示用）

勘定科目名	会社数	
	単体	連結
関係会社支援損失引当金	3	0
関係会社事業損失引当金	116	18
関係会社整理損失引当金	6	10
関係会社清算損失引当金	1	1
関係会社投資損失引当金	5	1
関係会社投資等損失引当金	1	1
関連事業損失引当金	1	0
事業構造改革引当金	2	3
事業構造改善引当金	15	16
事業再構築引当金	1	1
事業再編引当金	2	1
事業譲渡損失引当金	2	1
事業整理損失引当金	4	14
事業損失引当金	6	5
事業撤退損失引当金	7	7

（※）その他，関係会社債務保証損失引当金，関係会社損失引当金，構造改革引当金，事業再編損失引当金，特定の事業の名称を付した損失引当金などの事例がみられた。

上位５科目のうち，「関係会社事業損失引当金」や「関係会社投資損失引当金」は連結財務諸表に比べて個別財務諸表での計上会社数が圧倒的に多く，連結財務諸表で消去される債務超過見合いの引当金の科目として使用されていることが推測される。

設例７－１　債務超過子会社に対する引当金

前提条件

①　Ｐ社は，製造業を営む上場会社である。当社は３月決算の会社であり，当期は×４年３月期にあたる。

②　創業時より販売業を営むＳ社の株式の80%（240,000千円）を保有している。

③　Ｓ社も当社と同じく３月決算の会社であるが，×３年３月期，×４年３月期の２期連続赤字により，×４年３月期に600,000千円の債務超過に陥った。

④　Ｓ社の実態調査，事業計画の検討の結果，Ｓ社株式の減損処理が必要とＰ社は判断した。

⑤　Ｐ社はＳ社に対して50,000千円の債権を保有している。

⑥　Ｓ社の100,000千円の借入金に対してＰ社は連帯保証をしており，Ｓ社の債務超過分についてはＰ社が全額弁済をする意向である。

⑦　税効果会計については考慮しない。

会計処理　（単位：千円）

①　Ｓ社株式の減損処理

（借）	子会社株式評価損	(※) 240,000	（貸）	Ｓ社株式	(※) 240,000

（※）取得原価（前提条件②参照）

②　債務超過に対応する債権の貸倒処理

（借）	貸倒損失	(※) 50,000	（貸）	Ｓ社債権	(※) 50,000

（※）貸倒債務純額（前提条件⑤参照）

金融商品実務指針では債権の回収可能性がほとんどないものと判断された場合には，貸倒損失額を債権から直接減額するとされている（金融商品実務指針123項）。ここでは，回収可能性はほとんどないものと判断し，債権から直接減額（オフバランス処理）をする。

③　債務超過に対応する連帯保証の引当計上

（借）	債務保証損失 引当金繰入額	(※) 100,000	（貸）	債務保証損失引当金	(※) 100,000

（※）100,000＝債務超過額600,000（前提条件③参照）－貸倒損失50,000>債務保証額100,000（前提条件⑥参照）

④　債務超過に対応する弁済残額分

（借）	関係会社事業損失引当金繰入額	（※）450,000	（貸）	関係会社事業損失引当金	（※）450,000

（※）450,000＝債務超過額600,000（前提条件③参照）－貸倒損失50,000－債務保証額100,000（前提条件⑥参照）

［前期（×３年度）末B/S（抜粋）］

（資産の部）	
Ｓ社株式	240,000
Ｓ社債権	50,000

［当期（×４年度）末B/S（抜粋）］

（資産の部）	
Ｓ社株式	－
Ｓ社債権	－
（負債の部）	
債務保証損失引当金	50,000
関係会社事業損失引当金	450,000

第６章においても多少触れているが，子会社が債務超過となり，減損処理が必要と判定された場合には，有価証券の減損処理のみならず，貸倒引当金および債務保証損失引当金，ならびに関係会社事業損失引当金の計上を検討する必要がある。

設例７－１においては，貸倒引当金，債務保証損失引当金および関係会社事業損失引当金の計上を行っている。

また，当設例では税効果を考慮していないが，引当金の発生した期では税務上損金の算入が認められず，当該差異が解消するときに税金を減額させる効果がある場合は，税効果会計を適用し，回収可能性を検討した上で，当該差異の発生年度にそれに対する繰延税金資産を計上する必要がある。

さらに，開示上，注記においてそれぞれの引当金の計上基準を会計方針として記載することが必要である（財務諸表等規則８条の２第６号，会社計算規則101条１項３号）。

■注記例　秩父鉄道㈱（2023年３月期）有価証券報告書

> (5)　関係会社事業損失引当金
> 　関係会社の事業に伴う損失に備えるため，関係会社の財政状態等を勘案し，債務超過額のうち，当該関係会社に対して計上している貸倒引当金を超過する金額について計上しております。

3　貸倒引当金

（1）債権の区分

①　債権区分の考え方

前述のとおり，子会社が債務超過となった場合には，親会社の経営責任等により，債務超過額を全額引き当てる会計処理が一般的である。しかしながら，債務超過とはなっていないが，業績が不振となっている子会社に対する債権や，その他の業績不振先の債権については，金融商品会計基準に従い，債権を３つに区分し，債権の区分に応じた貸倒引当金を設定する必要がある。

金融商品会計基準第27項では，貸倒見積高の算定にあたり，債務者の財政状態および経営成績等に応じて，債権（未収利息を含む。以下同じ。）を一般債権，貸倒懸念債権，破産更生債権等の３つに区分することとしている。

②　債権の３区分

企業はまず，債権を，ｉ）一般債権，ⅱ）貸倒懸念債権，ⅲ）破産更生債権等の３区分に分類することが求められる。

ｉ）一般債権

一般債権とは，経営状態に重大な問題が生じていない債務者に対する債権をいう（金融商品会計基準27項⑴）。

具体的には，貸倒懸念債権および破産更生債権等以外の債権として区分されることとなる。なお，重要な債務者については，債務の弁済について問題となる兆候が見られる場合はもちろん，それ以外の場合でも一定期間ごとに業況および財務内容を調査した上で，債務弁済能力を検討することが必要である（金融商品実務指針109項）。

一般事業会社においては，金融機関のような厳密な自己査定[1]は求められないが，重要な債務者については，少なくとも債務の延滞が発生した期や，一定期間ごとに債務者から財務諸表を入手し，査定表などを作成し，貸借対照表や損益計算書，債務償還年数などの分析を行い，債務弁済能力を検討することが求められ，何らの検討をせずに毎期，一般債権としておくことは認められない。また，その他の債務者についても，一定期間ごとに自己査定表を作成するか，純資産や，純利益の分析などを行うことが望ましい。

ii）貸倒懸念債権

貸倒懸念債権とは，経営破綻の状況には至っていないが，ａ）債務の弁済に重大な問題が生じているかまたは，ｂ）生じる可能性の高い債務者に対する債権をいう（金融商品会計基準27項(2)）。

ａ）債務の弁済に重大な問題が生じているとは，現に債務の弁済がおおむね１年以上延滞している場合のほか，弁済期間の延長または弁済の一時棚上げおよび元金または利息の一部を免除するなど債務者に対し弁済条件の大幅な緩和を行っている場合が含まれる。
ｂ）債務の弁済に重大な問題が生じる可能性が高いとは，業況が低調ないし不安定，または財務内容に問題があり，過去の経営成績または経営改善計画の実現可能性を考慮しても債務の一部を条件どおりに弁済できない可能性の高いことをいう。財務内容に問題があるとは，現に債務超過である場合のみならず，債務者が有する債権の回収可能性や資産の含み損を考慮すると実質的に債務超過の状態に陥っている状況を含む（金融商品実務指針112項）。

iii）　破産更生債権等

破産更生債権等とは，経営破綻または実質的に経営破綻に陥っている債務者に対する債権をいう（金融商品会計基準27項(3)）。

経営破綻に陥っている債務者とは，法的，形式的な経営破綻の事実が発生している債務者をいい，たとえば，破産，清算，会社整理，会社更生，民事再生，手形交換所における取引停止処分等の事由が生じている債務者である。実質的

1　銀行等の金融機関においては，貸付先の財政状態などを分析して，債務者のリスクについての査定を行っており，この査定のことを自己査定と呼んでいる。

に経営破綻に陥っている債務者とは，法的，形式的な経営破綻の事実は発生していないものの，深刻な経営難の状態にあり，再建の見通しがない状態にあると認められる債務者である（金融商品実務指針116項）。

それぞれの区分の定義は図表７－２のとおりであり，また，会社によっては図表７－３のようなフローチャート等を作成して債権を区分することとなる。

図表７－２　債権の区分

債権の区分	内　　容
一般債権	経営状態に重大な問題が生じていない債務者に対する債権
貸倒懸念債権	経営破綻の状況には至っていないが，債務の弁済に重大な問題が生じているかまたは生じる可能性の高い債務者に対する債権
破産更生債権等	経営破綻または実質的に経営破綻に陥っている債務者に対する債権

図表７－３　債権の区分の判定フローチャート

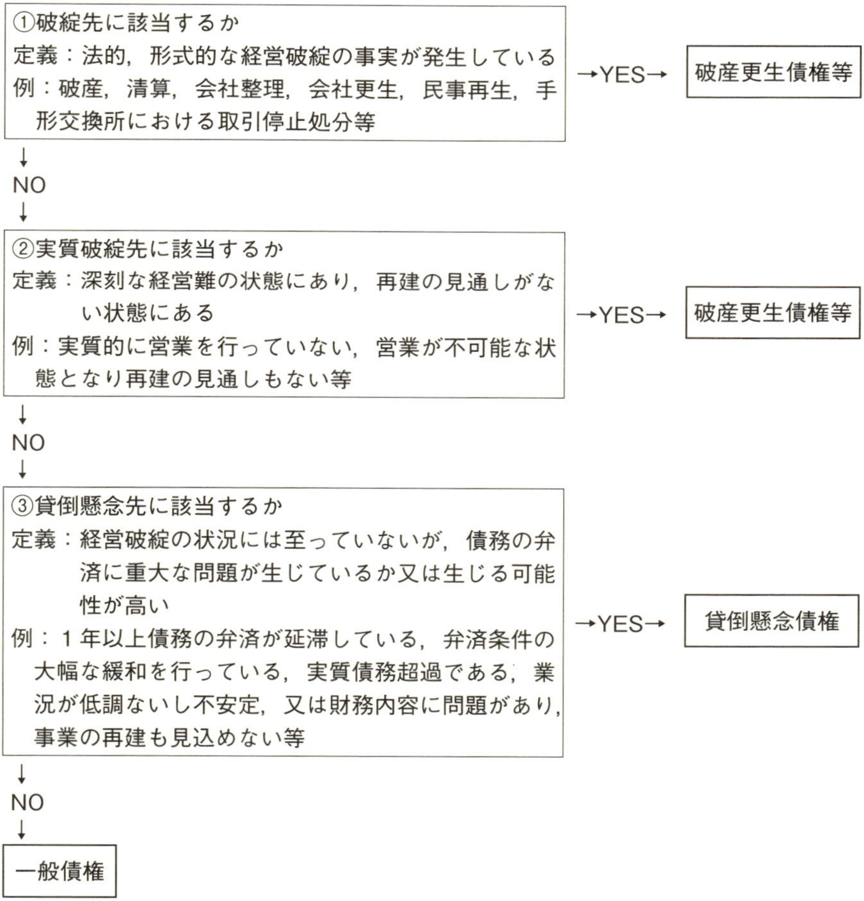

①破綻先に該当するか 定義：法的，形式的な経営破綻の事実が発生している 例：破産，清算，会社整理，会社更生，民事再生，手形交換所における取引停止処分等	→YES→	破産更生債権等
↓NO↓		
②実質破綻先に該当するか 定義：深刻な経営難の状態にあり，再建の見通しがない状態にある 例：実質的に営業を行っていない，営業が不可能な状態となり再建の見通しもない等	→YES→	破産更生債権等
↓NO↓		
③貸倒懸念先に該当するか 定義：経営破綻の状況には至っていないが，債務の弁済に重大な問題が生じているか又は生じる可能性が高い 例：１年以上債務の弁済が延滞している，弁済条件の大幅な緩和を行っている，実質債務超過である，業況が低調ないし不安定，又は財務内容に問題があり，事業の再建も見込めない等	→YES→	貸倒懸念債権
↓NO↓		
一般債権		

次に財務状況の異なる会社に対する債権の原則法による区分について，設例により具体的に検討する。

設例７－２　債権の区分（一般債権）

前提条件

①　Ｐ社はＡ社に対して債権を保有している。
②　Ａ社の財務状況は以下のとおりである。（単位：千円）

純資産	1,000,000
経常利益	100,000
当期純損失	△100,000

- 債務の弁済はスケジュールどおりに行われている。
- 直近の決算では，リストラ費用の計上により，当期純損益は損失となったが，経常利益は毎期黒字を計上している。

債権の区分

「一般債権」

直近の決算での損失は一時的な要因によるものであり，債務の弁済に重大な問題が生じているとはいえないため，一般債権の区分で問題ないと考えられる。

設例７－３　債権の区分（貸倒懸念債権）

前提条件

①　Ｐ社はＢ社に対して債権を保有している。
②　Ｂ社の財務状況は以下のとおりである。（単位：千円）

純資産	△1,000,000
経常損失	△100,000
当期純損失	△200,000

- 現状では，債務の弁済はスケジュールどおりに行われているが，当期赤字決算により債務超過となった。
- 経営改善計画はあるものの，今後も赤字決算が継続することが見込まれ，債務超過の解消の目途は立っていない。

債権の区分

「貸倒懸念債権」

業況が低調かつ債務超過に陥っており，債務の弁済に重大な問題が生じる可能性が高いことから，貸倒懸念債権とすることが考えられるが，深刻な経営難の状態にあり，再建の見通しがないと判断される場合には，実質破綻先として破産更生債権等に分類される点に留意が必要である。

設例7－4　債権の区分（破産更生債権等）

前提条件

①　Ｐ社はＣ社に対して債権を保有している。

②　Ｃ社の財務状況は以下のとおりである。（単位：千円）

純資産	△100,000
経常損失	△10,000
当期純損失	△10,000

・債務超過に陥っていたことから当期に会社更生法の適用を申請した。

債権の区分

「破産更生債権等」

会社更生法の適用を申請しており，法的な経営破綻の事実が発生していることから破産更生債権等とすることが妥当である。

---

③　そ の 他

i）簡 便 法

一般事業会社においては，すべての債務者について，業況の把握および財務内容に関する情報の入手を行うことは困難であることが多い。この場合，原則的な区分方法に代えて，たとえば，債権の計上月（売掛金等の場合）または弁済期限（貸付金等の場合）からの経過期間に応じて債権区分を行うなどの簡便な方法も認められる（金融商品実務指針107項）。

ii）関係会社債権

一般事業会社の連結子会社ならびに持分法適用の子会社および関連会社については，まず当該会社が保有する債権を金融商品実務指針第106項の分類に基づき区分して同実務指針に基づく貸倒見積高の算定をした上で，債務者の財務状況の把握と債務弁済能力の検討を行い，当該子会社または関連会社に対する債権の区分の判定を行う（金融商品実務指針108項）。

（2）貸倒引当金の会計処理および表示

①　貸倒引当金の会計処理

前述のとおり，貸倒引当金の会計処理にあたっては，まず，会社が保有する債権を一般債権，貸倒懸念債権，破産更生債権等の３つに区分し，債権の区分によって貸倒見積高を算定し，当該金額を貸倒引当金として計上することとなる（金融商品会計基準27項）。

②　損益計算書の表示

貸倒引当金の繰入額は，対象債権の性格に応じて，原則として営業費用または営業外費用に計上することとなるが，当事業年度末における貸倒引当金のうち直接償却により債権額と相殺した後の不要となった残額があるときは，これを取り崩し，当期繰入額と相殺しなければならない。繰入額の方が多い場合には，その差額は対象債権の割合等により，営業費用または営業外費用に按分して計上しなければならず，取崩額の方が大きい場合には，企業会計基準第24号第55項に従って，原則として営業費用または営業外費用から控除するか営業外収益として当該期間に認識する（金融商品実務指針125項）。

貸倒引当金の計上は会計上の見積りにあたるため，当期に新たな情報を得たことにより見積りの変更を行う場合には，遡及処理をせず，その影響を当期以降の財務諸表において認識することとなる（企業会計基準第24号17項）。

しかし，債権管理を適切に行っておらず債務者の倒産情報を見逃していた場合など，過去の財務諸表作成時において入手可能な情報に基づき最善の見積りを行っていたとは認められず，引当額の過不足が計上時の見積り誤りに起因する場合には，過去の誤謬に該当するため，修正再表示を行うこととなる（企業会計基準第24号55項）。

③　貸借対照表の表示

貸倒引当金は，原則として，その債権が属する科目ごとに債権金額または取得価額から控除する形式で記載するが，債権の回収可能性がほとんどないと判断された場合には，貸倒損失額を債権から直接減額しなければならない。また，２つ以上の科目について，貸倒引当金を一括して記載する方法および直接控除した残額のみを記載し，貸倒引当金を注記する方法も認められる（財務諸表等規則20条，34条など，会社計算規則78条）（図表７－４参照）。

図表７－４　貸倒引当金の貸借対照表の表示

科目別間接控除法	債権が属する科目ごとに債権金額または取得価額から控除
一括間接控除法	２以上の科目について，貸倒引当金を一括して記載
直接控除注記法	直接控除した残額のみを記載し，貸倒引当金を注記

④　直接減額後に回収した場合の会計処理

貸倒見積高を債権から直接減額した後に，残存する帳簿価額を上回る回収があった場合には，原則として営業外収益として当該期間に認識する（金融商品実務指針124項）。

（３）貸倒見積高の算定

①　一般債権の貸倒見積高の算定

ｉ）貸倒実績率法

金融商品会計基準第28項(1)では，一般債権について，債権全体または同種・同類の債権ごとに，債権の状況に応じて求めた過去の貸倒実績率等合理的な基準により貸倒見積高を算定することとしており，この方法を「貸倒実績率法」という。

ⅱ）区　　分

債権を同種・同類の債権に区分する場合，同種とは売掛金・受取手形・貸付金・未収金等の別における同一のものをいい，また，同類とは同種よりもより大きな区分，すなわち，営業債権と営業外債権の別における同一のもののほか，短期と長期の期間別区分をいう。

債権の状況に応じて求めた過去の貸倒実績率とは，一般債権においても個々の債権が有する信用リスクの程度には差があるため，与信管理目的で債務者の財政状態・経営成績等に基づいて債権の信用リスクのランク付け（内部格付）が行われている場合に，当該信用リスクのランクごとに区分して過去の実績から算出した貸倒実績率をいう。

ⅲ）期　　間

貸倒実績率は，ある期における債権残高を分母とし，翌期以降における貸倒損失額を分子として算定するが，貸倒損失の過去のデータから貸倒実績率の算定期間は，一般には，債権の平均回収期間が妥当である。ただし，当該期間が１年を下回る場合には，１年とする。なお，当期末に保有する債権について適用する貸倒実績率を算定するにあたっては，当期を最終年度とする算定期間を含むそれ以前の２～３算定期間に係る貸倒実績率の平均値による（金融商品実務指針110項）。

図表７－５　貸倒実績率法

貸倒引当金=期末の一般債権×貸倒実績率

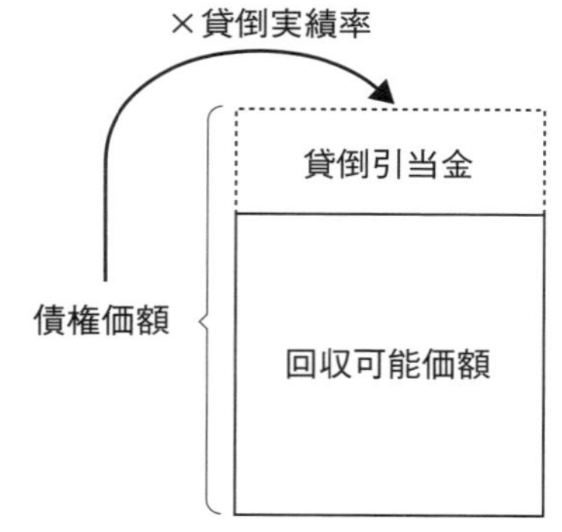

（出典）EY新日本有限責任監査法人ＨＰ「わかりやすい解説シリーズ「金融商品」」

②　貸倒懸念債権の貸倒見積高の算定

貸倒懸念債権については，債権の状況に応じて，次のいずれかの方法により貸倒見積高を算定することとされている（金融商品会計基準28項(2)）。

ⅰ）財務内容評価法

担保または保証が付されている債権について，債権額から担保の処分見込額および保証による回収見込額を減額し，その残額について債務者の財政状態および経営成績を考慮して貸倒見積高を算定する方法

ⅱ）キャッシュ・フロー見積法

債権の元本の回収および利息の受取りに係るキャッシュ・フローを合理的に見積ることができる債権については，債権の発生または取得当初における将来キャッシュ・フローと債権の帳簿価額との差額が一定率となるような割引率を算出し，債権の元本および利息について，元本の回収および利息の受取りが見込まれるときから当期末までの期間にわたり，債権の発生または取得当初の割引率で割り引いた現在価値の総額と債権の帳簿価額との差額を貸倒見積高とする方法

ⅰ）財務内容評価法

■概　要

財務内容評価法を採用する場合には，債務者の支払能力を総合的に判断する必要がある。債務者の支払能力は，債務者の経営状態，債務超過の程度，延滞の期間，事業活動の状況，銀行等金融機関および親会社の支援状況，再建計画の実現可能性，今後の収益および資金繰りの見通し，その他債権回収に関係のある一切の定量的・定性的要因を考慮することにより判断される。一般事業会社においては，債務者の支払能力を判断する資料を入手することが困難な場合もあり，たとえば，貸倒懸念債権と初めて認定した期には，担保の処分見込額および保証による回収見込額を控除した残額の50％を引き当て，次年度以降において，毎期見直す等の簡便法を採用することも考えられる。ただし，個別に重要性の高い貸倒懸念債権については，可能な限り資料を入手し，評価時点における回収可能額の最善の見積りを行うことが必要である。

■担　保

担保には，預金および市場性のある有価証券など信用度，流通性の高い優良な担保をはじめ，不動産，財団等処分に時間を要するものまでさまざまあるが，担保の処分見込額を求めるにあたっては，合理的に算定した担保の時価に基づくとともに，当該担保の信用度，流通性および時価の変動の可能性を考慮する必要がある。なお，簡便法として，担保の種類ごとに信用度，流通性および時価の変動の可能性を考慮した一定割合の掛目を適用する方法が認められる。

■保　証

保証による回収見込額を求めるにあたっては，保証人の資産状況等から保証人が保証能力を有しているか否かを判断するとともに，個人にあっては保証意思の確認，法人にあっては保証契約など保証履行の確実性について検討する必要がある。

担保の処分見込額および保証による回収見込額については，定期的に担保の評価や保証人の資産状況等について見直しを行う必要がある。

■清算配当

なお，清算配当等により回収が可能と認められる金額については，担保の処分見込額および保証による回収見込額と同様に債権額から減額することができる。清算配当等により回収が可能と認められる金額とは，債務者の資産内容，他の債権者に対する担保の差入れ状況を正確に把握して当該債務者の清算貸借対照表を作成し，それに基づく清算配当等の合理的な見積りが可能である場合における，当該清算配当見積額をいう（金融商品実務指針114項）。

図表７－６　財務内容評価法

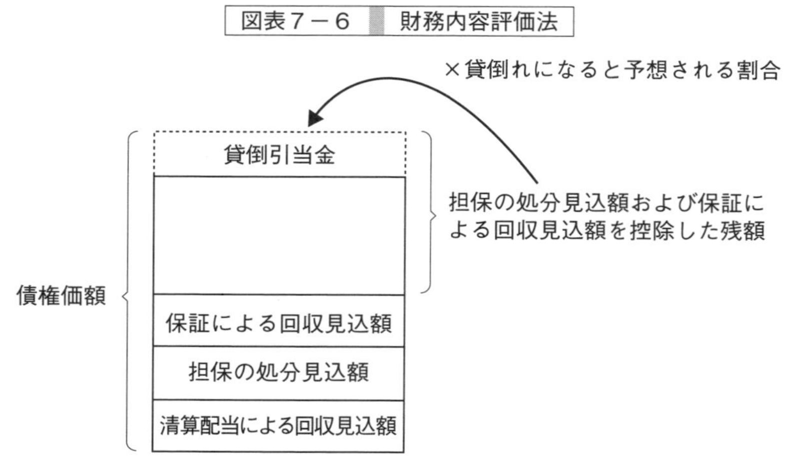

設例７－５　貸倒懸念債権の会計処理（財務内容評価法）

前提条件

① P社はA社に対する債権を100,000千円保有している。

② A社は経営破綻の状態には至っていないが，債務の弁済に重大な問題が生じている可能性があり，当該債権は貸倒懸念債権に分類された。

③ P社はA社に対する債権につき不動産を担保として設定している。当該不動産の鑑定評価額は30,000千円であり，処分可能見込額は21,000千円であった。

④ P社の債権は担保の処分可能見込額を控除した残額の50%が貸倒れになると予想される。

⑤ 税効果会計については考慮しない。

会計処理　（単位：千円）

A社債権に対する貸倒引当金計上

（借）貸倒引当金繰入額	(※) 39,500	（貸）貸倒引当金	(※) 39,500

(※) 39,500＝債権100,000（前提条件①参照）－担保の処分可能見込額21,000（前提条件③参照）×貸倒率50%（前提条件④参照）

---

ii）キャッシュ・フロー見積法

■概　要

キャッシュ・フロー見積法を採用する場合に，債権の元利回収に係る契約上の将来キャッシュ・フローが予定どおり入金されないおそれがあるときは，支払条件の緩和が行われていれば，それに基づく将来キャッシュ・フローを用い，それが行われていなければ，回収可能性の判断に基づき入金可能な時期と金額を反映した将来キャッシュ・フローの見積りを行った上で，それを債権の発生当初の約定利子率または取得当初の実効利子率で割り引く。

■会計処理

将来キャッシュ・フローの見積りは，少なくとも各期末に更新し，貸倒見積高を洗い替える。割引効果の時間の経過による実現分のうち貸倒見積高の減額分は，原則として，受取利息に含めて処理する（第1法）。ただし，それを受取利息に含めないで貸倒引当金戻入額として営業費用または営業外費用から控除するか営業外収益に計上すること（第2法）もできる（金融商品実務指針115項）。

図表７－７　キャッシュ・フロー見積法

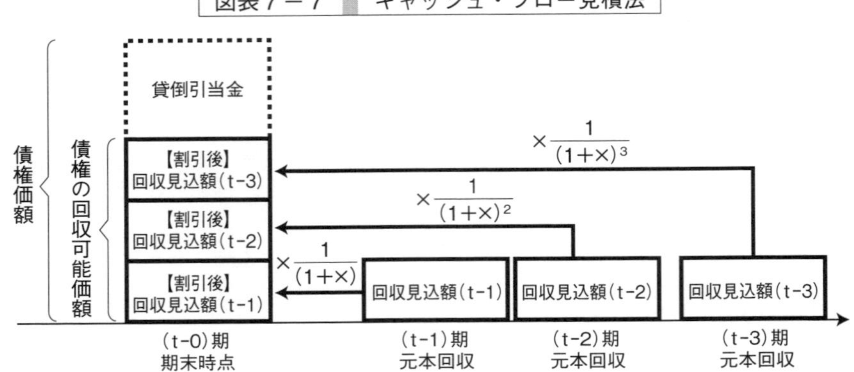

（※）期末後３年間にわたり元本の回収がなされる場合
（出典）EY新日本有限責任監査法人ＨＰ「わかりやすい解説シリーズ「金融商品」」

設例７－６　貸倒懸念債権の会計処理（キャッシュ・フロー見積法）

前提条件

① Ｐ社は，×３年３月末日時点で，Ａ社に対する債権を100,000千円保有している。

② 当初の契約は，約定利子率年６％（毎年１回，期末後払い），返済期限×５年３月末日（一括返済）であった。

③ しかしながら，Ａ社は業績不振の状況にあり，Ｐ社は×３年３月末日に１年分の利息6,000千円を受け取った後で，Ａ社の債権につき条件緩和の申し出を受け，契約内容の変更に合意した。

④ 変更後の契約は，約定利子率は年０％（利息免除）とし，元本の返済は×５年３月末日，×６年３月末日，×７年３月末日，×８年３月末日の４回にわたり，25,000千円ずつ均等額での返済とした。Ａ社は同社債権を貸倒懸念債権として分類した。

⑤ 税効果会計については考慮しない。

会計処理　（単位：千円）

①　将来キャッシュ・フロー

	×４年3月31日	×５年3月31日	×６年3月31日	×７年3月31日	×８年3月31日	合計
当初想定されていた将来キャッシュ・フロー	6,000	106,000	―	―	―	112,000
約定利子率６％に基づく現在価値割引率	1.06	$(1.06)^2$	$(1.06)^3$	$(1.06)^4$	$(1.06)^5$	―
当初想定されていた将来キャッシュ・フローを約定利子率６％で割り引いた現在価値	5,660	94,339	―	―	―	100,000
条件緩和後の将来キャッシュ・フロー	―	25,000	25,000	25,000	25,000	100,000
条件緩和後の将来キャッシュ・フローを約定利子率６％で割り引いた現在価値	―	22,250	20,990	19,802	18,681	81,724

②　条件緩和時（×３年３月31日）の貸倒引当金計上

（借）貸倒引当金繰入額	(※) 18,276	（貸）貸倒引当金	(※) 18,276

（※）条件緩和後の将来キャッシュ・フローを当初の約定利子率６％で割り引いた現在価値81,724（①将来キャッシュ・フローと現在価値を参照）と債権金額100,000の差額18,276を貸倒引当金に計上する。

③　条件緩和後第１回期末日（×４年３月31日）（第１法）の処理

（借）貸倒引当金	(※) 4,903	（貸）受取利息	(※) 4,903

（※）条件緩和後の将来キャッシュ・フローを当初の約定利子率６％で割り引いた現在価値81,724を元本として，当初の約定利子率年６％を乗じた4,903となる。この結果，貸倒引当金残高は13,373（＝18,276－4,903）となる。なお，将来キャッシュ・フローの見積りは×３年３月末時点と変わらず，当初約定利子率で割り引いた現在価値の合計は86,627であるため，貸倒引当金は債権金額と現在価値額との差額に一致する。

④　×５年３月31日（分割返済）（第１法）の処理

ｉ）　利息の計上

（借）貸倒引当金	(※) 5,198	（貸）受取利息	(※) 5,198

（※）×３年３月末時点の現在価値86,627（③の（※）のコメント参照）を元本として，当初の約定利子率年６％を乗じた5,198となる。

ⅱ）　債権回収

（借）現金預金	(※) 25,000	（貸）A社債権	(※) 25,000

（※）分割返済額（前提条件④参照）

⑤　×6年3月期，×7年3月期，×8年3月期も同様の処理を行う。

⑥　×8年3月期の処理をもって，A社債権残高，貸倒引当金は0となる。

なお，当設例で計上されている受取利息は全額，時の経過による貸付金の変動額であるため，第2法によった場合には全額，貸倒引当金戻入額となる。

---

③　破産更生債権等の貸倒見積高の算定

ⅰ）財務内容評価法

■概　要

金融商品会計基準第28項(3)では，破産更生債権等について，債権額から担保の処分見込額および保証による回収見込額を減額し，その残額を貸倒見積高とすることとしている（財務内容評価法）。

■清算配当

清算配当等により回収が可能と認められる金額は，担保の処分見込額および保証による回収見込額と同様に債権額から減額することができる。清算配当等により回収が可能と認められる金額とは，清算人等から清算配当等として通知を受けた金額のほか，債務者の資産内容，他の債権者に対する担保の差入れ状況を正確に把握して当該債務者の清算貸借対照表を作成し，それに基づく清算配当等の合理的な見積りが可能である場合における当該清算配当見積額を含む。

■担保および保証

担保および保証の取扱いについては，貸倒懸念債権における当該取扱いに準じる（金融商品実務指針117項）。

設例7－7　破産更生債権等の会計処理（財務内容評価法）

前提条件

①　P社はA社に対する債権を100,000千円保有している。

②　A社は会社更生法の適用を申請しており，当該債権は破産更生債権等に分

類された。

③　Ｐ社はＡ社に対する債権につき不動産を担保として設定している。当該不動産の鑑定評価額は30,000千円であり，処分可能見込額21,000千円であった。

④　税効果会計については考慮しない。

会計処理　（単位：千円）

①　Ａ社債権に対する貸倒引当金の計上

（借）	貸倒引当金繰入額	(※) 79,000	（貸）	貸倒引当金	(※) 79,000

（※１）79,000＝債権100,000（前提条件①参照）－担保の処分可能見込額21,000（前提条件③参照）

（4）まとめ

貸倒引当金の算定にあたっては，まず，債権を３つの区分に分類する。この区分にあたっては，重要な債務者については，少なくとも債務の延滞が発生した期や，一定期間ごとに債務者から財務諸表を入手し，債務弁済能力を検討することが求められる。

次に，債権の区分に応じて貸倒見積高を算定する。貸倒見積高の算定にあたっては，債権の区分の際に用いた情報のほか，過去の貸倒実績や，担保，保証人などの情報が必要となり，これらの情報についても準備をすることが求められる。債権の区分に応じた，貸倒引当金の計算方法は次頁の図表７－８のとおりである。

図表７－８　債権の区分と貸倒引当金の計算方法

債権の区分	貸倒引当金の計算方法	計算方法の説明	計算方法
一般債権	貸倒実績率法	債権全体または同種・同類の債権ごとに，債権の状況に応じて求めた過去の貸倒実績率等合理的な基準により貸倒見積高を算定する方法	債権×貸倒実績率
貸倒懸念債権	財務内容評価法	担保または保証が付されている債権について，債権額から担保の処分見込額および保証による回収見込額を減額し，その残額について債務者の財政状態および経営成績を考慮して貸倒見積高を算定する方法	債権－担保の処分見込額－保証による回収見込額
	キャッシュ・フロー見積法	債権の元本の回収および利息の受取に係るキャッシュ・フローを合理的に見積ることができる債権について，債権の発生または取得当初における将来キャッシュ・フローと債権の帳簿価額との差額が一定率となるような割引率を算出し，債権の元本および利息について，元本の回収および利息の受取が見込まれるときから当期末までの期間にわたり，債権の発生または取得当初の割引率で割り引いた現在価値の総額と債権の帳簿価額との差額を貸倒見積高とする方法	債権－当初の割引率で割り引いた債権の現在価値
破産更生債権等	財務内容評価法	担保または保証が付されている債権について，債権額から担保の処分見込額および保証による回収見込額を減額し，その残額について債務者の財政状態および経営成績を考慮して貸倒見積高を算定する方法	債権－担保の処分見込額－保証による回収見込額

4　債務保証

(1) 概　　要

①　債務保証とは

債務保証とは，主たる債務者が債務を履行しない場合に，保証人が当該債務を履行する責任を負うことを契約することによって債権者の債権を担保するものである。債務保証は偶発債務であることから，引当金の計上および注記の対象となる。また，保証料の発生する保証契約については，受取保証料または支払保証料として収益または費用に計上する。収益計上にあたっては収益認識基準に基づいて取引を５ステップにあてはめて検討する必要がある。

②　債務保証損失引当金

主たる債務者の財政状態の悪化等により，債務不履行となる可能性があり，その結果，保証人が保証債務を履行し，その履行に伴う求償債権が回収不能となる可能性が高い場合で，かつ，これによって生ずる損失額を合理的に見積ることができる場合には，いわゆる引当金の４要件（企業会計原則注解【注18】）を満たすことから，保証人は，当期の負担に属する金額を債務保証損失引当金に計上する必要がある。

③　債務保証の注記

財務諸表における債務保証の注記に関しては，原則として，すべての債務保証について保証先ごとに総額で表示する。また，注記の対象とする債務保証には，通常の債務保証のほか，経営指導念書など，図表７－９に掲げる保証類似行為が含まれる。

経営指導念書とは，子会社が金融機関等から借入れ等を行う場合に，親会社の立場から子会社の経営を指導し，債務の不履行が起こらないように金融機関等に対し約束する念書のことであるが，保証類似行為として，債務保証注記の対象となる点に留意が必要である。

図表７－９　保証類似行為

保証類似行為	例	取扱い
保証予約	停止条件付保証契約 （保証先の財政状態が悪化した場合等の一定の事由を停止条件とし，それが生じた場合に自動的に保証契約が発効する契約）	債務保証と法形式上は異なっているものの，実務における法律的効果や経済的実態はおおむね同一の性格を有するものと考えられるため，債務保証に準ずるものとして注記の対象に含める。
	予約完結権行使型保証予約 （債権者による予約完結権（保証契約を成立させる権利）の行使により，保証予約人の承諾を必要とせずに自動的に保証契約が成立する予約契約）	
	保証契約締結義務型保証予約 （債権者から保証契約締結の請求を受けた場合に，保証予約人が保証契約を締結する義務を負うこととなる予約契約）	保証予約人は，法律上は保証契約成立について承諾する義務を負うに過ぎず，承諾の意思表示を行わない限り保証は成立しないものであるが，債権者である金融機関等との取引関係を維持する等の理由により，現実には保証契約を締結せざるを得ないのが通常であることから，原則として，他の保証予約と同様に，債務保証に準ずるものとして注記の対象に含める。
経営指導念書等の差入れ	経営指導念書，念書，覚書，レター・オブ・アウェアネス，キープウェル・レター等	記載内容に基づく法的効力が保証契約または保証予約契約と同様と認められる経営指導念書等の差入れについては，債務保証または保証予約の取扱いに準ずるものとする。
		債権者との関係および経営指導念書等の差入れの経緯その他の状況から，実質的に，債務保証義務または損害担保義務を負っていると認められるものまたは保証予約と同様であると認められるものについては，債務保証に準ずるものとして注記の対象に含める。

また，損失の発生の可能性は高いが，その金額を合理的に見積ることができない場合や，損失の発生の可能性は高くないが，ある程度予想される場合には，その旨，主たる債務者の財政状態（大幅な債務超過等），主たる債務者と保証人との関係内容（出資関係，役員の派遣，資金援助，営業上の取引等），主たる債務者の債務履行についての今後の見通し等，その状況を適切に説明するために必要な事項を追加情報として注記する。なお，損失の発生の可能性は高いが，その金額を合理的に見積ることができない場合には，これらの注記に加えて，合理的な金額の見積りができない理由を注記することが求められる（債務保証取扱い4(3)）。

上述の保証債務の履行に伴う損失の発生の可能性の程度と債務保証損失引当金および追加情報との関係をまとめると，図表7－10のようになる。

図表7－10　債務保証損失引当金と注記

損失の発生の可能性の程度	損失金額の見積りができる場合	損失金額の見積りができない場合
高い場合	•債務保証損失引当金を計上する。	•債務保証の金額を注記する。 •損失の発生の可能性が高いが損失金額の見積りが不可能である旨，その理由および主たる債務者の財政状態等を追加情報として注記する。(※)
ある程度予想される場合	•債務保証の金額を注記する。 •損失発生の可能性がある程度予想される旨および主たる債務者の財政状態等を追加情報として注記する。	•債務保証の金額を注記する。 •損失発生の可能性がある程度予想される旨および主たる債務者の財政状態等を追加情報として注記する。
低い場合	•債務保証の金額を注記する。	•債務保証の金額を注記する。

(※) 損失の発生の可能性が高く，かつ，その損失金額の見積りが不可能な場合は，通常極めて限られたケースと考えられる。したがって，主たる債務者が経営破綻または実質的な経営破綻に陥っている場合には，必要額を債務保証損失引当金に計上することになる。

(2) 会計処理および表示

① 債務保証を行った期の会計処理

保証料の発生する保証契約については，保証料を払う側，すなわち債務を保証してもらう側は支払保証料として費用を計上し，保証料を受け取る側，すなわち債務を保証する側は受取保証料として収益を計上する。収益計上にあたっては収益認識基準に基づいて取引を５ステップにあてはめて検討する必要がある。

②　債務保証を行っているときの期末の会計処理

保証類似行為を含む債務保証を行っている場合には，期末においてさらに，保証料発生の有無にかかわらず，債務保証損失引当金の計上を検討する必要がある。

具体的には，会社が債務保証を行っている場合に，主たる債務者が，法的，形式的な経営破綻の状態にある場合のほか，深刻な経営難の状態にあり，再建の見通しがない状況にあると認められるなど，実質的に経営破綻に陥っている場合や，経営破綻の状況にはないが経営難の状態にあり，経営改善計画等の進捗状況が芳しくなく，今後，経営破綻に陥る可能性が高いと認められるような場合には，債務保証を履行する可能性が高いと考えられることから，損失金額を合理的に見積ることができる場合には，債務保証損失引当金の計上が求められる（債務保証取扱い４(1)）。

債務保証損失引当金の計上額は，通常，債務保証の総額から，主たる債務者の返済可能額および担保により保全される額等の求償債権についての回収見積額を控除した額となる。求償債権については，債務を履行した時点で計上することとなる。

損失見積額は，主たる債務者の財政状態，担保価値の評価，プロジェクトの損益の見込み，他の保証人の負担能力の評価等を総合的に判断して算定するが，その損失見積額には幅が生ずる場合が少なくない。このような場合，その見積損失幅の中から最も合理的な金額を算定して債務保証損失引当金を計上する必要がある（債務保証取扱い４(2)）。

実務上は，債務保証の総額から担保などの回収見積額を控除した全額を計上する方法のほか，50%などの割合を乗じて計算された金額や，最も高い確率で発生すると見込まれる金額，それぞれの発生見込額について発生確率を見積り，期待値によって計算された金額を計上する方法などが考えられる。

一方で，債務保証を主要な業務として行っているような企業においては，一般債権と同様，貸倒実績率を算定し，これによって計算された金額を債務保証損失引当金として計上する場合もある。

なお，債務保証損失引当金の計上額は，主たる債務者の財政状態等に対応して，決算期ごとに見直す必要がある。

③　損益計算書の表示

債務保証損失引当金の繰入額は，通常，営業上の費用とはいえないため，その金額，発生事由等に応じ営業外費用または特別損失に計上する（債務保証取扱い４(4)①)。一方で，引当金計上後に判明した引当額の過不足は，企業会計基準第24号および企業会計基準適用指針第24号に基づき処理することになる。

具体的には，過去の財務諸表作成時において入手可能な情報に基づき最善の見積りを行った場合には，当期中の状況変化による会計上の見積りの変更による差額等を営業外損益として処理することとなる。追加計上または戻入額を特別損益として表示できるかどうかは，臨時性・多額性といった特別損益の計上要件に照らして判断されることになるが，通常，特別損益に表示されるケースは多くないと考えられるとともに，計上時に特別損失で表示したため，戻入れが特別利益となるというものではない。

また，引当不足額が計上時の見積りの誤りに起因する場合には，過去の誤謬に該当し，修正再表示の対象となる（企業会計基準第24号55項なお書き)。

④　貸借対照表の表示

貸借対照表における債務保証損失引当金の表示については，一般の引当金と同様にワンイヤールールに従い，流動負債または固定負債に区分する（債務保証取扱い４(4)②)。

設例７－８　債務保証損失引当金の会計処理

前提条件

①　Ｐ社は，製造業を営む上場会社である。Ｐ社は３月決算の会社であり，当期は×４年３月期にあたる。

②　×１年３月期より，取引先Ａ社は金融機関より50,000千円の借入を行っているが，当期末現在，弁済期限は到来しておらず，借入残高は50,000千円のままである。Ｐ社はＡ社が借入を行うにあたり，金融機関に対して債務の保

証を行うこととした。

③　A社もP社と同じく3月決算の会社であるが，×3年3月期，×4年3月期の2期連続赤字により，×4年3月期に30,000千円の債務超過に陥った。

④　A社の実態調査の結果，保証債務履行の可能性は高く，債務保証損失引当金の計上が必要と当社は判断した。

⑤　P社はA社に対して，その他，30,000千円の債権を保有しているが，貸倒懸念債権として分類した。

⑥　P社はA社に対する債権につき不動産を担保として設定している。当該不動産の鑑定評価額は30,000千円であり，処分可能見込額は21,000千円であった。債務保証につき，担保等の設定はない。

⑦　A社の債権および債務保証履行後の求償債権は担保の処分可能見込額を控除した残額の50%が貸倒れになると予想される。

⑧　税効果会計については考慮しない。

会計処理　（単位：千円）

①　A社債権に対する貸倒引当金の計上

（借）	貸倒引当金繰入額	(※) 4,500	（貸）	貸倒引当金	(※) 4,500

（※）4,500＝(債権30,000（前提条件⑤参照）－担保の処分可能見込額21,000（前提条件⑥参照))×貸倒率50%（前提条件⑦参照）

②　A社への債務保証に対する引当金計上

（借）	債務保証損失引当金繰入額	(※) 25,000	（貸）	債務保証損失引当金	(※) 25,000

（※）25,000＝債務保証総額50,000（前提条件②参照）×貸倒率50%（前提条件⑦参照）

[前期（×3年度）末B/S(抜粋)]

（資産の部）	
A社債権	30,000

［当期（×４年度）末B/S(抜粋)］

（資産の部）	
Ａ社債権	30,000
貸倒引当金	△ 4,500
（負債の部）	
債務保証損失引当金	25,000

［当期（×４年度）末P/L(抜粋)］

（営業費用）	
貸倒引当金繰入額	（※１）4,500
（営業外費用）	
債務保証損失引当金繰入額	（※２）25,000

（※１）引当不足額が計上時の見積りの誤りに起因する場合には，過去の誤謬に該当し，修正再表示の対象となる（企業会計基準適用指針第24号21項）。一方，過去の財務諸表作成時において入手可能な情報に基づき最善の見積りを行ったが，当期中の状況変化等による引当不足額が生じた場合には，原則として営業費用または営業外費用に計上することになる（金融商品実務指針123項）。ここでは，営業債権について最善の見積りが行われていたものとして，営業費用に計上する（本章「３　貸倒引当金」参照）。

（※２）引当不足額が計上時の見積りの誤りに起因する場合には，過去の誤謬に該当し，修正再表示の対象となる点では貸倒引当金と同じであるが，債務保証損失引当金の繰入額は，通常，営業上の費用とはいえないため，当期中の状況変化等による引当不足額が生じた場合には，その金額，発生事由等に応じ営業外費用または特別損失に計上する（債務保証取扱い４⑷）。ここでは，通常発生しうる損失の範囲内として，営業外費用に計上する。

⑤　履行請求を受けた時の会計処理

保証債務について履行請求を受けた場合には，負担すべき債務を未払金等に計上する。また，求償すべき債権については未収入金等に計上し，当該債権に対する回収不能見積額を直接控除するかまたは貸倒引当金として計上する。

⑥　債務を履行した時の会計処理

債務保証損失引当金を計上した保証先の債務不履行により，債権者に対して保証債務を履行した場合，または保証債務の履行を請求された場合には，債務保証損失引当金の目的取崩となるが，通常，保証債務の履行に伴い，主たる債務者に対して求償債権が生じるため，目的取崩に対応する損失は求償債権に対する貸倒引当金繰入額または貸倒損失として発生する。この債務保証損失引当金の目的取崩と貸倒引当金繰入または貸倒損失処理は一連の会計処理と考えられるため，原則として，債務保証損失引当金の目的取崩額と貸倒引当金繰入額または貸倒損失は，相殺後の純額で表示する。この場合，相殺する対象は，個別の相手先ごととする。なお，この場合には，引当金明細表において，両者を相殺した旨および当該貸倒引当金繰入額を記載するものとする。

設例７－９　債務保証を履行した場合の会計処理

前提条件

①　設例７－８のＰ社において，×５年３月期に履行請求を受け，債務の保証を履行した場合の会計処理を想定する。

②　Ｐ社は，当期，金融機関より債務保証50,000千円の履行請求を受け，直ちに債務の保証を履行した。

③　求償債権の貸倒率50%について変更はない。

④　税効果会計については考慮しない。

会計処理　（単位：千円）

債務保証履行時

（借）	求償債権	（※１）50,000	（貸）	現金	（※１）50,000
	債務保証損失引当金	（※２）25,000		貸倒引当金	（※２）25,000

（※１）保証債務総額（前提条件②参照）

（※２）25,000＝保証債務総額50,000（前提条件②参照）×貸倒率50%（前提条件③参照）

---

⑦　注記する債務保証の金額

債務保証について債務保証損失引当金を設定した場合において，注記する債務保証の金額は，債務保証の総額から債務保証損失引当金設定額を控除した残額とする（債務保証取扱い４(4)）。

■注記例　日本碍子㈱（2023年３月期）有価証券報告書

２．保証債務等

（１）保証債務

他社の銀行借入等に対する保証債務は以下の通りであります。

	前事業年度（2022年３月31日）	当事業年度（2023年３月31日）
（保証債務）		
関係会社の借入金	17,508百万円	16,447百万円
関係会社の預り保証金	2,234	2,164
合計	19,743	18,611

（注）関係会社の金融機関からの借入金等に対して，債務保証を行っております。なお，上記の金額は保証総額から債務保証損失引当金設定額を控除した残額であります。

5　引当金の税制

（１）貸倒損失と貸倒引当金の税務上の取扱いと税効果

①　貸倒損失

法人の有する金銭債権の全部または一部が，債務者の資力喪失などにより回収不能となった場合，その回収不能となった債権の額は，一定の要件の下，その事実の発生した日の属する事業年度において貸倒れとして損金算入することが認められている（法人税法22条３項３号，４項）。

法人税基本通達において，貸倒損失として損金算入が認められるのは，①法律上の貸倒れ，②事実上の貸倒れ，③形式上の貸倒れの３つの場合に区分した上で貸倒れに関する一般的な基準を定めている（法人税基本通達９－６－１，９－６－２，９－６－３）（図表７－11参照）。

②　貸倒引当金

法人が，その有する金銭債権について，将来発生することが予測される貸倒れの損失見込額として，一定の算式により計算される繰入限度額に達するまでの金額を，損金経理により貸倒引当金に繰り入れた場合には，その損金算入が認められる（法人税法52条１項，２項，租税特別措置法57条の９）。

この制度は，個別評価金銭債権に係る貸倒引当金と一括評価金銭債権に係る貸倒引当金の２つからなり，繰入限度額の計算は，それぞれ区分して計算される（図表７－12参照）。

図表７－11　貸倒損失の概要

対象債権	区分	算入時期	経理方法	損失計上額	税務上の取扱い
貸付金 売掛債権	①法律上の貸倒れ 債権の全部または一部が法的手続によって切り捨てられた場合	その事実の発生した日の属する事業年度	経理方法を問わない	切り捨てられることとなった部分の金額	損金算入が強制される
	②事実上の貸倒れ 債権の全額が債務者の資産状況，支払能力から見て回収不能となった場合	全額回収不能が明らかとなった事業年度	貸倒れとして損金経理	債権の全額（担保物処分後）	損金算入が認められる
			上記以外		損金算入が認められない
売掛債権	③形式上の貸倒れ 債務者との取引を停止した時以後1年以上経過した場合（当該売掛債権について担保物がある場合を除く。），及び同一地域の債務者について有する当該売掛債権の総額がその取立てのために要する旅費その他の費用に満たない場合において，当該債務者に対し支払を督促したにもかかわらず弁済がない場合	左記の事実が発生した事業年度	貸倒れとして損金経理	売掛債権の額から備忘価額を控除した残額	損金算入が認められる
			上記以外		損金算入が認められない

図表７－12　貸倒引当金の概要

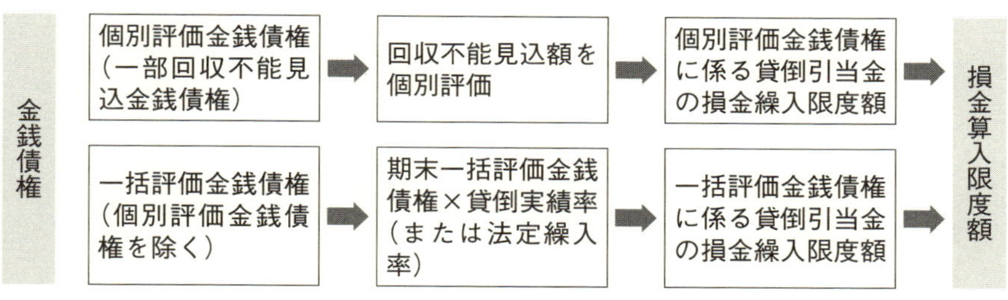

適用法人は，図表７－13の①から⑤までに掲げる法人に限定されている（法人税法52条１項，２項，法人税法施行令96条４項，５項）。

適用対象法人に該当しない場合には損金の額に算入されず，繰入時に申告調整（加算・留保）し，戻入時に認容減算する。

図表７－13　貸倒引当金が認められる法人

①	中小法人等
②	銀行
③	保険会社
④	②または③に準ずる一定の法人
⑤	金融業を営む一定の法人

③　個別評価金銭債権に係る貸倒引当金

事業年度終了時の個別評価金銭債権について，回収不能見込額の合計額が個別評価金銭債権に係る貸倒引当金の繰入限度額となる（図表７－14参照）。

図表７－14　個別評価金銭債権に係る貸倒引当金の繰入限度額

①長期棚上げ基準	法令等の事由による長期棚上額	対象金銭債権 － 特定の事由が生じた事業年度終了の日の翌日から５年を経過する日までの弁済予定金額 － 担保権の実行などにより取り立てなどの見込みがある金額
②実質基準	債務超過状態継続（おおむね１年以上）などによる一部取立不能額（①に該当する場合を除く）	対象金銭債権 － 担保権の実行などにより取り立てなどの見込みがある金額
③形式基準	形式基準による50％相当額（①②に該当する場合を除く）	（対象金銭債権 － 債務者から受け入れた金額があることにより実質的に債権とみられない部分の金額 － 担保権の実行，金融機関などの保証債務の履行などにより取り立てなどの見込みが認められる部分の金額）× 50％
④外国の回収不能公的債権基準	外国政府などの履行遅滞による50％相当額	（対象金銭債権 － 公的債務者から受け入れた金額があるため実質的に債権とみられない部分の金額 － 保証債務の履行その他により取り立て等の見込みがあると認められる部分の金額）× 50％

④　一括評価金銭債権に係る貸倒引当金

事業年度終了時の一括評価金銭債権の帳簿価額に過去３年間の貸倒損失発生額に基づく貸倒実績率を乗じて計算した金額が，一括評価金銭債権に係る貸倒引当金の繰入限度額となる。

また，図表７－13①に掲げる中小法人等に限り貸倒実績率に代えて法定繰入率を適用することが認められている。

法定繰入率は業種ごとに定められている（図表７－15参照）。

法定繰入率による場合には，売掛債権等の額から実質的に債権と認められないものの額を控除する（租税特別措置法57条の９第１項，租税特別措置法施行令33条の７第２項，３項）。

図表７－15　一括評価金銭債権の法定繰入率

業種	繰入率
卸売及び小売業（飲食店業及び料理店業を含むものとし，割賦販売小売業を除く。）	10/1,000
製造業（電気業，ガス業，熱供給業，水道業及び修理業を含む。）	8/1,000
金融及び保険業	3/1,000
割賦販売小売業並びに包括信用購入あつせん業及び個別信用購入あつせん業	7/1,000
前各号に掲げる事業以外の事業	6/1,000

（２）その他の引当金の税務上の取扱いと税効果

会計上は，期間損益計算のため，企業会計原則注解【注18】に示される引当金計上の４要件に従い，引当金の計上が求められる。

しかしながら，税務上は，債務確定主義がとられるため，原則として，費用の見積り計上は認められていない。

上記の一部の貸倒引当金については，債務確定主義の例外として特別に規定されているものであり，これらの引当金については一定額の損金算入が可能である。しかしながら，債務保証損失引当金や，関係会社事業損失引当金などのその他の引当金については，原則として損金算入が認められない。

そのため，これらの引当金については通常，税効果会計が適用され，回収可能性があるもののみ繰延税金資産を計上することとなる。

第8章

債務超過の解消

本章のポイント

- 子会社が債務超過の場合の親会社の責任は，株主有限責任を超える場合がある。
- 子会社の債務超過を解消する方法にはさまざまな方法があるが，負債や純資産を変動させる手法の方がより多くの金額を一度に処理することができる。
- 親会社による債権放棄（子会社における債務免除）・債務引受による子会社の負債の軽減による債務超過の解消の手法がある。
- 子会社の増資（普通株式や優先株式の発行）により純資産を増加させる債務超過の解消の手法がある。併せて減資を同時に実施することで，欠損てん補に充てることができる。
- デット・エクイティ・スワップ（DES）の方法によると，子会社の負債の軽減と純資産の増加を同時にもたらす効果がある。

1　債務超過の解消方法　総論

(1) 子会社が債務超過の場合の親会社の責任

本章においては，主として業績不振により債務超過の状況にある子会社を有する親会社の視点から，当該債務超過に対する方策について記述する。

そもそも，株主有限責任の原則に立てば，親会社といえども株主はその自己の有する出資額を限度とすれば足りる（会社法104条)。すなわち，株主は投資に関して自己の出資額でしかリスクを負担しないことから，株式に対する投資の安全性が法的に担保されているのである。

しかしながら，債務超過の子会社を有する親会社は，債務超過に陥ることとなった子会社を放置したままでいいのかという問題が生じる。債務超過の子会社を有する親会社は，原則どおり自らの出資額に限るという株主有限責任のみで十分なのだろうかということも問題となる。現実に親会社は子会社の債権者に対して，債務保証等の契約に基づく責任を負う場合が多く，実質的に有限責任以上の責任を個別の契約により負っていることもある。

また，取引先等に対する信用やいわゆる道義的責任といった観点から，当該子会社が債務不履行に陥った際や清算を行う際などに，債務の肩代わりや資金の補てんを行うことが見受けられる。

（２）債務超過解消の手法

債務超過を解消する手法の１つに，コスト負担の軽減・利息の減免・取引単価の調整など，親子会社間の経常的な損益取引において，子会社を支援する手法がある。具体的には，外部の取引先に委託していた業務を子会社へ委託する形としたり，自社を含む他のグループ会社で行っていた事業や市場・特定顧客を子会社へと移管することなどが考えられる。しかしながら，上記のような手法は一度に行われる支援額に限界があるため，多額な債務超過がある場合には，その解消に長期の時間を要するというデメリットがある（図表８－１参照）。

（３）関連会社が債務超過となった場合の取扱い

子会社が債務超過となった場合，（１）において前述したとおり，親会社が当該債務超過額を最終的に負担するものとして会計処理が行われる。

一方，関連会社が債務超過となった場合，自社が非支配株主としての出資であるとき（当該関連会社の他の株主が親会社であるようなとき）に，親会社が主導して再建を図るケースばかりではない。たとえば，以下のようなケースでは，本章でこの後記載するような支援策に対する会計上の論点が生じることも考えられる。

- 他の株主とともに当該関連会社の支援を行うようなケース
- 他の株主である親会社の要請を受け，合理的な範囲内で自社も支援を行うようなケースその場合，以下の記載をお読みいただくに際しては，「子会社」となっている箇所を適宜「関連会社」と読み替えていただきたい。なお，連結財務諸表上における関連会社の債務超過の論点は，「第11章　債務超過関係会社の持分法会計」に記載している。

図表８－１　損益取引による支援手法

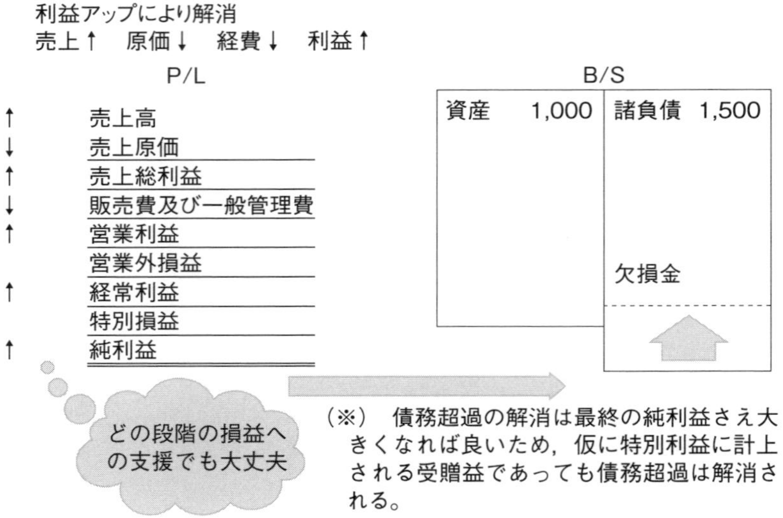

利益アップにより解消
売上↑　原価↓　経費↓　利益↑

P/L

↑	売上高
↓	売上原価
↑	売上総利益
↓	販売費及び一般管理費
↑	営業利益
	営業外損益
↑	経常利益
	特別損益
↑	純利益

B/S

資産　1,000	諸負債　1,500
	欠損金

どの段階の損益への支援でも大丈夫

（※）　債務超過の解消は最終の純利益さえ大きくなれば良いため，仮に特別利益に計上される受贈益であっても債務超過は解消される。

また，子会社の財務諸表により，正常な業績を把握するという管理会計的な側面から捉えると，このような損益の支援は各段階損益を歪めることにつながり，好ましいとはいえない。さらに，親会社による子会社の支援は，法人税法上も寄附金等に該当するリスクが残る（本章「４　税務上の取扱い」参照）。

以上より，業績不振によって，大幅な債務超過に陥っている子会社の債務超過を解消させる場合には，損益取引による支援策のほかにも，貸借対照表の負債および純資産の額を直接変動させる支援策を解決策として検討する必要があると考えられる（図表８－２参照）。

図表８－２　貸借対照表の負債および純資産の額を変動させる支援手法

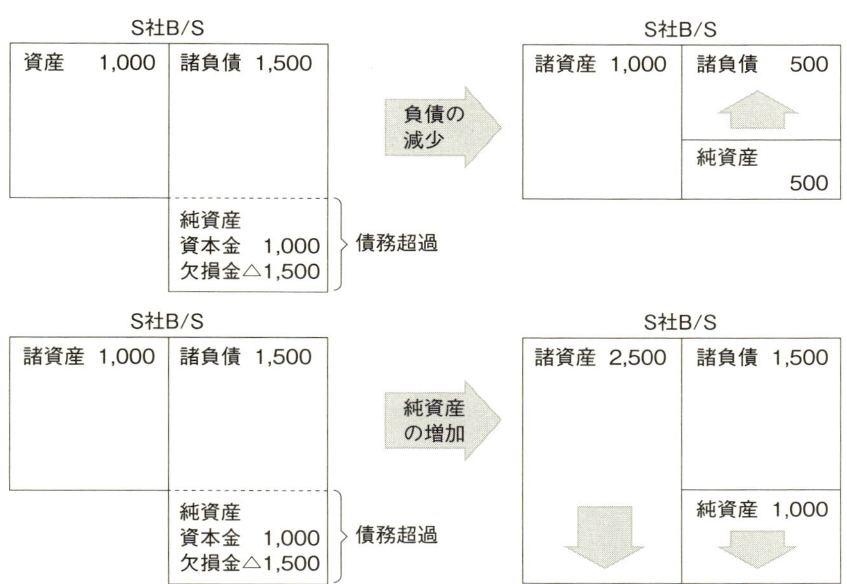

2　債務超過の解消方法　各論

（１）債権放棄（債務免除）・債務引受

子会社の債務超過を解消させる手法である貸借対照表の負債および純資産の額を変動させる支援策には，まず子会社の負債を減少させる手法が考えられる。その具体的方策の１つには債権放棄（債務免除）（図表８－３参照）と債務引受が挙げられる。

①　債権放棄（債務免除）

ｉ）債権放棄（債務免除）のメリット・デメリット

債権放棄とは，債務者の同意の有無にかかわらず，債権者の一方的な意思表示（単独行為）により債務を消滅させることをいう。また，債務免除とは，債務者が債権者への要請によってその債務の弁済を免除されることをいう。

債権放棄（債務免除）による債務超過解消の手法のメリットは，子会社に対する債権というグループ内での減免策により子会社の債務超過を解消できるという点にある。しかしながら，子会社への支援が法人税法上の寄附金に認定されるおそれがあり，追加の税負担等が生じることにより，必要以上のコストを要する場合や，支援する額も親会社の純資産という限度があり，かつ，新たな資金支援を伴う多額な債務免除は，親会社の個別財務諸表の純資産を著しく毀損するというデメリットがある。

債務免除による債務超過解消の手法によるメリットは，親会社が負債を肩代わりすることにより，子会社の財政状態を改善することができる点にある。他方，債務免除によるデメリットは，子会社のみならず親会社も含めた企業グループ全体の取引先からの与信の低下をもたらす可能性があることといえる。

図表８－３　債権放棄のメリット・デメリット

メリット：グループ内の減免策で子会社の債務超過を解消できる。
デメリット：寄附金認定のリスクおよび支援する側の純資産等の源泉には限度がある。

ⅱ）**債権放棄（債務免除）の具体的な会計処理**

債権放棄の方法によれば，親会社は子会社に対して保有する債権を放棄することにより，子会社は債務超過を解消させることができる。

通常は，親会社が有する債権について，すでに貸倒引当金等の手当てが済んでいると考えられるが，新たな資金支援を行うと同時に債務免除するようなときには，支援する親会社において債権放棄損が計上されることにより，親会社の個別財務諸表上の純資産が減少することになる。この場合，同時に子会社においては債務免除益が計上されるため，仮に非支配株主がいない場合は，グループ会社全体における当該行為による損益への影響はゼロになる。

このとき，親会社による債務免除という行為が，業績不振の子会社の再建支援に関する合理性がない場合には，法人税法上の寄附金に認定されるリスクがある（本章「４　税務上の取扱い」参照）。

また，上記のように債権者が直接債権を放棄する債権放棄と，他の存続する事業を事業譲渡や会社分割を用いて他の会社へ移管し，残余の債権を特別清算等の過程を通じて実質的に債権放棄を行う場合もある。

債権の種類

債権者が特定している債権を「指名債権」というが，指名債権の譲渡は，譲渡人と譲受人との間の合意により効力を生ずるのが原則である（民法466条１項本文）。しかし，譲渡の効力を第三者に主張するには，以下の２つの要件の充足が必要となる（民法467条）。

①　債権譲渡の事実を譲渡人から債務者に通知するか，または債務者による譲渡の承諾

②　確定日付のある証書による通知や承諾

設例８－１　債務放棄の会計処理

前提条件

①　親会社Ｐ社は子会社Ｓ社の株式の100％を保有している。

②　親会社Ｐ社は子会社Ｓ社に対する貸付金10,000千円につき，債権放棄を実施した。なお，当該貸付金には貸倒引当金10,000千円が設定済みである。

③　税効果会計については考慮しない。

会計処理　（単位：千円）

ｉ）Ｐ社債権放棄時の会計処理

（借）	債権放棄損	(※) 10,000	（貸）	関係会社貸付金	(※) 10,000
（借）	貸倒引当金	(※) 10,000	（貸）	貸倒引当金戻入額	(※) 10,000

（※）前提条件②参照。

ⅱ）Ｓ社

（借）	関係会社借入金	(※) 10,000	（貸）	債務免除益	(※) 10,000

（※）前提条件②参照。

ⅲ）債権放棄の実務上の留意点

ここではまず，子会社に対する債権に限定せず，一般的に債権放棄を実施する際の留意点について言及する。

a）回収が不能であった証拠の保管

債権放棄を行う場合には，催促を実施したものの，回収できなかったという証拠を残す必要がある。このため，原契約書のみならず，請求書の控，債権回収の督促の通知等の適切な保管や，滞留債権の管理を行っている資料等を適時に作成し，かつ適切な担当者より報告され，上席者等により承認がなされていることが望まれる。

b）確定日付のある通知

実際に債権放棄を行う場合には，債権を放棄したこと自体を証拠として残す必要がある。確定日付とは，文字どおり，変更のできない確定した日付のことであり，その日にその証書（文書）が存在していたことを証明するものである。なお，公証役場で付与される確定日付とは，公証人が私書証書に日付のある印章（確定日付印）を押捺した場合のその日付をいう。仮に，口頭での通知等により追跡可能な証拠として残らない場合には，債権の二重譲渡のリスクが生じてしまうので，債権放棄の内容を記載した内容証明で通知することが税務上の損金処理等のために望ましいと考えられる。

c）取締役会等の意思決定機関による債権放棄の承認

合理的な理由のない債権放棄は，債権放棄を行う会社の純資産を毀損することにつながりかねず，取締役の任務懈怠責任（会社法423条１項，429条）を問われるおそれがある。

よって，取締役会等の意思決定機関により，当該債権放棄が支援を目的として実施したものであり，会社にとって合理的な経済行為であることを適切に討議し，承認の決議を経ることが必要な場合もある。

②　債務引受

ｉ）債務引受の具体的な会計処理

債務引受とは，債務をその同一性を失わせないで債務引受人に移転することをいう。

債務引受とは？

債務引受には，①免責的債務引受と②重畳的債務引受とがあり，狭義においてはいずれも債務引受に含まれると解釈されている。

① 免責的債務引受とは，債務者は債務を免れて，引受人が新債務者としてこれに代わって同一内容の債務を負担することをいう。

② 併存的（重畳的）債務引受とは，引受人は新たに同一内容の債務を負担するが，債務者も依然として債務を負担し，債務者と引受人が連帯債務関係に入ることをいう。

また，広義では③履行引受も債務引受に含まれるとの解釈もある。

③ 履行引受とは債務者に対して，その者の負担する債務の弁済を履行する義務を負う契約であり，債務者と引受人との間の契約で成立する。この場合，債務者との間で特約がない限り債権者は引受人に対して請求する権利を取得しない。

本書では，債務引受の対象となる子会社の債務超過を直接解消または軽減する方法としての債務引受を検討しているため，その趣旨から債務を直接免れる免責的債務引受について記述する。

たとえば，子会社の債務を債務引受により親会社に移転し，現金での決済を行わない場合，親会社では引き受けた負債を計上するとともに損失（債務引受損）を計上する。また，子会社側では，親会社へ移転した借入金等の債務をオフバランスとするとともに，債務引受による利益を計上する。

設例８－２　債務引受の会計処理

前提条件

① 親会社Ｐ社は子会社Ｓ社の株式の100％を保有している。

② 親会社Ｐ社は子会社Ｓ社の銀行からの借入金10,000千円につき，債務引受を実施した。

③ 税効果会計については考慮しない。

会計処理　（単位：千円）

Ｐ社債務引受時の会計処理

ｉ）Ｐ社

（借）債務引受損	(※) 10,000	（貸）借入金	(※) 10,000

（※）前提条件②参照。

ⅱ）Ｓ社

（借）借入金	(※) 10,000	（貸）債務免除益	(※) 10,000

（※）前提条件②参照。

当該債務引受が債務保証に基づくものである場合には，発生可能性が高く，金額を見積ることが可能となった時点で，債務保証損失引当金を計上していることが考えられる（債務保証取扱い４⑶，詳細は「第７章　業績不振企業に対する貸倒引当金・債務保証損失引当金等」参照）。その場合には，親会社Ｐ社において，債務引受時にすでに設定済みの債務保証損失引当金を取り崩すことになる。

債務引受を受けた子会社Ｓ社側では，債務が免除されたことによる債務免除益を計上する。

設例８－３　債務引受による債務保証損失引当金の取崩し

前提条件

①　親会社Ｐ社は子会社Ｓ社の株式の100％を保有している。

②　親会社Ｐ社は子会社Ｓ社の銀行からの借入金10,000千円につき，連帯保証していたため，Ｓ社が債務超過であることにより，不履行の可能性が高まったＳ社の銀行借入金に関して，債務保証損失引当金を計上した（×１期）。

③　親会社Ｐ社は子会社Ｓ社の銀行借入金10,000千円について，債務引受を実施し，同時に債務保証損失引当金を取り崩した。また，Ｓ社に対する同額の求償権を未収入金に計上するとともに，回収可能性を勘案し，全額個別引当の貸倒引当金を計上した（×２期）。

④　親会社Ｐ社は子会社Ｓ社に対する求償権である未収入金10,000千円の債権放棄を実施した（×３期）。

⑤　税効果会計については考慮しない。

会計処理　（単位：千円）

① **P社の会計処理**

i）×１期

（借）	債務保証損失引当金繰入額	(※) 10,000	（貸）	債務保証損失引当金	(※) 10,000

（※）前提条件②参照。

ii）×２期

（借）	未収入金	(※１) 10,000	（貸）	借入金	(※１) 10,000
（借）	債務保証損失引当金	(※１) 10,000	（貸）	債務保証損失引当金戻入額	(※１) 10,000
（借）	貸倒引当金繰入額	(※２) 10,000	（貸）	貸倒引当金	(※２) 10,000

（※１）前提条件③参照。
（※２）債務引受時に発生した求償権に対する引当金であり，この場合回収不能の発生可能性が高く，合理的に金額を見積ることができるものとする。

iii）×３期

（借）	債権放棄損	(※) 10,000	（貸）	未収入金	(※) 10,000
（借）	貸倒引当金	(※) 10,000	（貸）	貸倒引当金戻入額	(※) 10,000

（※）前提条件④参照。

② **S社の会計処理**

i）×１期

仕訳なし

ii）×２期

（借）	借入金	(※) 10,000	（貸）	未払金	(※) 10,000

（※）前提条件②参照（銀行に対する借入金が親会社に対する債務（未払金）に振り替わったものと仮定）。

iii）×３期

（借）	未払金	(※) 10,000	（貸）	債務免除益	(※) 10,000

（※）前提条件③参照。

ⅱ）債務引受の実務上の留意点

債務引受の方法によれば，仮に親会社が子会社に対して直接保有する債権がない場合でも，親会社は子会社の債務を引き継ぐことによって，子会社の債務超過を軽減または解消することができる。

なお，免責的債務引受については民法472条において下記のように規定されている。

1．引受人は債務者が債権者に対して負担する債務と同一の内容の債務を負担し，債務者は自己の債務を免れる。
2．債務者と引受人となる者との契約によってすることができる。この場合において，債権者が債務者に対してその契約をした旨を通知したときに免責的債務引受の効力を生じる。
3．債務者と引受人となる者が契約をし，債権者が引受人となる者に対して承諾をすることによってもすることができる。

ⅲ）支援を受けた会社側における留意点

債務を引き受けてもらった側の会社では，債務免除（消滅）益が発生するが，当該債務免除益は，原則として，益金の額に算入されることになる。債務超過に陥った子会社においては，通常支援を受ける時までに多額の累積損失を計上していることが多く，青色申告を行っているケースであれば青色欠損金と債務免除益とを通算することにより相殺して，課税所得を減少させることができる（「第17章　繰越欠損金の利用と繰戻還付」参照）。

また，迅速な企業再生を促進する趣旨から，民事再生法等の法的整理に加え，一定の要件を満たす私的整理において債務免除が行われた際，評価損の損金算入および期限切れ欠損金の優先利用を認めることにより，債務免除益への課税回避を認めている。なお，この論点については，別途本章「4　税務上の取扱い」にて検討する。

③　グループファイナンス利用会社における留意点

グループファイナンスを利用している企業グループにおいては，キャッシュ・マネジメント・システム（以下，本章において「CMS」という。）機能（CMSの詳細は，後述のコラム参照）を有する資金管理子会社（Ｓ１社）が，業績不振の他の子会社（Ｓ２社）に対して資金貸付を行っているケースがある。

この場合，親会社が当該業績不振の他の子会社（Ｓ２社）に対する債権を直接有していない場合があることから，業績不振の他の子会社（Ｓ２社）に対して，支援する親会社（Ｐ社）が債務引受を実施して債務超過を解消する方法が考えられる。

また，CMSを導入している多くの企業グループでは，親会社（Ｐ社）が運営主体となっているケースも多い。その場合，親会社（Ｐ社）が債務超過の子会社等に直接債権を保有していることから，財務的な支援の点に関しては，債務引受の手法によるよりも債務免除や後述のDES等による手法が一般的と考えられる。

キャッシュ・マネジメント・システム（CMS）

キャッシュ・マネジメント・システム（CMS）とは，一般的に，グループ企業の資金を一元的に管理し，資金調達や運用を効率的にするシステムのことを意味する。CMSの１つの例を挙げると，親会社や金融子会社，主要事業子会社が同一銀行内に専用口座を設置し，グループ企業の資金を集中管理することにより，効率的な事業運営や資金運用をする方法がある。専用口座の利用により，グループ全社の決済の代行や，グループ間での純額での送金，低利でのグループ内金融等，企業の設計によってさまざまなメリットを享受することができる（図表８－４参照）。

図表８－４　CMS

余剰資金のあるＳ３社より，Ｓ２社が資金を預かる（キャッシュプール）。
資金繰りの厳しいＳ１社に対し，Ｓ２社が貸付けを行う。
グループ全体で考えれば，資金繰りの厳しい会社が新規に高利で銀行より借入れを受ける場合よりも，グループ内でより低利の資金融通を行うことができる。

	CMS運営会社側a/c	連結子会社側a/c
連結子会社に資金不足がある場合は資金を貸し付ける（連結子会社からみれば借入れ）。	貸付金 or 預け金	借入金 or 預り金
連結子会社に資金余力がある場合は資金を吸い上げる（連結子会社からみれば余剰資金の提供）。	預り金 or 借入金	預け金 or 貸付金

余剰資金がある子会社

子会社（S3）B/S

資産	2,000	負債	100
（CMS預け金900）		資本金	1,000
		利益剰余金	900
		純資産合計	1,900
	2,000		2,000

➡ CMS機能を有する子会社

子会社（S2）B/S

資産	10,000	負債	8,500
（うちCMS貸付金900）		（うちCMS預り金900）	
		資本金	1,000
		利益剰余金	500
		純資産合計	1,500
	10,000		10,000

➡ 資金繰りの厳しい子会社

子会社（S1）B/S

資産	1,000	負債	1,500
		（うちCMS借入金900）	
		資本金	1,000
		欠損金	-1,500
		純資産合計	-500
	1,000		1,000

なお，持株会社に代表されるように，一般的には与信力の大きい親会社（P社）が金融機関からの借入れを実行するとともに，CMS機能を有することも多くみられる。

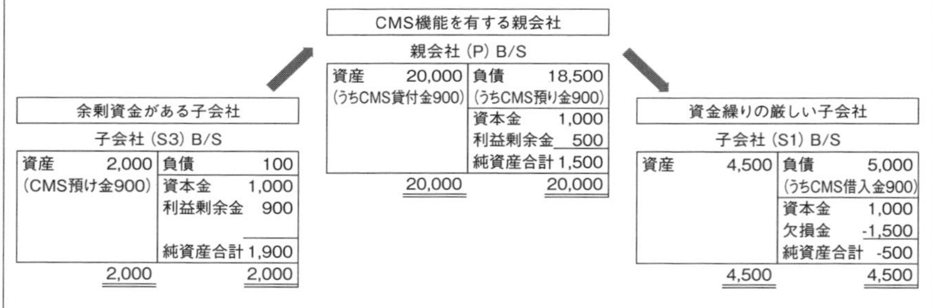

CMS機能を有する親会社

親会社（P）B/S

資産	20,000	負債	18,500
（うちCMS貸付金900）		（うちCMS預り金900）	
		資本金	1,000
		利益剰余金	500
		純資産合計	1,500
	20,000		20,000

余剰資金がある子会社

子会社（S3）B/S

資産	2,000	負債	100
（CMS預け金900）		資本金	1,000
		利益剰余金	900
		純資産合計	1,900
	2,000		2,000

資金繰りの厳しい子会社

子会社（S1）B/S

資産	4,500	負債	5,000
		（うちCMS借入金900）	
		資本金	1,000
		欠損金	-1,500
		純資産合計	-500
	4,500		4,500

（２）増資（普通株式・種類株式）

①　増資の手法とメリット・デメリット

子会社等の債務超過を解消させる手法として，子会社の純資産を直接増加させる方法がある。これには，ⅰ）普通株式による増資，ⅱ）種類株式による増資という２つの方法がある。

増資による債務超過解消のメリットは，意思決定機関および出資者のコンセンサスを得た上で持分の変動が行われる点，資本の充実による債務超過解消のため財務健全性の改善を図ることができるという点にある。他方で，債務超過に陥ることとなった既存の株主の経営責任が明確にならないというモラルハザードが生じ得る点や多額の資金負担が生じるというデメリットがある。

ｉ）普通株式による増資

普通株式とは，株式の権利等の内容が異ならない単一の種類の株式である。株式会社には，株主をその有する株式の内容および数に応じて平等に取り扱わなければならない（会社法109条１項）という株主平等原則がある。このため，通常の株式発行が行われた場合，議決権や配当に関して平等の権利が付与される。

普通株式により増資を実施すると，確かに債務超過会社の純資産は増加し，債務超過を解消することができる。しかし，上述の株主平等原則により，支援を行うために株式を引き受けた新しいスポンサー株主も，既存の株主も，同様に一株一議決権を保持することになる。そのため，支援を行うために株式を引き受けたスポンサー株主が，増資引受後の新たな計画を実施しようとしても，既存の株主の反対にあい，支援計画の実行が困難となるようなことも考えられる（図表８－５参照）。よって，このような企業の再建を実施する際には，ⅱ）に述べるような種類株式を活用するケースがある。

図表８－５　普通株式による増資

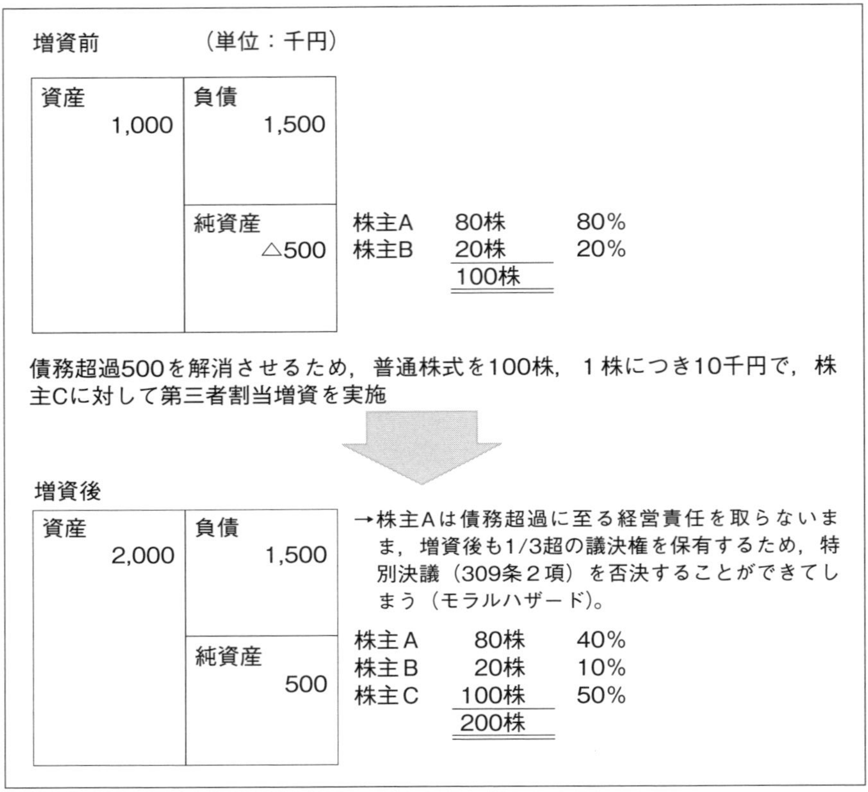

増資前　（単位：千円）

資産	負債
1,000	1,500
	純資産 △500

株主A	80株	80%
株主B	20株	20%
	100株	

債務超過500を解消させるため，普通株式を100株，１株につき10千円で，株主Cに対して第三者割当増資を実施

増資後

資産	負債
2,000	1,500
	純資産 500

→株主Aは債務超過に至る経営責任を取らないまま，増資後も1/3超の議決権を保有するため，特別決議（309条２項）を否決することができてしまう（モラルハザード）。

株主A	80株	40%
株主B	20株	10%
株主C	100株	50%
	200株	

ii）種類株式による増資

種類株式とは，一定の事項について権利内容等の異なる株式のことをいう（会社法108条１項）。その異なる権利内容等の代表例には，以下のようなものがある。

① 剰余金の配当（剰余金の配当に関する異なる定め）
② 株主総会において議決権を行使することができる事項（議決権制限株式）
③ 当該種類の株式について，株主が当該株式会社に対してその取得を請求することができること（取得請求権付種類株式）（会社法２条18号）
④ 当該種類の株式について，当該株式会社が一定の事由が生じたことを条件としてこれを取得することができること（取得条項付種類株式）（会社法２条

19号）
⑤　当該種類の株式について，当該株式会社が株主総会の決議によってその全部を取得すること（全部取得条項付種類株式）（会社法171条１項）

たとえば，剰余金の配当に関し，配当優先権が付されることにより，普通株式の配当のように企業業績により変動のあるリターンの受取りに代え，定期的な利息的性質を有するリターンの受取りを設計することも可能となる。また，全部取得条項付株式の活用により，既存の全株主を廃し，新たな出資者を株主とすることができるといった100％減資等，普通株式による債務超過解消の増資のデメリットを解消する，などといったさまざまな支援策が設計できる。

iii）普通株式による増資と種類株式による増資の比較

持株比率に応じ出資を引き受ける株主割当による普通株式による増資では，債務超過に陥った責任のある主要株主（親会社）も含めた比例的な責任負担を資金的に行うことができるが，全出資者に持分比率に応じた出資負担に耐えられる資力があるとは限らない。

また，第三者割当増資で既存の主要株主（元々の親会社）以外のものが普通株式による出資を引き受けた場合でも，既存の主要株主の議決権比率は薄まるものの，いまだ主要株主として特別決議（会社法309条２項）を要する議案に反対する等，強い影響を保持する余地が残されている。すなわち，モラルハザードの問題が生じてしまう。そのため，普通株式による増資の弊害を解消し，資力に応じた出資の引受け，および株主構成を変更することを可能とした種類株式を活用した増資の方法によりこれらの問題を回避することが考えられる。

しかし，種類株式には当然ながら株主という出資者としての地位を奪うことができる強力な規定も含まれていることから，厳格な株主保護の規制が設けられている（会社法466条，309条２項11号，110条，111条１項，２項１号，２号，３号，324条２項１号）。

②　増資の実務上の留意点

剰余金の配当その他の事項について内容の異なる２以上の種類の株式を発行する会社を，種類株式発行会社という（会社法２条13号）。種類株式を発行する場合，会社は異なる権利の内容等の一定事項および発行可能種類株式総数を定款で定めなければならない（会社法108条１項）。そのため，種類株式の発行を行う際には，定款変更を行う株主総会の特別決議が必要となる（会社法466条，309条２項11号）。また，種類株式の発行には，当該種類株式の発行により既存株主他多大な損害を被る影響が大きいため，種類株主総会の特別決議（会社法322条）等の利害関係者保護の規定がある。

③　増資の会計処理

ⅰ）資本金等の増加に係る会計処理

増資を実施した会社では，普通株式，種類株式の別にかかわらず払込金額の半分を上限として資本金に組み入れないことができる（会社法445条２項）。なお，資本金の額に対しては0.7％の登録免許税が課税される（登録免許税法別表第１二十四（一）ニ）。

また，資本金に組み入れなかった資本準備金は，個別財務諸表上は，資本準備金として（会社法445条３項，企業会計基準第５号「貸借対照表の純資産の部の表示に関する会計基準」５項，６項(1)，会社計算規則76条２項３号，４項１号），また，連結財務諸表上は資本剰余金に含めて開示される（企業会計基準適用指針第８号「貸借対照表の純資産の部の表示に関する会計基準等の適用指針」３項参照）。

また，公開会社における増資は，発行済株式数の４倍までという規制があることに注意を要する（会社法113条３項）。なお，資本金の額，発行可能株式総数，発行可能種類株式総数，発行済株式総数，発行済種類株式総数は登記事項であるから変更登記（会社法911条３項５号，６号，７号，９号，915条１項）も必要となる。

ⅱ）株式交付費の会計処理

株式交付費とは，株式募集のための広告費，金融機関の取扱手数料，証券会社の取扱手数料，目論見書・株券等の印刷費，変更登記の登録免許税，その他株式の交付のために直接支出した費用をいう。この株式交付費については，原則として，支出時に営業外費用として処理することとされている。ただし，企業規模拡大のために行う資金調達など，財務活動に係る株式交付費については，繰延資産として貸借対照表に計上することができる。この場合，株式交付のときから３年以内のその効果の及ぶ期間にわたって，定額法により償却する（実務対応報告第19号「繰延資産の会計処理に関する当面の取扱い」3(1))。

なお，資産計上の要件を満たし，親会社の個別財務諸表上で繰延資産に計上したとしても，子会社に対する増資引受については，連結グループとしてみると「企業規模拡大のためにする資金調達などの財務活動」に該当しないことから，連結財務諸表上は営業外費用として処理することが考えられる。

設例８－４　増資の会計処理

前提条件

① 親会社Ｐ社は子会社Ｓ社の株式の100％を保有している。
② 親会社Ｐ社は子会社Ｓ社の株主割当増資10,000千円を全額引き受けた。
③ 子会社Ｓ社は増資額のうち２分の１の5,000千円を資本金に組み入れた。
④ 子会社Ｓ社は増加資本金の0.7％の登録免許税35千円を株式交付費として全額営業外費用に計上した（実務対応報告第19号「繰延資産の会計処理に関する当面の取扱い」3(1)参照)。

会計処理　（単位：千円)

①　Ｓ社増資時の会計処理

ⅰ）Ｐ社

(借)	子会社株式(※２)	(※１) 10,000	(貸)	現金	(※１) 10,000

(※１) 前提条件②参照。
(※２) 債務超過子会社に対して増資をした場合，増資額を子会社株式ではなく，子会社支援損などに計上することも考えられる（後述「ⅲ）債務超過子会社に対する増資」参照)。

ⅱ）Ｓ社

(借)	現金	(※１) 10,000	(貸)	資本金	(※２) 5,000
				資本準備金	(※３) 5,000
	株式交付費	(※４) 35		現金	(※４) 35

(※１) 10,000…前提条件②参照。
(※２) 5,000…前提条件③参照。
(※３) 5,000＝払込金額10,000－資本金額5,000
(※４) 35＝増加資本金5,000×0.7％（前提条件④参照)

ⅲ）債務超過子会社に対する増資

増資が行われた場合，通常は払込金額を子会社株式として計上する（設例８－４①参照）。ただし，増資先が債務超過の子会社である場合，必ずしもこの原則的な会計処理が行われるとは限らない。以下，100%子会社であることを前提に会計処理を検討する。

■債務超過が継続する場合

増資によっても，引き続き債務超過の状況が継続する場合，基本的には，増資額を子会社支援損として計上することが考えられる。ただし，債務超過額に対して貸倒引当金やその他の引当金が計上されている場合，債務超過額の減少に対応した引当金の戻入れが行われるため，当該戻入額と前述の支援損を相殺して表示することが考えられる。

なお，稀な状況において，債務超過子会社に対する投資の減損処理が行われておらず，かつ引当金の計上もないようなケースも想定されるが，この場合，増資額と当初投資額の合計額まで，合理的な期間内において純資産額が回復することが見込まれない限り，当該増資分は支援損として会計処理される。ここでの「合理的な期間内」は，当初に投資価値が毀損し，回復可能性を検討した期間の最終年度までということになり，増資時点から５年ではない点に留意しておきたい。

■債務超過が解消する場合

増資によって債務超過の状況から脱するような場合，債務超過額相当の増資部分を子会社支援損として計上することが考えられる。すなわち，債務超過額に対して貸倒引当金やその他の引当金が計上されていることを前提とすると，債務超過額の減少に対応した引当金の戻入れが行われるため，当該戻入額と前述の支援損（全額）が相殺して表示されることになる（図表８－６参照）。

図表８－６　債務超過子会社の増資（債務超過解消の場合）

Ｐ社（親会社）			Ｐ社（親会社）	
子会社株式 （過年度減損済）	－		子会社株式	400
子会社貸付金	1,000		子会社貸付金	1,000
貸倒引当金	△600		貸倒引当金	－
	400			1,000
Ｓ社		1,000の増資を実行	Ｓ社	
資本金	100		資本金	1,100
利益剰余金	△700		利益剰余金	△700
純資産額	△600		純資産額	400

Ｐ社での会計処理

（借）	子会社株式	400	（貸）現金	1,000
	子会社支援損	600		
（借）	貸倒引当金	600	（貸）貸倒引当金戻入額	600

この結果，支援損として計上されなかった部分は子会社株式として計上されることになり，当該金額は子会社の純資産と一致することになるが，今後も損失計上が継続するようなケースでは，実態に応じて子会社株式を計上せず，支援損として処理することも考えられる。

④　増資における金融商品取引法の開示規制

債務超過の解消の方策としての増資が，不特定多数の投資家に重要な影響を与える場合もある。そのため，一定の場合には金融商品取引法の適用を受け，有価証券届出書，有価証券通知書等の提出が義務付けられる。

発行価額または売出し価額の総額が１億円以上の株式の募集または売出しにおいて，原則として多数の者（50人以上）に対して有価証券の勧誘を行うときは，有価証券届出書を提出することが求められている（金商法４条１項）。なお，有価証券届出書に記載される貸借対照表，損益計算書等については，公認会計士または監査法人の監査証明を受けなければならない（金商法193条の２）。

有価証券届出書の提出を要しない少額の有価証券の募集または売出し等につ

いては，有価証券通知書の提出が求められる（金商法４条６項）。有価証券通知書の内容を内閣総理大臣に通知させることによって，その発行状況等を把握するとともに，通知書の発行が届出書を提出する必要の有無の判断資料として利用されることにより，ディスクロージャー制度を補完している。

なお，有価証券通知書の記載内容は開示府令第一号様式に規定されており，公衆縦覧には供されず，公認会計士または監査法人の監査は必要とされていない（図表８－７参照）。

図表８－７　金融商品取引法における届出と増資の対比

形態	発行価額の総額	届出	
募集又は売出し	１億円以上	有価証券届出書（※）	
	1,000万円超１億円未満	有価証券通知書	
	1,000万円以下	不要	
上記以外	１億円以上	継続開示会社	臨時報告書
		非継続開示会社	有価証券通知書
		非開示会社	不要
	１億円未満	不要	

（※）公認会計士または監査法人の監査対象

募　集・50名以上の者に，新たに発行される有価証券の取得の申込の勧誘を行う場合
・金商法第２条第２項各号の権利（みなし有価証券）の取得勧誘により，500名以上の者が所有することになる場合
・金商法第２条の２第４項の特定組織再編発行手続を行う場合

売出し・50名以上の者に，均一の条件で，既に発行された有価証券の売付けの申込み又はその買付けの申込の勧誘を行う場合
・金商法第２条第２号各号の権利（みなし有価証券）の売付け勧誘等により，500名以上の者が所有することとなる場合
・金商法第２条の２第５項の特定組織再編発行手続を行う場合

（出典）「第九次改訂　会社税務マニュアルシリーズ２ 資本戦略」今西浩之著，ぎょうせい，p.34-35を一部修正.

（3）欠損てん補および減資

①　欠損とは

欠損とは，会社法上は資本の欠損のことである（会社計算規則151条，165条）。欠損がある状況においては，財政状態が悪化していることが多いため，通常配

当原資に乏しく，また，金融機関からの融資も受けにくいのが一般的である。

②　欠損てん補

ｉ）欠損てん補の趣旨と手続

欠損てん補とは，欠損が生じている場合に，他の株主資本の残高を充当することで，欠損金の残高を減少させることである。欠損てん補による欠損金の解消は，株主資本内部の金額の変動であるため，それだけでは債務超過の状況を解消することはできない。ただし，前述の増資などと組み合わせることで，資本項目の構成を正常の状態へと戻すことができる。

会社法の規定では，株主総会の決議によって，損失の処理（欠損てん補）を行うことができるとされている（会社法452条）。また，会社法では，欠損てん補を機動的に実施できるよう，会社の株主資本の部の計数の変動においても一部決議要件の緩和を行っている。

ａ）株主総会の特別決議を要しない資本金の額の減少の手続

【欠損てん補の場合（定時株主総会の普通決議）】

定時株主総会における決議であり，資本金の減少額を全額欠損てん補に充てる時は，株主総会の普通決議で足りることとされている（会社法309条２項９号）。これは，会社財産の流出を生じるわけでないので，株主が不利益を被らないことによるためである。

（なお，欠損の額を正確に把握する必要のためであり，定時株主総会に限定されている。）

ｂ）株主総会の決議を要しない準備金の額の減少の手続

【欠損てん補の場合（一定の機関設計）】

委員会設置会社または会計監査人設置会社である監査役会設置会社で取締役の任期が１年以内の会社は，定款において欠損てん補のための準備金の額の減少を取締役会決議事項と定めることができる（会社法459条１項２号）。これは，経営の専門家である取締役の任期を１年とすることで，毎年株主総会による選任の決議を受け，かつ，会計の専門家である会計監査人の監査を受けていることから，決議の機動性が認められているものである。

ⅱ）欠損てん補の会計処理

欠損てん補が行われた場合，株主総会または取締役会の決議が行われた時点で効力が発生するため，同日に会計処理が行われる。具体的には，充当された株主資本項目を減少させ，その他利益剰余金を増加させる仕訳が計上される。

この仕訳は，資本項目を直接加減する形で行われ，前述の債務免除のように，損益計算書に損益が計上されることはない。

会計処理

(借) 資本金など(※)	×××	(貸) 繰越利益剰余金	×××

(※) 資本金のほか，資本準備金，その他資本剰余金，利益準備金を用いて欠損てん補が行われる。

なお，企業会計原則において資本剰余金と利益剰余金の混同の禁止が明示されており（企業会計原則 第一 三），より具体的には，資本剰余金の利益剰余金への振替は原則として認められていない（自己株・準備金減少基準19項）。ただし，利益剰余金の残高がマイナスの場合に，その他資本剰余金で補てんすることは認められており，この場合でも，会計上その他資本剰余金による補てんの対象となるマイナスの利益剰余金は，年度決算時のマイナス残高に限定される（自己株・準備金減少基準61項）。

③ 減　　資

ｉ）減資等の趣旨と手続

減資とは，会社法上で明確な定義はないが，一般的に資本金を減少させることをいう。会社財産の払戻しの有無により，俗に「無償減資」（会社財産の払戻しを伴わない計算上の減資），「有償減資」（実際の払戻しを伴う減資）の別があるが，会社法上は，資本金の額の減少（会社法447条，会社計算規則27条１項１号）として整理されている。この手続によると，減少した資本金の額は，「資本金減少差益」として，その他資本剰余金に振り替えられる。

減資を行う場合，欠損額以下の金額である場合には，前述のとおり，定時株主総会であれば普通決議で足りる。ただし，臨時株主総会で決議するときには，原則どおり，特別決議が必要となる。また，欠損額を超える減資についても，同様に株主総会の特別決議が必要とされる（会社法309条２項９号）。当該決議においては，以下の事項を定める必要がある（会社法447条１項各号）。

- 減少する資本金の金額
- その全部または一部を準備金とするときはその旨およびその金額
- 効力発生日

ただし，効力発生日を定めていたとしても，後述する債権者保護手続が終了しない限り，その効力は発生しない（会社法449条６項）。

また，減資とともに，債務超過の解消の際に行われる手続として準備金の減少が挙げられる。会社法上，分配可能額から控除される拘束性のある準備金としては，資本準備金および利益準備金が法定されているが，これらも減資と同様，一定の手続により取り崩すことができる（会社法448条，会社計算規則27条１項２号，29条１項１号）。この手続によると，減少した資本準備金の額は，「資本準備金減少差益」として，その他資本剰余金に振り替えられ，減少した利益剰余金の額はその他利益剰余金（繰越利益剰余金）に振り替えられる。

これら減資および準備金の減少の手続のみでは，株主資本内の計数の変動に過ぎないが，増資と組み合わせることにより，債務超過を解消するとともに，資本項目の構成の正常化を図ることが可能となる。

ii）減資等の会計処理

無償減資の会計処理は，前述のとおり，減少した資本金の額を資本金減少差益（その他資本剰余金）に振り替える形で行われる。

会計処理

（借）資本金	×××	（貸）資本金減少差益	×××

準備金の減少も，減資に準じた会計処理となる。たとえば，資本準備金の減少では，以下のとおりの会計処理となる。

会計処理

（借）資本準備金	×××	（貸）資本準備金減少差益	×××

なお，債務超過会社が実施することは稀であると考えられるが，有償減資の会計処理は以下のとおりとなる。

会計処理

（借）資本金	×××	（貸）資本金減少差益	×××
（借）資本金減少差益	×××	（貸）現金	×××

ⅲ）債権者保護手続

資本金および準備金（以下，本章において「資本金等」という。）という，株主有限責任の下では債権者にとっての会社の責任財産の担保となる拘束性の強いものが取り崩される場合，利害関係が著しい債権者の保護手続が求められている（会社法449条）。

債権者が異議を述べるその機会を確保するため，公告および主たる債権者に各別に催告することを法は求めている（会社法449条１項）。具体的には，各種の法定の事項を官報に公告し，知れている債権者には各別に催告する（会社法449条２項，会社計算規則152条）。また，異議申述期間は１か月を下回ることができない（会社法449条２項ただし書き）。債権者が当該期間以内に異議を述べなかったときは，その債権者は，資本金等の減少について承認をしたものとみなすこととされている（会社法449条４項）。異議があった場合には個別の保護手続があり（会社法449条５項），加えて，事後的な救済制度として，資本金の額の減少の無効の訴え（会社法828条１項５号）が制度として設けられている。

（4）デット・エクイティ・スワップ（DES）

負債の減少と純資産の増加という処理を一度に実施する手法にデット・エクイティ・スワップ（DES）（債務の株式化）という方法がある（DES債権者取扱い）。

①　DESの意義

DESとは，債権者と債務者の事後の合意に基づき，債権者側から見て債権を現物出資し株式とする取引である。DESは，債務者が財務的に困難な場合に，債権者の合意を得た再建計画等の一環として行われる場合が多い。

現物出資型のDESにおける出資の目的物財産は，株式を発行する企業に対する債権である。当該債権金額をどのように評価するかで，評価額説と券面額説の２つの説がある。

a）評価額説とは，債務者の財務内容を反映した債権の評価額（時価）を基準とすべきとする説である。
b）券面額説とは，債権の額面（券面）を基準とすべきとする説である。

i）会社法と法人税法の取扱い

この２つの説に対する実務上の取扱いは，会社法と法人税法とで異なる。

会社法においては，東京地裁商事部の論文によって券面額説が主流となっている。これはひとえに，DESが業績の悪化した会社に適用されるというケースが多く，評価額説を採用してしまうと，益金を構成する債務消滅差益が生じてしまうことになり課税所得を発生させかねず，業績不振の会社の救済という趣旨から乖離してしまうことにある。

これに対し，法人税法は法人税基本通達２－３－14により，適格現物出資を除き，評価額説が採用されていると考えられる。法人税法上は，新株発行において増加する資本金等の額は「払い込まれた金銭の額及び給付を受けた金銭以外の資産の価額」とされ（法人税法２条１項16号，法人税法施行令８条１項１号），DESの場合にあっては増加する資本金等の額は消滅する債権の時価となる。

券面額説が現物出資財産の検査役調査という時間と費用を要する実務上の煩雑性を回避しているのに対し，評価額説では上述の費用と評価額と券面額との差額が債権放棄損となる。法人税法上，合理的な再建計画による金融機関の債権放棄損相当分については，債権者において損金算入するとともに，債務者においては益金算入することになる。また，合理性に欠ける再建計画による金融機関の債権放棄損相当分については，債権者において債権の帳簿価額と時価との差額部分の全額または一部が寄附金課税の対象となる。

ii）疑似DESの取扱い

現物出資方式とは別に，債務者が債権者に対して第三者割当増資を行い，増資により払い込まれた資金を借入金の返済に充当する疑似DESという方式もある。疑似DESによると現金を実際に払い込む必要性があるが，債務を弁済することにより，結果的に債務免除益課税の対象とならない手法と考えることができる（法人税法施行令24条の２第２項３号）。なお，租税回避的な行為である場合には当然のことながら税務では認められないため，利用には特段の注意が必要である。

②　DESの効果

DESは債権者によれば，債権の現物出資による株式の取得という効果があり，債務者によれば債務の減少と純資産の増加により，債務超過を解消させる効果がある。

債権者は，その地位を株主に変更することにより，持株比率の増加という効果が生じ，当該会社の経営に直接関与することができる。また，債務者は，債務を株式に変更することにより，定期的な利息支払よりも配当負担が少なければ，債務元本の返済というキャッシュ・フロー負担を軽減することができる。

③　DESの債務者側の処理

DESの債務者側においては，債務の消滅を認識するとともに，資本金および資本準備金が評価額説または券面額説に応じ，時価または簿価で増加することとなる。これらの間に差額が生じる場合，損益として認識される。

DESによれば，債権者がその債権を債務者に現物出資した場合，債権と債務が同一の債務者に帰属し当該債権は混同により消滅するため（民法520条），金融負債および金融資産の消滅の認識要件を満たすものと考えられる（金融商品会計基準８項から10項）。ここで混同とは，相対立する２つの法律的地位が同一人物に帰属することをいい，物権（民法179条），債権（民法520条）を通じて権利消滅の原因となる。

④　DESによる債権者側の会計処理

ｉ）DESにより取得した株式の取得原価

DESにより，債権者が取得する株式は，通常，債権とは異種の資産と考えられることから，「新たな資産」と考えられる（金融商品実務指針36項）。この場合には，債権者が取得する株式の取得時の時価が対価としての受取額（譲渡金額）となり，消滅した債権の帳簿価額と取得した株式の時価の差額を当期の損益として処理し，当該株式は時価で計上されることとなる（DES債権者取扱い２(2)，金融商品会計基準11項から13項，金融商品実務指針29項，37項）（図表８－８参照）。

ただし，「資産を移転し移転先の企業の株式を受け取る場合において，移転元の企業の会計処理は，事業分離における分離元企業の会計処理に準じて行う。」という親会社が子会社支援のために行うようなグループ内のDESの場合には，企業結合適用指針第97－２項の定めが優先される。この場合，あくまで債権に対する貸倒引当金が適切に計上されているならば，消滅した債権の帳簿価額と取得原価が同額になる（図表８－９参照）。

ここでいう消滅した債権の帳簿価額は，取得原価または償却原価から貸倒引当金を控除した後の金額をいう（金融商品実務指針57項(4)参照）。また，DESを行うにあたり，債権者が一定額の債権放棄を行う場合には，当該債権放棄後の帳簿価額をいう。

図表８－８　時価によるDESの会計処理

B社

諸資産	500	諸負債	600
		純資産	△100

A社

諸資産	1,000	諸負債	700
		純資産	300

諸負債600のうち300を資本に振替。

諸資産1,000のうち貸付金300－引当金200=100の消滅を認識。

B社

諸資産	500	諸負債	600
		減少負債	△300
		負債合計	300
		純資産	△100
		増加資本金	10
		増加資本剰余金	10
		債務消滅差益	280
		純資産合計	200

A社

諸資産	1,000	諸負債	700
減少資産	△100	**負債合計**	700
増加資産	20		
資産合計	920		
		純資産	300
		債権消滅差損	△80
		純資産合計	220

B社仕訳

借入金	300	資本金	10
		資本準備金	10
		債務消滅差益	280

A社仕訳

B社株式	20	貸付金	300
貸倒引当金	200		
債権消滅差損	80		

A社はB社に対して有する貸付金300（貸倒引当金200を計上済み）についてDESを実施。なお，B社が発行した株式の時価は20であった。

図表8－9　グループ内DESの会計処理

S社

諸資産	500	諸負債	600
		純資産	△100

P社

諸資産	1,100	諸負債	700
		純資産	400

諸負債600のうち300を資本金に振替。

諸資産1,100のうち貸付金300－引当金200＝100を子会社株式に振替。

S社

諸資産	500	諸負債	600
		減少負債	△300
		負債合計	300
		純資産	△100
		増加資本金	150
		増加資本剰余金	150
		純資産合計	200

借入金	300	資本金	150
		資本準備金	150

P社

諸資産	1,100	諸負債	700
減少資産	△100	**負債合計**	700
増加資産	100		
資産合計	1,100		
		純資産	400
		純資産合計	400

S社株式	100	貸付金	300
貸倒引当金	200		

A社はB社に対して有する貸付金300（貸倒引当金200を計上済み）についてDESを実施。

ⅱ）DESにより取得した株式の取得時の時価

取得時の時価は，算定日において市場参加者間で秩序ある取引が行われると想定した場合の，当該取引における資産の売却によって受け取る価格である（金融商品会計基準6項）。

この時価を算定するにあたっては，市場参加者が算定日において当該株式の時価を算定する際に考慮する当該株式の特性を考慮する（時価算定適用指針4項(1)）ために，債権放棄額や増資額などの金融支援額の十分性（たとえば，実質的な債務超過を回避したと考えられるかどうか），債務者の再建計画等の実行可能性，株式の条件等を考慮した上で時価を算定する。

なお，この時価の算定は，市場価格のない株式における発行会社の財政状態の悪化の判断や回復可能性の判定（金融商品実務指針92項参照（これに係る「金融商品会計に関するQ&A」Q33，Q34も参照のこと））とは異なる。

また，市場価格のない株式については，取得した株式の取得時の時価を直接的に算定する方法に代えて，適切に算定された実行時の債権の時価を用いて，当該株式の時価を算定することも考えられる。

債権切捨てと実質的に同様の効果となる場合（たとえば，債権放棄の代わりに債権者がDESに応じる場合）には，取得する債務者の発行した株式の時価はゼロに近くなると考えられる。

⑤　実務上の留意点

DESにはさまざまな実務上のメリットがあり，会社法も税法もその活用の手続が整備され，業績不振の会社の救済に資するものとなっている。

ｉ）現物出資の検査役の調査の省略

会社法第207条第９項第５号において，現物出資財産が株式会社に対する金銭債権（弁済期が到来しているものに限る。）であり，当該金銭債権に定められた現物出資の価額が当該金銭債権に係る負債の帳簿価額を超えない場合，検査役の調査を不要とすることが規定されている。

実務上，債務超過子会社に対する金銭債権に関しては，実質的な運転資本の貸付等の財政支援が継続的になされていることが多い。そのため，子会社側の株主総会決議等で金銭消費貸借契約等について，期限の利益の放棄の決議を行い，弁済期が到来していることを通知した文書を残すことが見受けられる。

また，契約上は短期でも実態に鑑み，親会社の財務諸表において長期貸付金に表示している金銭債権や，返済猶予の申し出により，通常の営業循環過程から離れてしまった営業外の未収入金等の債権，受取手形の決済を猶予している金融手形，その他実質的に期流れとなっている短期の営業および営業外金銭債権に関しても，再度弁済期を確認し，弁済の期限が未到来であれば，弁済期の到来の通知を確認できる証拠を残すことが管理上必要といえる。

現物出資に関して，検査役の調査を省略する場合であっても，現物出資する金銭債権について記載された会計帳簿が登記の添付書類として要求されることになる（商業登記法56条３号ニ）ため，適切な会計帳簿の整理が必要となる。

ⅱ）消費税等

DESによる債権の現物出資は，課税資産の譲渡等に該当しない。なぜなら，消費税法における資産の譲渡の意義は同一性を保持して他者に資産を移転させることをいうとされているものに対し，DESにおいて混同により消滅したものとみなされる金銭債権は資産の移転に当たるとは考えられないためである。

(5) 株主資本等変動計算書の表示

本項では，ここまで解説した各種資本取引による株主資本の内訳の変動が，株主資本等変動計算書でどのように表示されるかを見ていくこととする。

①　株主資本の各項目の変動事由

株主資本等変動計算書は，貸借対照表の純資産の部の一会計期間の変動額のうち，主として，株主に帰属する部分である株主資本の各項目の変動事由を報告するために作成されるものである（企業会計基準第６号「株主資本等変動計算書に関する会計基準」（以下，本章において「株主資本等変動計算書会計基準」という。）１項）。株主資本の各項目は，当期首残高，当期変動額，当期末残高に区分し，当期変動額は変動事由ごとにその金額を表示する（株主資本等変動計算書会計基準６項）。企業会計基準適用指針第９号「株主資本等変動計算書に関する会計基準の適用指針」（以下，本章において「株主資本等変動計算書適用指針」という。）第６項では，当該変動事由が例示されているが，本章に記述した論点に係る例示項目を挙げると以下のとおりとなる。

- 新株の発行
- 資本金から剰余金への振替え
- 準備金から剰余金への振替え

②　新株発行と減資等の効力発生日が同日の場合の取扱い

債務超過を解消するために，新株発行と資本金等の減少を同時に行い，新株の発行の効力発生日と，資本金等の額の減少の効力発生日が同日となるケースが考えられる。このとき，増加する資本金等と減少する資本金等が同額である場合，株主資本等変動計算書における変動事由は，以下のいずれかの方法によることとされている（株主資本等変動計算書適用指針８項）。

- 両建てで表示する方法（新株の発行による資本金等の額の増加を記載するとともに，資本金等の額の減少およびその他資本剰余金の増加を表示する方法）
- 相殺して表示する方法（その他資本剰余金の増加のみを記載する方法）

3　債務超過を解消した後の個別的な事象

（1）増資引受会社における引受株式の評価

発行会社の財政状態が悪化している会社の株式を，第三者割当により引き受けた場合の，引受会社における株式の評価について記述する。

債務超過会社が一定期間経過後なお経営改善等の効果が現れずに依然として債務超過が解消されない場合には，期末の株式の評価について検討が必要である。

一般に増資を引き受けたとしても，債務超過が解消していない場合，期末に当該債務超過会社の株式に対して，減損の要否を検討する必要が生じる。しかしながら，仮に取得後即時に減損されてしまったのでは，現実的に支援する会社の投資責任がすぐに問われることになり，実務上支援が困難と言わざるを得ない。そのため，以下の４点が検討されることにより，投資後の株式の評価が慎重に行われることになる（「金融商品会計に関するＱ＆Ａ」Ｑ34参照）。

ⅰ）将来の業績回復を見込んだ実行可能な事業計画や経営方針等の存在

ⅱ）一定期間における事業計画からの乖離の状況

事業計画や経営方針等が合理的であると判断される限り，当該事業計画等に基づく一定期間，業績の動向を見守り，実績が事業計画等を大幅に下回らなければ，当該会社に対する投資は減損処理の対象とはならない。

ⅲ）合理性を判断する際の総合的検討事項

当該事業計画等の実行可能性，増資額の十分性，将来の業績回復との関連性などを勘案して総合的に検討。

ⅳ）毎期の見直し

損益見込や資金収支計画等は毎期見直しを行い，当該計画等に基づく業績回復が予定どおり進まないことが判明した場合には，その期末において減損の検討が必要となる。

なお，この「金融商品会計に関するＱ＆Ａ」Ｑ34の取扱いについては，基本的に債務超過会社に対して追加出資するようなケースではなく，新たな支援者として出資を行うケースが想定されているものと考えられる。子会社が債務超過のケースにおいて追加出資を行い支援するようなときには，当該出資額を子会社支援損として計上することが考えられるが，具体的な会計処理については，「２　債務超過の解消方法　各論」「（２）増資（普通株式・種類株式）」「③増資の会計処理」「ⅲ）債務超過子会社に対する増資」を参照のこと。ただし，子会社支援損を計上せず，子会社株式として計上するという稀なケースでは，事後的な減損処理の要否の判断において，前述の判断基準を用いることが考えられる。

（２）引き受けた株式を減損した場合の連結財務諸表上の調整

個別財務諸表において減損処理が行われた結果，連結財務諸表において，評価減後の子会社株式の簿価が連結財務諸表上の子会社の資本の親会社持分額とのれん未償却残高（借方）との合計額を下回った場合には，当該下回った金額に相当するのれんの一時償却を行わなければならない（資本連結実務指針32項）（図表８－10参照）。

図表８－10　のれんの減額処理のパターン

①「子会社株式の減損処理後の簿価」と，②「連結上の子会社の資本の親会社持分額（②－１）とのれんの未償却残高（借方）（②－２）」の差額が下回る場合の，のれんの減損処理

（１）①と②の差額が，のれん相当額の未償却残高を上回る場合

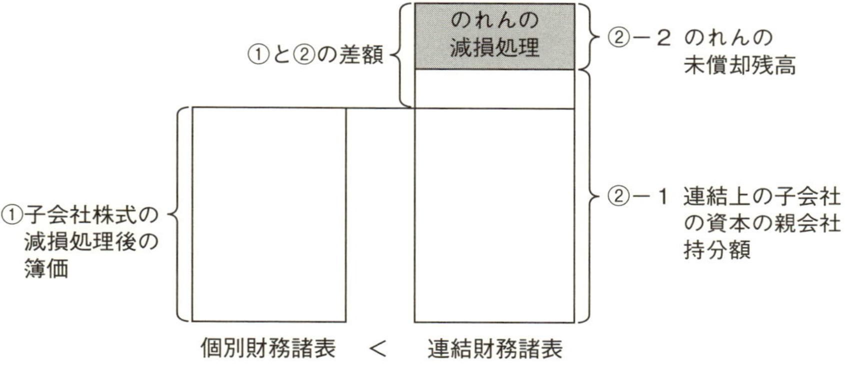

当該ケースでは，のれんの未償却残高を全額償却する。

（２）①と②の差額が，のれんの未償却残高を下回る場合

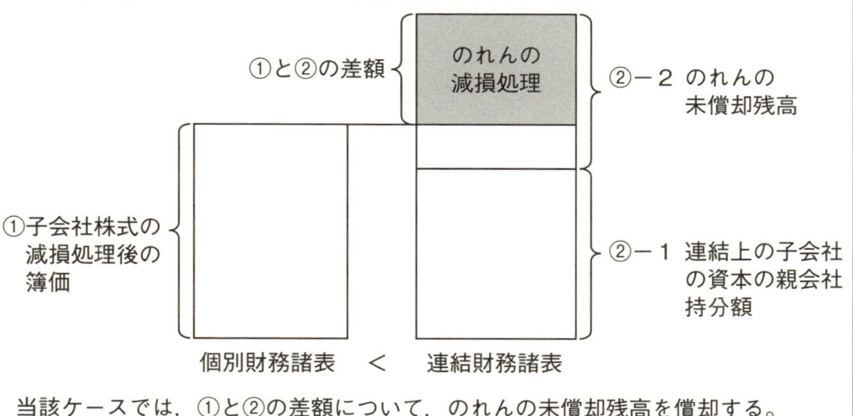

当該ケースでは，①と②の差額について，のれんの未償却残高を償却する。

4　税務上の取扱い

（1）寄附金の取扱い

債務超過会社の支援の方法には，税務上の寄附金認定のリスクが常に存在するため，本節において検討する。

寄附金とは，「金銭その他の資産又は経済的な利益の贈与又は無償の供与」とされているが，その経済的利益を供与することについて，経済合理性が存する場合には，その供与した経済的利益の額は寄附金に該当しないものとして取り扱うこととされている（法人税法37条７項）。

業績不振による債務超過子会社の再建支援等事案において，損失負担等の額の損金算入が認められる経済合理性とは，経済的利益を供与する側からみて，①再建支援等をしなければ今後より大きな損失をこうむることが明らかな場合や，②子会社等の倒産を回避するためにやむを得ず行うもので合理的な再建計画に基づく場合などその再建支援等を行うことに相当な理由があると認められる場合をいう（法人税基本通達９－４－１，９－４－２）。

また，グループ法人税制の導入により，100％の完全支配関係のある内国法人のグループ会社間における寄附金は，損金不算入（寄附金に対応する受増益は益金不算入）となる上，寄附修正事由となり，寄附修正は利益積立金額の修正となる（法人税法25条の21項，37条２項，法人税法施行令９条７号，法人税基本通達４－２－６）。

ただし，100％の支配関係にない場合や，子会社が外国法人等の場合にはグループ法人税制の対象外となり，このような寄附修正は行われない。

（2）期限切れ欠損金および資産の評価損益の取扱い

青色欠損金等には繰越の期限があり，また，繰り越すことのできる欠損金は青色欠損金以外の申告書を提出した事業年度に生じた欠損金の場合には災害損失に係るものに範囲が限られるという欠点がある（第17章参照）。

子会社等が債権者から債務の免除を受け，あるいは役員等から私財の提供を受けたような場合，それらが子会社等の更生や再生等にあたって受けるものであっても，税務上の資本金等の額の加減算を行うものに該当しない以上，その債務免除益等は益金として課税の対象になる。

このような債務免除や債務消滅が行われるような企業が業績不振にある場合において，債務免除益等が益金に算入されるものの，全額課税されてしまったのであれば，その債務免除益等に課税することは，支援を目的として実施した行為の趣旨や，更生や再生等を阻害することになってしまう。

そこで，法は期限切れの欠損金や適用が見送られた企業の設立当初からの欠損金の総額を，一定の要件の下で活用する余地を残すことで，業績不振にある企業の再生の道を残している。

①　会社更生等の場合の期限切れ欠損金の損金算入

子会社等について会社更生法等による更生手続開始の決定があった場合において，その子会社等が債権者から債務の免除や役員等から金銭その他資産の贈与を受け，あるいは評価益の計上を行ったときは，これらに該当する事業年度前の事業年度において生じた欠損金額で控除期限切れのもののうち債務免除益等に達するまでの金額は，その事業年度の課税所得の計算上損金の額に算入する（法人税法59条１項，法人税法施行令116条の２，116条の３）。ここでの債務の免除には，債務の株式化（DES）に伴う債務消滅差益が生じる場合も含まれる（法人税法59条１項１号，法人税基本通達12－３－６）。

②　再生手続等の場合の期限切れ欠損金の損金算入

子会社等について民事再生法による再生手続開始の決定などの事実が生じた場合においても，これらの事実に該当する事業年度前の事業年度において生じた欠損金額のうち債務免除益等に達するまでの金額は，その事業年度の課税所得の計算上，損金の額に算入することとされている（法人税法59条２項，３項，法人税法施行令117条～117条の４）。この場合には，繰越欠損金のうち青色欠損金等以外の期限切れの欠損金が優先して控除される。ただし，民事再生法等による評価換えが行われない場合には，期限切れの欠損金よりも青色欠損金等が優先して控除され，債務免除益等に達するまでの金額も適用年度の青色欠損金等控除後所得が限度となる。

③　清算所得課税の廃止に伴う，清算中に生じる債務免除等に対する期限切れ欠損金の利用

法人が解散した場合において，残余財産がないと見込まれるときは，清算中に終了する事業年度前の各事業年度で生じた欠損金額で控除期限切れのものは，清算中に終了する事業年度の課税所得計算上，損金の額に算入される（法人税法59条３項，法人税法施行令117条の５）。

なお，中小法人以外の法人の青色欠損金の控除限度額が，欠損金額控除前の所得の金額の100分の50相当額とされ（法人税法57条１項），災害損失金についても同じ制限が設けられている（法人税法58条１項）。

第9章

債務超過子会社の連結手続（基礎）

本章のポイント

- 緊密者等が保有する株式と合わせて50%超の議決権を保有し，これに加えて他の会社の債務超過を負担することが明らかな場合，それは支配している一例に該当する。
- 連結財務諸表上，債務超過子会社の欠損については，原則として，非支配株主の負担すべき額を超える場合に，当該超過額を親会社が負担する。
- 親会社の個別財務諸表上において，債務超過となっている子会社の株式の評価は，評価損や各種引当金が計上されていることが考えられるが，連結財務諸表上では，当初の帳簿価額に振り戻した上で，投資と資本の相殺消去が行われる。

1　連結の範囲

（1）連結の範囲と債務超過

親会社は，すべての子会社を連結の範囲に含めることが原則である（連結会計基準13項）。ただし，子会社であっても，重要性が乏しいと認められるものに関しては，連結の範囲に含めないことができるとされている（連結会計基準（注３））。会社の方針として，すべての子会社を連結する，としている場合には問題とならないが，重要性のない子会社については連結の範囲に含めないという方針を採っている場合には，子会社が債務超過になることなどで，新たな論点を生み出すことがある。

本節では，まず連結の範囲の検討に関する原則を確認した上で，債務超過子会社と連結範囲という点に関する論点を掘り下げて確認していく。

(2) 連結範囲の検討

かつての会計基準（平成９年改正前の連結財務諸表原則）では，他の会社の議決権の過半数を親会社が直接または間接に所有していることを要件とする持株基準が採られていた（連結財務諸表見直し意見書第二部　二　１）。しかしながら持株基準には，持分比率を一時的に50％以下に下げたり，実質的には支配しているにもかかわらず表面的な持分比率を50％以下にしておいたりすることにより，業績不振の子会社等のみを連結から外すという一種の操作が可能であるという欠点があった。そこで，いわゆる実質支配力基準が導入され，このような恣意的な操作が入ることを排除して企業集団の実態が適切に反映されるようになってきた。以下，制度としての実質支配力基準に関して具体的に述べることとする。

①　支配力基準の原則

制度としての連結の範囲の検討は，まず，子会社等の定義を定めることから行い，通常，他の会社等の普通株式の過半数を所有しているケースや他の会社等の意思決定機関への支配が存在しているケースで，当該他の会社が子会社に該当するものとされる（連結会計基準６項，７項）。ここで，意思決定機関への支配の有無で判断される理論的な実質支配力基準では，意思決定機関への実質的な支配が行われているか否かの判断において恣意性の介入する余地や実務上の裁量が大きい。このため，制度としては，まず一定の持株数の保有により形式的に判定した上で，次に意思決定機関への具体的な実質的な支配の例示を挙げることで，連結範囲の決定を行っていく形となっている。すなわち，持株基準と実質支配力基準の双方が加味されたものとなっている（連結会計基準７項）（図表９－１参照）。

図表９－１　「他の会社を支配している場合」の要件

a）他の会社の議決権の過半数（50％超）を自己の計算で所有している場合
b）他の会社に対する自己の計算による議決権の所有割合が40％以上50％以下であり，かつ，当該会社の意思決定機関を支配している一定の事実が認められる場合
c）他の会社に対する自己の計算による議決権の所有割合が40％未満であったとしても，当該会社の意思決定機関を支配している一定の事実が認められる場合

図表９－１のｂ）の会社の意思決定機関を支配している一定の事実が認められる場合とは，「緊密な関係」や「同意」によって議決権行使の立場を同じくする株主（以下，本章において「緊密者等」という。）が存在することで，合わせて議決権の過半数を占め，株主総会を支配している場合，役員の派遣により取締役会の構成員の過半を占めている場合，資金調達額の総額の過半の融資を行っている場合，重要な財務および営業または事業の方針の決定を支配する契約が存在する場合等が挙げられる（連結会計基準７項(2)）。

また，図表９－１のｃ）における「一定の事実が認められる場合」とは，緊密者等が保有する株式と合わせて，議決権の過半数を保有し，かつ，ｂ）のところで述べた「取締役会の構成員の過半数の占有」，「資金調達額の過半の融資」，「重要な支配の契約の存在」などの要件のうち，いずれかを満たすケースである（連結会計基準７項(3)）。

このような一定の事実が認められる場合とは，すなわち連結の範囲を実質的な支配の有無で判断していることを指し，業績不振の会社が形式的な持株基準により連結外しの対象になることを防止する効果がある。

②　債務超過負担の特別な取扱い

図表９－１のｃ）の一定の事実が認められる場合の中に，他の会社の債務超過を負担する場合における特別な取扱いの要件がある。

具体的には，緊密者等が保有する株式と合わせて議決権の過半数を保有している状況にあり，かつ「当該他の会社が債務超過の状況にあり，債務保証を行っていること等により当該債務超過額を負担することとなっているとき」に

は，支配を有しているものとして，子会社に該当するとされている（連結範囲適用指針15項(2)）。

（3）連結範囲の量的重要性判定

①　連結範囲の決定に係る判断指針

前述のように，親会社は，原則としてすべての子会社を連結の範囲に含めなければならないとしている（連結会計基準13項）。ただし，子会社であって，その資産，売上高等を考慮して，連結の範囲から除いても企業集団の財政状態，経営成績およびキャッシュ・フローの状況に関する合理的な判断を妨げない程度に重要性の乏しいものは，連結の範囲に含めないことができるという例外が設けられている（連結会計基準（注３））。

その場合の重要性判断指針は，企業集団の財政状態，経営成績およびキャッシュ・フローの状況を適正に表示する観点から量的側面と質的側面の両面で並行的に判断される（連結範囲重要性取扱い３項）。具体的には，個々の子会社の特性ならびに，量的重要性に関しては，少なくとも資産，売上高，利益および利益剰余金の４項目に与える影響をもって判断すべきものとされる（連結範囲重要性取扱い４項）（図表９－２参照）。

①　資産基準
②　売上高基準
③　利益基準
④　利益剰余金(注)基準

(注)「利益剰余金」とは，「利益準備金及びその他利益剰余金」のほか，法律で定める準備金で利益準備金に準ずるものをいう。

図表９－２　連結範囲重要性取扱いにおける量的重要性判断指針

① 資産基準：
$$\frac{\text{非連結子会社の総資産額の合計額}}{\text{連結財務諸表提出会社の総資産額及び連結子会社の総資産額の合計額}}$$

② 売上高基準：
$$\frac{\text{非連結子会社の売上高の合計額}}{\text{連結財務諸表提出会社の売上高及び連結子会社の売上高の合計額}}$$

③ 利益基準：
$$\frac{\text{非連結子会社の当期純損益の額のうち持分に見合う額の合計額}}{\text{連結財務諸表提出会社の当期純損益の額及び連結子会社の当期純損益の額のうち持分に見合う額の合計額}}$$

④ 利益剰余金基準：
$$\frac{\text{非連結子会社の利益剰余金のうち持分に見合う額の合計額}}{\text{連結財務諸表提出会社の利益剰余金の額及び連結子会社の利益剰余金の額のうち持分に見合う額の合計額}}$$

また，図表９－２の算式を利用する際の留意事項の１つに，非連結子会社の選定にあたっては，資産や売上等の額の小さいものから機械的に順次選定するのではなく，個々の子会社の特性や上記算式で計量できない要件も考慮するものとするという定めがある（連結範囲重要性取扱い４－２項⑵）。その質的な重要性の判断の例示の１つに「多額な含み損失や発生の可能性の高い重要な偶発事象を有している子会社」というものが明示されている（連結範囲重要性取扱い４－２項⑵④）。

なお，図表９－２の算式で重要性を判断するに際し，2004年７月改正前の連結範囲重要性取扱いでは，重要性が乏しいとされる具体的割合の上限が３～５％くらいのところにあるという委員の判断を記載していたが，同改正によりこの数値基準は削除された。しかしながら，改正の際の前書文にあるように，その趣旨は変わらないとされており，実務上は当該基準が１つの目安となっていることが考えられる。

②　債務超過子会社における連結範囲の検討に係る留意事項

連結グループ内には損失が計上されている子会社があれば，利益が計上されている子会社もあることが想定される。債務超過子会社では，損失が計上されることも多いと推測されるが，図表９－２の算式の③利益基準を適用する際には，分母・分子ともに利益または損失を相殺した数値をもって割合を算定する。また，分子または分母の合計額がマイナスとなる場合には，その絶対値をもって割合を算定する。さらには，当期純損益の額が事業の性質等から事業年度ごとに著しく変動する場合などは，当期純損益の額について最近５年間の平均を用いる等適切な方法で差し支えないものとされている（連結範囲重要性取扱い４－２項（６））。

なお，債務超過（マイナスの利益剰余金）を図表９－２の④の算式に当てはめると割合がマイナスになることがあるが，これをもって重要性がないと直ちに判断されるものではない点に留意しておきたい。

2　債務超過子会社の非支配株主が負担する欠損

子会社が債務超過に陥った場合で，株主構成に非支配株主が存在する場合，その債務超過持分の負担に特殊な定め（連結会計基準27項）が設けられている。

（1）子会社が債務超過の場合の非支配株主の原則的負担

子会社が債務超過に陥っていくケースにおいて，非支配株主が存在する場合，非支配株主が負担する債務超過額はいくらになるのであろうか。非支配株主は出資者であることから，子会社の損益をその持分比率に応じて負担するのが原則である（連結会計基準26項）。このため，子会社が債務超過に陥った場合，計算技術上非支配株主は投資額がマイナスとして算定される。

しかし，実際に子会社が債務超過に陥った場合には，原則として（子会社の欠損の負担について株主間の合意がある場合を除き），欠損を持分比率に応じ非支配株主に負担させるのではなく，親会社が負担する。

これは，株主有限責任の原則により，出資額を限度とする責任負担が根底にあるものの，第８章で詳述したように親会社は子会社の債権者に対し，非支配株主持分を超える債務超過負担を実質的に担うものと考えられるためである。それに対し，株主有限責任を超える責任負担を有さない非支配株主持分はゼロが下限となり，追加負担を強制されて，連結貸借対照表上非支配株主持分がマイナスになることは原則としてない。

このとき，その後子会社が利益を計上した場合，親会社が負担した損失（債務超過）が解消されるまでは，非支配株主が利益を享受することはない。すなわち，子会社が計上した利益により，それまでに親会社が非支配株主に代わって負担した損失（債務超過）が解消されて初めて，非支配株主持分は正の値となる（連結会計基準27項）。

設例９－１　子会社の債務超過の負担関係

前提条件

①　親会社Ｐ社は1,000千円の資本金の子会社Ｓ社を非支配株主とともに×０年４月１日に設立した。

Ｐ社　　　　　80%　出資額800千円

非支配株主　　20%　出資額200千円

②　Ｓ社の財政状態の推移は以下であった。

【×１年３月（第１期）　Ｓ社純資産】

（単位：千円）

資本金	1,000
利益剰余金	500
純資産合計	1,500

【×２年３月（第２期）　Ｓ社純資産】

（単位：千円）

資本金	1,000
利益剰余金	△1,500
純資産合計	△500

【×３年３月（第３期）　Ｓ社純資産】

（単位：千円）

資本金	1,000
利益剰余金	△900
純資産合計	100

会計処理　（単位：千円）

前提条件に基づき，各期のＳ社の損益に対する親会社Ｐ社および非支配株主の持分額と連結貸借対照表の非支配株主持分の金額を算出する。

① ×１年３月末

第１期　Ｓ社損益

当期純利益　500

親会社Ｐ社持分（80%）…　400　（＝500×80%）

非支配株主持分（20%）…　100　（＝500×20%）

【連結B/S】

非支配株主持分　（※１）300

（※１）300＝Ｓ社の純資産1,500×非支配株主持分比率20%

② ×２年３月末

第２期　Ｓ社損益

当期純損失　△2,000

親会社Ｐ社持分（80%）…　△1,600（＝△2,000×80%）

非支配株主持分（20%）…　△400　（＝△2,000×20%）

【連結B/S】

非支配株主持分　（※２）△100

（※２）△100＝Ｓ社の純資産△500×非支配株主持分比率20%

しかし，このまま非支配株主が持分比率に従ってＳ社の当期純損失を取り込むと，連結貸借対照表の非支配株主持分はマイナスとなる。

非支配株主は原則，連結貸借対照表の非支配株主持分がゼロになるまでしか欠損を負担しない。よって，非支配株主の実際の負担額は以下となる。

実際の負担額

親会社Ｐ社持分（80%）…△1,700　（＝△2,000－△300（非支配株主負担））

非支配株主持分（20%）…△300（※３）

（※３）第１期末の連結財務諸表の非支配株主持分の残高は300であったため，当期（第２期）末において，非支配株主は△300を上限として損失を負担する。

【連結B/S】

非支配株主持分　（※４）－

（※４）０＝前期（第１期）末のＳ社の非支配株主持分300－当期（×２期）非支配株主負担額300

③　×３年３月末

第３期　Ｓ社損益

当期純利益　600

親会社Ｐ社持分（80％）…　480（＝600×80％）

非支配株主持分（20％）…　120（＝600×20％）

【連結B/S】

非支配株主持分　（※５）120

（※５）120＝前期（第２期）末子会社Ｓ社の非支配株主持分０＋当期（第３期）非支配株主持分額120

このように非支配株主が持分比率に従って単純にＳ社の当期純利益を取り込むと，連結貸借対照表の非支配株主持分は120となる。

しかし，前期においてＳ社の債務超過部分は親会社であるＰ社が負担しているため，その後，債務超過解消までに計上される利益は全額親会社持分に加算する。

実際の持分額

親会社Ｐ社持分（80％）…　580（＝600－20（非支配株主持分））

非支配株主持分（20％）…　（※６）20

（※６）当期（第３期）末における当期純利益600のうち，親会社Ｐ社が前期（第２期）末までに負担していた欠損分500に見合う利益をまず親会社Ｐ社に配分し，残額100（＝600－500）のうち非支配株主持分に応じた金額20（＝100×20％）を非支配株主に配分する。

【連結B/S】

非支配株主持分　（※７）20

（※７）20＝子会社Ｓ社の純資産100×非支配株主持分比率20％

（２）子会社が債務超過の場合の非支配株主の例外的負担

「（１）子会社が債務超過の場合の非支配株主の原則的負担」に記載した取扱いの例外として，親会社と非支配株主との間での契約等の合意（非支配株主による債務保証を含む。）に基づく額を限度として非支配株主に負担させるケースがある（資本連結実務指針50項，69項）。

このような契約等が存在することにより，非支配株主が自己の出資を超えて債務超過子会社の損失を負担することとなっている場合，連結貸借対照表上の非支配株主持分は連結子会社が当該債務超過子会社のみの場合，マイナス（△）表示となる。

また，これとは逆に，非支配株主が一定の損失までしか負担しないような合意が株主間で取り交わされているようなケースも考えられる。この場合には，「（1）子会社が債務超過の場合の非支配株主の原則的負担」に記載した取扱いに準じて，非支配株主が負担すべき損失を限度として非支配株主持分を減額する。これを超える損失については，親会社の持分が負担することになるが，その後に利益が計上された場合には，同様に，非支配株主が負担する損失限度に達するまで，親会社が当該利益を享受する（資本連結実務指針50項）。

（3）債務超過会社の買収

親会社の子会社に対する投資とこれに対応する子会社の資本は，連結財務諸表の作成に際し，相殺消去することとされている（連結会計基準23項）。また，子会社の資本のうち，親会社に帰属しない部分は非支配株主持分とするものとされており（連結会計基準26項），投資と資本の相殺消去仕訳において，子会社の資本のうち，非支配株主持分割合は，非支配株主持分として計上される。

ここで，債務超過子会社を買収した場合の処理を考えてみたい。通常の資産超過会社の株式の購入であれば，買収された会社の資本のうち親会社持分と買収価額との差額がのれんとなる（連結会計基準24項）。ただし，買収した会社が債務超過の場合，通常，買収した時点から当該債務超過会社の債務超過部分は株式を購入した会社が親会社として負担することになると考えられるため，非支配株主持分をゼロとした上で，のれんの金額を算定することになると考えられる。

設例９－２　債務超過の会社を買収した場合の会計処理

前提条件

①　Ｐ社はこれまで株式を保有していないＳ社の買収を決定した。Ｓ社はＣ社の完全子会社であるが，その発行済株式の80%を2,500千円で×１年４月１日に購入する。

②　Ｓ社の×１年３月期決算の貸借対照表は以下のとおりである。なお，株式

売買契約書上，債務超過の負担に関する特約はなく，Ｃ社が今後も債務超過相当を負担することは見込まれていない。

（単位：千円）

科目	金額	科目	金額
資産	10,000	負債	12,000
		資本金	1,000
		利益剰余金	△3,000

会計処理　（単位：千円）

①　**個別財務諸表上の会計処理**

（借）	Ｓ社株式	(※) 2,500	（貸）	現金	(※) 2,500

（※）前提条件①参照。

②　**連結修正仕訳**

ｉ）投資と資本の相殺消去

（借）	資本金	(※１) 1,000	（貸）	Ｓ社株式	(※２) 2,500
	のれん	(※３) 4,500		利益剰余金	(※４) 3,000

（※１）前提条件②（Ｓ社貸借対照表）参照。
（※２）前提条件①参照。
（※３）貸借差額で算出（Ｓ社の純資産額△2,000はすべて親会社となったＰ社の負担となるため，投資額2,500と資本△2,000の差額（4,500）がのれんとなる）。
（※４）前提条件②（Ｓ社貸借対照表）参照。

3　親会社個別財務諸表上の子会社の株式の評価の連結上の取扱い

子会社が債務超過の状況にあるときは，当該株式を保有する親会社の個別財務諸表において株式の実質価額が著しく低下した時に該当することが極めて多いと考えられ，親会社の個別財務諸表上，第６章で記載した減損処理を実施したうえで，第７章で詳述した各種引当金の計上が行われていることが多いことが想定される。

連結財務諸表上，上記の子会社株式に対する減損処理，または各種引当金の設定は，あくまでグループ会社に対するもので，連結上は内部取引による損失である。このため，投資の額は支配獲得時の価額まで戻し入れられた上で投資と資本の相殺消去が行われるとともに（連結会計基準23項），引当金についても，連結財務諸表上で追加負担分を計上すべきと判断されない限り，戻し入れられる。

兄弟会社が保有する債権と連結修正仕訳

貸倒引当金が設定される純債権は親会社が保有しているのではなく，キャッシュ・マネジメント・システム等の資金援助・グループファイナンス会社である他の子会社が保有している場合もある。この場合も，最終的に連結上の内部取引が資本連結において消去されることに変わりはない。すなわち，株式保有会社である親会社（Ｐ社）が債務超過子会社（Ｓ１社）の株式の減損を行っていれば，資本連結において子会社（Ｓ１社）株式の減損の戻入れが行われる。また，資金援助を行っている子会社（Ｓ２社）が債務超過子会社（Ｓ１社）に対する純債権等に貸倒引当金を計上している場合，資金援助子会社（Ｓ２社）が計上している貸倒引当金は，戻入れが行われる。

4　譲渡した資産の譲渡損益の調整（未実現損益）

債務超過子会社が債務超過を解消するため，保有する含み益のある土地等の固定資産をグループ会社に売却し，個別財務諸表において含み益を実現させることがある。このような土地等の固定資産を，グループ会社間で売買することで利益操作が行われる可能性があるため，取引の性質上厳格な定めが設けられている（「第５章　業績不振下にある企業におけるその他の論点」「５　関係会社への土地設備等の売却」参照）。

また，売却益計上の要件を充たしたとしても，個別財務諸表上計上された利益は連結財務諸表上は実現していないものとして消去される。

法人税法上も，国内関係子法人という100％の支配従属関係にある場合には，グループ内の一定の資産に係る譲渡損益は調整される（法人税法61条の13)。

5　デット・エクイティ・スワップ（DES）の連結財務諸表上の取扱い

債務超過を解消する方策としてのデット・エクイティ・スワップ（DES）の解説を第８章で記載したが，グループ会社内のDESによれば，個別財務諸表上支援を行った親会社が子会社に対して保有する債権を子会社等の株式と交換することになる。その際消滅した債権の帳簿価額は，取得原価または償却原価から貸倒引当金を控除した後の金額とされる（企業結合適用指針97－２項，金融商品実務指針57項(4))。

当該取引は内部取引のため，資本連結の過程で，増加した資本金および資本準備金と取得した子会社株式を相殺消去することになる。

その際に持分比率の変動があった場合には，第10章で詳述する追加取得・一部売却の処理が必要となる。なお，本章「２　債務超過子会社の非支配株主が負担する欠損」も持分比率の変動に伴い変化することに留意を要する。

なお，DES実施時に計上された利益（債務免除益）は利益剰余金（期首）として毎期引き継がれる。

第10章

債務超過子会社の連結手続（応用）

本章のポイント

- 本章では，子会社が債務超過に陥った後に，株主の構成が変動した場合などの状況に対応するための手続を扱っている。
- 債務超過となった時点で原則，非支配株主持分がゼロとなる。
- 非支配株主との間で債務超過に関する合意が行われた場合にはその合意に従った会計処理を行う。
- 間接所有については，非支配株主持分への按分にあたり使用する持分比率に留意する。

1　追加取得を行った場合

（1）現行会計基準上の取扱い

①　債務超過子会社の追加取得時の会計処理

第９章では，債務超過子会社の基本的な連結手続について記述した。

債務超過となっている子会社の株式を追加で取得した場合の会計処理についても，基本的には連結会計基準第28項のとおり，通常の追加取得の会計処理に準じた会計処理が行われる。

債務超過会社でない子会社の株式を追加取得した場合，連結財務諸表上の仕訳では追加取得した子会社株式に対応する持分を非支配株主持分から減額するとともに，追加取得した子会社株式を消去し，その差額を資本剰余金とする。

追加取得時の仕訳（債務超過ではない場合）

（借）	非支配株主持分	×××	（貸）子会社株式	×××
	資本剰余金	×××		

しかし，子会社が債務超過会社の場合，債務超過部分に対応する非支配株主持分については，特別な契約がない限り非支配株主に負担させることはできない（連結会計基準27項）。したがって，上記の仕訳における非支配株主持分がゼロとなり，追加取得時の取得価額全額が資本剰余金として計上される。

なお，親会社の持分変動による差額を資本剰余金の増減として会計処理をした結果，資本剰余金が負の値となる場合，連結会計年度末において資本剰余金をゼロとし，当該負の値を利益剰余金から減額する（連結会計基準30－２項）。

設例10－１　債務超過の子会社持分の追加取得に係る会計処理

前提条件

①　Ｐ社の子会社であるＳ社（Ｐ社持分80%）は×１年末において500千円の債務超過となっている。債務超過について非支配株主との間での特別の合意等はないため，親会社であるＰ社が債務超過について負担する。

②　Ｐ社は×２年において，Ｓ社の株式10%を600千円で追加取得した。

会計処理　（単位：千円）

×２年

ｉ）連結修正仕訳（債務超過のＳ社株式の追加取得）

（借）	資本剰余金	(※) 600	（貸）Ｓ社株式	(※) 600

（※）　前提条件②参照。

---

②　第三者割当増資（親会社全額引受け）の場合

債務超過子会社において運転資金が必要な場合などにおいて，親会社が第三者割当増資の全額引受けを行う場合，100％子会社である場合を除いて，親会社の有する議決権比率が増加する。増資によって債務超過が解消される場合には，それにより，親会社が非支配株主持分の債務超過相当額を負担するという状況が解消され，増資後の純資産額に非支配株主持分比率を乗じた金額が非支配株主持分として計上される。すなわち，非支配株主持分がゼロではなくなることにより，増加した純資産額と増加した非支配株主持分の差額として，資本剰余金が計上される。一方で，債務超過が解消されない場合には，増資により子会社において増加した資本金等と親会社が保有する子会社株式が同額となるため，全額が消去されるのみとなる。

設例10－2　債務超過の子会社への増資（親会社全額引受け）

前提条件

① P社の子会社であるS社（P社持分80%）は×1年末において500千円の債務超過となっている。債務超過について少数株主との間での特別の合意等はないため，P社が債務超過について負担している。

② P社は×2年において，S社へ700千円の増資を行った。これにより，P社の議決権比率は90%となった。

会計処理（単位：千円）

×2年

ｉ）連結修正仕訳（債務超過の子会社S社への増資）

（借）	資本金	(※1) 700	（貸）	S社株式	(※1) 700
	資本剰余金	(※2) 20		非支配株主持分	(※3) 20

（※1）　前提条件②参照。
（※2）　貸借差額で算定。
（※3）　20=増資後の純資産額200（＝債務超過額△500＋増資額700）×増資後の非支配株主持分比率10%

③　みなし取得が行われる場合

子会社において自己株式の取得が行われた場合，親会社の有する持分比率が増加するため，親会社が子会社と株式を追加取得したとみなして会計処理を行う必要が生じる（資本連結実務指針47項）。しかし，子会社が債務超過の場合は会社法上の分配可能額がなく，自己株式の取得自体が行えない場合がほとんどであるため，みなし取得が生じる場合は極めて特殊な場合（相互保有株式が発生した場合，間接所有が生じている場合，買取請求が行われた場合）に限られる。

2　一部売却を行った場合

（1）現行会計基準上の取扱い

①　債務超過子会社の株式を一部売却した際の会計処理

債務超過の子会社株式を一部売却した場合の会計処理についても，基本的には連結会計基準第29項に従った通常の会計処理と同様である。すなわち，売却により減少した子会社株式と増加した非支配株主持分を相殺し，差額は，資本剰余金を修正する。ただし，追加取得の場合と同様，子会社は債務超過であることから，ここでの非支配株主持分はゼロとなる。

設例10－3　債務超過の子会社の持分の一部売却（支配継続）

前提条件

①　設例10－1の前提条件と同様の条件とする。

②　×2年末において，親会社P社は子会社S社の発行済株式の20%を150千円で売却した。対応する個別財務諸表上の簿価は200千円である。売却後の保有比率は60%であり，P社による支配は継続している。

会計処理　（単位：千円）

×2年末

ⅰ）個別仕訳（売却時）

（借）	現金	（※1）150	（貸）	S社株式	（※2）200
	関係会社株式売却損	（※3）50			

（※1）　前提条件②参照。
（※2）　前提条件②参照。
（※3）　貸借差額で算定。

ⅱ）　連結修正仕訳（売却時）

（借）	S社株式	（※1）200	（貸）	関係会社株式売却損	（※2）50
				資本剰余金	（※3）150

（※1）　前提条件②参照。

（※２）　会計処理①参照。
（※３）　差額で算定。
債務超過であるため，非支配株主持分に関する仕訳は計上されない。

結果として，持分の一部売却が行われたとしても，個別財務諸表における会計処理と異なり，連結財務諸表では売却損益は計上されないこととなる。これは，実務上の負担や国際的な会計基準における取扱い等を総合的に勘案し，資本取引金額全額が資本剰余金として処理される。

---

②　株式の売却により子会社が関連会社となった場合の会計処理

売却により持分比率が減少した結果，子会社が関連会社となった場合，債務超過額の負担について問題となる。当該子会社の売却が行われるまでは，債務超過額について親会社が負担をしていた。一方で関連会社の場合，他の株主と損失負担契約等がない限り，債務超過額は原則として負担しないこととなる（持分法実務指針20項）。このため，売却により連結子会社から持分法適用会社となった結果，債務超過額を負担するような合意が行われていない場合については，負担していた債務超過相当額を売却損益の調整として処理することが必要となると考えられる。

設例10－４　債務超過の子会社の持分の一部売却（関連会社化）

前提条件

①　×１年期首においてＰ社はＳ社の株式の発行済株式の80％を400千円で取得した。取得時におけるＳ社の純資産は資本金100千円，利益剰余金50千円で構成されていた。取得により生じたのれんは７年間で償却することとしていた。なお，取得時点において非支配株主との間で債務超過の負担に関する契約等は行われていない。また，×１年において計上されたＳ社の当期純損失は190千円であった。

②　×２年の期首において，Ｐ社はＳ社の発行済株式の60％を150千円で売却した。対応するＳ社株式の簿価は300千円である。売却によりＳ社に対するのれんについては回収可能性がなくなったと判断されている。なお，売却後にＰ社がＳ社の債務超過を負担するような契約等はないものとする。

③　×２年期首におけるＳ社の資産は1,760千円，負債は1,800千円であった。

④　税効果会計については考慮しない。

会計処理　（単位：千円）

① ×１年期首

ｉ）個別仕訳（取得時）

（借）	Ｓ社株式	（※）400	（貸）	現金	（※）400

（※）　前提条件①参照。

ⅱ）連結修正仕訳（投資と資本の相殺消去）

（借）	資本金	（※１）100	（貸）	Ｓ社株式	（※１）400
	利益剰余金	（※１）50		非支配株主持分	（※２）30
	のれん	（※３）280			

（※１）　前提条件①参照。
（※２）　30＝Ｓ社純資産額150×非支配株主持分比率20%（前提条件①参照）
（※３）　貸借差額で算定。

② ×１年期末

ｉ）連結修正仕訳（当期純損失の按分）

（借）	非支配株主持分	（※）30	（貸）	非支配株主に帰属する当期純利益	（※）30

（※）　議決権比率に従うと非支配株主が負担すべき金額は△38（＝当期純損失△190×20%）であるが，債務超過となっても非支配株主と特別な合意が行われていないことから，非支配株主持分残高がゼロ円となるまでの30で仕訳を計上する。

ⅱ）連結修正仕訳（のれんの償却）

（借）	のれん償却費	（※）40	（貸）	のれん	（※）40

（※）　40＝280÷７年（償却期間）（前提条件①参照）

③ ×２年期首

ｉ）個別仕訳（売却時）

（借）	現金	（※１）150	（貸）	Ｓ社株式	（※２）300
	関係会社株式売却損	（※３）150			

（※１）　前提条件②参照。
（※２）　前提条件②参照。
（※３）　貸借差額で算定。

ⅱ）連結修正仕訳（開始仕訳）

（借）	資本金	(※) 100	（貸）	Ｓ社株式	(※) 400
	利益剰余金（期首）	(※) 60			
	のれん	(※) 240			

（※）　×１年の各仕訳の合計仕訳。なお，非支配株主持分については，残高がゼロになっている。

ⅲ）連結修正仕訳（売却時―開始仕訳の振戻し）

（借）	Ｓ社株式	(※) 400	（貸）	資本金	(※) 100
				利益剰余金（期首）	(※) 60
				のれん	(※) 240

（※）　売却によりＳ社は子会社でなくなるため，開始仕訳の振戻し処理を実施する。

ⅳ）連結修正仕訳（売却時―貸借対照表除外仕訳）

（借）	負債	(※) 1,800	（貸）	資産	(※) 1,760
	資本金	(※) 100		利益剰余金（連結除外）	(※) 190
	利益剰余金（期首）	(※) 50			

（※）　前提条件①，③参照。

売却によりＳ社は子会社でなくなるため，連結の範囲から除外する。なお，利益剰余金については，説明の便宜上，取得時利益剰余金（50）と取得後利益剰余金（△190）とに分解している。

ⅴ）連結修正仕訳（売却時―持分法による評価）

（借）	利益剰余金（期首）	(※１) 10	（貸）	Ｓ社株式	(※２) 200
	利益剰余金（連結除外）	(※３) 190			

（※１）のれん償却費と非支配株主損益の差額。

（※２）Ｓ社において計上されていた190と開始仕訳に含まれている10（のれん償却費と非支配株主に帰属する当期純利益の差額）の合計。

売却により連結上認識されていた利益剰余金を除外するための仕訳であり，債務超過であるため通常とは貸借が反対になることに留意されたい。

（※３）会計処理ⅳ）参照。

ⅵ）連結修正仕訳（売却時―売却損益の修正）

（借）	Ｓ社株式	(※) 150	（貸）	関係会社株式売却損	(※) 150

（※）　150＝200×60％÷80％（会計処理ⅴ））の金額200のうち，売却持分に対応する金額について計上する。

vii）連結修正仕訳（売却時―債務超過負担の修正）

（借）S社株式	(※) 10	（貸）関係会社株式売却益	(※) 10

（※）売却時点で債務超過であったため，持分法評価（債務超過であるためのれんを除きゼロ評価）に戻すためのれん60（＝240×20％÷80％）のみが残額となるように差額を計上する。

viii）連結修正仕訳（売却時―のれんの減損）

（借）持分法による投資損失	(※) 60	（貸）S社株式	(※) 60

（※）売却によりのれん60（＝240×20％÷80％）についても回収可能性がなくなったと判断されるため，減損処理を実施する（前提条件②参照）。

---

③　株式の売却により子会社でも関連会社でもなくなった場合の会計処理

売却により持分比率が減少した結果，子会社でも関連会社でもなくなった場合，関連会社となった場合と同様，債務超過額については負担することがなくなることから，負担していた債務超過相当額を売却損益の調整として処理することが必要となる。

また，売却後の当該株式の評価については，通常はすでに評価損の計上が行われていると考えられる。株式の売却前は連結財務諸表上において連結子会社であったことから，当該評価損は連結修正仕訳で取り消されていた。しかし，株式の売却により子会社でも関連会社でもなくなったため，個別財務諸表上における評価損を振り戻す仕訳が取り消され，連結財務諸表上においても評価損計上後の簿価（取得原価）で計上されることとなる。

仮に当該子会社株式について，評価損の計上が行われていなかった場合，市場価格のない株式等として保有するのであれば，金融商品実務指針第92項，第285項に従って減損の要否に係る検討を行うこととなる。したがって，債務超過が解消し，実質価額が取得原価まで回復する合理的な見込みがない限り，連結財務諸表上においてもゼロまたは備忘価額まで評価損を計上することとなる。

設例10－5　債務超過の子会社の持分の一部売却（支配非継続・非関連会社化）

前提条件

①　設例10－4の前提条件①と同様の条件とする。

②　Ｐ社はＳ社の発行済株式の75%を200千円で売却した。これによりＳ社はＰ社の連結子会社でも持分法適用関連会社でもなくなった。売却した株式に対応する個別財務諸表上の簿価は375千円である。なお，売却後に債務超過を負担するような合意等はなく，実質価額が取得原価まで回復する合理的な見込みはないものとする。

③　×２年期首におけるＳ社の資産は1,760千円，負債は1,800千円であった。

④　税効果会計については考慮しない。

会計処理　（単位：千円）

①　×１年については設例10－４と同様の仕訳であるため，省略する。

②　×２年期首

ⅰ）個別仕訳（売却時）

（借）	現金	（※１）200	（貸）	Ｓ社株式	（※１）375
	関係会社株式売却損	（※２）175			

（※１）　前提条件②参照。
（※２）　貸借差額で算定。

ⅱ）連結修正仕訳（開始仕訳）

（借）	資本金	（※）100	（貸）	Ｓ社株式	（※）400
	利益剰余金（期首）	（※）60			
	のれん	（※）240			

（※）　×１年の各仕訳の合計仕訳。
　なお，非支配株主持分については，残高がゼロになっている。

ⅲ）連結修正仕訳（売却時―開始仕訳の振戻し）

（借）	Ｓ社株式	（※）400	（貸）	資本金	（※）100
				利益剰余金（期首）	（※）60
				のれん	（※）240

（※）　売却によりＳ社は子会社でなくなるため，開始仕訳の振戻しを行う。

ⅳ）連結修正仕訳（売却時—貸借対照表除外仕訳）

（借）	負債	(※) 1,800	（貸）	資産	(※) 1,760
	資本金	(※) 100		利益剰余金（連結除外）	(※) 190
	利益剰余金（期首）	(※) 50			

（※）　前提条件①，③参照。

売却により子会社でなくなるため，一度，連結の範囲から除外する。なお，利益剰余金については，説明の便宜上，取得時利益剰余金（50）と取得後利益剰余金（△190）とに分解している。

ⅴ）連結修正仕訳（売却時—原価法による評価）

（借）	利益剰余金（期首）	(※１) 10	（貸）	Ｓ社株式	(※２) 200
	利益剰余金（連結除外）	(※３) 190			

（※１）のれん償却費と非支配株主に帰属する当期純利益の差額。

（※２）Ｓ社において計上されていた190と開始仕訳に含まれている10（のれん償却費と非支配株主に帰属する当期純利益の差額）の合計。

売却により連結財務諸表上認識されていた利益剰余金を除外するための仕訳であり，債務超過であるため通常とは貸借が反対になることに留意されたい。

（※３）会計処理ⅳ）参照。

ⅵ）連結修正仕訳（売却時—売却損益の修正）

（借）	Ｓ社株式	(※１) 187.5	（貸）	関係会社株式売却損	(※２) 175
				関係会社株式売却益	(※３) 12.5

（※１）187.5＝200×75%÷80%（原則として利益剰余金として認識していた金額のうち，売却した持分に対応する金額を売却損益の調整とする。）

（※２）会計処理ⅰ）参照。

（※３）貸借差額で算定。

ⅶ）連結修正仕訳（売却時—利益剰余金の修正）

（借）	Ｓ社株式	(※) 12.5	（貸）	連結除外に伴う利益剰余金増加高	(※) 12.5

（※）12.5＝200－187.5（利益剰余金として認識していた金額の全額を除外する必要があるが，売却した持分に対応しない金額は，利益剰余金の調整とする。）

ⅷ）連結修正仕訳（売却時—株式減損）

（借）	関係会社株式評価損	(※) 25	（貸）	Ｓ社株式	(※) 25

（※）債務超過の会社に対する投資であり，通常，回収可能性があると判断されないことから，投資を減額している（前提条件②参照）。

④　みなし売却の場合の会計処理

子会社が親会社以外の会社の引受けで第三者割当増資を行った場合などにおいては，みなし売却の処理が行われることとなる（連結会計基準30項，資本連結実務指針49項）。みなし売却時においては親会社の保有する株式に変動はないため，変動した持分比率に応じた資本剰余金の減少が生じることとなる。一方，通常であれば変動する非支配株主持分は，債務超過であるためゼロのままである。したがって，第三者割当増資により増額された資本等の金額が資本剰余金として計上されることとなる。みなし売却では子会社株式の増減がないため，子会社株式についての仕訳は計上されない。また，当該増資等により債務超過会社の財政状態に変動がある場合でも，債務超過が継続する場合は，非支配株主持分はゼロのままである。

設例10－6　債務超過会社への増資（非支配株主による引受け）

前提条件

①　Ｐ社が80%の議決権を保有する債務超過の子会社であるＳ社（債務超過額400千円）は，500千円の時価発行増資を行うことを決議し，Ｔ社（Ｐ社とは資本関係のない第三者）が引き受けた。これによりＰ社のＳ社に対する議決権比率は60%となった。

②　税効果会計については考慮しない。

会計処理　（単位：千円）

連結修正仕訳（みなし売却のみ）

（借）	資本金等	（※１）500	（貸）	非支配株主持分	（※２）40
				資本剰余金	（※３）460

（※１）増資額（前提条件①参照）。
（※２）40＝100×40%（増資により純資産額が100となるため，増資後の非支配株主持分（40%）相当額を計上する。）
（※３）貸借差額で算定。

3　親会社株式を保有している場合

（1）子会社が親会社株式を新規に取得した場合の会計処理

連結子会社が親会社株式を保有している場合，連結財務諸表においては，親会社が自己株式を保有している場合と同様の経済実態であることから，子会社が有する親会社株式のうち親会社持分相当額については自己株式として株主資本から控除し，非支配株主持分相当額については非支配株主持分から控除する（自己株・準備金減少基準15項）。なお，この場合の親会社株式の簿価は，自己株式とみなされているため取得原価で会計処理を行う必要がある。

しかし，子会社が債務超過会社の場合，非支配株主持分はすでにゼロとなっていることから借方の非支配株主持分を計上できないとも考えられるため，どのような会計処理を行うか，検討が必要となる。

このような状況に関しては，会計基準上，明示されてはいないものの以下の会計処理が考えられる。

① 非支配株主持分をマイナス（借方）残高とする方法
② 当該金額について非支配株主に帰属する当期純利益として処理する方法
③ 非支配株主持分をゼロまでとし，親会社株式に対応する金額を自己株式として処理する方法

①　非支配株主持分をマイナス（借方）残高とする方法

会計基準の要請どおりに会計処理を行うと非支配株主持分はマイナス（借方）となる。この点，非支配株主持分は純資産の部の項目であり，貸方表示されるのみであるため，マイナスの非支配株主持分となることに違和感がある。しかし，マイナスの非支配株主持分は親会社株式を源泉とするものである点，子会社による親会社株式の保有は一時的なものである点，非支配株主持分のマイナス表示は禁止されていない点を考慮すると基準の要請に従った理論的な処理であると考えられる。

②　当該金額について非支配株主に帰属する当期純利益として処理する方法

この会計処理は，原則として非支配株主は債務超過相当額について負担をし

ないため，非支配株主持分はゼロが最小値であり，マイナス残高とはならないという考え方によるものである。すなわち，非支配株主持分はマイナスにできないが，他の勘定科目での会計処理も理論的に整合しないことから，やむをえず「非支配株主に帰属する当期純利益」で会計処理を行うという考えである。

しかし，債務超過の子会社が親会社株式を取得した後に債務超過が解消された場合，この処理によれば債務超過解消時に親会社株式取得時に計上した非支配株主に帰属する当期純利益と貸借反対の非支配株主に帰属する当期純利益が計上される。そのため，親会社株式を保有している期間に債務超過が解消されるのであれば，取得時と同様に非支配株主に帰属する当期純利益により処理をすることから一定の整合性がある処理といえなくもない。

その一方で，子会社にとっては資産の取得が行われたのみであり，非支配株主が負担しなければならない債務超過額（債務超過額のうち非支配株主持分に相当する金額）が親会社株式相当額だけ減少すると考えると，当該金額を非支配株主に帰属する当期純利益という損益で計上することについて，合理的に説明することが困難であるとも考えられる。

図表10－1　債務超過子会社が保有する親会社株式と非支配株主持分

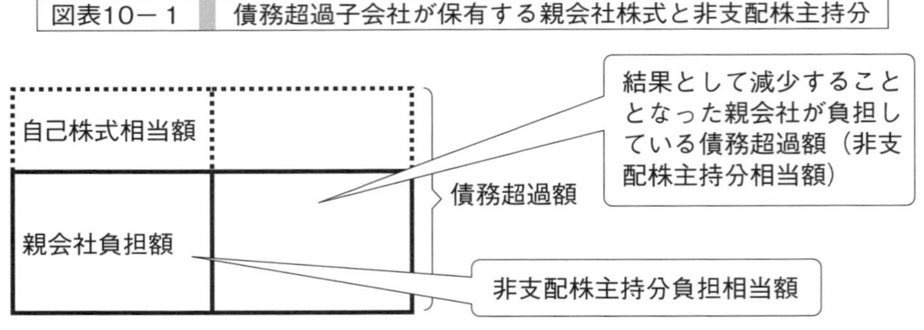

③　非支配株主持分をゼロまでとし，親会社株式に対応する金額を自己株式として処理する方法

この会計処理は，非支配株主持分がすでにゼロとなっていることから，非支配株主保有相当分も含め，連結財務諸表上，親会社株式に対応する金額を自己株式として計上する方法である。この方法は親会社が債務超過相当額を負担するため，それに相当する自己株式を親会社が計上するという考えによるものである。これは，親会社が債務超過額を負担するという連結会計基準第27項の考

え方とは整合しているが，自己株・準備金減少基準の要請には必ずしも従っていない処理といえることから，非支配株主持分相当の親会社株式を自己株式へ計上する合理性は乏しいと考えられる。

設例10－7　債務超過会社が親会社株式を取得した場合の会計処理

前提条件

① 取得したＰ社株式の簿価　1,000千円

② Ｐ社のＳ社に対する持分比率　80%

会計処理　（単位：千円）

連結修正仕訳（Ｐ社株式取得時）

（借）	自己株式	（※１）800	（貸）	Ｐ社株式	（※２）1,000
	非支配株主持分	（※３）200			

（※１）800＝1,000（消去する親会社株式の金額）×80%（持分比率（前提条件②参照））

（※２）前提条件①参照。

（※３）200＝1,000（消去する親会社株式の金額）×20%（非支配株主持分比率（前提条件②参照））

（2）子会社が親会社株式を売却した際の会計処理

子会社が保有している親会社株式を売却した場合に生じる売却損益のうち，親会社持分相当額については，親会社における自己株式処分差額と同様に会計処理され，非支配株主持分については，非支配株主に帰属する当期純利益として会計処理されることとなる（自己株・準備金減少基準16項）。この際の売却損益は対応する法人税等を控除した後の金額とされている（自己株・準備金減少適用指針16項）。

すなわち，子会社が有する親会社株式のうち親会社持分相当部分については，連結財務諸表上，親会社が保有する自己株式を売却したことと経済的には同一の実態を有すると考え，その一方で非支配株主持分相当部分については，外部株主による売買であるとして，非支配株主持分相当の売却損益については調整不要とするものである。

売却によって，債務超過が解消されていない限り，（１）で行った処理を戻

す処理を行うことが必要となる。すなわち，親会社株式の取得時において，非支配株主持分をマイナスとして処理していた場合には，これにより非支配株主持分は再びゼロとなる。

設例10－8　債務超過会社が保有する親会社株式の売却

前提条件

① 取得時の仕訳については，設例10－7を参照。その他の仕訳については省略することとする。
② 保有しているＰ社株式のすべてを1,500千円で売却した。
③ 法人税等の法定実効税率は30%とする。

会計処理 （単位：千円）

① 個別仕訳（Ｐ社株式売却時）

（借）	現金	(※1) 1,500	（貸）	Ｐ社株式	(※2) 1,000
				株式売却益	(※3) 500
	法人税等	(※4) 150		未払法人税等	(※4) 150

（※１）前提条件①参照。
（※２）前提条件①参照。
（※３）貸借差額で算定。
（※４）150＝500（親会社株式売却益）×税率30%（前提条件③参照）。

② 連結修正仕訳（親会社株式売却時）

（借）	Ｐ社株式	(※) 1,000	（貸）	自己株式	(※) 800
				非支配株主持分	(※) 200

（※）設例10－7の仕訳の振戻し。

③ 連結修正仕訳（親会社株式売却益の振替）

（借）	親会社株式売却益	(※1) 400	（貸）	法人税等	(※2) 120
				自己株式処分差益	(※3) 280

（※１）400＝株式売却益500×Ｐ社持分比率80%（設例10－7の仕訳のＰ社持分相当額部分の振戻し）
（※２）120＝400×税率30%（（※１）の調整額に対応する法人税等の金額）
（※３）280＝350×80%(設例10－7の前提条件②参照)＝税引後の親会社株式売却益(400－120)

4　その他の包括利益累計額の取扱い（為替換算調整勘定を含む）

（1）為替換算調整勘定の取扱いについて

第９章で記載したとおり，債務超過子会社の欠損について，非支配株主は原則として自己の出資部分まで負担するに過ぎず，債務超過部分に関しては連結財務諸表上，親会社が負担する（連結会計基準27項）。このとき，債務超過である子会社が在外子会社である場合，為替換算調整勘定が計上されていることになるが，債務超過子会社における為替換算調整勘定の取扱いが論点となる。

為替換算調整勘定は，決算時の為替相場で換算される資産および負債項目の円貨額と取得時または発生時の為替相場で換算される資本項目の円貨額との差額として計算される（外貨建実務指針75項）。よって，その内訳は子会社の資本金等（資本金，資本剰余金および取得時の利益剰余金）に対応するものと取得後利益剰余金に対応するものに分類される。

子会社の資本金等に対応する為替換算調整勘定は子会社の清算の際に親会社のみならず，非支配株主でも実現する。このため，当該部分については非支配株主持分に負担させることが考えられる。

一方，債務超過の子会社の取得後利益剰余金に対応する為替換算調整勘定のうち，債務超過に対応する部分は，子会社の清算の際には全額親会社で実現するため，特段の契約がない限り子会社の欠損と同様，親会社の持分に負担させることとなると考えられる。

したがって，為替換算調整勘定に関する非支配株主持分については，取得時の資本等に関する非支配株主持分と取得後利益剰余金に係る非支配株主持分に区分して検討し，その上で，債務超過に該当するか否かを判断することになると考えられる。

設例10－９　在外子会社が債務超過となった場合

前提条件

①　Ｐ社は×１年期首に米国法人であるＳ社の発行済株式の80%を84千ドルで

取得した。取得時点でのＳ社の総資産は200千ドル，総負債は120千ドル，資本金は60千ドル，利益剰余金は20千ドルである。なお，取得時の為替レートは１ドル＝100円であった。

② Ｓ社の取得により生じたのれんについては，５年間で償却する。

③ ×１年におけるＳ社の当期純利益は△60千ドル，期中平均レートは１ドル＝90円であり，×１年の期末レートは１ドル＝85円であった。

④ ×２年におけるＳ社の当期純利益は△30千ドル，期中平均レートは１ドル＝95円，×２年の期末レートは１ドル＝105円であった。なお，これによりS社は債務超過となっているが，他の株主の間で他の株主が債務超過を負担するような契約等は行われていない。

⑤ S社の取得により発生したのれんについては，×１期末，×２期末においても減損の必要はないと判断されている。

⑥ 税効果会計については考慮しない。

会計処理　（単位：千円）

① ×１年

ⅰ）連結修正仕訳（投資と資本の相殺消去（Ｓ社取得時））

（借）	資本金	(※１) 6,000	（貸）	Ｓ社株式	(※２) 8,400
	利益剰余金	(※３) 2,000		非支配株主持分	(※４) 1,600
	のれん	(※５) 2,000			

（※１）6,000＝60千ドル×取得時レート（１ドル＝100円）（前提条件①参照）
（※２）8,400＝84千ドル×取得時レート（１ドル＝100円）（前提条件①参照）
（※３）2,000＝20千ドル×取得時レート（１ドル＝100円）（前提条件①参照）
（※４）1,600＝取得時純資産額（60千ドル＋20千ドル）×非支配株主持分比率（20%）×取得時レート（１ドル＝100円）（前提条件①参照）
（※５）2,000＝貸借差額（84千ドル－16千ドル－60千ドル＋20千ドル）×取得時レート（１ドル＝100円）

ⅱ）連結修正仕訳（当期利益の按分）

（借）	非支配株主持分	(※) 1,080	（貸）	非支配株主に帰属する当期純利益	(※) 1,080

（※）△1,080＝当期純利益△60千ドル×非支配株主持分比率（20%）×期中平均レート（１ドル＝90円）（前提条件③参照）

iii）連結修正仕訳（為替換算調整勘定の非支配株主持分への按分）

（借）	非支配株主持分	(※) 180	（貸）	為替換算調整勘定	(※) 180

（※）為替換算調整勘定△900（下記のＳ社×１期末の試算表イメージ）×非支配株主持分比率（20%）

Ｓ社×１期末の試算表イメージ

（単位：千ドル，千円）

科目	ドル建	円建	科目	ドル建	円建
資産	140	11,900	負債	120	10,200
			資本金	60	6,000
			利益剰余金	20	2,000
			当期純利益	△60	△5,400
			為替換算調整勘定	－	△900
合計	140	11,900	合計	140	11,900

資産，負債は期末日レートで換算，資本は取得日レートで換算しており，当期純損益については，すべて総資産に反映させている。

なお，当該為替換算調整勘定（借方）900については，取得時の資本等により生じたものと取得後剰余金（当期純利益）より生じたものが混在している。

取得時の資本等より生じた為替換算調整勘定は，取得時レートで換算した資本等の金額(6,000＋2,000)－期末日レートで換算した資本等の金額(60千ドル＋20千ドル)×期末日レート(１ドル＝85円)の差額，1,200(借方)である。一方，取得後剰余金(当期純利益)より生じた為替換算調整勘定は当期純利益(60千ドル)×(期中平均レート(１ドル＝90円)－期末日レート(１ドル＝85円))の300（貸方）である。

iv）連結修正仕訳（のれんの償却）

（借）	のれん償却	(※) 360	（貸）	のれん	(※) 360

（※）360＝20千ドル÷５×期中平均レート（１ドル＝90円）（前提条件②参照）

v）連結修正仕訳（のれんの換算換え）

（借）	為替換算調整勘定	(※) 280	（貸）	のれん	(※) 280

（※）280＝円貨での仕訳金額の合計（2,000－360）－償却後ののれん残高（20千ドル－４千ドル）×期末日レート（１ドル＝85円）

② **×２年**

i）連結修正仕訳（期首仕訳(※)）

（借）	資本金	6,000	（貸）	Ｓ社株式	8,400
	利益剰余金（期首）	1,280		非支配株主持分	340
	為替換算調整勘定	100			
	のれん	1,360			

（※）×１年仕訳の繰越仕訳。金額は×１年仕訳を集計したもの。

ⅱ）連結修正仕訳（当期利益の按分）

（借）	非支配株主持分	(※) 380	（貸）	非支配株主に帰属する当期純利益	(※) 380

（※）前提条件④参照。当期純利益△30千ドル×非支配株主持分比率（20%）×期中平均レート（1ドル＝95円）が負担額となる。ただし，非支配株主との間では債務超過についての負担関係について合意等は行われていないことから，前期末の20千ドル×非支配株主持分（20%）に期中平均レートを乗じた金額が負担額となる。

ⅲ）連結修正仕訳（為替換算調整勘定の非支配株主持分への按分）

a）前期仕訳の振戻し

（借）	為替換算調整勘定	180	（貸）	非支配株主持分	180

b）当期仕訳の計上

（借）	非支配株主持分	(※) 140	（貸）	為替換算調整勘定	(※) 140

（※）下記のＳ社×２期末の試算表イメージ参照

資産，負債は期末日レートで換算，資本は取得日レートで換算しており，当期純損益については，すべて総資産に反映させている。

Ｓ社×２期末の試算表イメージ

（単位：千ドル，千円）

科目	ドル建	円建	科目	ドル建	円建
資産	110	11,550	負債	120	12,600
			資本金	60	6,000
			利益剰余金	20	2,000
			取得後利益剰余金	△90	△8,250
			為替換算調整勘定	－	△800
合計	110	11,550	合計	110	11,550

×２期末においては，債務超過となっていることから，取得時の資本金等に見合う金額から生じる為替換算調整勘定についてのみ非支配株主持分へと負担させ，債務超過見合いの利益剰余金から生じる非支配株主持分については非支配株主に負担させない。したがって，為替換算調整勘定800（貸方）のうち，資本金等から生じる金額400（貸方）と資本金等に見合う取得後利益剰余金から生じる金額1,100（借方）の合計額700（借方）の20%である140については，非支配株主持分へと振り替えることとなる。

ⅳ）連結修正仕訳（のれんの償却）

（借）	のれん償却	(※) 380	（貸）	のれん	(※) 380

（※）380＝20千ドル÷５×期中平均レート（１ドル＝95円）（前提条件②，④参照）

ｖ）連結修正仕訳（のれんの換算換え）

（借）のれん	(※) 280	（貸）為替換算調整勘定	(※) 280

（※）280＝円貨での仕訳金額の合計（1,360－380）－償却後ののれん残高（20千ドル－８千ドル）×期末日レート（１ドル＝105円）

（２）その他有価証券評価差額金等の取扱いについて

資本連結実務指針第９項において，相殺消去の対象となる子会社の資本の額には，評価・換算差額等が含まれる旨の記載がされている。また，その他有価証券評価差額金等については「金融商品会計に関するQ&A」Q73において，その取扱いが示されている。

これによると，利益剰余金に準じた投資と資本の相殺消去を行うこととされている。したがって，子会社においてその他の包括利益累計額がある場合には，当該金額も含めた金額で債務超過となっているかどうかの検討を行い，資本金および利益剰余金のみでは債務超過とならないが，その他の包括利益累計額を考慮すると債務超過となっている場合には，債務超過の場合と同様の会計処理を行うこととなる。

5　間接所有がある場合の親会社連結財務諸表上の会計処理

子会社に中間持株会社があり，当該子会社（中間持株会社）が孫会社を保有している場合など，いわゆる間接所有がある場合については，連結財務諸表の作成にあたり，①子会社（中間持株会社）および孫会社を直接連結する方法と，②子会社（中間持株会社）と孫会社の連結財務諸表を作成した上で連結する方法が考えられる。どちらの方法で親会社の連結財務諸表を作成したとしても，作成される連結財務諸表は同じものになる。孫会社の債務超過額を直接の親会社である子会社（中間持株会社）が負担した結果，子会社の連結財務諸表上も債務超過となる場合などもあるため，子会社または孫会社が債務超過となっている場合には最終的な親会社の連結財務諸表における非支配株主持分への損失負担の取扱い等について，充分に留意する必要がある。

なお，①の直接連結する方法を採用する場合には，孫会社の資本金等と取得後利益剰余金のそれぞれにおいて非支配株主持分の計算に使用される非支配株主持分比率が異なることとなるため，留意が必要である。

（1）中間持株会社が債務超過（中間持株会社連結では債務超過にならない場合）

中間持株会社は債務超過であるが，孫会社を連結すると中間持株会社の連結財務諸表では，債務超過が解消される場合，孫会社の外部株主は通常どおり持分に相当する投資金額を有する。一方，中間持株会社の非支配株主については，孫会社を連結することにより（孫会社への投資を評価することにより），連結上は債務超過ではなくなることから，中間持株会社の連結財務諸表の純資産額に対応する持分を有することになる（図表10－２参照）。

図表10－２　中間持株会社が債務超過（中間持株会社連結では債務超過にならない場合）

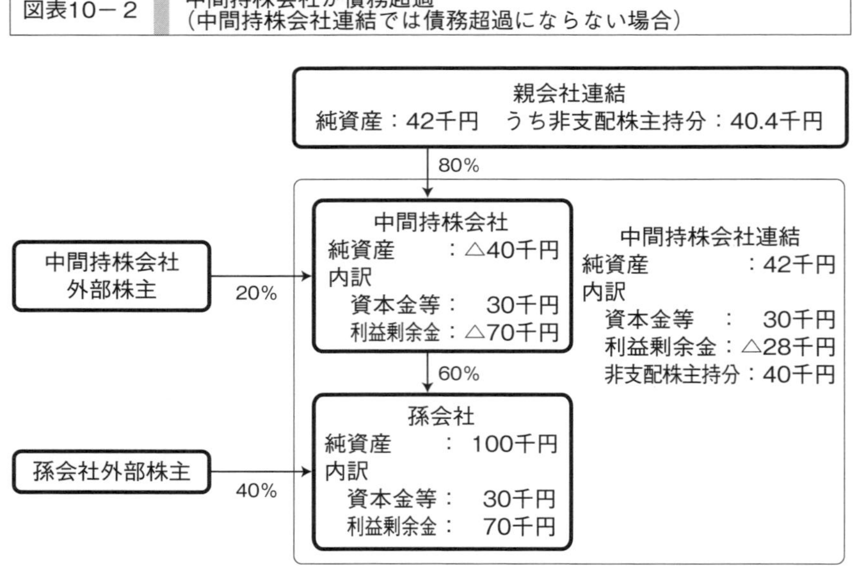

（2）中間持株会社が債務超過（中間持株会社連結でも債務超過である場合）

中間持株会社が債務超過であり，孫会社を連結しても中間持株会社の連結財務諸表では債務超過となる場合，中間持株会社の非支配株主は債務超過額を負担しないが，孫会社の非支配株主は孫会社に対する投資の持分相当額を有する。

したがって，図表10－３のような負担関係となる。

図表10－3　中間持株会社が債務超過（中間持株会社連結でも債務超過である場合）

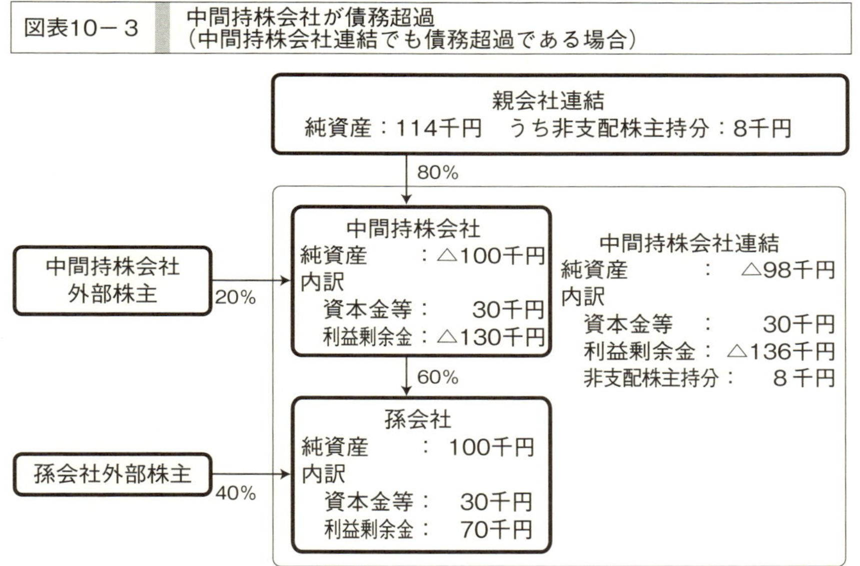

（３）孫会社が債務超過（中間持株会社連結では債務超過にならない場合）

孫会社は債務超過であるが，中間持株会社連結では債務超過とならない場合，中間持株会社は孫会社の債務超過を負担していることになり，親会社は債務超過額負担後の中間持株会社の連結財務諸表の金額に基づいて自社グループの連結財務諸表を作成することとなる。したがって，孫会社の非支配株主は債務超過分を負担しないため，中間持株会社の連結上では，孫会社における非支配株主持分はゼロとなる。しかし，中間持株会社の非支配株主は結果として，孫会社の債務超過を負担することになるものの，中間持株会社の連結財務諸表では債務超過にならないことから，持分比率に対応した非支配株主持分を有する（図表10－４参照）。

図表10－4 孫会社が債務超過
(中間持株会社連結では債務超過にならない場合)

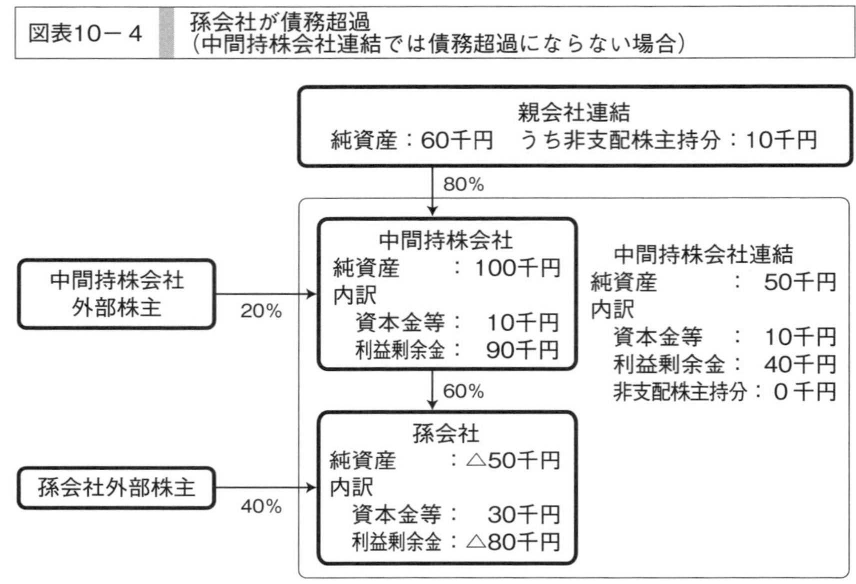

(4) 孫会社が債務超過（中間持株会社連結でも債務超過となる場合）

孫会社が債務超過であり，孫会社の債務超過を負担することにより，中間持株会社連結でも債務超過となる場合，中間持株会社の非支配株主は，特別な合意がない限り，債務超過を負担することはない。つまり，親会社の連結財務諸表では，中間持株会社および孫会社から生じる非支配株主持分はゼロとなる（図表10－5参照）。

図表10－5　孫会社が債務超過（中間持株会社連結でも債務超過となる場合）

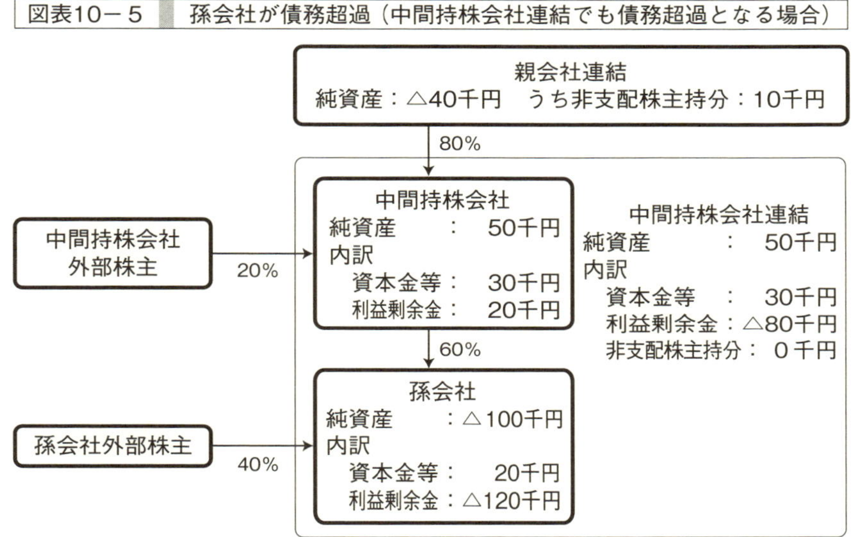

6　非支配株主持分に負担させる場合

親会社と他の株主との間で子会社の債務超過の負担についての合意がある場合には，当該合意に基づく額を限度として債務超過額に相当する額を非支配株主持分に負担させることがある（資本連結実務指針50項）。このような場合，合意の範囲内においては親会社の連結財務諸表において負の非支配株主持分が計上されることがある。

設例10－10　債務超過について非支配株主と合意がある場合

前提条件

①　P社の有するS社の持分比率は60%とする。

②　P社とS社の非支配株主の間で行われている債務超過についての契約内容：非支配株主はS社に対して保証を行っており，その金額は5,000千円である。そのため，非支配株主は5,000千円までの損失については，負担することで合意をしている。

③　×0期末のS社の純資産の内訳は，資本金10,000千円，利益剰余金△6,000

千円であった。

④　S社における×1期の当期純損益は△24,000千円（純損失）であったため，S社は20,000千円の債務超過となった。

⑤　S社における×2期の当期純損益は18,000千円（純利益）であった。

会計処理　（単位：千円）

①　開始仕訳等については省略

②　×1期

連結修正仕訳（純損失計上時）

（借）	非支配株主持分	（※）6,600	（貸）	非支配株主に帰属する当期純利益	（※）6,600

（※）6,600=4,000（=10,000－6,000（前提条件③参照））×40%＋5,000（8,000=20,000（債務超過となった金額）×40%　＞　合意での負担金額5,000）

③　×1期末　連結処理後のP社連結B/Sイメージ（抜粋）

科目	金額	科目	金額
資産	×××	負債	×××
		資本金	10,000
		利益剰余金	7,500
		非支配株主持分	△5,000

④　×2期

連結修正仕訳（純利益計上時）

（借）	非支配株主に帰属する当期純利益	（※）4,200	（貸）	非支配株主持分	（※）4,200

（※）当期の純利益金額18,000のうち非支配株主持分7,200（=18,000×40%）については，×1期でP社が追加負担した非支配株主持分相当額△3,000（=△24,000×40%－6,600）の解消に使用され，残額4,200（=7,200－3,000）は，非支配株主との合意に基づき，非支配株主持分へ戻入れが行われる。

7　種類株式を発行している場合

（1）非支配株主が優先株式を保有している場合

種類株式を発行している場合，当該種類株式の内容（議決権の有無）により会計処理が分かれる。すなわち，議決権を有する種類株式の場合，子会社の資本のうち非支配株主持分に帰属する金額は，議決権を有する株式の持分比率に基づいて算定されることとなる。一方，議決権を有しない種類株式の場合には，当該種類株式を保有している外部株主の持分に係る金額を非支配株主持分へ振り替え，残額について普通株式の非支配株主持分比率に基づいて非支配株主持分を算定することとされている（資本連結実務指針51項）。

したがって，議決権を有しない種類株式が発行されている場合，株式を発行した会社が債務超過となっていない場合であっても債務超過と同様の処理を行う場合が生じることもある。

設例10－11　優先株式を発行している債務超過会社を子会社としている場合（優先株式を非支配株主が保有）

前提条件

① Ｐ社の有するＳ社の持分比率は60%，S社株式（普通株式）の取得金額は3,000千円であった。

② 取得時（×１期期末）のＳ社の資本金は2,500千円，利益剰余金は500千円であった。

③ Ｓ社が発行し，非支配株主が保有する優先株式の内容：「議決権はなく，発行価格は2,000千円。また，発行価格の５%が累積的優先配当金として定められている。」

④ Ｓ社における×２期の当期純損益は△1,200千円（純損失）であった。そのため，優先配当を含め，配当は行っていない。

会計処理　（単位：千円）

①　開始仕訳については省略

②　×１期

連結修正仕訳（資本連結仕訳）

（借）	資本金	（※１）2,500	（貸）	S社株式	（※２）3,000
	利益剰余金	（※１）500		非支配株主持分（優先株）	（※３）2,000
	のれん	（※４）2,400		非支配株主持分（普通株）	（※５）400

（※１）前提条件②参照。
（※２）前提条件①参照。
（※３）前提条件③参照。
（※４）貸借差額で算定。
（※５）400＝(資本金2,500＋利益剰余金500－非支配株主保有優先株持分相当額2,000)×非支配株主持分（１－60%）

③　×２期

ｉ）連結修正仕訳（純損失計上時）

（借）	非支配株主持分（普通株）	（※）400	（貸）	非支配株主に帰属する当期純利益	（※）400

（※）当期の純損失金額は1,200であり，債務超過には至っていないものの，純資産のうち2,000については，非支配株主が保有する優先株式に優先して割り当てられる結果，残額△200（=2,500＋500－2,000－1,200）が普通株式の持分となる。普通株式の非支配株主は損失を負担しないため△200については，Ｐ社が負担することとなる。したがって，非支配株主に帰属する当期純利益として計上される金額は当期の赤字△1,200のうち，△400（=（△1,200＋200）×40%）である。

ⅱ）連結修正仕訳（優先配当計上時）

（借）	非支配株主に帰属する当期純利益	（※）100	（貸）	非支配株主持分	（※）100

（※）発行価格2,000×５%＝100であり，累積条項が付されていることから，支払の有無にかかわらず，非支配株主への計上が行われる。

（２）親会社が優先株式を保有している場合

親会社が優先株式を保有している場合の会計処理については，資本連結実務指針第51項においても定められていない。しかし，親会社が保有している場合の会計処理は，非支配株主が保有している場合と同様，議決権がない場合には優先的に親会社の持分であると考え，残額を非支配株主と持分比率に応じて按分する会計処理を行うこととなる。

設例10－12　優先株式を発行している債務超過会社を子会社としている場合（優先株式を同時に取得）

前提条件

①　P社の有するS社の持分比率は60%，S社株式（普通株式）の取得金額は3,000千円であった。また，同時にS社が発行する優先株式を2,000千円で取得した。

②　取得時（×1期期末）のS社の資本金は2,500千円，利益剰余金は500千円であった。

③　S社が発行し，P社が保有する優先株式の内容：「議決権はなく，発行価格は2,000千円である。」

④　S社における×2期の当期純損益は△1,200千円（赤字）であった。

会計処理　（単位：千円）

①　開始仕訳等については省略

②　×1期

連結修正仕訳（資本連結仕訳）

（借）	資本金	(※1) 2,500	（貸）	S社株式（普通株）	(※2) 3,000
	利益剰余金	(※1) 500		S社株式（優先株）	(※3) 2,000
	のれん	(※4) 2,400		非支配株主持分	(※5) 400

（※1）前提条件②参照。
（※2）前提条件①参照。
（※3）前提条件③参照。
（※4）貸借差額で算定。
（※5）400＝(資本金等2,500＋利益剰余金500－優先株持分2,000)×非支配株主持分(1－60%)

③　×２期

連結修正仕訳（純損失計上時）

（借）	非支配株主持分	(※) 400	（貸）	非支配株主に帰属する当期純利益	(※) 400

（※）当期の純損失金額は△1,200であり，債務超過には至っていないものの，純資産のうち2,000については，Ｐ社が保有する優先株式に優先して割り当てられる結果，残額△200（=2,500＋500－2,000－1,200）が普通株式の持分となる。普通株式の非支配株主は損失を負担しないため△200については，Ｐ社が負担することとなる。したがって，非支配株主に帰属する当期純利益として計上される金額は当期の赤字△1,200のうち，△400（=（△1,200＋200）×40％）となる。

第11章

債務超過関係会社の持分法会計

本章のポイント

- 関連会社が債務超過となった場合，投資会社は，関連会社の株式の簿価がゼロとなるところまでは損失を負担するが，その持分を超える損失（関連会社の債務超過）部分は，原則として負担しない。
- 投資会社が関連会社に対して債務保証をしている場合や，他の株主との間で損失分担契約を締結している場合等は，債務超過部分についても投資会社が損失を負担する。

1 総 論

（1）持分法とは

持分法とは，投資会社が被投資会社の資本および損益のうち投資会社に帰属する部分の変動に応じて，その投資の額を連結決算日ごとに修正する方法をいう（持分法会計基準４項)。

持分法適用範囲には，関連会社のほかに非連結子会社も含まれるが，持分法適用会社が債務超過となった場合，損失負担の考え方は，関連会社と非連結子会社とで異なる。

（2）損失負担の考え方

第９章，第10章においては，債務超過子会社の連結手続について述べた。連結子会社が損失を計上した場合，原則として，非支配株主は自らの投資分しか責任を負わない。非支配株主の持分を超える，子会社の債務超過部分については，親会社がすべてを負担することとなる。

一方，関連会社が損失を計上した場合，株主有限責任の原則により，通常，投資会社は自らの投資分しか責任を負わない。すなわち，投資会社は関連会社の株式の帳簿価額がゼロとなるところまでは損失を負担するが，その持分を超える損失としての債務超過部分は負担しない（持分法実務指針20項）。

なお，非連結子会社の損失負担については，本章「4　非連結子会社の損失負担」にて説明する。

設例11－1　関連会社が債務超過となった場合の通常のケース

前提条件

①　×1年3月31日，P社はA社の発行済株式の40%を160,000千円で取得した。
②　取得時におけるA社の資産および負債の簿価と時価は一致している。
③　税効果会計については考慮しない。
④　A社の×1年3月31日に終了する貸借対照表は次のとおりである。

（単位：千円）

科目	金額	科目	金額
資産	900,000	負債	500,000
		資本金	100,000
		利益剰余金	300,000

- P社のA社に対する投資額（投資有価証券）　160,000千円
- A社の資本のうちP社持分額　160,000千円

⑤　A社の×2年3月31日に終了する貸借対照表は次のとおりである。

（単位：千円）

科目	金額	科目	金額
資産	800,000	負債	1,000,000
		資本金	100,000
		利益剰余金	（※）△300,000

（※）△300,000＝期首利益剰余金300,000＋当期純損失△600,000

⑥　個別財務諸表におけるＡ社に対する投資（および融資）の評価に関する仕訳および当該仕訳を連結財務諸表上で戻し入れる仕訳は，適切に行われているものとする。

会計処理　（単位：千円）

前提条件に基づき，Ｐ社はＡ社の債務超過における連結財務諸表上の会計処理を行う。

①　×１年３月期の連結修正仕訳

仕訳なし

②　×２年３月期の連結修正仕訳

Ａ社株式への持分法による投資損失の振替

（借）持分法による投資損失	(※) 160,000	（貸）Ａ社株式	(※) 160,000

（※）当期純損失600,000（前提条件⑤参照）のうちP社の持分に応じた負担額は240,000（＝600,000×40%）であるが，投資の額160,000を限度として負担させる。

（３）債務超過部分を負担しなければならない場合

先に述べたように，投資会社は通常，関連会社の債務超過部分を負担しない。しかしながら，以下のような場合，債務超過部分を投資会社に負担させなければならない（持分法実務指針20項）。

①　投資会社が他の株主との間で損失分担契約を締結している場合

当該ケースにおいては，契約により債務超過部分を負担しなければならない。したがって，債務超過部分のうち，契約による損失分担割合に相当する額を，投資会社に負担させる。

②　関連会社に対して設備投資または運転資金等の貸付金等（営業債権であっても，支払期日延長を繰り返し実質的に運転資金等であるものを含む。）がある場合

当該貸付金等は，実質的に投資と同様の性格を有するものと考えられ，とりわけ関連会社が債務超過の場合には，企業が継続するための唯一または重要な資金源泉となっている場合が多いと考えられる。したがって，債務超過部分のうち，投資会社の持分割合に相当する額について，当該貸付金等を減額する（持分法実務指針38項）。

③　契約上または事実上の債務保証をしている場合

当該ケースにおいては，投資会社が損失を補てんしなければならない可能性が極めて高い。したがって，債務超過部分のうち，契約による債務保証に相当する額，または投資会社が事実上負担することになると考えられる額を，投資会社に負担させる。

なお，投資会社のみが関連会社の借入金全額に対して債務保証を行っている場合のように，事実上，投資会社が関連会社の債務超過額全額を負担する可能性が極めて高い場合には，債務超過額全額を投資会社に負担させなければならない。

（4）債務超過部分の負担後に関連会社が利益を計上した場合

関連会社の債務超過部分を投資会社が負担した場合において，その後，関連会社に利益が計上されたときは，投資会社が負担した損失が回収されるまで，その利益の金額を投資会社の持分に加算する（持分法実務指針20項）。

2　負担した債務超過額の表示方法

持分法会計において，投資会社における関連会社に対する投資の成果は，連結貸借対照表上，「投資有価証券」勘定を加減算することによって反映される。

関連会社が債務超過となった場合も，投資会社の負担部分について，まずは投資の成果である「投資有価証券」勘定をゼロになるまで減額する。

さらに，当該関連会社に設備資金または運転資金等の貸付金等（営業債権であっても，支払期日延長を繰り返し実質的に運転資金等であるものを含む。）がある場合には，「投資有価証券」勘定から減額しきれなかった投資会社の負担部分について，当該貸付金等を減額する。

上記においても減額しきれない投資会社の負担部分については，「持分法適用に伴う負債」等適切な科目をもって負債の部に計上する。この処理は関連会社ごとに行い，異なる関連会社で発生した「持分法適用に伴う負債」を相殺することはできない（持分法実務指針21項）。

設例11－2　関連会社が債務超過となった場合で，投資会社が当該債務超過を負担しなければならないケース

前提条件

① ×１年３月31日，Ｐ社はＡ社の発行済株式の40%を160,000千円で取得した。
② 取得時におけるＡ社の資産および負債の簿価と時価は一致している。
③ 税効果会計については考慮しない。
④ Ｐ社はＡ社に対して設備投資用に100,000千円を融資している。
⑤ Ａ社の④以外の借入は，すべて銀行借入であり，Ａ社の株主は，当該銀行借入を持分割合に応じて保証している。
⑥ Ａ社の×１年３月31日に終了する貸借対照表は次のとおりである。

（単位：千円）

科目	金額	科目	金額
資産	900,000	借入金	300,000
		諸負債	200,000
		資本金	100,000
		利益剰余金	300,000

- Ｐ社のＡ社に対する投資額（投資有価証券）　160,000千円
- Ａ社の資本のうちＰ社持分額　160,000千円

⑦ Ａ社の×２年３月31日に終了する貸借対照表は次のとおりである。

（単位：千円）

科目	金額	科目	金額
資産	800,000	借入金	400,000
		諸負債	600,000
		資本金	100,000
		利益剰余金	(※) △300,000

（※）△300,000＝期首利益剰余金300,000＋当期純損失△600,000

⑧　A社の×３年３月31日に終了する貸借対照表は次のとおりである。

（単位：千円）

科目	金額	科目	金額
資産	700,000	借入金	600,000
		諸負債	800,000
		資本金	100,000
		利益剰余金	（※）△800,000

（※）△800,000＝期首利益剰余金△300,000＋当期純損失△500,000

会計処理　（単位：千円）

前提条件に基づき，P社はA社の債務超過における連結財務諸表上の会計処理を行う。

①　×１年３月期の連結修正仕訳

仕訳なし

②　×２年３月期の連結修正仕訳

ｉ）A社株式への持分法による投資損失の振替

（借）	持分法による投資損失	（※）160,000	（貸）	A社株式	（※）160,000

（※）当期純損失600,000（前提条件⑦参照）のうちP社の持分に応じた負担額は240,000（＝600,000×40%）であるが，投資の額160,000（前提条件⑥参照）を限度として負担させる。

ⅱ）　P社持分の負担額の相殺

（借）	持分法による投資損失	（※）80,000	（貸）	貸付金	（※）80,000

（※）ｉ）で減額しきれなかったP社の持分に応じた負担額80,000（＝240,000（＝600,000×40%）－160,000（ｉ）））を，A社に対する貸付金100,000（前提条件④参照）のうち，80,000と相殺する。

ⅲ）上記ｉ）およびⅱ）の合計仕訳

（借）	持分法による投資損失	240,000	（貸）	A社株式	160,000
				貸付金	80,000

③　×３年３月期の連結修正仕訳

ｉ）　期首利益剰余金の計上

（借）	利益剰余金（期首）	（※）240,000	（貸）	投資有価証券	（※）160,000
				貸付金	（※）80,000

（※）会計処理②ⅲ）参照。

ⅱ）当期純損失の投資額への振替

仕訳なし(※)

(※) 当期純損失500,000（前提条件⑧参照）のうち，Ｐ社負担額は200,000（＝500,000×40%）であるが，Ｐ社のＡ社への投資額はすでにゼロまで減額しているため，これ以上減額できない。

ⅲ）Ｐ社持分の負担額の相殺

（借）	持分法による投資損失	(※) 20,000	（貸）	貸付金	(※) 20,000

(※)　ⅱ）で減額しきれなかったＰ社の持分に応じた負担額200,000のうち，20,000について，Ａ社に対する貸付金残高20,000（＝100,000（前提条件④参照）－前年度相殺分80,000（② ⅱ））と相殺する。

ⅳ）Ｐ社持分の「持分法適用に伴う負債」への振替

（借）	持分法による投資損失	(※) 180,000	（貸）	持分法適用に伴う負債	(※) 180,000

(※)　ⅲ）で減額しきれなかったＰ社の持分に応じた負担額180,000（＝200,000－20,000）を，Ａ社の銀行借入のうちＰ社保証分200,000（＝（銀行借入金500,000（＝借入金600,000（前提条件⑧参照）－Ｐ社からの借入金100,000（前提条件④参照））×40%）を限度として，「持分法適用に伴う負債」に振り替える。

ｖ）上記ⅰ）～ⅳ）の合計仕訳

（借）	持分法による投資損失	200,000	（貸）	投資有価証券	160,000
	利益剰余金（期首）	240,000		貸付金	100,000
				持分法適用に伴う負債	180,000

3　個別財務諸表において計上した貸倒引当金または債務保証損失引当金の取扱い

投資会社が関連会社の債務超過を負担しなければならない場合で，投資会社の個別財務諸表において，関連会社の債権に対して貸倒引当金が設定されている場合または債務保証損失引当金が設定されている場合には，持分法の適用上，以下の理由から当該引当金を戻し入れる必要がある。

すなわち，連結財務諸表上，関連会社の債務超過を負担することにより，損失（持分法による投資損失）が計上されることとなるが，ここで，投資会社の個別財務諸表では，貸倒引当金または債務保証損失引当金としてすでに損失計上されているため，戻入れを行わないと損失の二重計上となってしまうからである。

この場合，戻入額が，貸付金と「持分法適用に伴う負債」との合計額（投資会社の債務超過負担額）を上回っていないかを確認し，上回っている場合には，投資会社が負担すべき債務超過額が不足していないかを検討する必要がある。検討の結果，上記引当金の一部またはすべてが必要と判断される場合には，当該部分の戻入れは行わない（持分法実務指針21項）。

4　非連結子会社の損失負担

持分法を適用した非連結子会社[1]が損失を計上した場合，連結子会社の場合と同様，原則として非支配株主は自らの投資分しか責任を負わない。したがって，当該損失のうち，非支配株主持分に割り当てられる額が当該株主の負担すべき額を超える場合には，当該超過額は親会社の持分に負担させなければならない。

この場合，関連会社の会計処理と同様の処理を行う。すなわち，当該超過額について，まず親会社の投資勘定を減額する。投資勘定がゼロとなってもなお，親会社が負担すべき損失が存在する場合は，当該非連結子会社に設備資金または運転資金等の貸付金等（営業債権であっても，支払期日延長を繰り返し実質的に運転資金等であるものを含む。）があれば，投資の額を超える部分について当該貸付金等を減額する。

なお，親会社の損失負担額が投資および貸付金等の額を超える場合は，当該超過部分は「持分法適用に伴う負債」等適切な科目をもって負債の部に計上する（持分法実務指針21項）（設例11－２参照）。

5　税務上の欠損金における税効果会計

持分法適用会社が，自己の税務上の繰越欠損金について回収可能性適用指針第６項における以下の（1）から（3）に基づき回収可能性を判断し，税効果

1　非連結子会社の適用範囲の判定については，「第９章　債務超過子会社の連結手続（基礎）１　連結の範囲」を参照されたい。

を認識した場合には，持分法適用会社の税効果として認識する。

（1）収益力に基づく一時差異等加減算前課税所得
　税務上の繰越欠損金の繰越期間に，一時差異等加減算前課税所得が発生する可能性が高いと見込まれること
（2）タックス・プランニングに基づく一時差異等加減算前課税所得
　繰越期間に含み益のある固定資産または有価証券を売却する等，一時差異等加減算前課税所得を発生させるようなタックス・プランニングが存在すること
（3）将来加算一時差異
　繰越期間に税務上の繰越欠損金と相殺される将来加算一時差異の解消が見込まれること

他方，持分法適用会社が自己の税務上の繰越欠損金について税効果を認識できない場合であっても，当該持分法適用会社が持分法適用日以降に欠損金を計上したときには，投資会社は当該持分法適用会社の株式につき減損，清算または売却等によって，取得後欠損金に係る法人税等の減額効果を享受することができるので，当該取得後欠損金は投資会社において税効果の対象となる。

なお，投資会社が，その投資の売却を自ら決めることができることを前提として，予測可能な将来の期間に売却の意思がないため欠損金について税効果を認識してこなかった場合であっても，次の要件を満たすこととなったときには，それを満たした範囲内で投資会社の持分法上の投資価額と個別貸借対照表上の投資簿価との差額につき将来減算一時差異として税効果を認識し，繰延税金資産を計上する。

（1）投資会社が予測可能な将来の期間に持分法適用会社に対する投資について税務上の損金算入が認められる評価減の要件を満たすか，または当該持分法適用会社の清算もしくは当該投資の売却によって当該将来減算一時差異を解消する可能性が高いこと，かつ，
（2）投資会社の繰延税金資産の計上につき，回収可能性に係る判断要件を満たすこと

上記欠損金に係る税効果会計の適用にあたっては，回収可能性適用指針第６項，第７項および第８項ならびに税効果適用指針第22項および第115項に基づいて行う（持分法実務指針30項）。

6　のれんの減損処理

（1）のれんの減損処理

持分法適用会社が債務超過か否かにかかわらず，超過収益力としての持分法適用会社に係るのれん相当額の減損処理は，減損会計基準および減損会計適用指針に従って行う（資本連結実務指針33項)。なお，連結子会社に関するのれんの減損処理とは異なり，持分法適用会社に関するのれん相当額を各事業に分割する必要はなく，原則として当該持分法適用の出資全体に対して適用する（減損適用指針93項)。

また，当該のれんの減損額は「持分法による投資損益」に含めて，営業外損益の区分に表示し，経常損益に反映させる（持分法会計基準27項)。

（2）個別財務諸表上で持分法適用会社株式を減損処理（特別損失）した場合

持分法適用会社が損失を計上した結果，投資会社の個別財務諸表上，金融商品会計基準に従って持分法適用会社の株式について減損処理を行ったことにより，①「個別財務諸表上の減損処理後の簿価」が，②「連結上の持分法適用会社の資本の投資会社持分額とのれんの未償却残高（借方）との合計額」を下回った場合には，持分法適用会社株式を取得した時に見込まれた超過収益力等の減少を反映する必要がある。したがって，上記①と②の差額について，のれん相当額の未償却残高（借方）を上限として，のれんを償却しなければならない（持分法実務指針９項，資本連結実務指針32項)。

連結損益計算書上，のれんの一時償却額は持分法による投資損益に含めて営業外損益の区分に表示する（持分法会計基準27項)。

なお，中間期末および四半期末（年度末を除く。）に当該処理を行った場合で，投資会社の個別財務諸表上，年度決算や，年度決算までのその後の四半期決算において，持分法適用会社株式の減損の追加計上または戻入処理が行われたときは，連結財務諸表上，当該追加計上または戻入処理を考慮後の持分法適用会社株式の簿価に基づき，中間期末および四半期末に行ったのれんの償却を見直すこととされている（持分法実務指針９項，資本連結実務指針32項)。

図表11－1　のれんの減額処理のパターン

①「減損処理後の簿価」と，②「連結上の持分法適用会社の資本の投資会社持分額（②－１）とのれんの未償却残高（借方）（②－２）」の差額が下回る場合の，のれんの減損処理

（１）①と②の差額が，のれん相当額の未償却残高を上回る場合

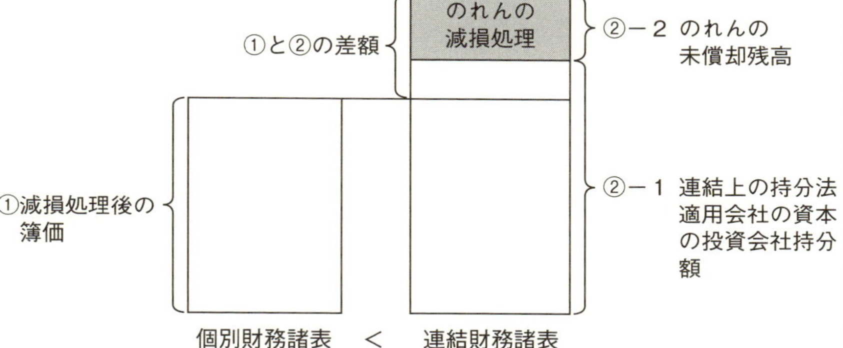

当該ケースでは，のれんの未償却残高を全額償却する。

（２）①と②の差額が，のれんの未償却残高を下回る場合

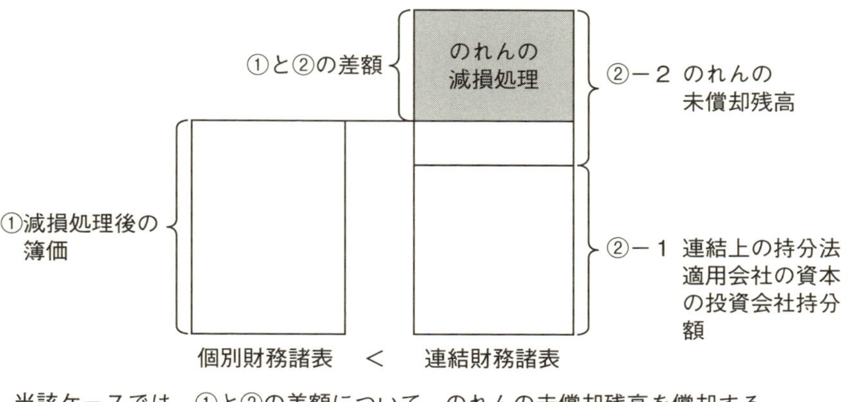

当該ケースでは，①と②の差額について，のれんの未償却残高を償却する。

7　関連会社が投資会社の株式を有している場合の投資勘定がマイナスとなるときの処理

関連会社が投資会社の株式を所有している場合，投資会社の連結手続上，当該株式に対する投資会社の持分相当額を自己株式として純資産の部の株主資本から減額するとともに，同額を関連会社に対する投資勘定から減額することになる（自己株・準備金減少基準第17項）。

ここで，関連会社が所有する投資会社の株式について，投資会社の持分相当額を関連会社に対する投資勘定から減額するとマイナスとなってしまう場合の会計処理として，次の３つの方法が考えられる。

（１）投融資勘定(※) を超過する額をそのまま投資勘定のマイナスとして処理する方法
（２）投融資勘定(※) を超過する額を「持分法適用に伴う負債」として処理する方法
（３）投資勘定の減額をゼロまでに留める方法

(※) 投資のみならず，持分法適用会社に対する貸付金等の額を含む。

まず，（３）の方法によると自己株式が部分的にしか計上されないことになるので適当ではないと考えられる。

また，（１）の方法については，資産勘定である投資勘定をマイナス表示することには違和感があるが，連結子会社の同様のケースで，非支配株主持分のマイナス表示という考え方もあることから，認められる余地もあると思われる。

最後に（２）の方法については，「持分法適用に伴う負債」は債務超過持分相当額が投資および貸付金等の額を超える場合に計上されるものであるので，これに計上するのは同様に違和感があるが，他に適当な勘定科目がなく，投資勘定が持分法による投資損益のみならず，為替換算調整勘定やその他有価証券評価差額金などの相手勘定となっていることから，「持分法適用に伴う負債」に包含して計上することも認められるものと考える。

したがって，（１）または（２）の方法が認められる会計処理と考えることができよう。ただし，（１）の方法により他の投資勘定と合計してもマイナスとなるような場合には，その内容を説明する必要があると考えられる。

第12章

債務超過子会社の清算（個別・連結）

本章のポイント

- 債務超過となった子会社を清算する場合，その後に発生する損失（費用）を見積り計上することになる。
- 清算に向けて子会社を解散することを決定しても，原則として当該子会社は連結の範囲に含まれる。
- 親子会社間で未実現利益が生じる取引が行われている場合でも，清算により実現しない点に留意する必要がある。

1　清算手続（在外子会社を含む）

清算手続とは，会社を解散し，残余財産を分配するための手続であり，通常の清算手続と特別清算手続がある（会社法475条，510条）。会社を株主総会特別決議により解散することを決定した時点より，会社は清算株式会社となり，その目的等に制限が加えられることとなる（会社法476条）。会社の解散を決定した後の清算手続は，通常，以下のような手続が行われる。

①　解散時の財産目録，貸借対照表の承認（株主総会）
②　会社解散届の提出
③　解散確定申告書の提出
④　清算事業年度の確定申告書の提出
⑤　残余財産の分配
⑥　決算報告の承認（株主総会）

⑦　清算結了登記
⑧　残余財産確定事業年度の確定申告書の提出
⑨　清算結了届を提出

一方で，債務超過となった会社を清算する場合，会社法上，特別清算の手続を経ることが求められている（会社法510条２号）。しかし，親会社が子会社を清算する場合，特別清算手続は煩雑となることから，債務超過を解消した上で清算手続へと移行することで事務手続を簡便化することがある。通常の清算手続による場合，図表12－１のような時系列で手続が行われる。

本章では，清算に係るそれぞれの時点での連結財務諸表上および個別財務諸表上の会計処理の要否ならびにその内容について検討を行う。なお，連結財務諸表上は，支配が継続している限り，清算配当を行うまで連結することになると考えられる（「２　清算決定時の会計処理」「（３）清算会社の連結に係る定め」参照）。

図表12－１　清算に関連するタイムスケジュール

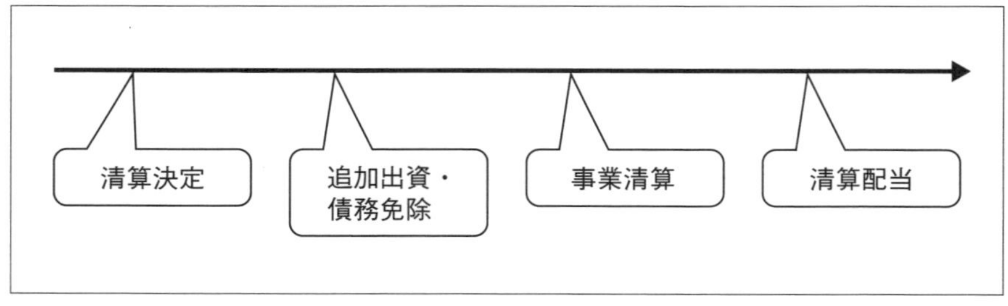

なお，在外子会社の清算の場合，それぞれの時点において行う手続は現地の法令に従う必要があるため，どのような手続が必要となるか，またどの程度の期間が必要となるかについて，事前に調査を行うことが必要である。

2　清算決定時の会計処理

（1）清算決定時の個別財務諸表上の会計処理

債務超過となった子会社を清算することを決定した場合に，その子会社株式の実質価額が親会社における帳簿価額を下回っているときには，当該子会社の帳簿価額について備忘価額まで評価損を計上することになる。その際，事業の清算に伴い親会社において追加で発生する費用について企業会計原則注解【注18】の要件を満たすときには，当該費用を適切に見積り，関係会社整理損失引当金等，適切な科目で計上する必要がある。

（2）清算決定時の連結財務諸表上の会計処理

連結財務諸表上は，当該子会社から発生した損失はすでに計上済みである。一方，追加で発生する費用がある場合には，当該費用について企業会計原則注解【注18】の要件を満たすときには，関係会社整理損失引当金等の名称で費用計上することになる場合がある。

設例12－1　債務超過子会社の清算決定時の会計処理

前提条件

①　×１期にＰ社は子会社Ｓ社の清算を意思決定した。Ｓ社株式の帳簿価額は2,000千円，Ｐ社の持分比率は80%，Ｓ社の純資産額は△500千円の債務超過であった。なお，過年度にＳ社株式の減損処理は行われていない。

②　Ｓ社の清算により追加で発生すると見込まれる損失は300千円と見積られ，全額をＰ社が負担する。

③　税効果会計については考慮しない。

会計処理　（単位：千円）

連結仕訳については，関連する仕訳についてのみ記載する。

×１期

ｉ）親会社Ｐ社個別仕訳（清算決定時の仕訳）

（借）	関係会社清算損失	(※) 2,000	（貸）	Ｓ社株式	(※) 2,000

（※）前提条件①参照。

ⅱ）親会社Ｐ社個別仕訳（追加引当仕訳）

（借）	関係会社整理損失引当金繰入額	(※) 800	（貸）	関係会社整理損失引当金	(※) 800

（※）800＝500（債務超過額）＋300（追加損失見込額）（前提条件①，②参照）

ⅲ）連結修正仕訳（清算仕訳の戻し）

（借）	Ｓ社株式	(※) 2,000	（貸）	関係会社清算損失	(※) 2,000

（※）連結上は過年度の損失をすでに取り込んでいることから，個別上の仕訳を戻す。

ⅳ）連結修正仕訳（追加引当仕訳）

（借）	関係会社整理損失引当金	(※) 800	（貸）	関係会社整理損失引当金繰入額	(※) 800
（借）	関係会社整理損失引当金繰入額	(※) 300	（貸）	関係会社整理損失引当金	(※) 300

（※）連結上においては，債務超過額500に対応する損失はすでに過年度の損益として計上されていることから，当該金額について戻し入れる。

（３）清算会社の連結に係る定め

解散の決定により清算会社となり，継続企業と認められないようなケースにおいては，連結の範囲から除外することができるかどうかが論点となる。この点，清算会社であっても，その意思決定機関を支配していると認められる場合には，原則どおり，連結の範囲に含めることが求められているため留意が必要である（連結会計基準７項，連結範囲適用指針20項）。より具体的には，範囲決定監査上留意点ＱＡ　Ｑ４において，多額の債務や含み損失のある不動産等の資産を有する連結子会社について，債務超過であることにより特別清算の手続を開始する場合であっても，実質的に親会社主導で保有資産の処分等の清算手続が進められるときには，継続して連結の範囲に含められるとされており，清算会社に該当する場合に，安易に連結範囲から除外する判断を行うことは認められない。

なお，債務超過であることなどによって各種の法的整理の手続開始の決定を受けた企業であり，かつ，有効な支配従属関係が存在しないと認められる企業である場合には，子会社に該当しないと定められている（連結会計基準７項(1)）。このため，有効な支配従属関係が存在するかどうか，その実態を適切に検討し判断する必要がある（範囲決定監査上留意点ＱＡ　Ｑ４参照）。

3　追加出資・債務免除等実施時の会計処理

清算にあたり，追加出資が必要となる場合がある。債務超過会社の場合，会社法上の特別清算手続が必要となるが，増資等により，債務超過を回避した上で，特別清算手続によらず清算手続を行うことがある。そのために，親会社から増資を行う場合や貸付について債務免除を行う場合がある。この際に行われる増資等には，清算にあたり必要となる損失に対応する金額が含まれる。

追加出資等を実施した場合，回収可能額は子会社株式として計上し，回収不能金額については費用（損失）計上することになるが，すでに引当金として計上している損失見込額に対応する出資である場合は，当該引当金を取り崩すことになる。

設例12－２　債務超過子会社の清算に際し増資を行う場合の会計処理

前提条件

①　設例12－１の前提条件と同一の条件を使用する。

②　×２期にＰ社はＳ社へ追加で900千円の出資を行った。当該金額は前期に見積った追加損失300千円からさらに増加が見込まれる100千円が含まれている。なお，前期に計上した300千円，当期に追加計上した100千円ともにＳ社ではいまだ支出されておらず，費用計上を行っていない。

会計処理　（単位：千円）

連結仕訳については，関連する仕訳についてのみ記載する。

×２期

ｉ）Ｐ社個別仕訳（追加出資仕訳）

(借)	S社株式	(※) 900	(貸)	現金	(※) 900

(※1) 前提条件②参照。

(借)	関係会社整理損失引当金	(※1) 800	(貸)	S社株式	(※2) 900
	関係会社清算損失	(※3) 100			

(※1) 前期に計上した引当金の取崩し。
(※2) 前提条件②参照。
(※3) 当期について判明した追加損失金額 (前提条件②参照)。

ii) S社個別仕訳 (追加出資仕訳)

(借)	現金	(※) 900	(貸)	資本金等	(※) 900

(※) 前提条件②参照。

iii) 連結修正仕訳 (前期仕訳の戻し)

(借)	関係会社整理損失引当金	(※) 500	(貸)	利益剰余金 (期首) (清算損失引当金繰入額)	(※) 500

(※) 前期仕訳の逆仕訳。

iv) 連結修正仕訳 (清算仕訳の戻し)

(借)	S社株式	(※) 2,000	(貸)	利益剰余金 (期首) (関係会社清算損失)	(※) 2,000

(※) 前期仕訳の逆仕訳。

v) 連結修正仕訳 (投資と資本の相殺消去)

(借)	資本金等	(※) 900	(貸)	S社株式	900

(※) 前提条件②参照。当期に追加で出資した金額の戻入れ。

vi) 連結修正仕訳 (損失計上の戻し)

(借)	S社株式	(※1) 900	(貸)	関係会社整理損失引当金	(※2) 500
				関係会社整理損失引当金	(※3) 400

(※1) 当期増加したS社株式は，個別財務諸表上で全額引当金の取崩しおよび追加損失に充当しているため，連結上は戻し入れる。
(※2) 会計処理iii) で前期から引き継いだ引当金の消去仕訳 (個別上の引当金を連結上で消去した額) については，当該引当金が個別上取り崩されているため，連結上も戻し処理を行う。

（※３）前期引き当てた300千円の戻入れおよび個別財務諸表上当期に追加計上した100千円の戻入れ。前提条件②より，Ｓ社においては費用が未計上のため，連結財務諸表上は当該未支出・未計上の損失に関して，関係会社整理損失引当金への振替えを行う。

4　事業清算・清算配当時の会計処理

固定資産の処分など必要となる資産の処分や負債の支払いが清算にあたり行われた時点では，これまでに見積った損失金額と清算にあたり発生した金額に差額がある場合には追加で損失計上を行う。事業の清算が終わると債権債務関連の清算も終わることから，ほぼ同じタイミングで清算配当手続が行われることになる。

設例12－３　債務超過子会社の清算手続結了に係る会計処理

前提条件

① 設例12－１，12－２の前提条件と同一の条件を使用する。

② ×３年にＳ社は事業の清算を行った結果，350千円の追加損失（×２年の見積りより50千円少ない）を計上し，残額50千円について清算配当を行った。

会計処理（単位：千円）

連結仕訳については，関連する仕訳についてのみ記載する。

×３期

ｉ）Ｐ社個別仕訳（清算配当受領仕訳）

（借）			（貸）		
	現金	（※）50		清算損失戻入額	（※）50

（※）清算配当金額について計上。前期までに引当金についてもすべて取り崩されているため，清算配当金額について利益に計上している。

ⅱ）Ｓ社個別仕訳（清算仕訳）

（借）			（貸）		
	清算損失	（※１）350		現金	（※２）400
	清算配当	（※３）50			

（※１）Ｓ社においては清算結了したことにより関連する費用の支出が行われているため，当該支出についての計上が行われる。
（※２）清算損失と清算配当の合計額。
（※３）前提条件②参照。

iii）P社連結修正仕訳（引当金に係る仕訳の引継ぎ（開始仕訳））

（借）	S社株式	(※) 900	（貸）	関係会社整理損失引当金	(※) 400
				利益剰余金（期首）	(※) 500

（※）前期仕訳の引継ぎ（設例12－2の会計処理iii）およびvi）参照）

iv）P社連結修正仕訳（損失計上の戻し）

（借）	関係会社整理損失引当金	(※1) 400	（貸）	清算損失	(※2) 350
	清算損失戻入額	(※3) 50		清算配当	(※3) 50
				関係会社整理損失引当金戻入額	(※4) 50

（※1）会計処理iii）で引き継いだ引当金を取り崩す。
（※2）会計処理ii）においてS社個別財務諸表上で計上した清算損失を消去する（連結財務諸表上は過年度に計上済であるため）。
（※3）S社からP社に行った配当を相殺消去する。
（※4）引当金のうち50千円は使用されなかったため，戻入額として収益計上する。

5　清算子会社に生じている未実現損益の取扱い

清算を行う子会社と親会社の間で，過年度に連結財務諸表上の未実現損益が生じるような取引が行われていた場合が考えられる。または，清算に際して，子会社から親会社に資産が売却され，同様に連結財務諸表上の未実現損益が生じる場合がある。このような場合，親会社の連結財務諸表上，当該未実現損益の取扱いについて留意が必要である。

清算により消滅する子会社から親会社への資産の売却により計上された未実現損益については，当該子会社単体ではすでに実現しているものの，連結財務諸表上は外部への売却または減損損失の計上などが行われない限り，単に清算によっては当該損益が実現しないと考えられることから，連結財務諸表上，未実現損益の消去を継続することが必要となると考えられる。

設例12－4　未実現利益が計上された子会社の清算

前提条件

① Ｐ社は債務超過の子会社であるＳ社（Ｐ社持分100%，Ｓ社の債務超過額80千円）を有している。Ｐ社におけるＳ社株式の簿価は300千円，Ｓ社に対する貸付金は100千円である。

② Ｐ社は×１年において，S社に対して簿価100千円の土地を時価150千円で売却した。

③ Ｐ社はＳ社を清算することを決定し，×２年末において清算手続が完了した。清算手続において，Ｐ社がＳ社に売却した土地はＰ社が時価170千円で再度取得した。

④ Ｐ社は×３年において，土地を時価160千円で外部へ売却した。

なお，投資と資本の相殺消去等の連結仕訳および当該土地以外の仕訳については，省略している。

⑤ 税効果会計については考慮しない。

会計処理　（単位：千円）

①　×１年

ｉ）Ｐ社個別仕訳（土地の売却）

（借）	現金	（※１）150	（貸）	土地	（※１）100
				土地売却益	（※２）50

（※１）前提条件②参照。
（※２）貸借差額で算定。

ii）Ｓ社個別仕訳（土地の取得）

（借）	土地	（※）150	（貸）	現金	（※）150

（※）前提条件②参照。

iii）Ｐ社連結修正仕訳（未実現利益の消去）

（借）	土地売却益	（※）50	（貸）	土地	（※）50

（※）会計処理ｉ）参照。

②　×２年

ｉ）Ｐ社個別仕訳（土地の取得）

（借）	土地	（※）170	（貸）	現金	（※）170

（※）前提条件③参照。

ii）Ｓ社個別仕訳（土地の売却）

（借）	現金	（※１）170	（貸）	土地	（※１）150
				土地売却益	（※２）20

（※１）前提条件③参照。
（※２）貸借差額で算定。

iii）Ｐ社連結修正仕訳（未実現利益の消去）

（借）	利益剰余金（期首）	（※１）50	（貸）	土地	（※２）70
	土地売却益	（※３）20			

（※１）会計処理①iii）参照（×１年に売却により発生した土地売却益の消去の引継ぎ）。
（※２）70＝P社個別財務諸表における簿価170－土地の当初の簿価100
（※３）会計処理②ii）参照。

③　×３年

ｉ）Ｐ社個別仕訳（土地の売却）

（借）	現金	(※１) 160	（貸）	土地	(※２) 170
	土地売却損	(※３) 10			

（※１）前提条件④参照。
（※２）前提条件③参照。×２年取得時におけるP社個別財務諸表上の土地の帳簿価額。
（※３）貸借差額で算定。

ⅱ）Ｐ社連結修正仕訳（未実現利益の消去の期首仕訳）

（借）	利益剰余金（期首）	(※) 70	（貸）	土地	(※) 70

（※）×２年までの未実現仕訳の合計（会計処理②ⅲ）参照）。

ⅲ）Ｐ社連結修正仕訳（未実現利益の実現仕訳）

（借）	土地	(※１) 70	（貸）	土地売却損	(※２) 10
				土地売却益	(※３) 60

（※１）会計処理③ⅱ）参照。
（※２）会計処理③ｉ）参照（個別財務諸表上計上されている土地売却損の取消し）。
（※３）貸借差額で算定。

第13章

債務超過の場合の開示

本章のポイント

- 「関係会社の状況」における債務超過の状況にある関係会社の開示に関しては，重要性の基準について明確な規定がないものの，実務上の判断指針がある。
- 債務超過の関係会社が存在する場合，関連する引当金について財務諸表本表のほか，重要な会計方針，重要な会計上の見積り，引当金明細表（および引当金明細書）ならびに関連当事者との取引に関する注記で開示される可能性がある。
- 子会社が債務超過の状況にある場合，連結計算書類や連結財務諸表では開示されない事項も，計算書類の開示において，関連当事者との取引に関する注記に含まれるケースがある。

1　関係会社が債務超過の場合における開示

（1）有価証券報告書上の「関係会社の状況」における債務超過の状況の開示における判断上の指針

有価証券報告書上の「関係会社の状況」に記載された関係会社について，連結財務諸表に重要な影響を与えているまたは連結財務諸表を作成していない場合における重要な債務超過の状況にある関係会社があるときは，その旨および債務超過の金額を記載することが求められている（開示府令　第三号様式　記載上の注意(8)，第二号様式　記載上の注意(28) g(c)(d))。

この記載は，財務諸表作成会社傘下にある関係会社が重要な債務超過の状況となっている場合，企業集団としての連結経営の立場から経営計画上の重要な課題となるため，「関係会社の状況」において開示を行うことで，利害関係者に有用なリスク情報を提供するために求められているものである。開示府令においては記載が必要となる「重要性」に関する明示的な基準は示されていないが，その一方で規範性はないものの実務上の参考となるものとして，日本公認会計士協会から監査委員会研究報告８号が公表されている。

なお，当該規定における「債務超過の状況」とは，「負債の総額が資産の総額を上回っている状況をいう。」と定義されている。

（2）重要性の判断基準

監査委員会研究報告８号で示される「関係会社の状況」における債務超過の状況にある関係会社の開示に係る重要性の判断基準は，図表13－１ならびに①および②に記載したとおりである。

図表13－１　債務超過の状況にある関係会社の開示に係る重要性の判断基準

債務超過の金額がAかBのいずれか小さい額以上

A「連結純資産の５％」	B「100億円」

①　連結財務諸表等に重要な影響を与えている債務超過の状況にある関係会社

債務超過の状況にある関係会社の債務超過の金額（負債の総額のうち資産の総額を上回っている額をいう。以下同じ。）が，連結純資産額の５％に相当する額と100億円のいずれか小さい額以上の金額である場合の当該関係会社が記載対象となる。

ただし，連結純資産額の５％に相当する額が10億円を下回っている場合には，10億円以上の債務超過の金額を有している関係会社を記載対象とすることができる（監査委員会研究報告８号３(1)）。

②　連結財務諸表等を作成していない場合における重要な債務超過の状況にある関係会社

債務超過の状況にある関係会社の債務超過の金額が，財務諸表提出会社の個別財務諸表における純資産額の５％に相当する額と100億円のいずれか小さい額以上の金額である場合の当該関係会社を記載対象とする。

ただし，純資産額の５％に相当する額が10億円を下回っている場合には，10億円以上の債務超過の金額を有している関係会社を記載対象とすることができる。

(3) 開 示 例

ここでは，有価証券報告書の「関係会社の状況」に記載された連結上重要な影響を与える債務超過の状況にある関係会社の記載事例をみていく。

■開示例13－1　トヨタ自動車㈱（2023年３月期）

4　【関係会社の状況】

名称	住所	資本金又は出資金	主要な事業の内容	議決権の所有割合（%）	関係内容
～	～	～	～	～	～

6　2023年３月31日現在，債務超過の金額が100億円以上である会社および債務超過の金額は，以下のとおりです。

トヨタ モーター マニュファクチャリング ミシシッピー　211,168百万円

トヨタ モーター マニュファクチャリング ケンタッキー　144,952百万円

（以下略）

■開示例13－２　㈱サイバーエージェント（2023年９月期）

４　【関係会社の状況】

会社名	住所	資本金（百万円）	主要な事業の内容	議決権の所有または（被所有）割合（％）	関係内容
（連結子会社） ㈱AbemaTV （注１）	東京都渋谷区	100	新しい未来のテレビ「ABEMA」の運営	55.2	役員の兼任 事業所の賃貸借 広告取引
～	～	～	～	～	～

（注）　１．債務超過会社であり，2023年９月末時点で債務超過額は以下の通りです。
㈱AbemaTV　　127,866百万円

2　債務超過に関連する開示規定（連結・個別）

（１）連結財務諸表作成のための基本となる重要な事項（会計方針）

第７章でも詳述したように，子会社等が業績不振に陥った際には，親会社にてさまざまな引当金が計上されることがある。このとき，まずは重要な会計方針の注記にて「重要な引当金の計上基準」に関する記載が必要となる（連結財務諸表規則ガイドライン13－５）。財務諸表等規則第８条の２第６号（連結財務諸表規則13条５項３号）に規定する引当金の計上基準については，各引当金の計上の理由，計算の基礎その他の設定の根拠を記載するものとされている（財務諸表等規則ガイドライン８の２－６）。なお，会社法上の計算書類においても重要な会計方針に係る事項に関する注記にて「引当金の計上基準」として同様の記載が求められている（会社計算規則101条１項３号）。

実際の開示例については，以下のとおりである。

■開示例13－３　三井不動産㈱（2023年３月期）

連結財務諸表作成のための基本となる重要な事項
（中略）
４．会計方針に関する事項
（中略）
⑶　重要な引当金の計上基準
[貸倒引当金]
売掛金，貸付金等の貸倒れによる損失に備えるため，一般債権については貸倒実績率により，貸倒懸念債権等特定の債権については個別に回収可能性を検討し，回収不能見込額を計上しています。
[債務保証損失引当金]
債務保証等による損失に備えるため，被保証先の財政状態等を勘案して，損失負担見込額を計上しています。

■開示例13－４　日本コークス工業㈱（2023年３月期）

連結財務諸表作成のための基本となる重要な事項
（中略）
２．会計方針に関する事項
（中略）
⑶　重要な引当金の計上基準
（中略）
（二）　関係会社整理損失引当金
関係会社の整理により，当社が将来負担することとなり，かつ，合理的に見積もることが可能なものについては，当該損失見込額を計上している。

■開示例13－5　日亜鋼業㈱（2023年３月期）

連結財務諸表作成のための基本となる重要な事項
（中略）
４．会計方針に関する事項
（中略）
⑶　重要な引当金の計上基準
（中略）
④　投資損失引当金
関係会社への投資に係る損失に備えるため，当該会社の財政状態等を勘案し，必要と認められる額を計上することとしている。

また，債務超過の持分法適用会社に関しても，第９章で詳述した連結範囲と併せ，会計処理基準に関して言及している事例もあった（連結財務諸表規則13条３項５号）。

なお，債務超過会社に対する持分額の処理に関しては，当該会社に対する貸付金額や債務保証額を考慮して，投資有価証券で控除しきれなくなった分を貸付金額より控除している処理を注記している事例もあった。

■開示例13－6　㈱セブン＆アイ・ホールディングス（2023年２月期）

連結財務諸表作成のための基本となる重要な事項
（中略）
２　持分法の適用に関する事項
（中略）
⑶　持分法の適用の手続きについて特に記載する必要があると認められる事項
①　持分法適用会社のうち，決算日が連結決算日と異なる会社については，当該会社の事業年度に係る財務諸表を使用しております。
②　債務超過会社に対する持分額は，当該会社に対する貸付金を考慮して，貸付金の一部を消去しております。

(2) 重要な会計上の見積り

債務超過の子会社等に対して計上する引当金は会計上の見積りに該当するため，それが翌事業年度の財務諸表に重要な影響を及ぼすリスクがあるものと識別した場合には財務諸表において「重要な会計上の見積り」として注記する必要がある（財務諸表規則８条の２の４）。

■ **開示例13－7　㈱串カツ田中ホールディングス（2023年11月期）**

（重要な会計上の見積り）
1．関係会社に対する貸付金の評価
(1)　当連結会計年度の連結財務諸表に計上した金額

（単位：千円）

	前連結会計年度	当連結会計年度
長期貸付金	226,358	389,735
貸倒引当金	86,200	165,800

(2)　識別した項目に係る重要な会計上の見積りの内容に関する情報
①　当連結会計年度の連結財務諸表に計上した金額の算出方法
関係会社に対する貸付金等の評価に当たっては，関係会社の財政状態及び経営成績を考慮し，期末日時点の対象会社の支払能力及び債務超過の額を総合的に勘案したうえで，当該回収不能見込額を貸倒引当金として計上しております。
②　当連結会計年度の連結財務諸表に計上した金額の算出に用いた主要な仮定
当該回収不能見込額の見積りにあたっては，関係会社の将来の業績及び財政状態に関する事業計画を考慮したうえで，支払能力を総合的に判断しております。
③　翌連結会計年度の連結財務諸表に与える影響
主要な仮定については，見積りの不確実性が存在するため，関係会社の財政状態及び経営成績が変動した場合には，翌事業年度の財務諸表において，貸倒引当金の金額に重要な影響を与える可能性があります。

(3)「引当金明細表」および「引当金の明細」

個別財務諸表において，債務超過の子会社等に対しては一般に投資額等に対応する各種引当金の計上が必要になることが考えられる。また，有価証券報告書では財務諸表本表の補足情報として引当金明細表を作成することが求められている（財務諸表等規則　様式第十四号）。

引当金明細表では，当期減少額を「目的使用」と「その他」に分けて開示する。また，この「当期減少額（その他）」については，減少の理由を注記することとされている（財務諸表等規則　様式第十四号　記載上の注意２，３）。この目的使用とその他（いわゆる目的外取崩）の区分に関して，債務引受によるものは，目的使用に該当することが考えられるが，債務保証の履行の場合には，求償債権に対する貸倒引当金へと振り替えられることから，目的外取崩に含めている事例が見られる。さらに，デット・エクイティ・スワップ（DES）によって貸倒引当金が取り崩される（債権と相殺され，株式に取得原価となっていることが推測される）ケースや，財政状態の回復により貸倒引当金，投資損失引当金，債務保証損失引当金等の引当金が戻し入れられるようなケースでは，それぞれ各引当金の目的外取崩しとなることが考えられる[1]。

会社法上の計算書類の場合は，会社計算規則が規定する附属明細書の記載事項（会社計算規則117条２号）として，「引当金の明細」の作成が求められている。記載対象は企業会計原則注解【注18】に定められる引当金であるため，債務性を有する引当金，法的債務性を有していない引当金および資産項目に対する控除項目としての引当金（いわゆる評価性引当金）のすべてが対象である。

附属明細書の引当金明細書は一般に公表されていないため，有価証券報告書における引当金明細表の開示事例を以下に示す。

1　この引当金明細表については，単体開示の簡素化の目的で，2014年３月26日に改正された「財務諸表等規則」において，連結財務諸表を作成している会計監査人設置会社（別記事業を営む会社を除く。）に関して，特例財務諸表提出会社（財務諸表等規則１条の２）として，会社法の要求水準に合わせた新たな財務諸表の様式によることや，一定の項目において会社計算規則の規定に基づき注記できるものとされ，引当金明細表に関しても，当期減少額について目的取崩と目的外取崩を区分しない様式である様式第十四号の二を用いることができるとされている（財務諸表等規則127条１項５号）。

■開示例13－８　太平洋興発㈱（2023年３月期）

【引当金明細表】

区分	当期首残高（百万円）	当期増加額（百万円）	当期減少額（目的使用）（百万円）	当期減少額（その他）（百万円）	当期末残高（百万円）
貸倒引当金	5	0	－	2	3
賞与引当金	85	85	85	－	85
債務保証損失引当金	1,131	－	100	－	1,031
関係会社事業損失引当金	42	21	－	－	63

（注）　１．貸倒引当金の「当期減少額（その他）」欄の金額は，洗替による戻入額及び債権回収による取崩額であります。
　　　２．債務保証損失引当金の「当期減少額（目的使用）」欄の金額は，債務保証先（太平洋炭礦㈱）の支払債務の一部を支援したことによるものであります。

■開示例13－９　㈱ベネフィット・ワン（2023年３月期）

【引当金明細表】　（単位：百万円）

区分	期首残高	当期増加額	当期減少額		期末残高
			目的使用	その他	
貸倒引当金	235	153	1	46	341
債務保証損失引当金	94	－	－	36	57
従業員株式給付引当金	281	3	26	－	258
役員株式給付引当金	179	2	－	－	181

（注）　１．貸倒引当金の当期減少額の「その他」は，子会社に対するデット・エクイティ・スワップの実行に伴う取り崩し額であります。
　　　２．債務保証損失引当金の当期減少額の「その他」は，洗替による戻入額であります。

(4) 関連当事者との取引に関する注記

①　趣旨と内容

関連当事者とは，ある当事者が他の当事者を支配しているか，または，他の当事者の財務上および業務上の意思決定に対して重要な影響力を有している場合の当事者等をいうこととされている（関連当事者会計基準５項(3)柱書き)。関連当事者との取引は，両者の間に資本関係などを基礎とした関係があることにより，常に対等な立場で行われているとは限らず，会社の財政状態や経営成績に影響を及ぼす可能性があることから，財務諸表における注記の対象とされている（関連当事者会計基準２項)。

詳細は後述するが，債務超過に関連する開示項目としては，子会社，関連会社に対する各種引当金が考えられる。

②　関連当事者との取引に関する開示が行われる書類とその対象

関連当事者との取引に関する開示は，金融商品取引法に基づく開示（有価証券報告書)，会社法に基づく開示（計算書類）の双方で義務付けられている。

しかしながら，それぞれの開示内容はまったく同一とはなっていない。有価証券報告書では，連結財務諸表における注記事項とされ，連結会社（財務諸表提出会社およびその連結子会社）と関連当事者との取引が開示される（連結財務諸表規則15条の４の２)。一方，計算書類では，個別財務諸表における注記事項とされ，会社とその関連当事者との取引が開示対象となるため（会社計算規則98条１項15号，２項４号)，子会社に対する引当金も重要性に応じて開示対象となる点で，有価証券報告書の開示とその範囲が異なってくる。

③　債務超過と関連当事者との取引に関する開示

債務超過に関連して，関連当事者との取引に関する開示の対象となることが考えられる取引には，以下のようなものが挙げられる。

- 債務超過の子会社（計算書類のみ）および関連会社等に対する貸付け
  （親会社やその他の関係会社からの借入れ）
- 債務超過の子会社（計算書類のみ）および関連会社等に対する各種引当金の計上
- 債務超過の子会社（計算書類のみ）および関連会社等に対する債権放棄（DESを含む。）
  （親会社やその他の関係会社から受ける債務免除）
- 債務超過の子会社（計算書類のみ）および関連会社等に対する債務保証（親会社やその他の関係会社から受ける債務被保証）
- 債務超過の子会社（計算書類のみ）および関連会社等の借入金等の債務に対する担保提供（親会社やその他の関係会社から受ける物上保証（担保受入れ））

関連当事者に対する債権が貸倒懸念債権および破産更生債権等に該当する場合，以下の事項が開示される。なお，債務保証損失引当金についても，これに準じて開示することとされている（関連当事者会計基準10項(8)，関連当事者適用指針８項，連結財務諸表規則15条の４の２第９号，10号，連結財務諸表規則ガイドライン15の４の２－１－10)。

- 債権の期末残高に対する貸倒引当金残高
- 当期の貸倒引当金繰入額等
- 当期の貸倒損失額（一般債権に区分されている場合において貸倒損失が生じた場合も含む。）

なお，貸倒引当金に係る情報については，関連当事者の種類ごと（子会社，関連会社など）に合算して開示することができるとされている（関連当事者会計基準10項(8)）。

④　開示判定のフローと重要性

関連当事者との取引に関する開示の記載の要否は，図表13－２のフローチャートに基づいて判定される。

図表13－2　関連当事者との取引に関する注記の記載の判断

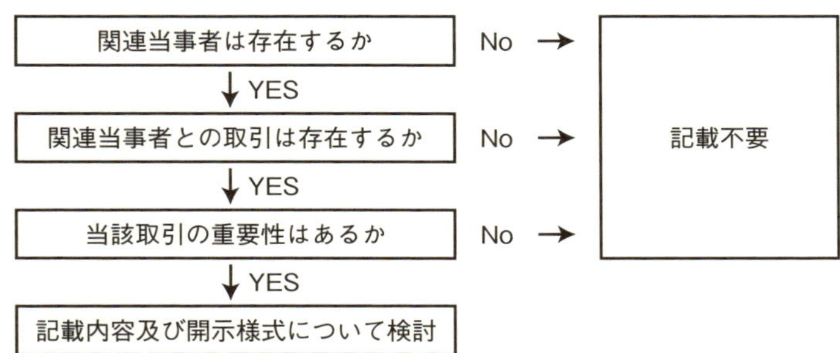

また，関連当事者が法人の場合の開示の要否に係る重要性の判断基準は，図表13－3のとおりである。

図表13－3　重要性判断基準（法人の場合）

区　分	勘　定	重要性の判断基準
連結損益計算書項目に属する科目に係る関連当事者との取引	売上高，売上原価，販売費及び一般管理費	売上高または売上原価と販売費及び一般管理費の合計額の10％を超える取引
	営業外収益，営業外費用	それぞれ合計額の10％を超える損益に係る取引（※）
	特別利益，特別損失	1,000万円を超える損益に係る取引（※）
連結貸借対照表項目に属する科目の残高および当該注記事項に係る取引ならびに債務保証等および担保提供または受入れ		総資産の１％を超える取引

（※）当該判断基準により開示対象となる場合であっても，その取引総額が，税金等調整前当期純損益または最近５年間の平均の税金等調整前当期純損益（当該期間中に税金等調整前当期純利益と税金等調整前当期純損失がある場合には，原則として税金等調整前当期純利益が発生した年度の平均とする）の10％以下となる場合には，開示を要しない（関連当事者適用指針15項）。

会社法計算書類における開示事例は以下のとおりである。

■開示例13－10　㈱明電舎（2023年３月期）

7．関連当事者との取引に関する注記

子会社及び関連会社等

（単位：百万円）

種類	会社等の名称	住所	資本金又は出資金	事業の内容又は職業	議決権等の所有割合	関連当事者との関係	取引の内容	取引金額	科目	期末残高
子会社	㈱甲府明電舎	山梨県中央市	400	各種モータの製造，販売	（所有）直接100.0%	製品の購入等	製品の購入等	19,436	未収入金 買掛金	2,910 2,481
子会社	㈱明電エンジニアリング	東京都品川区	400	電気設備，機械器具，装置等の保守・点検サービス事業	（所有）直接100.0%	資金の預かり	資金の預かり 利息の支払 （注１）	4,919 8	預り金	5,002
子会社	MEIDEN T&D（INDIA）LIMITED	インド	2,024	電力用変圧器製造販売及び変電プロジェクト施工	（所有）直接99.99% 間接0.01%	債務保証 増資の引受	債務保証 増資の引受 （注２）	3,766 835	－	－
子会社	MEIDEN AMERICA SWITCHGEAR INC.	アメリカ	874	真空遮断器の製造・販売及び真空インタラプタの販売	（所有）間接100.0%	製品の販売	製品の販売	4,233	売掛金	2,550

（注）　１．資金の預かりはCMS（キャッシュ・マネジメント・システム）による取引であり，取引金額につきましては期中平均残高を記載しております。また，預り金の利率につきましては市場金利を勘案して合理的に決定しております。

（注）　２．増資の引受につきましては，デット・エクイティ・スワップ方式による貸付金の現物出資であります。

■開示例13－11　ホソカワミクロン㈱（2023年９月期）

関連当事者との取引に関する注記
子会社

（単位：百万円）

属性	会社等の名称	議決権等の所有（被所有）割合	関連当事者との関係	取引の内容	取引金額	科目	期末残高
（中略）							
子会社	Hosokawa Alpine Aktien-gesellschaf	所有 間接100%	債務保証 役員の兼務	債務保証 （注）３	456	－	－

１　取引金額には消費税等を含めておりません。期末残高には消費税等を含めております。
２　取引条件及び取引条件の決定方針等
（中略）
（注）３　金融機関との取引に対して保証したものであります。なお，保証料の受取は行っておりません。

■開示例13－12　日本スキー場開発㈱（2023年７月期）

８．関連当事者との取引に関する注記
子会社及び関連会社等

種類	会社等の名称	議決権等の所有（被所有）割合（%）	関連当事者との関係	取引内容	取引金額（千円）	科目	期末残高（千円）
子会社	株式会社 鹿島槍	所有直接 100	資金の貸付 （注２） 役員の兼任	利息の受取 （注１）	2,719	関係会社 長期貸付金	430,000
（以下略）							

取引条件及び取引条件の決定方針等
（注）１．資金の貸付は，市場金利等を勘案して利率を決定しております。
２．子会社への貸倒懸念債権に対し，合計430,000千円の貸倒引当金を計上しております。また，債務超過の子会社について，当該債務超過額に対して，将来の損失に備えるために関係会社事業損失引当金を79,199千円計上しております。

また，有価証券報告書における開示事例は以下のとおりである。

■開示例13－13　㈱ジャパンディスプレイ（2023年３月期）

【関連当事者情報】
１．関連当事者との取引
（１）連結財務諸表提出会社と関連当事者との取引
連結財務諸表提出会社の親会社及び主要株主（会社等に限る。）等
（中略）
当連結会計年度（自　2022年４月１日　至　2023年３月31日）

種類	会社等の名称又は氏名	所在地	資本金又は出資金（百万円）	事業の内容又は職業	議決権等の所有（被所有）割合（％）	関連当事者との関係	取引の内容	取引金額（百万円）	科目	期末残高（百万円）
主要株主（会社等）	Ichigo Trust	英国領ケイマン諸島	1,014,581	日本企業への投資に特化した資産運用	（被所有）直接78.2	資金の援助，役員の兼任	第三者割当増資（注１）	86,680	－	－
							資金の借入 資金の返済（注２）	72,310 24,310	－	－
							債務免除（注３）	15,000	－	－
							利息の支払（注２）	399	－	－
（中略）										

（注）１．同社と締結した本追加資本提携契約に基づき，2023年３月22日付の第三者割当増資（発行価額の総額を金銭以外の財産の現物出資とするデット・エクイティ・スワップ）により，当社普通株式を計1,926,222,222株発行し，１株につき45.00円（小数第三位四捨五入）で引き受けたものであります。発行価額はいずれも，外部の第三者による価値算定書を勘案して合理的に決定しております。
２．資金の借入については，市場金利を勘案して利率を決定しております。
３．同社に対する借入金のうち15,000百万円について，当連結会計年度末において債権放棄を受けております。これに伴い，同額の債務免除益を特別利益として計上しております。

（5）保証債務

業績不振の子会社が外部の会社と取引を行う際には，主に与信管理の観点から，親会社による保証を外部の会社から要求されることが多い。親会社の保証を得ることができれば，親会社への信用により，子会社は取引を円滑に行うことができるが，一方，親会社の個別財務諸表に，偶発債務として保証債務の注記が求められる（連結財務諸表規則39条の２，財務諸表規則58条，会社計算規則103条５号，債務保証取扱い２）（詳細は「第７章　業績不振企業に対する貸倒引当金・債務保証損失引当金等」参照）。

実際の保証債務の注記例については，以下のとおりである。

■開示例13－14　㈱LIXIL（2023年３月期）

（貸借対照表関係）

（中略）

２．偶発債務等

（１）下記の関係会社の金融機関等からの借入債務に対し，保証を行っています。

	第80期 （2022年３月31日）	第81期 （2023年３月31日）
Grohe Holding GmbH	64,795　百万円	78,251　百万円
LIXIL Philippines Inc.	－	333
LIXIL India Sanitaryware Private Limited	304	303
LIXIL WINDOW SYSTEM PRIVATE LIMITED	171	172
LIXIL India Private Limited	163	196

（２）下記の関係会社の他の関係会社からの借入債務に対し，保証を行っています。

	第80期 （2022年３月31日）	第81期 （2023年３月31日）
LIXIL GLOBAL MANUFACTURING VIETNAM CO., LTD.	21,000　百万円	5,000　百万円
AS America, Inc.	13,389	40,753

LIXIL AFRICA HOLDING (Pty) Ltd.	−	5,696
㈱LIXILリアルティ	7,455	−
㈱LIXILホームファイナンス	7,467	−
その他関係会社	17,976	16,046

(3) 下記の関係会社のファクタリング債務について，金融機関に対し，保証を行っています。

	第80期 (2022年３月31日)	第81期 (2023年３月31日)
㈱LIXL物流	− 百万円	1,225 百万円
その他関係会社	−	2,319

(4) 下記の関係会社のリース債務等に対し，保証を行っています。

	第80期 (2022年３月31日)	第81期 (2023年３月31日)
㈱久居LIXIL製作所 他35社	− 百万円	1,217 百万円
㈱久居LIXIL製作所 他37社	1,236	−
その他	257	51

(6) キャッシュ・フロー計算書における重要な非資金取引の内容に関する注記

業績不振子会社の資金援助のため，子会社に対する債権放棄やDES等の取引を行うことがある。通常は連結財務諸表上相殺消去される取引のため，連結キャッシュ・フロー計算書で開示されることはない。しかし，支援を受けた連結子会社が有価証券報告書提出会社であり，かつキャッシュ・フロー計算書を作成していた場合，金額によってはキャッシュ・フロー計算書上において重要な非資金取引の内容に関する注記として開示しなければならない（連結キャッシュ・フロー作成基準 第四 4，連結財務諸表規則90条１項５号，財務諸表等規則119条１項３号）。

実際の開示例については，以下に示している。

■開示例13－15　㈱ジャパンディスプレイ（2023年３月期）

（連結キャッシュ・フロー計算書関係）

（中略）

３．重要な非資金取引の内容

債務の株式化（デット・エクイティ・スワップ）

	前連結会計年度 （自 2021年４月１日 至 2022年３月31日）	当連結会計年度 （自 2022年４月１日 至 2023年３月31日）
資本金及び資本剰余金の増加額	－　百万円	86,680　百万円
借入金の減少額	－　〃	86,680　〃

（７）経営上の重要な契約

債務超過会社がその解消を企図して，組織再編，債務免除やDESを実施した場合に，当事企業にとって重要な契約と判断されるときには，あくまで有価証券報告書提出会社に限定されるものの，開示府令の規定に従い，契約内容を開示することが求められる（開示府令 第三号様式 記載上の注意⒁，第二号様式 記載上の注意(34)）。

なお，継続企業の前提に重要な疑義を生じさせるような事象または状況が存在する場合に，経営者の対応策として，「財政状態，経営成績及びキャッシュ・フローの状況の分析」（開示府令 第三号様式 記載上の注意⒃，第二号様式 記載上の注意(36)ｂ）にDESを記述している事例も見られた。

（8）その他自社が債務超過の場合の有価証券報告書における開示

①　1株当たり情報（1株当たり純資産額）

債務超過などを原因として，普通株式に係る期末の純資産額がマイナスとなるとき，株主が当該マイナス分を負担しないケースも考えられるが，この場合であっても，マイナスの純資産額を期末の普通株式数で除した金額を1株当たり純資産額として開示することが適当と考えられるとされている（実務対応報告第9号「1株当たり当期純利益に関する実務上の取扱い」Q6）。

②　主要な経営指標等の推移（自己資本利益率）

実務上，自己資本利益率の算定に際し，分母となる自己資本の期首と期末の平均がマイナスとなる場合，自己資本利益率を開示せず，その旨を脚注で記載している例が散見された[2]。

2　法令上の規定はないが，東京証券取引所が公表している「決算短信・四半期決算短信の作成要領等」（2022年4月）には，「自己資本当期純利益率の計算において，（期首自己資本＋期末自己資本）がマイナスの場合は，「－」を記載してください。」（同p.24）と記載されている。

（9）臨時報告書

有価証券報告書等の継続開示書類以外の開示書類としては，内閣府令に基づく臨時報告書の開示があり，債務超過に関連する事項としては以下のようなものが考えられる。

①　債務超過連結子会社に係る破産手続開始の申立て等があった場合
②　債務超過子会社に係る組織再編により特定子会社の異動があった場合

①については，当該連結子会社の最近事業年度末日の債務超過額が，連結純資産額（最近連結会計年度末日）の３％以上に相当する場合に臨時報告書の提出が必要とされ，具体的に以下の申立て等があったときに，提出が求められる（開示府令19条２項17号）。

- 民事再生法による再生手続開始の申立て
- 会社更生法による更生手続開始の申立て
- 破産法による破産手続開始の申立て
- その他これらに準ずる事実

また，②については，債務超過，かつ特定子会社であった会社が子会社でなくなった場合に開示が求められることになる（開示府令19条２項３号）。

第Ⅳ部

債務超過と組織再編

債務超過会社ないし債務超過事業のテコ入れのために使われる１つの手法が「組織再編」である。ここでいう組織再編とは，社内の部門（本部・部・課など）を再構築するものではなく，いわゆる「企業結合」などとも呼ばれる企業間の再編のストラクチャーを指す。具体的に，わが国の会社法上で組織再編として手続等が規定されている取引（事象）には①合併（吸収合併または新設合併），②会社分割（吸収分割もしくは新設分割または分社型分割もしくは分割型分割），③株式交換，④株式移転および⑤株式交付がある。

合併は，異なる会社が１つの会社になるスキームであり，また，会社分割は自社の１事業を他社に移管するスキームである。対価には通常株式が用いられるが，これらはいずれも会社それ自体が組織再編の影響を受けるものであり，個別財務諸表において会計上の影響が出てくる。

一方，株式交換や株式移転は，通常株式を「介して」行われる組織再編であり，ある会社を他の会社の100%子会社（完全子会社）とするためのスキームである。株式を介在させて，ある会社を他の会社の完全子会社とする形になるため，会計上の影響は連結財務諸表において顕在化するのがその特徴である。また，株式交付は，会社法改正により2021年３月に新たに施行された制度である。株式交換や株式移転と異なり株式の50%超を取得して子会社化することも，100%取得して完全子会社化することも可能となった。

この第Ⅳ部では，まず第14章で債務超過会社の合併の論点を，次に第15章で債務超過事業の会社分割の論点を解説していく。合併については税務上の取扱いにも触れるが，会社分割の税務上の取扱いは第18章でまとめて解説している。さらに，第16章では株式交換，株式移転および株式交付について解説するとともに，グループ内の持株関係の変更に用いられる株式の現物配当についても触れている。

第14章

債務超過会社の合併

本章のポイント

- 子会社との吸収合併において，子会社から受け入れた株主資本の親会社持分と，親会社が保有していた子会社株式（抱合せ株式）の帳簿価額との差額は，特別損益として計上する。
- 債務超過である子会社を消滅会社とする子会社同士の吸収合併で，合併の対価が吸収合併消滅会社の株式のみである場合には，原則として払込資本の額をゼロとし，その他利益剰余金のマイナスとして処理する。
- 債務超過である子会社を消滅会社とする子会社同士の吸収合併で，合併の対価が支払われない場合には，吸収合併消滅会社の合併期日の前日の資本金，資本準備金，その他資本剰余金，利益準備金およびその他利益剰余金の内訳科目を，抱合せ株式等の会計処理を除き，そのまま引き継ぐ。

1　合併の手続

(1) 合併とは

合併とは，法定の手続に従って，複数の組織が1つの組織になることをいう。

合併には，吸収合併と新設合併とがある。吸収合併とは，合併の当事者となる会社のうちの1つの会社を存続会社として残し，他方の会社の権利義務を存続会社に承継させて消滅させる合併である（会社法2条27号）（図表14－1参照）。一方，新設合併とは，合併の当事者となる各会社を解散して，新たに設立する会社にすべて承継させる合併である（会社法２条28号）。

実務上，合併の形式は吸収合併によることがほとんどであることから，以降の説明では吸収合併について解説する。

図表14－1　吸収合併のイメージ

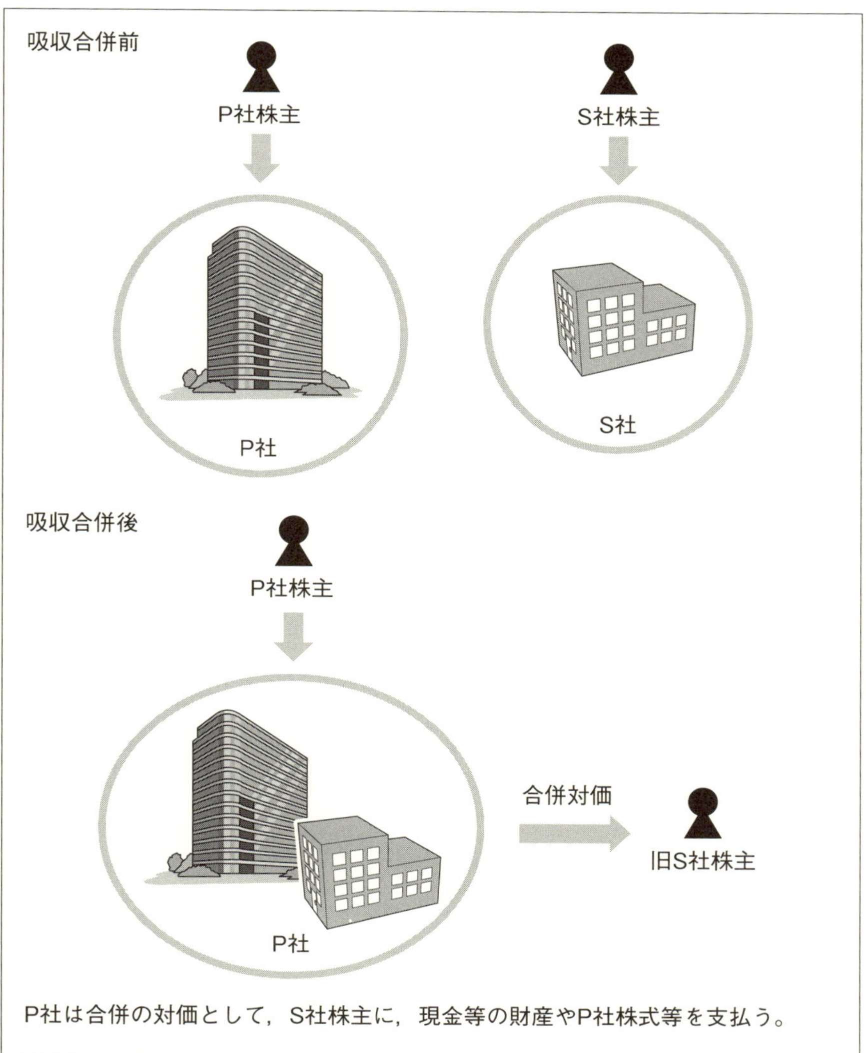

(2) 実質債務超過会社との合併

債務超過会社には，貸借対照表上の債務超過である「表面債務超過会社」と，資産と負債を時価評価した場合に債務超過である「実質債務超過会社」とがある。

債務超過会社の合併は，たとえば，子会社が業績不振により債務超過に陥った場合，意思決定の一元化や指揮命令系統の簡素化，本部機能の集約による経営資源の効率化，債務超過解消等を目的とした経営再建の一環で，親会社を存続会社，子会社を消滅会社とした吸収合併が行われることがある。

旧商法上，実質債務超過会社は，資本充実の原則の観点から，合併消滅会社になることは認められなかった。そのため，増資によって債務超過を解消した後に合併したり，実質債務超過会社が存続会社となる逆さ合併が行われたりした。

一方，会社法においては，実質債務超過会社を消滅会社とする合併ができるとされている。明確な規定はないものの，立法担当者の見解によると実質債務超過会社を消滅会社とする吸収合併は可能であると解されている[1]。

(3) 合併に係る会社法上の手続

① 原則的手続

吸収合併を成立させるには，原則として合併存続会社および合併消滅会社それぞれの株主総会の特別決議と債権者保護手続が必要となる（会社法783条１項，795条１項，789条１項１号，799条１項１号）。ただし，存続会社が持分会社（合名会社・合資会社・合同会社）であり，消滅会社が株式会社である場合で，合併対価に持分会社の持分が含まれる場合は，消滅会社である株式会社における株主総会の合併承認決議には，総株主の同意が必要である（会社法783条２項，４項）。

なお，一定の要件を満たす場合，簡易合併や略式合併が認められ，株主総会決議は不要となる（図表14－２参照）。

1　「新・会社法100問」葉玉匡美編著，ダイヤモンド社，p.382.

図表14－2　吸収合併に係る株主総会での承認

	吸収合併存続会社	吸収合併消滅会社
原則	特別決議（会社法795条１項，309条２項12号）	特別決議（会社法783条１項，309条２項12号）
例外	【簡易合併】 合併消滅会社の株主に交付する自社の株式の数に１株当たり純資産額を乗じた額が，自社の純資産額の20%以下の場合は不要（簡易合併，会社法796条２項）。 【略式合併】 合併存続会社が特別支配会社（合併消滅会社となる会社に発行済株式の90%以上の株式を保有されている会社）である場合は不要（略式合併，会社法796条１項）。	【簡易合併】 吸収合併消滅会社において，簡易合併は認められない。 【略式合併】 合併消滅会社が特別支配会社（合併存続会社となる会社に発行済株式の90%以上の株式を保有されている会社）である場合は不要（略式合併，会社法784条１項）。

②　簡易合併

簡易合併については，一定の要件を満たす場合，吸収合併存続会社における合併契約承認の株主総会決議は不要となる（会社法796条２項）。

しかしながら，承継債務額が承継資産額を超える場合と，交付する金銭等（吸収合併存続会社株式等を除く。）の帳簿価額が承継資産額から承継債務額を控除した額を超える場合には，簡易合併は認められない（会社法795条２項）。

この承継資産額と承継債務額は，合併前後の吸収合併存続会社の貸借対照表を比較することで判定される（会社法施行規則195条１項，２項）。

承継資産額 ＝ 合併直後の資産の額
－合併直前の資産の額から，消滅会社の株主等に交付する金銭等（存続会社の株式等を除く。ただし合併直前に存続会社が有していた社債は含まれる）の簿価を控除した額

承継債務額 ＝ 合併直後の負債の額から，消滅会社の株主等に交付する社債（合併直前に存続会社が有していた社債を除く）の簿価を控除した額
－合併直前の存続会社の負債の額

したがって，吸収合併消滅会社が表面債務超過会社であり，かつ，共通支配下の取引のように簿価引継ぎの会計処理が適用される場合には，簡易合併は適用できない。一方，取得に該当し，パーチェス法により債務超過会社を時価評価した結果，実質資産超過となる場合には，簡易合併を適用できる余地はある。

なお，吸収合併存続会社が連結配当規制適用会社であり，吸収合併消滅会社が吸収合併存続会社の子会社である場合には，吸収合併消滅会社が表面債務超過または実質債務超過であっても，簡易合併が認められる（会社法施行規則195条３項）。

簡易合併が認められないその他のケースとしては，存続会社が非公開会社であり，合併対価に譲渡制限株式が含まれている場合がある（会社法796条１項ただし書き）。

③　略式合併

略式合併とは，親会社が子会社の議決権を直接・間接問わず90％以上所有している場合，子会社において株主総会決議が不要になる合併のことである（会社法784条１項，796条１項）。略式合併が認められる理由としては，親会社の議決権所有状況から考えて，子会社の株主総会決議は当然に可決されるためである。

略式合併は簡易合併と異なり，合併会社が債務超過であるか否かは問わないが，以下の場合には，略式合併は認められない。

ⅰ）消滅会社が公開会社であり，かつ，種類株式発行会社でない場合で，合併対価に譲渡制限株式等が含まれている場合の，吸収合併消滅会社における略式合併（会社法784条１項ただし書き）
ⅱ）存続会社が非公開会社であり，合併対価に譲渡制限株式が含まれている場合の，吸収合併存続会社における略式合併（会社法796条１項ただし書き）

2　合併の会計処理

合併の会計処理は，取得の場合と共通支配下の取引等の場合とで異なる。

取得とは，ある企業が他の企業または企業を構成する事業に対する支配を獲得することをいい，共同支配企業の形成および共通支配下の取引以外の企業結合は取得となる（企業結合会計基準９項，17項）。

共通支配下の取引等には，共通支配下の取引と非支配株主との取引とがある。共通支配下の取引とは，企業結合の前後で同一の株主により支配され，かつその支配が一時的ではない場合の企業結合をいう。親会社と子会社の合併および子会社同士の合併は，共通支配下の取引に含まれる（企業結合会計基準16項）。

以下では，債務超過会社を合併消滅会社とした場合の会計処理を中心に解説する。

3　取得に該当する場合

債務超過会社を吸収合併消滅会社とする取得の会計処理に関しては，基本的には資産超過会社の場合と変わらない。

取得に該当する場合には，パーチェス法を適用し，吸収合併消滅会社の資産および負債を時価で引き継ぐこととなる。

吸収合併消滅会社の株式の取得原価は，原則として，取得の対価（支払対価）となる財の企業結合日における時価で算定する（企業結合会計基準23項，企業結合適用指針36項）。なお，取得に直接要した支出額については，取得の対価性が認められるか否かにかかわらず，取得関連費用として発生した事業年度に費用処理する（企業結合会計基準26項）。

吸収合併存続会社は，受け入れた資産および引き受けた負債のうち，識別可能なものに取得原価を配分する。取得原価と取得原価の配分額との差額がのれん（または負ののれん）となる（企業結合適用指針30項）。のれんは減損処理の対象となり（減損会計基準　一，二８），吸収合併消滅会社が債務超過であるか否かにかかわらず，取得原価の過大評価や過払い等で，のれんが多額に計上されている場合には，減損の兆候が存在する場合がある（企業結合会計基準109項）。なお，のれんの減損損失を認識すべき場合には，減損すべき金額を減損損失として特別損失に計上する（企業結合適用指針77項）。

4　共通支配下の取引等に該当する場合

共通支配下の取引等に該当する場合には，合併消滅会社の資産および負債を適正な帳簿価額で引き継ぐこととなる。

なお，後述するとおり，合併存続会社が合併消滅会社から受け入れる資産および負債は，合併期日の前日に付された適正な帳簿価額により計上することとなるため，合併消滅会社は合併期日の前日に決算を行い，適正な帳簿価額を算定する必要がある（企業結合会計基準41項，企業結合適用指針205項，206項⑴，209項，210項⑴，242項，243項⑴，246項，247項⑴，250項，251項⑴，254項⑴）。たとえば，合併当事会社の決算日が一致しているものとして，合併消滅会社の期末日を合併期日とした場合，当該期末日の前日に合併消滅会社の決算を行い，さらに合併期日である期末日に合併後の合併存続会社の決算を行う必要があり，手続が煩雑となることから，実務上は期末日もしくは四半期末日の翌日（期首）を合併期日とするケースが少なくない。

（1）100％子会社との合併

親会社が子会社から受け入れる資産および負債は，原則として，合併直前に付されていた適正な帳簿価額により計上する（企業結合会計基準41項）。ただし，たとえば親会社が子会社に対して，帳簿価額とは異なる価額で資産を売却した場合のように，子会社の資産および負債の帳簿価額を連結上修正している場合には，親会社の個別財務諸表においては，連結財務諸表上の金額である修正後の帳簿価額（のれんを含む。）により計上する（企業結合会計基準（注９））。なお，子会社が親会社に対して帳簿価額とは異なる価額で資産を売却した場合，親会社の資産および負債の帳簿価額を連結財務諸表上修正しているときには，親会社の個別財務諸表上，合併に際して特段の修正は行われず，連結財務諸表においては，合併前と同様に修正後の帳簿価額により計上する。

また，子会社から受け入れた資産および負債の差額である株主資本のうち親会社持分額と，親会社が保有していた子会社株式（抱合せ株式）の帳簿価額との差額は，特別損益として計上する（企業結合会計基準（注10），企業結合適用指針206項⑵①ア）。なお，当該特別損益は連結財務諸表上では，過年度に認識済みの損益となるため相殺消去される（企業結合適用指針208項）。

設例14－1　債務超過会社である100％子会社の吸収合併

前提条件

① ×1年4月1日，P社はS社を設立し，発行済株式の100％を100,000千円で取得した。

② S社の設立時の貸借対照表は次のとおりである。

（単位：千円）

科目	金額	科目	金額
資産	100,000	資本金	100,000

③ ×2年3月31日，P社はS社を吸収合併した。

④ S社の合併直前の貸借対照表は次のとおりである。

（単位：千円）

科目	金額	科目	金額
資産	700,000	負債	800,000
		資本金	100,000
		利益剰余金	△200,000

（※）S社の×2年3月期の収益は500,000千円，費用は700,000千円とし，連結仕訳によって当該損益を取り込むものとする。

⑤ 税効果会計については考慮しない。

会計処理　（単位：千円）

① ×2年3月期の親会社P社の個別財務諸表上の仕訳

ⅰ）S社株式の減損処理

（借）	関係会社株式評価損	（※）100,000	（貸）	S社株式	（※）100,000

（※）S社は債務超過であることから，P社におけるS社株式の帳簿価額100,000に対し評価損を計上する。

ⅱ）合併仕訳

（借）	資産	（※1）700,000	（貸）	負債	（※1）800,000
	特別損失 （抱合せ株式消滅差損）	（※2）100,000			

（※1）前提条件④参照。

（※２）差額で算出。Ｓ社から受け入れる資産と負債の差額から，Ｓ社株式の帳簿価額（※３）を控除した金額を，特別損益に計上する。
（※３）会計処理①ⅰ）により，Ｓ社株式の帳簿価額はゼロ円である。

②　×２年３月期の親会社Ｐ社の連結修正仕訳

ⅰ）開始仕訳（投資と資本の相殺消去）

（借）	資本金	（※１）100,000	（貸）	Ｓ社株式	（※２）100,000

（※１）前提条件②参照。
（※２）前提条件①参照。

ⅱ）子会社株式の減損処理の戻し

（借）	Ｓ社株式	（※）100,000	（貸）	関係会社株式評価損	（※）100,000

（※）会計処理①ⅰ）の戻し仕訳。

ⅲ）連結除外による開始仕訳の戻し

（借）	Ｓ社株式	（※）100,000	（貸）	資本金	（※）100,000

（※）会計処理②ⅰ）の戻し仕訳。

ⅳ）抱合せ株式消滅差損の相殺消去

（借）	費用（Ｓ社）	（※１）700,000	（貸）	特別損失 （抱合せ株式消滅差損）	（※２）100,000
				収益（Ｓ社）	（※１）500,000
				Ｓ社株式	（※３）100,000

（※１）前提条件④（脚注）参照。
（※２）会計処理①ⅱ）参照。個別財務諸表上で認識した抱合せ株式消滅差損を相殺消去する。
（※３）会計処理②ⅱ）の減損処理の戻し仕訳を連結除外に伴い戻し入れる。

なお，合併前に親会社が子会社に対する債権について貸倒引当金を計上している場合，合併前に当該貸倒引当金を取り崩すことはできない。合併により貸付金が消滅した段階で当該貸倒引当金は取り崩されることになるが，通常の会計上の見積りの変更による取崩しや実績が確定したときの見積金額との差額を取り崩すケースとは明らかに異なる。このため，当該貸倒引当金および債務超過子会社の合併に際して生じる抱合せ株式消滅差損がともに債務超過を要因と

して発生するものであることに鑑み，当該戻入額は抱合せ株式消滅差損と同一区分で両建て表示することが考えられる。

（2）非支配株主が存在する子会社との合併

非支配株主が存在する子会社を吸収合併する場合，親会社が子会社から資産および負債を引き継ぐ共通支配下の取引と，連結財務諸表上，非支配株主から子会社株式を追加取得する非支配株主との取引が発生する。これらの取引を合わせて，共通支配下の取引等という（企業結合会計基準40項，企業結合適用指針200項）。

非支配株主が存在する子会社との合併では，親会社の個別財務諸表上，子会社から受け入れる資産および負債の差額のうち株主資本の額を，合併期日直前の持分比率に基づいて，親会社持分相当額と非支配株主持分相当額に按分し，それぞれ次のように処理する（企業結合適用指針206項(2)①）。

①　親会社持分相当額の会計処理

親会社が合併直前に保有していた子会社株式（抱合せ株式）の適正な帳簿価額との差額を，特別損益（抱合せ株式消滅差損益）に計上する。

②　非支配株主持分相当額の会計処理

非支配株主持分相当額と，取得の対価（非支配株主に交付した親会社株式の時価）との差額を，その他資本剰余金とする。なお，これにより資本剰余金が全体マイナスとなった場合には，事業年度末において資本剰余金をゼロとし，当該マイナスの額を利益剰余金から減額する（連結会計基準30－２項，67－２項）。合併により増加する親会社の株主資本の額は，払込資本とする。

設例14－２　非支配株主が存在する場合の債務超過子会社の吸収合併

前提条件

①　×１年４月１日，Ｐ社はＴ社とともにＳ社を設立し，Ｓ社の発行済株式の60％を60,000千円で取得した。

②　Ｓ社の設立時の貸借対照表は次のとおりである。

（単位：千円）

科目	金額	科目	金額
資産	100,000	資本金	100,000

③　×２年３月31日，Ｐ社はＳ社を吸収合併した。合併に伴いＰ社がＴ社に対して新株発行により交付した株式（総数10株）の時価総額は１千円（１株当たり100円）であり，全額をその他資本剰余金に計上した。

④　Ｓ社の合併期日前日（×２年３月30日）の貸借対照表は次のとおりである。

（単位：千円）

科目	金額	科目	金額
資産	700,000	負債	800,000
		資本金	100,000
		利益剰余金	△200,000

（※）Ｓ社の×２年３月期（×１年４月１日から×２年３月30日まで）の収益は500,000，費用は700,000とし，連結仕訳によって当該損益を取り込むものとする。

⑤　税効果会計については考慮しない。

会計処理　（単位：千円）

①　×２年３月期の親会社Ｐ社の個別財務諸表上の合併仕訳

ⅰ）子会社株式の減損処理

（借）	関係会社株式評価損	(※) 60,000	（貸）	Ｓ社株式	(※) 60,000

（※）簡便的に，Ｐ社におけるＳ社株式の帳簿価額60,000に対して全額評価損を計上する。

ⅱ）合併仕訳（親会社持分相当額の会計処理）

（借）	資産	(※1) 420,000	（貸）	負債	(※1) 480,000
	特別損失 （抱合せ株式消滅差損）	(※2) 60,000			

（※１）前提条件④の資産700,000および負債800,000に，それぞれ親会社持分比率60％を乗じる。
（※２）差額で算出。
（※３）会計処理①ⅰ）により，Ｓ社株式の帳簿価額はゼロ円となっている。

ⅲ）合併仕訳（非支配株主持分相当額の会計処理）

（借）	資産	(※1) 280,000	（貸）	負債	(※1) 320,000
	資本剰余金 （その他資本剰余金）	(※2) 40,001		資本剰余金 （その他資本剰余金）	(※3) 1

（※1）前提条件④の資産700,000および負債800,000に，それぞれ非支配株主持分比率40％を乗じる。
（※2）取得の対価1と子会社から受け入れる資産および負債の非支配株主持分相当額△40,000（＝負債320,000－資産280,000）の差額がその他資本剰余金の金額となる。
（※3）取得の対価（非支配株主に交付した自社の株式の時価）1が増加すべき株主資本となる。

②　×2年3月期の親会社P社の連結修正仕訳

i）開始仕訳（投資と資本の相殺消去）

（借）	資本金	(※1) 100,000	（貸）	S社株式	(※2) 60,000
				非支配株主持分	(※3) 40,000

（※1）前提条件②参照。
（※2）前提条件①参照。
（※3）40,000=資本金100,000×非支配株主持分40％

ii）当期純利益の非支配株主への按分

（借）	非支配株主持分	40,000	（貸）	非支配株主に帰属する当期純利益	(※) 40,000

（※）当期純損失200,000×非支配株主持分40％＝非支配株主に帰属する当期純利益80,000　>　按分前の非支配株主持分40,000　であるため，非支配株主持分がゼロ円になるまで損失を非支配株主に負担させる。

iii）子会社株式の減損処理の戻し

（借）	S社株式	(※) 60,000	（貸）	関係会社株式評価損	(※) 60,000

（※）会計処理①ｉ）の戻し仕訳。

iv）連結除外による開始仕訳の戻し

（借）	S社株式	(※) 60,000	（貸）	資本金	(※) 100,000
	非支配株主持分	(※) 40,000			

（※）会計処理②ｉ）の戻し仕訳。

ｖ）抱合せ株式消滅差損の相殺消去

（借）	費用（Ｓ社）	(※1) 700,000	（貸）	特別損失（抱合せ株式消滅差損）	(※2) 60,000
				収益（Ｓ社）	(※1) 500,000
				Ｓ社株式	(※3) 60,000
				非支配株主持分	(※4) 40,000
				資本剰余金（その他資本剰余金）	(※5) 40,000

（※１）前提条件④（脚注）参照。
（※２）会計処理①ⅱ）の戻し仕訳。個別財務諸表上で認識した抱合せ株式消滅差損を相殺消去する。
（※３）会計処理②ⅲ）の減損処理の戻し仕訳を連結除外に伴い戻し入れる。
（※４）会計処理②ⅱ）に対応する非支配株主持分を戻し入れる。
（※５）会計処理①ⅲにおいて計上した資本剰余金（その他資本剰余金）を戻し入れる。

（３）100%子会社同士の合併

①　合併対価が吸収合併存続会社の株式のみである場合

吸収合併存続会社である子会社が，吸収合併消滅会社である子会社から受け入れる資産および負債は，合併期日の前日に付された適正な帳簿価額により計上する（企業結合適用指針247項(1)）。

また，吸収合併存続会社の増加すべき株主資本は，次のように処理する（企業結合適用指針185項，247項，会社法445条５項，会社計算規則35条，36条）。

ｉ）原則的な会計処理

吸収合併存続会社は，吸収合併消滅会社の合併期日の前日の適正な帳簿価額による株主資本の額を払込資本（資本金，資本準備金またはその他資本剰余金）として会計処理する。払込資本の内訳は，会社法の規定に基づいて決定する。

ここで，吸収合併消滅会社が債務超過会社である場合には，払込資本の額をゼロとし，その他利益剰余金のマイナスとして処理する（会社計算規則35条２項ただし書き）。

なお，新株の発行に代えて，吸収合併存続会社の自己株式を処分した場合は，吸収合併消滅会社の合併期日の前日の適正な帳簿価額による株主資本の額から，処分した自己株式の帳簿価額を控除した額を，払込資本の増加（当該差額がマイナスとなる場合には，その他資本剰余金の減少）として会計処理する。なお，当該差額がマイナスとなる場合で，その他資本剰余金を減額した結果，その他資本剰余金がマイナスとなる場合には，その他資本剰余金をゼロとした上で，残額をその他利益剰余金から減額する（自己株・準備金減少基準12項）。

ii）認められる会計処理

吸収合併存続会社は，吸収合併消滅会社の合併期日の前日の資本金，資本準備金，その他資本剰余金，利益準備金およびその他利益剰余金の内訳科目を，抱合せ株式等の会計処理を除き，そのまま引き継ぐことができる。当該取扱いは，吸収合併消滅会社が債務超過会社である場合にも適用される。

なお，新株の発行に代えて，吸収合併存続会社の自己株式を処分した場合，その帳簿価額をその他資本剰余金から控除する（会社計算規則36条１項ただし書き）。

親会社の個別財務諸表上の会計処理としては，投資が継続していることから交換損益は発生せず，吸収合併消滅会社の株式の帳簿価額を，吸収合併存続会社の帳簿価額に振り替える（企業結合適用指針248項）。

設例14－３　合併消滅会社が債務超過会社である100％子会社同士の合併 －合併対価が吸収合併存続会社の株式のみである場合－

前提条件

①　×１年３月31日，Ｐ社はＳ１社の発行済株式の100％を200,000千円で，Ｓ２社の発行済株式の100％を100,000千円で取得した。

②　Ｓ１社およびＳ２社の×１年３月31日に終了する貸借対照表は，それぞれ次のとおりである。

〈Ｓ１社貸借対照表〉

（単位：千円）

科目	金額	科目	金額
資産	600,000	負債	400,000
		資本金	200,000

〈Ｓ２社貸借対照表〉

（単位：千円）

科目	金額	科目	金額
資産	700,000	負債	600,000
		資本金	100,000

③　取得時におけるＳ１社およびＳ２社の資産および負債の簿価と時価は一致している。

④　×２年３月31日，Ｓ１社はＳ２社を吸収合併した。合併の対価として，Ｓ１社は新株を発行した。

⑤　Ｓ１社の×２年３月31日の合併反映前の貸借対照表およびＳ２社の合併期日の前日（×２年３月30日）の貸借対照表は，次のとおりであり，Ｓ２社は債務超過となっている。

〈Ｓ１社貸借対照表〉

（単位：千円）

科目	金額	科目	金額
資産	790,000	負債	400,000
		資本金	200,000
		利益剰余金	200,000
		自己株式	△10,000

〈Ｓ２社貸借対照表〉

（単位：千円）

科目	金額	科目	金額
資産	700,000	負債	800,000
		資本金	100,000
		利益剰余金	△200,000

（※）Ｓ２社の×２年３月期における×１年４月１日から×２年３月30日までの期間の収益は500,000千円，費用は700,000千円とし，連結仕訳によって当該損益を取り込むこととする。

⑥　税効果会計については考慮しない。

会計処理　（単位：千円）

①　×２年３月期の吸収合併存続会社（Ｓ１社）における合併仕訳

ｉ）　原則的な会計処理

（借）	資産	(※1) 700,000	（貸）	負債	(※1) 800,000
	繰越利益剰余金	(※2) 100,000			

（※1）前提条件⑤参照。
（※2）100,000（借方）：資本金100,000と利益剰余金△200,000の純額（前提条件⑤参照）。消滅会社（Ｓ２社）が債務超過会社であるため，払込資本の額をゼロとし，その他利益剰余金のマイナスとして処理する。

ⅱ）　認められる会計処理

（借）	資産	(※) 700,000	（貸）	負債	(※) 800,000
	繰越利益剰余金	(※) 200,000		資本金	(※) 100,000

（※）前提条件⑤参照。消滅会社が債務超過か否かにかかわらず，資本金，資本準備金，その他資本剰余金，利益準備金およびその他利益剰余金の内訳科目をそのまま引き継ぐことができる。

②　×２年３月期のＰ社の個別財務諸表上の仕訳

ⅰ）Ｓ２社株式の減損処理

（借）	関係会社株式評価損	(※) 100,000	（貸）	Ｓ２社株式	(※) 100,000

（※）Ｓ２社は債務超過であることから，実質価額が著しく低下したため，Ｐ社におけるＳ２社株式の帳簿価額100,000に対して全額評価損を計上する。

ⅱ）Ｓ２社株式をＳ１社株式へ振替え

仕訳なし(※)

（※）会計処理②ⅰ）参照。帳簿価額０円のＳ２株式をＳ１株式の帳簿価額に振り替えるため，実質的な影響はない。

③　×２年３月期のＰ社の連結修正仕訳

ⅰ）開始仕訳（投資と資本の相殺消去）

（借）	資本金（Ｓ１社）	(※) 200,000	（貸）	Ｓ１社株式	(※) 200,000
（借）	資本金（Ｓ２社）	(※) 100,000	（貸）	Ｓ２社株式	(※) 100,000

（※）前提条件②参照。

ⅱ）Ｐ社の個別財務諸表上の仕訳の修正

ａ）Ｓ２社株式減損処理の戻し

（借）	Ｓ２社株式	(※) 100,000	（貸）	関係会社株式評価損	(※) 100,000

（※）会計処理②ⅰ）参照。

b）　Ｓ２社株式をＳ１社株式へ振替え

（借）	Ｓ１社株式	(※) 100,000	（貸）	Ｓ２社株式	(※) 100,000

（※）会計処理③ⅱ）a）参照。

ⅲ）　連結除外による開始仕訳の戻し

（借）	Ｓ２社株式	(※) 100,000	（貸）	資本金（Ｓ２社）	(※) 100,000

（※）会計処理③ⅰ）参照。

ⅳ）個別上の合併仕訳に係る連結修正仕訳

a）原則的な会計処理

（借）	費用（Ｓ２社）	(※1) 700,000	（貸）	繰越利益剰余金	(※2) 100,000
				収益（Ｓ２社）	(※1) 500,000
				Ｓ１社株式	(※3) 100,000

（※１）前提条件⑤（Ｓ２社貸借対照表の脚注）参照。
（※２）会計処理①ⅰ）参照。
（※３）会計処理③ⅱ）ｂ）のＳ１社株式への振替えを取り消す。

b）認められる会計処理

（借）	費用（Ｓ２社）	(※1) 700,000	（貸）	繰越利益剰余金	(※2) 200,000
	資本金（Ｓ１社）	(※2) 100,000		収益（Ｓ２社）	(※1) 500,000
				Ｓ１社株式	(※3) 100,000

（※１）前提条件⑤（Ｓ２社貸借対照表の脚注）参照。
（※２）会計処理①ⅱ）参照。
（※３）会計処理③ⅱ）b）のＳ１社株式への振替えを取り消す。

設例14－４　合併消滅会社が債務超過会社である100％子会社同士の合併 －合併対価が吸収合併存続会社の株式（自己株式）のみである場合－

前提条件

以下を除き，前提条件は設例14－３と同様とする。

①　Ｓ１社は，合併の対価として，新株の発行に代えてＳ１社自己株式（帳簿価額1,000千円）を交付した。

会計処理　（単位：千円）

①　×２年３月期の吸収合併存続会社（Ｓ１社）における合併仕訳

ｉ）原則的な会計処理

（借）	資産	(※１) 700,000	（貸）	負債	(※１) 800,000
	繰越利益剰余金	(※１) 100,000		自己株式	(※２) 1,000
	その他資本剰余金	(※２) 1,000			

（※１）設例14－３前提条件⑤参照。
（※２）前提条件①参照。消滅会社が債務超過会社であるため，払込資本の額をゼロ円とし，その他資本剰余金のマイナスとして処理する。

（借）	繰越利益剰余金	(※) 1,000	（貸）	その他資本剰余金	(※) 1,000

（※）合併後のＳ１社において資本剰余金がマイナスとなるため，ゼロになるまで利益剰余金に振り替える。

ⅱ）認められる会計処理

（借）	資産	(※１) 700,000	（貸）	負債	(※１) 800,000
	繰越利益剰余金	(※２) 200,000		資本金	(※１) 100,000
（借）	その他資本剰余金	(※２) 1,000	（貸）	自己株式	(※２) 1,000

（※１）設例14－３前提条件⑤参照。
（※２）前提条件①参照。消滅会社が債務超過か否かにかかわらず，資本金，資本準備金，その他資本剰余金，利益準備金およびその他利益剰余金の内訳科目をそのまま引き継いだ上で，自己株式の帳簿価額をその他資本剰余金から控除する。

（借）	繰越利益剰余金	(※) 1,000	（貸）	その他資本剰余金	(※) 1,000

（※）合併後のＳ１社において資本剰余金がマイナスとなるため，ゼロになるまで利益剰余金を振り替える。

②　×２年３月期のＰ社の個別財務諸表上の仕訳

設例14－３会計処理②と同様。

③　×２年３月期のＰ社の連結修正仕訳

以下のⅳ）を除き，ｉ）からⅲ）の仕訳は設例14－３の会計処理③と同様。

iv）個別上の合併仕訳に係る連結修正仕訳

a）原則的な会計処理

（借）	費用（S２社）	(※1) 700,000	（貸）	繰越利益剰余金	(※2) 101,000
	その他資本剰余金	(※3) 1,000		収益（S２社）	(※1) 500,000
				S１社株式	(※4) 100,000

（※１）設例14－３前提条件⑤（S２社貸借対照表の脚注）参照。
（※２）会計処理①ｉ）参照。
（※３）連結上も，資本剰余金残高がマイナスになる場合には，個別財務諸表と同様，利益剰余金への振替えを行う。
（※４）設例14－３会計処理③ⅱ）b）のS１社株式への振替えを取り消す。

b）認められる会計処理

（借）	費用（S２社）	(※1) 700,000	（貸）	繰越利益剰余金	(※2) 201,000
	資本金（S１社）	(※2) 100,000		収益（S２社）	(※1) 500,000
	その他資本剰余金	(※3) 1,000		S１社株式	(※4) 100,000

（※１）設例14－３前提条件⑤（S２社貸借対照表の脚注）参照。
（※２）会計処理①ⅱ）参照。
（※３）連結上も，資本剰余金残高がマイナスになる場合には，個別財務諸表と同様，利益剰余金への振替えを行う。
（※４）設例14－３会計処理③ⅱ）b）のS１社株式への振替えを取り消す。

---

②　合併対価を交付しない場合

100％子会社同士の合併において，合併の対価が支払われない場合には，吸収合併存続会社の株主資本項目は「①　合併対価が吸収合併存続会社の株式のみである場合」の「ⅱ）認められる会計処理」に準じた処理のみが認められており，「ｉ）原則的な会計処理」は認められていない（企業結合適用指針203－２項(1)）。

なお，会社法上，吸収合併存続会社が合併に際して株式を発行していない場合には，資本金および準備金を増加させることは適当ではないと解される。したがって，会計上は，吸収合併消滅会社の資本金および資本準備金はその他資本剰余金として引き継ぎ，利益準備金はその他利益剰余金として引き継ぐ（企業結合適用指針437－２項なお書き，会社計算規則36条２項）。

また，親会社の個別財務諸表上の会計処理としては，吸収合併消滅会社の株式の帳簿価額を，吸収合併存続会社の株式の帳簿価額に振り替える（企業結合適用指針203－２項(1)なお書き）。

（4）非支配株主が存在する子会社同士の合併

①　合併対価が吸収合併存続会社の株式のみである場合

吸収合併存続会社である子会社の会計処理および，親会社の個別財務諸表上の会計処理については，100％子会社同士の合併と同様である。

なお，親会社の連結財務諸表上，吸収合併存続会社の株主としての持分の増加額（吸収合併消滅会社の株主としての持分比率が増加する場合は，吸収合併消滅会社の株主としての持分の増加額）と，吸収合併消滅会社の株主としての持分の減少額（吸収合併存続会社の株主としての持分比率が増加する場合は，吸収合併存続会社の株主としての持分の減少額）との間に生じる差額を，資本剰余金に計上する（企業結合適用指針249項）。

設例14－５　合併消滅会社が債務超過会社であり，非支配株主が存在する子会社同士の合併－合併対価が吸収合併存続会社の株式のみである場合－

前提条件

①　×１年３月31日，Ｐ社はＳ１社の発行済株式（60株）の60％を120,000千円で，Ｓ２社の発行済株式（100株）の90％を90,000千円で取得した。

②　Ｓ１社およびＳ２社の×１年３月31日に終了する貸借対照表は，それぞれ次のとおりである。

〈Ｓ１社貸借対照表〉

（単位：千円）

科目	金額	科目	金額
資産	600,000	負債	400,000
		資本金	200,000

〈Ｓ２社貸借対照表〉

（単位：千円）

科目	金額	科目	金額
資産	700,000	負債	600,000
		資本金	100,000

③　取得時におけるＳ１社およびＳ２社の資産および負債の簿価と時価は一致

している。

④　×２年３月31日，Ｓ１社はＳ２社を吸収合併した。合併の対価として，Ｓ１社は新株（30株）を発行した。なお，合併の有無にかかわらず，Ｓ２社株式には回復可能性がある前提とする。

Ｓ１社の資本関係は下表のとおり。

（Ｓ１社発行済株式）

	合併前	合併対価	合併後
Ｐ社	36株（60%）	27株（90%）	63株（70%）
非支配株主	24株（40%）	3株（10%）	27株（30%）
	60株	30株	90株

⑤　Ｓ１社の×２年３月31日の合併反映前の貸借対照表およびＳ２社の合併期日の前日（×２年３月30日）の貸借対照表は，次のとおりである。

〈Ｓ１社貸借対照表〉

（単位：千円）

科目	金額	科目	金額
資産	800,000	負債	400,000
		資本金	200,000
		利益剰余金	200,000

〈Ｓ２社貸借対照表〉

（単位：千円）

科目	金額	科目	金額
資産	700,000	負債	800,000
		資本金	100,000
		利益剰余金	△200,000

（※）Ｓ２社の×２年３月期における×１年４月１日から×２年３月30日までの期間の収益は500,000千円，費用は700,000千円とし，連結仕訳によって当該損益を取り込むこととする。

⑥　合併期日の前日（×２年３月30日）におけるＳ１社およびＳ２社の企業自体の時価は，それぞれ600,000千円，300,000千円である。

⑦　吸収合併存続会社の増加すべき株主資本は，原則的な会計処理により処理する。

⑧　税効果会計については考慮しない。

会計処理　（単位：千円）

①　×２年３月期の吸収合併存続会社（Ｓ１社）における合併仕訳

（借）	資産	(※1) 700,000	（貸）	負債	(※1) 800,000
	繰越利益剰余金	(※2) 100,000			

（※１）前提条件⑤参照。
（※２）前提条件⑤参照。原則的な会計処理を採用したため，払込資本の額をゼロとし，利益剰余金のマイナスとして処理する。

②　×２年３月期の親会社の個別財務諸表上の仕訳

（借）	Ｓ１社株式	(※) 90,000	（貸）	Ｓ２社株式	(※) 90,000

（※）前提条件①および④参照。

③　×２年３月期のＰ社の連結修正仕訳

ｉ）開始仕訳（投資と資本の相殺消去）

ａ）Ｓ１社

（借）	資本金	(※1) 200,000	（貸）	Ｓ１社株式	(※2) 120,000
				非支配株主持分(Ｓ1社)	(※3) 80,000

（※１）前提条件②参照。
（※２）前提条件①参照。
（※３）80,000＝資本金200,000×非支配株主持分比率40％

ｂ）Ｓ２社

（借）	資本金	(※1) 100,000	（貸）	Ｓ２社株式	(※2) 90,000
				非支配株主持分(Ｓ2社)	(※3) 10,000

（※１）前提条件②参照。
（※２）前提条件①参照。
（※３）10,000＝資本金100,000×非支配株主持分比率10％

ⅱ）当期純利益の非支配株主への按分

ａ）Ｓ１社

（借）	非支配株主に帰属する当期純利益	(※) 80,000	（貸）	非支配株主持分(Ｓ１社)	(※) 80,000

（※）80,000=当期純利益200,000×非支配株主持分比率40％

b）　S２社

（借）	非支配株主持分（S２社）(※)	10,000	（貸）	非支配株主に帰属する当期純利益 (※)	10,000

（※）当期純損失200,000×非支配株主持分比率10％＝非支配株主損失20,000　＞　按分前の非支配株主持分10,000　であるため，非支配株主持分がゼロになるまで損失を非支配株主に負担させる。

iii）連結除外のための開始仕訳の戻し

（借）	S２社株式 (※)	90,000	（貸）	資本金 (※)	100,000
	非支配株主持分（S２社）(※)	10,000			

（※）会計処理③ｉ）ｂ）参照。

iv）P社のS１社株式の追加取得に係る仕訳

a）S１社株式追加取得による資本剰余金の算定（非支配株主との取引）

（借）	非支配株主持分（S１社）(※)	40,000	（貸）	S１社株式 (※)	60,000
	資本剰余金 (※)	20,000			

（※）P社がS１社の10％の持分を追加取得するため，非支配株主との取引により，S１社の取得原価は当該S１社の時価600,000の10％である60,000と捉え，連結上の非支配株主持分は40,000（＝S１社の純資産の適正な帳簿価額400,000×10％）であることから，のれんが20,000発生する。

b）親会社の持分変動に係る仕訳

（借）	費用（S２社）(※１)	700,000	（貸）	S１社株式 (※２)	30,000
	非支配株主持分（S２社）(※３)	20,000		繰越利益剰余金 (※４)	100,000
				収益（S２社）(※１)	500,000
				資本剰余金 (※５)	90,000

（※１）前提条件⑤（S２社貸借対照表の脚注）参照。
（※２）吸収合併によるS１社株式の取得原価（＝S２社株式の帳簿価額90,000－S１社株式の新規取得に要した額60,000）
（※３）S２社に係る非支配株主持分△30,000（＝S２社の簿価△100,000×30％＝△30,000）から会計処理③ⅱ）ｂ）の当期純利益の非支配株主への按分仕訳により計上された非支配株主持分△10,000を控除。
（※４）会計処理①の取消し。
（※５）貸借差額。吸収合併消滅会社S２社の株主であるP社の連結上，吸収合併存続会社S１社に対する持分が交換されたとみなされる額60,000（合併の対価として発行したS１社株式の時価300,000（S１社の時価600,000÷発行済株式60株×新規発行株式30株）に，減少したP社の持分比率20％（=90％－70％）を乗じた額であり，上記の合併存続会社に対して投資したとみなされる額と同額となる。）と，吸収合併消滅会社S２社に係るP社持分の減少額△30,000（合併消滅会社Ｓ２社に係る帳簿価額による株主資本△100,000に，減少したＰ社持分比率20％を乗じた額に債務超過相当のＰ社負担分△10,000を加えた額）との間に生ずる差額90,000については，資本剰余金として取り扱う（企業結合適用指針［設例29－２］参照）。

②　合併対価が現金等の財産のみである場合

吸収合併存続会社である子会社が，吸収合併消滅会社である子会社から受け入れる資産および負債は，合併期日の前日に付された適正な帳簿価額により計上し，吸収合併消滅会社の株主資本の額と，合併の対価として支払った現金等の財産の適正な帳簿価額との差額を，のれんとして計上する。なお，株式を交付していないため，吸収合併存続会社の株主資本は増加しない（企業結合適用指針243項）。

また，親会社の個別財務諸表上の会計処理としては，合併の対価として親会社が受け取った現金等の財産を，移転前に付された適正な帳簿価額により計上する。当該価額と引き換えられた吸収合併消滅会社の株式の適正な帳簿価額との差額は，原則として，交換損益として認識する（企業結合適用指針244項）。

さらに，親会社の連結財務諸表上，個別財務諸表上で認識された交換損益は，連結会計基準における未実現損益の消去に準じて処理する（企業結合適用指針245項）。

設例14－６　合併消滅会社が債務超過会社であり，非支配株主が存在する子会社同士の合併－合併対価が現金等の財産のみである場合－

前提条件

①　×１年３月31日，Ｐ社はＳ１社の発行済株式の60％を120,000千円で，Ｓ２社の発行済株式の90％を90,000千円で取得した。

②　Ｓ１社およびＳ２社の×１年３月31日に終了する貸借対照表は，それぞれ次のとおりである。

〈Ｓ１社貸借対照表〉

（単位：千円）

科目	金額	科目	金額
資産	600,000	負債	400,000
		資本金	200,000

〈Ｓ２社貸借対照表〉

（単位：千円）

科目	金額	科目	金額
資産	700,000	負債	600,000
		資本金	100,000

③　取得時におけるＳ１社およびＳ２社の資産および負債の簿価と時価は一致している。

④　×２年３月31日，Ｓ１社はＳ２社を吸収合併した。合併の対価として，Ｓ２社の株主に現金1,000千円を支払った（合併によりＳ１社に対する持分比率に変動はない）。

⑤　Ｓ１社の×２年３月31日の合併反映前の貸借対照表およびＳ２社の合併期日の前日（×２年３月30日）の貸借対照表は，次のとおりである。

〈Ｓ１社貸借対照表〉

（単位：千円）

科目	金額	科目	金額
資産	800,000	負債	400,000
		資本金	200,000
		利益剰余金	200,000

〈Ｓ２社貸借対照表〉

（単位：千円）

科目	金額	科目	金額
資産	700,000	負債	800,000
		資本金	100,000
		利益剰余金	△200,000

（※）Ｓ２社の×２年３月期における×１年４月１日から×２年３月30日までの期間の収益は500,000千円，費用は700,000千円とし，連結仕訳によって当該損益を取り込むこととする。

⑥　税効果会計については考慮しない。

会計処理　（単位：千円）

①　×２年３月期の吸収合併存続会社（Ｓ１社）における合併仕訳

（借）	資産	（※１）700,000	（貸）	負債	（※１）800,000
	のれん	（※２）101,000		現金	（※３）1,000

（※１）前提条件⑤参照。
（※２）貸借差額。
（※３）前提条件④参照。

②　×２年３月期のＰ社の個別財務諸表上の仕訳

ｉ）Ｓ２社株式の減損処理

（借）	関係会社株式評価損	（※）90,000	（貸）	Ｓ２社株式	（※）90,000

（※）前提条件①参照。

ⅱ）交換損益の認識

（借）	現金	（※１）900	（貸）	交換損益	（※２）900

（※１）900＝1,000（※３）×90％
（※２）Ｓ２社株式は減損済みのため，帳簿価額０円であり，対価金額が交換損益となる。
（※３）前提条件④参照。

③　×２年３月期の親会社の連結修正仕訳

ｉ）　開始仕訳（投資と資本の相殺消去）

ａ）Ｓ１社

（借）	資本金	（※１）200,000	（貸）	Ｓ１社株式	（※２）120,000
				非支配株主持分(Ｓ1社)	（※３）80,000

（※１）前提条件②参照。
（※２）前提条件①参照。
（※３）80,000＝資本金200,000×非支配株主持分比率40％

ｂ）Ｓ２社

（借）	資本金	（※１）100,000	（貸）	Ｓ２社株式	（※２）90,000
				非支配株主持分(Ｓ2社)	（※３）10,000

（※１）前提条件②参照。
（※２）前提条件①参照。
（※３）10,000＝資本金100,000×非支配株主持分比率10％

ⅱ）当期純利益の非支配株主への按分

ａ）Ｓ１社

（借）	非支配株主に帰属する当期純利益	(※) 80,000	（貸）	非支配株主持分（Ｓ１社）	80,000

（※）80,000＝当期純利益200,000×非支配株主持分比率40％

ｂ）Ｓ２社

（借）	非支配株主持分（Ｓ２社）	(※) 10,000	（貸）	非支配株主に帰属する当期純利益	(※) 10,000

（※）当期純損失200,000×非支配株主持分比率10％＝非支配株主に帰属する当期純利益20,000　＞　按分前の非支配株主持分10,000　であるため，非支配株主持分がゼロになるまで非支配株主に損失を負担させる。

ⅲ）連結除外による開始仕訳の戻し

（借）	Ｓ２社株式	(※) 90,000	（貸）	資本金	(※) 100,000
	非支配株主持分（Ｓ２社）	(※) 10,000			

（※１）会計処理③ⅰ）ｂ）参照。

ⅳ）Ｐ社の個別財務諸表上の仕訳の修正

ａ）　Ｓ２社株式減損処理の戻し

（借）	Ｓ２社株式	(※) 90,000	（貸）	関係会社株式評価損	(※) 90,000

（※）会計処理②ⅰ）参照。

ｂ）　交換損益の修正

（借）	交換損益	(※１) 900	（貸）	Ｓ２社株式	(※２) 90,000
	費用（Ｓ２社）	(※３) 700,000		収益（Ｓ２社）	(※３) 500,000
				非支配株主持分(Ｓ２社)	(※４) 10,000
				のれん	(※５) 100,900

（※１）会計処理②ⅱ）の戻し。

（※２）戻し仕訳を行ったＳ２社株式を交換損益に係る仕訳で再度認識する。

（※３）前提条件⑤（Ｓ２社貸借対照表の脚注）参照。

（※４）会計処理③ⅱ）ｂ）の当期純利益の非支配株主への按分仕訳により計上された非支配株主持分△10,000の振戻し。

（※５）Ｓ１社で認識されたのれん101,000から，Ｓ２社に対するＰ社持分100,900（=個別上のれん101,000×90％＋債務超過相当のＰ社負担分10,000）を消去した残額100（=現金1,000×10％）は非支配株主との取引により生じたのれんとなる。

③　合併対価が吸収合併存続会社の株式と現金等の財産である場合

吸収合併存続会社である子会社が，吸収合併消滅会社である子会社から受け入れる資産および負債は，移転前に付された適正な帳簿価額により計上する。

また，吸収合併存続会社の増加すべき資本は，次のように処理する（企業結合適用指針251項）。

ｉ）吸収合併消滅会社が資産超過の場合

吸収合併消滅会社の適正な帳簿価額による株主資本の額から，合併の対価として支払った現金等の財産の，移転前に付された適正な帳簿価額を控除した額がプラスとなる場合には，当該差額を払込資本とする。

当該差額がマイナスとなる場合には，払込資本をゼロとし，のれんを計上する。

ⅱ）吸収合併消滅会社が債務超過の場合

合併の対価として支払った現金等の財産の，移転前に付された適正な帳簿価額をのれんに計上する。また，吸収合併存続会社の増加すべき株主資本については，払込資本をゼロとし，その他利益剰余金のマイナスとして処理する。

いずれの場合においても，評価・換算差額および新株予約権の適正な帳簿価額は，吸収合併存続会社にそのまま引き継ぐ。

なお，親会社の個別財務諸表上の会計処理としては，合併の対価として親会社が受け取った現金等の財産を，移転前に付された適正な帳簿価額により計上する。当該価額が吸収合併消滅会社の株式に係る適正な帳簿価額を上回る場合には，原則として，当該差額を交換利益として認識し，受け入れる吸収合併存続会社の株式の取得価額はゼロとする。下回る場合には，当該差額を受け入れる吸収合併存続会社の株式の取得原価とする（企業結合適用指針252項）。

また，親会社の連結財務諸表上，個別財務諸表上で認識された交換利益は，連結会計基準上における未実現損益の消去に準じて処理する。また，吸収合併存続会社の株主としての持分の増加額（吸収合併消滅会社の株主としての持分比率が増加する場合には，吸収合併消滅会社の株主としての持分の増加額）と，吸収合併消滅会社の株主としての持分の減少額（吸収合併存続会社の株主としての持分比率が増加する場合には，吸収合併存続会社の株主としての持分の減少額）との間に生じる差額を，資本剰余金に計上する（企業結合適用指針253項）。

5　合併に係る税務上の会計処理

本節では，合併の際の税務処理について解説する。なお，合併が税務上適格合併（簿価引継）となるかどうかの要件については，「6　無対価合併における税制適格要件の判定」において後述する無対価合併の際の判定を除き，「第18章　組織再編と繰越欠損金等」「2　税制適格要件」で解説しているため，そちらをご参照いただきたい。

（1）非適格合併の場合の税務処理

①　被合併法人における取扱い

被合併法人は合併期日の前日に税務申告を行うことになるが，非適格合併の場合には，合併の対価と純資産額との差額が譲渡損益として課税されることになる（法人税法62条１項，２項）。

被合併法人が債務超過の場合，課税される譲渡利益の額は以下の算式で求められる。

譲渡利益＝合併対価－（被合併法人の資産の税務上の簿価－被合併法人の負債の税務上の簿価）

税務上の会計処理

（借）	合併法人株式（※１）	（※２）150	（貸）	資産	（※３）200
	負債	（※３）300		譲渡利益	（※４）250

（※１）対価が株式であることを前提としている。
（※２）合併法人株式の時価により算定する。
（※３）合併直前の帳簿価額により算定する。
（※４）差額で算出する。

また，被合併法人が債務超過であることにより，無対価合併が行われる場合でも，合併対価に相当する被合併法人の時価に債務超過額を加えた金額が譲渡利益として課税されることになると考えられる。

なお，グループ法人税制が適用となる会社間で合併が行われ，かつ非適格合併となる場合には，譲渡利益のうち，譲渡損益調整資産に係る移転利益は税務上，繰延処理が行われることになる点に留意が必要である（法人税法61条の11第１項）。なお，寄附金が計上される場合で，合併会社と被合併会社との間に完全支配関係（通算完全支配関係を除く。）があるようなときは，寄附金および受贈益がそれぞれ損金不算入および益金不算入となった上で，寄附修正事由に該当するものとして，株式の金額の修正が行われる点に留意が必要である。

②　合併法人における取扱い

合併法人では，合併の対価と受け入れた純資産額との差額が原則として資産調整勘定として計上されることになる（法人税法62条の８第１項）。

資産調整勘定＝合併対価（※１）＋債務超過額（※２）

（※１）当該対価には，寄附金相当額が除かれ，受贈益が含まれる（法人税法62条の８第１項）。
（※２）下記のただし書きを参照のこと。

ただし，被合併法人が債務超過の場合，税務上の繰越欠損金が存在することが考えられ，このとき，債務超過額相当を資産調整勘定として引き継ぐと，非適格合併であるにもかかわらず，適格合併のように繰越欠損金を引き継いだのと同様の効果が生じ得る。このような租税回避行為を防止するために，資産等超過差額に関する規定が設けられており，実質的に被合併法人の欠損金相当額については，資産調整勘定として計上することはできない（法人税法施行令123条の10第４項，法人税法施行規則27条の16第１項２号）。

なお，無対価合併の場合などで，資産調整勘定として価値が認められず，合併法人から被合併法人に対する寄附が行われたとみなされる場合には，借方は資産調整勘定（または資産等超過差額）ではなく，寄附金となる。

税務上の会計処理

（借）	資産	（※１）200	（貸）	負債	（※１）300
	資産調整勘定	（※２）250		資本金等（※３）	（※４）150

（※１）時価により算定する。（ここでは，被合併法人における簿価と時価に差額がなかったものとしている。）
（※２）差額で算出する。
（※３）対価が株式であることを前提としている。
（※４）株式の時価により算定する。

また，グループ法人税制が適用となる会社間で合併が行われ，かつ非適格合併となる場合には，譲渡損益調整資産は被合併法人における帳簿価額で受け入れることになる（法人税法61条の11第７項）。

（2）適格合併の場合の税務処理

①　被合併法人における取扱い

被合併法人は合併期日の前日に税務申告を行うことになるが，適格合併の場合には，被合併法人から合併法人へ帳簿価額による引継ぎが行われることとなり，譲渡損益は計上されない（法人税法62条の２第１項，法人税法施行令123条の３第１項）。

②　合併法人における取扱い

適格合併の場合，被合併法人から合併法人へと資産，負債および資本金等の額が帳簿価額で引き継がれ，差額がマイナスの利益積立金として計上される（法人税法施行令123条の３第３項，８条１項５号，９条１項柱書き，９条１項２号）。

税務上の会計処理

（借）	資産	（※１）200	（貸）	負債	（※１）300
				資本金等	（※１）150
				利益積立金	（※２）△250

（※１）合併直前の帳簿価額により算定する。
（※２）差額で算出する。

また，抱合せ株式（合併法人が保有する被合併法人株式）がある場合は，抱合せ株式の帳簿価額は資本金等から減額される（法人税法施行令８条１項５号イ）。会計上の取扱いと異なり，抱合せ株式消滅差損益は生じないため，留意が必要である。

税務上の会計処理

（借）資本金等	150	（貸）被合併法人株式	150

6　無対価合併における税制適格要件の判定

無対価合併とは，株式やその他資産による対価が交付されない合併をいう。100％子会社間の合併等では，一般的に合併の対価が交付されないことが多い。また，債務超過会社を吸収合併する場合においても，合併比率の算定が困難であることから，無対価合併を行うケースがある。

（1）グループ内適格合併

①　100％グループ内の適格合併

100％グループ内の無対価合併が適格合併に該当する場合は，下記のとおりである（法人税法施行令４条の３第２項１号，２号）。

ⅰ）当事者間において，完全支配関係がある場合
- 合併法人が，被合併法人の発行済株式等の全部を直接保有する場合

ⅱ）同一の者による完全支配関係があり，かつ，合併後に当該同一の者と当該合併に係る合併法人との間に当該同一の者による完全支配関係が継続することが見込まれている場合
- 合併法人が，被合併法人の発行済株式等の全部を直接保有する場合
- 被合併法人および合併法人の株主等（当該被合併法人および合併法人を除く）のすべてについて，その者が保有する被合併法人の株式等の被合併法人の発行済株式等（当該合併法人が保有する当該被合併法人の株式を除く）に占める割合と当該者が保有する合併法人の株式等の合併法人の発行済株式等（当該被合併法人が保有する当該合併法人の株式を除く）に占める割合とが等しい場合

②　50％超100％未満グループ内の適格合併

50％超100％未満グループ内の無対価合併が適格合併に該当する場合は，下記のとおりである（法人税法施行令４条の３第３項）。

ⅰ）当事者間において，支配関係がある場合
- 被合併法人および合併法人の株主等（当該被合併法人および合併法人を除く）のすべてについて，その者が保有する被合併法人の株式等の被合併法人の発行済株式等（当該合併法人が保有する当該被合併法人の株式を除く）に占める割合と当該者が保有する合併法人の株式等の合併法人の発行済株式等（当該被合併法人が保有する当該合併法人の株式を除く）に占める割合とが等しい場合

ⅱ）同一の者による支配関係があり，かつ，合併後に当該同一の者と当該合併に係る合併法人との間に当該同一の者による支配関係が継続することが見込まれている場合
- 合併法人が，被合併法人の発行済株式等の全部を直接保有する場合
- 被合併法人および合併法人の株主等（当該被合併法人および合併法人を除く）のすべてについて，その者が保有する被合併法人の株式等の被合併法人の発行済株式等に占める割合と当該者が保有する合併法人の株式等の合併法人の発行済株式等に占める割合とが等しい場合

なお，上記ⅰ）ⅱ）ともに，被合併法人の合併直前の従業者のうち，おおむね80%以上が合併後に合併法人等の業務（合併法人との間に完全支配関係がある法人の業務，合併後に適格合併を行うことが見込まれている場合にはその適格合併における合併法人および合併法人と完全支配関係のある法人の業務を含む）に従事することが見込まれており，かつ，被合併法人の合併前に営む主要な事業が，合併後に合併法人等において引き続き行われることが見込まれている必要がある。

（2）共同事業を営むための適格合併

共同事業を営むための無対価合併は，下記のとおりである（法人税法施行令４条の４第４項）。

- 被合併法人および合併法人の株主等（当該被合併法人および合併法人を除く）のすべてについて，その者が保有する被合併法人の株式等の被合併法人の発行済株式等（当該合併法人が保有する当該被合併法人の株式を除く）に占める割合と当該者が保有する合併法人の株式等の合併法人の発行済株式等（当

該被合併法人が保有する当該合併法人の株式を除く）に占める割合とが等しい場合

- 被合併法人のすべてもしくは合併法人が資本もしくは出資を有しない法人である場合

なお，以下のⅰ）からⅲ）の要件を満たす必要がある（法人税法施行令4条の3第3項）。

ⅰ）被合併法人の合併直前の従業者のうち，おおむね80％以上が合併後に合併法人等の業務に従事することが見込まれており，かつ，被合併法人の合併前に営む主要な事業（合併法人の合併事業と関連する事業に限る）が，合併後に合併法人等において引き続き行われることが見込まれている。

ⅱ）被合併法人の合併前に行う主要な事業のうちのいずれかの事業（被合併事業）と合併法人の合併前に行ういずれかの事業（合併事業）とが相互に関連するものであること。

ⅲ）合併法人と被合併法人の，売上高，従業者数，資本金（これらに準ずるものも含む）のいずれかの差が，おおむね5倍を超えないか，合併前における，合併法人の特定役員のうち1名以上と被合併法人の特定役員のうち1名以上とが，それぞれ合併後の合併法人の特定役員となることが見込まれていること。

また，支配株主に該当する株主については，当該支配株主に交付される合併法人の株式または合併親法人株式のすべてを継続して保有することが見込まれている必要がある（株式継続保有要件）。

7　合併における税効果会計上の論点

組織再編と税効果会計に係る総論については「第18章　組織再編と繰越欠損金等」で解説しているため，そちらをご参照いただくとして，本節では，合併固有の税効果会計上の論点について説明する。

（1）組織再編に伴い受け取った子会社株式等に係る税効果

吸収合併により子会社株式等を受け入れた場合で，当該株式等の会計上の簿価と税務上の簿価に差がある場合，当該一時差異に対する税効果を認識するかどうかが論点となる。

これについては，以下のいずれかに当てはまる場合を除き，税効果を認識しない（企業結合適用指針115項）。

① 予測可能な期間に当該子会社株式等を売却する予定がある場合
② 売却その他の事由により当該子会社株式等がその他有価証券として分類されることとなる場合

なお，合併後に当該子会社株式に生じた一時差異は，通常の税効果会計の取扱いによる（税効果適用指針８項，98項，企業結合適用指針115項，404項）。

ここで，共通支配下の取引の場合，消滅会社の合併期日前日の適正な帳簿価額を引き継ぐこととなるため，消滅会社において計上されている繰延税金資産または繰延税金負債を引き継ぐこととなる。当該吸収合併が，完全支配関係のない非適格合併に該当し，税務上，子会社株式を時価で受け入れることとなる場合，会計上の帳簿価額との間に一時差異が発生することとなるが，合併前から生じている一時差異は解消され，合併時に生じた一時差異については，通常の税効果会計を適用する。

たとえば，消滅会社における子会社株式の会計上の簿価が10,000千円，税務上の簿価が20,000千円であり，合併時の時価が15,000千円であった場合，合併前から生じている将来減算一時差異10,000千円（＝税務上の簿価20,000千円－会計上の簿価10,000千円）は解消し，合併により新たに将来減算一時差異5,000千円（＝税務上の簿価15,000千円－会計上の簿価10,000千円）が生じる。当該一時差異5,000千円に対しては，通常の税効果会計を適用し，当該一時差異の回収可能性があると判断された場合には，繰延税金資産を計上する。

（２）抱合せ株式消滅差損益に係る税効果

共通支配下の取引において，吸収合併存続会社が保有する吸収合併消滅会社株式（抱合せ株式）は，抱合せ株式消滅差損益に算入される。ここで，存続会社が合併の対価として株式を交付する場合，抱合せ株式に対しては割り当てることができない。

一方，税務上は，抱合せ株式に対しても存続会社株式が割り当てられたものとみなされ，自己株式として，資本金等の額が減額される。

したがって，抱合せ株式消滅差損益は，課税所得を構成せず，会計上の資本金および資本剰余金と，税務上の資本金等の額との差異（永久差異）となることから，抱合せ株式消滅差損益に係る税効果は認識しない（法人税法24条２項，61条の２第３項，法人税法施行令８条１項５号）。

（３）吸収合併が繰延税金資産の回収可能性に与える影響

①　取得の場合

吸収合併が取得に該当する場合，繰延税金資産の回収可能性は，取得企業の収益力に基づく一時差異等加減算前課税所得等により判断し，企業結合による影響は，企業結合年度から反映される。

将来年度の課税所得の見積額による繰延税金資産の回収可能性を，過去の業績等に基づいて判断する場合には，企業結合年度以降，取得した企業または事業に係る過年度の業績等を取得企業の既存事業に係るものと合算した上で，課税所得を見積る（企業結合適用指針75項，回収可能性適用指針６項）。

②　共通支配下の取引の場合

共通支配下の取引の場合においては，存続会社が受け入れる消滅会社の資産および負債は，合併期日の前日に付された適正な帳簿価額をそのまま引き継ぐこととなる。

したがって，合併直前の決算期における繰延税金資産の回収可能性は，あくまで存続会社，消滅会社のそれぞれにつき，合併を考慮しない単独の収益力に基づいて判断し，合併後の決算においてはじめて，企業結合による影響を反映した収益力に基づいて，繰延税金資産の回収可能性を検討する（企業結合適用指針205項，206項，［設例35］参照）。

第15章

債務超過事業の会社分割

本章のポイント

- 債務超過事業を移転する場合，事業を承継する会社は，払込金額をゼロとし，その他利益剰余金のマイナスとして処理する。
- 債務超過事業を移転する場合，事業を移転する会社の個別財務諸表上，移転事業に係る株主資本相当額（マイナス）を「組織再編により生じた株式の特別勘定」等，適切な科目によって負債に計上する。

1　会社分割の手続

（1）会社分割の形態

会社分割とは，１つの会社を分割して２つ以上の会社にすることをいい，会社法上，既存の会社に事業を移転する「吸収分割」と，新たに会社を設立し，当該会社に事業を移転する「新設分割」の２形態がある（会社法２条29項，30項）（図表15－１，15－２参照）。

債務超過事業の移転は，「事業を移転する会社」（吸収分割における「吸収分割会社」（会社法758条１項１号）および新設分割における「新設分割会社」（会社法763条１項５号）を併せてこのように表記する。以下，本章において同じ。）における，限られた経営資源の効率的配分や財務基盤の健全化等を目的として行われる。一方，「事業を承継する会社」（吸収分割における「吸収分割承継会社」（会社法757条）および新設分割における「新設分割設立会社」（会社法763条柱書き）を併せてこのように表記する。以下，本章において同じ。）にとっては，当該事業をビジネスモデルに組み込むことが，自社にとって有益であると判断している場合が多い。したがって，債務超過事業の会社分割は，当事者双方にメリットがある場合に行われる。

図表15－1　吸収分割のイメージ

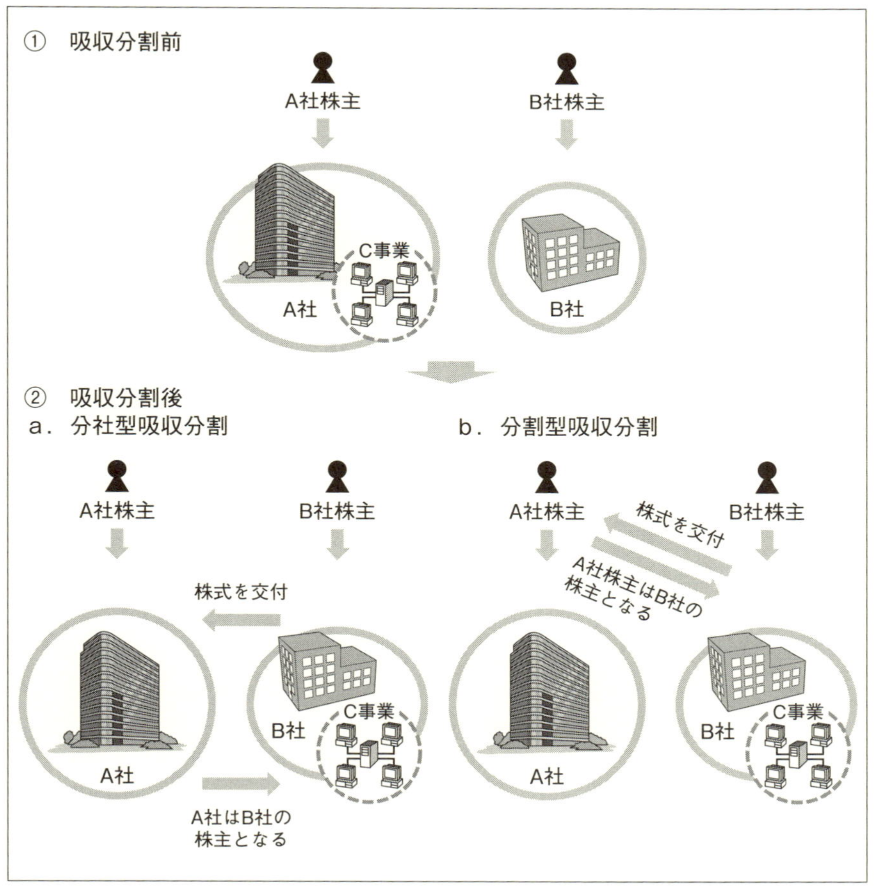

図表15－2　新設分割のイメージ

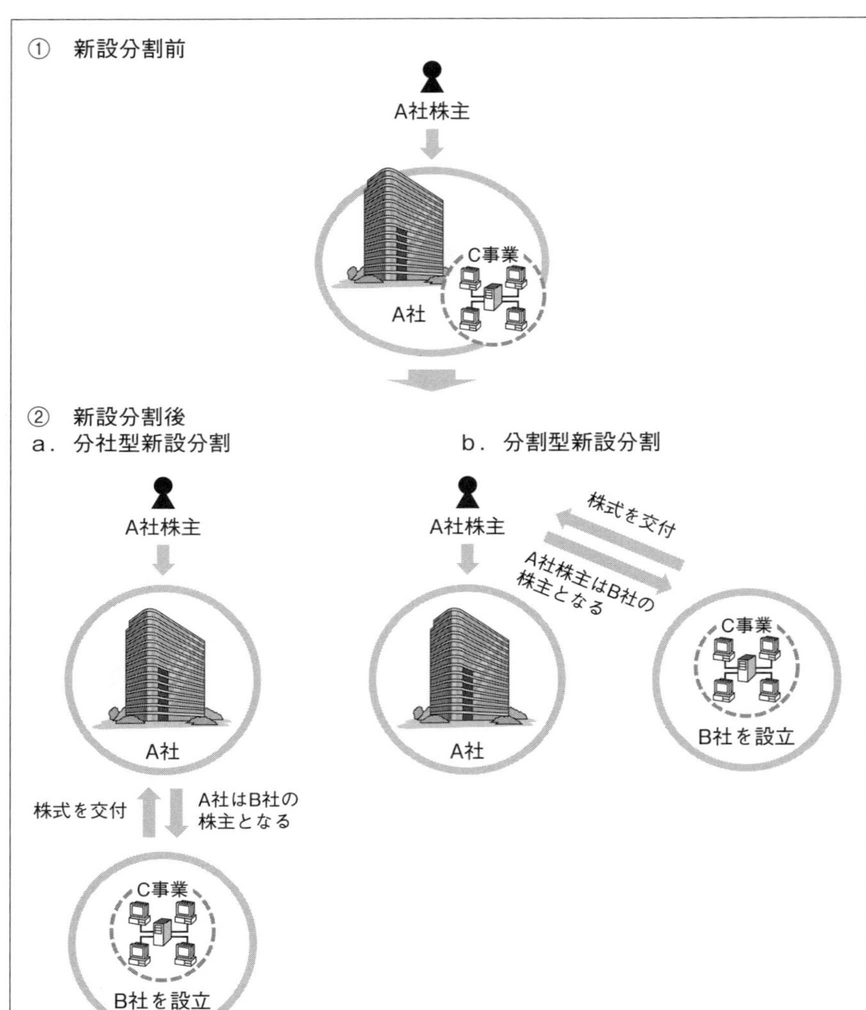

（2）分社型分割と分割型分割

吸収分割と新設分割は，さらに，「分社型分割」と「分割型分割」に分類される。分社型分割は，「物的分割」ともいい，事業を移転する会社が，事業を承継する会社の株主となる会社分割をいう。一方，分割型分割は，「人的分割」ともいい，事業を移転する会社の株主が，事業を承継する会社の株主となる会社分割をいう。なお，会社法上は，会社分割として分社型分割のみが規定されており，分割型分割は，分社型分割と分社型分割により交付された事業を承継する会社の株式の事業を移転する会社の株主への現物分配との組み合わせとして取り扱われる。

（3）分割に係る会社法上の手続

①　原則的手続

分割を成立させるには，原則として事業を移転する会社および事業を承継する会社それぞれの株主総会の特別決議と債権者保護手続が必要となる（会社法783条１項，795条１項，789条１項２号，799条１項２号，309条２項12号）。ただし，新設分割の場合，新設されることとなる事業を承継する会社に関する上記手続は不要である。

なお，一定の要件を満たす場合，簡易分割および略式分割が認められ，株主総会決議は不要となる（図表15－３参照）。

図表15－3　分割に係る株主総会での承認

	事業を移転する会社	事業を承継する会社
原則	特別決議（会社法783条１項，309条２項12号）	特別決議（会社法795条１項，309条２項12号）
例外	【吸収分割】 事業を承継する会社に承継させる資産の帳簿価額が事業を移転する会社の総資産額の20％以下の場合は不要（簡易分割，会社法784条２項）。 事業を承継する会社が特別支配会社（事業を承継する会社となる会社に発行済株式の90％以上の株式を保有されている会社）である場合は不要（略式分割，会社法784条１項）。 【新設分割】 新設分割設立会社に承継させる資産の帳簿価額が事業を移転する会社の総資産額の20％以下の場合は不要（簡易分割，会社法805条）。	【吸収分割】 事業を移転する会社の株主に交付する財産等の合計額が，事業を承継する会社の純資産額の20％以下の場合は不要（簡易分割，会社法796条２項）。 事業を移転する会社が特別支配会社（事業を移転する会社となる会社に発行済株式の90％以上の株式を保有されている会社）である場合は不要（略式分割，会社法796条１項）。 【新設分割】 該当なし。

②　簡易分割

簡易分割については，事業を移転する会社または事業を承継する会社において，一定の要件を満たす場合，当該会社における分割契約承認の株主総会決議は不要となる（会社法784条２項，796条２項）。

ただし，承継債務額が承継資産額を超える場合と，交付する金銭等（事業を承継する会社の株式等を除く。）の帳簿価額が承継資産額から承継債務額を控除した額を超える場合には，事業を承継する会社においては，簡易分割が認められない（会社法795条１項，２項）。

この承継資産額と承継債務額は，合併前後の事業を承継する会社の貸借対照表を比較することで判定される（会社法施行規則195条１項，２項）。

承継資産額 ＝ 分割直後の資産の額
　－分割直前の資産の額から，事業を移転する会社の株主等に交付する金銭等（事業を承継する会社の株式等を除く。ただし分割直前に事業を承継する会社が有していた社債は含まれる。）の簿価を控除した額

承継債務額 ＝ 分割直後の負債の額から，事業を移転する会社の株主等に交付する社債（分割直前に事業を承継する会社が有していた社債を除く。）の簿価を控除した額
　－分割直前の事業を承継する会社の負債の額

なお，上記に該当する場合であっても，事業を承継する会社が連結配当規制適用会社であり，事業を移転する会社が事業を承継する会社の子会社である場合には，簡易分割が認められる（会社法施行規則195条４項）。

③　略式分割

略式分割では，吸収分割の場合で，親会社が子会社の議決権を直接・間接問わず90％以上所有している場合，親会社において株主総会決議が不要になる（会社法784条１項，796条１項）。

親会社の議決権所有状況から考えて，子会社の株主総会決議は当然に可決されるためである。

ただし，事業を承継する会社が非公開会社であり，分割対価に譲渡制限株式が含まれている場合には，事業を承継する会社における略式分割は認められない（会社法796条１項ただし書き）。

2　会社分割の会計処理

会社分割の会計処理は，合併と同様，取得の場合と共通支配下の取引等の場合とで異なる。

以下では，債務超過事業を承継する吸収分割の会計処理を中心に解説する。

3　取得に該当する場合

取得に該当する場合においては，吸収分割会社が吸収分割承継会社の株式等を受け取るのが一般的であるから，分社型分割を前提に説明をする。

（1）吸収分割における吸収分割承継会社の会計処理

取得に該当する場合には，吸収分割承継会社は，パーチェス法を適用し，移転する資産および負債を時価で引き継ぐこととなる。

吸収分割承継会社が取得した事業の取得原価は，原則として，取得の対価（支払対価）となる財の企業結合日における時価で算定する（企業結合会計基準23項，企業結合適用指針36項）。なお，取得に直接要した支出額については，取得の対価性が認められるか否かにかかわらず，取得関連費用として発生した事業年度に費用処理する（企業結合会計基準26項）。

吸収分割承継会社は，受け入れた資産および引き受けた負債のうち，識別可能なものに取得原価を配分する。取得原価と取得原価の配分額との差額がのれん（または負ののれん）となる（企業結合適用指針30項）。

のれんは減損処理の対象となり（減損会計基準　一，二８），承継事業が債務超過であるか否かにかかわらず，取得原価の過大評価や過払い等で，のれんが多額に計上されている場合には，減損の兆候が存在する場合がある（企業結合会計基準109項）。

なお，のれんの減損損失を認識すべき場合には，減損すべき金額を減損損失として特別損失に計上する（企業結合適用指針77項）。

（2）吸収分割において逆取得となる場合の吸収分割承継会社の会計処理

吸収分割により，吸収分割承継会社が吸収分割会社の子会社となる場合（逆取得となる場合），吸収分割承継会社の個別財務諸表上の会計処理としては，吸収分割会社の資産および負債の移転直前の適正な帳簿価額により計上する。

当該資産および負債の差額については，吸収分割承継会社の新株を発行した場合には，当該差額から当該事業に係る評価・換算差額等および新株予約権を控除した額を株主資本相当額とし，払込資本（資本金，資本準備金またはその他資本剰余金）として会計処理する。払込資本の内訳は，会社法の規定に基づいて決定する。

ここで，移転事業に係る株主資本相当額がマイナス（債務超過事業）の場合には，払込金額をゼロとし，その他利益剰余金のマイナスとして処理する（企業結合適用指針87項⑴，会社計算規則37条２項ただし書き）。

また，吸収分割承継会社の自己株式を処分した場合には，企業結合適用指針第84項⑵①における，逆取得となる吸収合併において自己株式を処分した場合の原則的な会計処理に準じて処理する。すなわち，吸収分割承継会社（被取得企業）は，吸収分割会社（取得企業）の会社分割の前日の適正な帳簿価額による株主資本の額から，処分した自己株式の帳簿価額を控除した差額を，払込資本の増加（当該差額がマイナスとなる場合にはその他資本剰余金の減少）として会計処理する（企業結合適用指針87項⑵本文，会社計算規則37条２項ただし書き）。

なお，吸収分割承継会社が，吸収分割会社から吸収分割承継会社株式（自己株式）を譲渡された場合には，吸収分割会社における適正な帳簿価額により，吸収分割承継会社の株主資本からの控除項目として表示する（企業結合適用指針87項柱書きなお書き）。

（３）吸収分割会社の会計処理（受取対価が吸収分割承継会社の株式のみである場合）

移転事業の対価として，吸収分割承継会社の株式のみを受け取った場合の会計処理の方法は，吸収分割承継会社に対する吸収分割会社の持分比率等に応じて，以下のケースに分類される（企業結合適用指針97項）。

①　会社分割により吸収分割承継会社が子会社となるケース（逆取得）
②　会社分割により吸収分割承継会社が関連会社となるケース
③　会社分割により吸収分割承継会社が共同支配企業を形成するケース
④　会社分割により吸収分割承継会社が①から③以外となるケース

①　会社分割により吸収分割承継会社が子会社となるケース（逆取得）

個別財務諸表上の会計処理では，会社分割の対価として受け取った吸収分割承継会社の株式の取得原価を，移転事業に係る株主資本相当額に基づいて算定する。株主資本相当額は，企業結合適用指針第87項⑴①に従い，移転事業に係る資産および負債の移転直前の適正な帳簿価額による差額から，移転事業に係る評価・換算差額等および新株予約権を控除した額とする。

ここで，移転事業に係る株主資本相当額がマイナス（債務超過事業）の場合には，当該マイナスの金額（吸収分割承継会社が，会社分割前に吸収分割会社の株式を保有していた場合は，当該株式の帳簿価額を充ててなおマイナスの金額）を「組織再編により生じた株式の特別勘定」等，適切な科目によって負債に計上する（企業結合適用指針98項(1)，99項(1)，394項なお書き）。

また，連結財務諸表上の会計処理としては，吸収分割承継会社（子会社）に係る吸収分割会社（親会社）の持分の増加額と，移転事業に係る吸収分割会社（親会社）の持分の減少額との差額は，原則として，親会社の持分変動による差額とのれん（または負ののれん）に区分して会計処理する。親会社の持分変動による差額およびのれん（または負ののれん）は，下記ⅰ)およびⅱ）のように算定する（企業結合適用指針98項(2)，99項(2)）。

ⅰ）親会社の持分変動による差額

以下のａ)とｂ）の差額を親会社の持分変動による差額とし，原則として，会社分割の属する事業年度に資本剰余金として特別損益に計上する。

ａ）吸収分割会社（親会社）における移転事業に係る持分の減少額（移転事業に係る株主資本相当額に，当該事業に係る減少した親会社の持分比率を乗じた額）
ｂ）吸収分割会社（親会社）の事業が移転したとみなされる額（会社分割直前における移転事業の時価に，当該事業に係る減少した親会社の持分比率を乗じた額）

なお，親会社の持分変動による差額は，吸収分割承継会社の株式（子会社株式）の取得原価と，これに対応する吸収分割会社（親会社）の持分との差額として算定することもできる。

ⅱ）のれん（または負ののれん）

以下のａ)とｂ）の差額をのれん（または負ののれん）として計上する。

ａ）吸収分割承継会社に対して投資したとみなされる額（親会社の持分変動による差額における親会社の事業が移転したとみなされる額と同額となる。）に対価性が認められる取得に直接要した支出額を加算した額

b）a）に対応する吸収分割承継会社（子会社）の会社分割直前の資本（識別可能な資産および負債の時価に，会社分割によって生じる親会社の持分比率を乗じた額）の差額

なお，会社分割前に吸収分割会社が吸収分割承継会社の株式を保有している場合には，上記a）に相当する額に，会社分割前に吸収分割会社が保有していた吸収分割承継会社の株式の会社分割日における時価を加算して，のれん（または負ののれん）を算定する。当該時価と，適正な帳簿価額（持分法を適用していた場合には持分法による評価額）との差額は，当期の段階取得に係る損益として処理される（企業結合適用指針99項(2)①）。

設例15－1　吸収分割承継会社が子会社となる場合の債務超過事業の吸収分割（受取対価が吸収分割承継会社の株式のみである場合）

－会社分割前に吸収分割会社が吸収分割承継会社の株式を保有していない場合－

前提条件

① ×1年3月31日，P社はS社に対して債務超過事業を移転し，S社の発行済株式の60％を取得した。なお，会社分割前においては，P社はS社の株式を保有していない。

② 移転事業に係る諸資産の適正な帳簿価額は△10,000千円（資産400,000千円，負債410,000千円，株主資本相当額△10,000千円）であり，当該事業に係る諸資産の時価（純額）は50,000千円（資産450,000千円，負債400,000千円），当該事業の時価は90,000千円である。

③ S社の会社分割直前の貸借対照表は次のとおりである。

（単位：千円）

科目	金額	科目	金額
資産	700,000	負債	600,000
		資本金	100,000

④ 会社分割直前のS社の企業自体の時価は150,000千円である。また，資産および負債の簿価は時価と一致している。

⑤ 税効果会計については考慮しない。

会計処理　（単位：千円）

①　会社分割時の吸収分割承継会社（子会社Ｓ社）の個別財務諸表上の仕訳

（借）	資産	(※１) 400,000	（貸）	負債	(※１) 410,000
	繰越利益剰余金(※２)	(※１) 10,000			

（※１）前提条件②参照。
（※２）株主資本相当額がマイナスであるため，その他利益剰余金のマイナスとして処理する。

②　会社分割時の吸収分割会社（親会社Ｐ社）の個別財務諸表上の仕訳

（借）	負債	(※１) 410,000	（貸）	資産	(※１) 400,000
				組織再編により生じた株式の特別勘定(※２)	(※１) 10,000

（※１）前提条件②参照。
（※２）株主資本相当額がマイナスであるため，「組織再編により生じた株式の特別勘定」として処理する。

③　会社分割時の吸収分割会社（親会社Ｐ社）の連結修正仕訳

ｉ）取得した事業（Ｓ社）に係るパーチェス法の適用

ａ）資産および負債の時価評価

仕訳なし(※)

（※）吸収分割承継会社の資産および負債の時価と帳簿価額との差額はない（前提条件④参照）。

ｂ）投資と資本の相殺消去

（借）	資本金	(※１) 100,000	（貸）	Ｓ社株式	(※２) 100,000
	組織再編により生じた株式の特別勘定	(※３) 10,000		非支配株主持分	(※４) 40,000
	のれん	(※５) 30,000			

（※１）前提条件③参照。
（※２）吸収分割承継会社に対して投資したとみなされる額90,000（＝Ｓ社の時価150,000×60％）に，組織再編によって生じた株式の特別勘定10,000を加算。
（※３）会計処理②参照。
（※４）40,000（＝Ｓ社の資産および負債の時価（純額）100,000×40％）
（※５）吸収分割承継会社に対して投資したとみなされる額90,000（＝Ｓ社の時価150,000×60％）と，これに対応する吸収分割承継会社の会社分割直前の資本60,000（＝Ｓ社の資産および負債の時価100,000×60％）の差額。

ⅱ）移転事業に係る資本連結

（借）	Ｓ社株式	（※１）100,000	（貸）繰越利益剰余金	（※２）10,000
	非支配株主持分	（※３）4,000	資本剰余金	（※４）94,000

（※１）移転事業に係る株主資本相当額△10,000と，吸収分割承継会社に対して投資したとみなされる額90,000（＝Ｓ社の時価150,000×60％）との差額。

（※２）会計処理①参照。

（※３）移転事業に係る非支配株主持分△4,000（＝移転事業に係る株主資本相当額△10,000×40％）

（※４）親会社の持分変動による差額であり，移転事業の時価のうち，非支配株主に移転したとみなされる部分90,000（＝吸収分割承継会社に対して投資したとみなされる額150,000×60％）と，移転事業に係る吸収分割会社の持分の減少額△4,000（＝移転事業の株主資本相当額△10,000×40％）との差額。

---

②　会社分割により吸収分割承継会社が関連会社となるケース

個別財務諸表上の会計処理では，会社分割の対価として受け取った吸収分割承継会社の株式（関連会社株式）の取得原価を，移転事業に係る株主資本相当額に基づいて算定する。株主資本相当額は，企業結合適用指針第87項⑴①に従い，移転事業に係る資産および負債の移転直前の適正な帳簿価額による差額から，移転事業に係る評価・換算差額等および新株予約権を控除した額とする。

ここで，移転事業に係る株主資本相当額がマイナス（債務超過事業）の場合には，当該マイナスの金額（吸収分割承継会社が，会社分割前に吸収分割会社の株式を保有していた場合は，当該株式の帳簿価額を充ててなおマイナスの金額）を「組織再編により生じた株式の特別勘定」等，適切な科目によって負債に計上する（企業結合適用指針100項⑴，101項本文およびただし書き，102項）。

また，連結財務諸表上の会計処理としては，吸収分割承継会社（関連会社）に係る持分法適用において，吸収分割会社（投資会社）の持分の増加額と，移転事業に係る吸収分割会社（投資会社）の持分の減少額との差額は，原則として，持分変動差額とのれん（または負ののれん）に区分して会計処理する。持分変動差額およびのれん（または負ののれん）は，下記のように算定する（企業結合適用指針100項⑵，101項また書き，102項）。

ｉ）持分変動差額

以下のａ）とｂ）の差額を持分変動差額とし，原則として，会社分割の属する事業年度の特別損益に計上する。

a）吸収分割会社（投資会社）における移転事業に係る持分の減少額（移転事業に係る株主資本相当額に，当該事業に係る減少した投資会社の持分比率を乗じた額）
b）吸収分割会社（投資会社）の事業が移転したとみなされる額（会社分割直前における移転事業の時価に，当該事業に係る減少した投資会社の持分比率を乗じた額）

ii）のれん（または負ののれん）

以下のａ)とｂ）の差額をのれん（または負ののれん）として計上する。

a）吸収分割承継会社に対して投資したとみなされる額（持分変動差額における投資会社の事業が移転したとみなされる額と同額となる。）に対価性が認められる取得に直接要した支出額を加算した額。
　なお，会社分割前に吸収分割会社が吸収分割承継会社の株式を保有していた場合で，当該株式がその他有価証券である場合には，上記金額に当該株式の帳簿価額を加算した額とする。
b）ａ）に対応する吸収分割承継会社（関連会社）の会社分割直前の資本（識別可能な資産および負債の時価に，会社分割によって生じる投資会社の持分比率を乗じた額）

設例15－２　吸収分割承継会社が関連会社となる場合の債務超過事業の吸収分割（受取対価が吸収分割承継会社の株式のみである場合）－会社分割前に吸収分割会社が吸収分割承継会社の株式を保有していない場合－

前提条件

①　×１年３月31日，Ｐ社はＡ社に対して債務超過事業を移転し，Ａ社の発行済株式の40％を取得した。なお，会社分割前においては，Ｐ社はＡ社の株式を保有していない。

②　移転事業に係る諸資産の適正な帳簿価額は△10,000千円（資産400,000千円，負債410,000千円，株主資本相当額△10,000千円）であり，当該事業に係る諸資産の時価（純額）は50,000千円（資産450,000千円，負債400,000千円），当該事業の時価は100,000千円である。

③　Ａ社の会社分割直前の貸借対照表は次のとおりである。

（単位：千円）

科目	金額	科目	金額
資産	700,000	負債	600,000
		資本金	100,000

④　会社分割直前のＡ社の企業自体の時価は150,000千円である。また，資産および負債の簿価は時価と一致している。

⑤　税効果会計については考慮しない。

会計処理　（単位：千円）

①　会社分割時の吸収分割承継会社（関連会社）の個別財務諸表上の仕訳

（借）	資産	(※1) 450,000	（貸）	負債	(※1) 400,000
	のれん	(※2) 50,000		払込資本	(※3) 100,000

（※１）前提条件②参照。パーチェス法により，資産および負債を時価で引き継ぐ。

（※２）50,000＝Ａ社の時価（持分見合い）100,000－移転事業の諸資産の時価（純額）50,000（＝資産450,000－負債400,000）

（※３）100,000＝Ａ社時価（会社分割後）250,000×40％

②　会社分割時の吸収分割会社（投資会社）の個別財務諸表上の仕訳

（借）	負債	(※1) 410,000	（貸）	資産	(※1) 400,000
				組織再編により生じた株式の特別勘定(※2)	(※1) 10,000

（※１）前提条件②参照。

（※２）株主資本相当額がマイナスであるため，「組織再編により生じた株式の特別勘定」として処理する。

③　会社分割時の吸収分割会社（投資会社）の連結修正仕訳

ｉ）吸収分割承継会社の株式40％の取得によるのれんの算定

のれんの金額は，以下のａ）とｂ）の差額であり，20,000となる。

ａ）吸収分割承継会社に対して投資したとみなされる額60,000（＝Ａ社の時価　150,000×40％）

ｂ）これに対応する吸収分割承継会社の会社分割直前の資本40,000（＝Ａ社の資産および負債の時価（純額）100,000×40％）

ⅱ）移転事業に係る持分変動差額の認識

（借）	Ａ社株式	（※１）56,000	（貸）持分変動差額	（※２）66,000
	組織再編により生じた株式の特別勘定	（※３）10,000		

（※１）差額で算出。
（※２）移転事業の時価のうち，他の株主に移転したとみなされる部分60,000（＝吸収分割承継会社に対して投資したとみなされる額100,000×60％）と，移転事業に係る吸収分割会社の持分の減少額△6,000（＝移転事業の株主資本相当額△10,000×60％）との差額。
（※３）会計処理②で発生した「組織再編により生じた株式の特別勘定」を相殺する。

以上の会計処理により，Ｐ社連結上のＡ社株式の持分法評価額は56,000（＝個別財務諸表上の簿価△10,000＋持分変動差額66,000）となる。この金額は，会社分割後のＡ社純資産36,000（＝（移転事業の簿価純資産△10,000＋既存（Ａ社）事業の時価純資産100,000）×40％）と会計処理③ⅰ）で算定されたのれんの金額20,000の合計額から構成されている。

設例15－３　吸収分割承継会社が関連会社となる場合の債務超過事業の吸収分割（受取対価が吸収分割承継会社の株式のみである場合）－会社分割前に吸収分割会社が吸収分割承継会社の株式を保有している場合－

前提条件

①　×１年３月31日，Ｐ社はＡ社に対して債務超過事業を移転し，Ａ社株式20株（時価37,500千円）を取得してＡ社を関連会社とした。なお，×０年３月31日において，Ｐ社はＡ社株式４株を6,000千円で取得し，その他有価証券としている。

②　Ａ社の発行済株式数および資本関係は下記表のとおりである。

（Ａ社発行済株式）

	会社分割前	新株発行	会社分割後
Ｐ社	4株（5％）	20株	24株（24％）
非支配株主	76株（95％）	0株	76株（76％）
	80株	20株	100株

③　移転事業に係る諸資産の適正な帳簿価額は△10,000千円（資産400,000千円，負債410,000千円，株主資本相当額△10,000千円）であり，当該事業に係る諸資産の時価（純額）は50,000千円（資産460,000千円，負債410,000千円），当

該事業の時価は37,500千円である。

④　A社の×０年３月31日および会社分割直前の貸借対照表は次のとおりである。当期純利益はゼロとする。

（単位：千円）

科目	金額	科目	金額
資産	700,000	負債	600,000
		資本金	100,000

⑤　会社分割直前のA社の時価は150,000千円である。また，資産および負債の簿価は時価と一致している。

⑥　税効果会計については考慮しない。

会計処理　（単位：千円）

①　会社分割時の吸収分割承継会社（関連会社）の個別財務諸表上の仕訳

（借）	資産	（※１）460,000	（貸）	負債	（※１）410,000
				払込資本	（※２）37,500
				負ののれん発生益	（※３）12,500

（※１）前提条件③参照。パーチェス法により，資産および負債を時価で引き継ぐ。
（※２）37,500＝A社時価（会社分割後）187,500×20％（増加株数）。
（※３）12,500（貸方）＝移転事業の時価37,500－移転事業の諸資産の時価（純額）50,000（＝資産460,000－負債410,000）

②　会社分割時の吸収分割会社（投資会社）の個別財務諸表上の仕訳

（借）	負債	（※１）410,000	（貸）	資産	（※１）400,000
				A社株式	（※２）6,000
				組織再編により生じた株式の特別勘定（※３）	（※１）4,000

（※１）前提条件③参照。
（※２）前提条件①参照。
（※３）既存株式を充当してもなお株主資本相当額がマイナスであるため，「組織再編により生じた株式の特別勘定」として処理する。

③　会社分割時の吸収分割会社（投資会社）の連結修正仕訳

ｉ）吸収分割承継会社に対する持分法の適用（当初取得分）

仕訳なし（※）

（※）本設例では取得後利益剰余金がない前提のため，既存持分に係る会計処理は生じない。なお，既存持分に係るのれんの額1,000=取得価額6,000－5,000（=×０年３月31日の株主資本100,000×５％）は，持分法適用時から処理される。

ⅱ）吸収分割承継会社への持分法適用によるのれんの算定（追加取得分）

当該吸収分割により生じたのれんの金額は，以下のａ）とｂ）の差額であり，9,500（=28,500－19,000）となる。

ａ）吸収分割承継会社に対して投資したとみなされる額28,500（＝Ａ社の時価150,000×19％）

ｂ）これに対応する吸収分割承継会社の会社分割直前の資本19,000（＝Ａ社の資産および負債の時価（純額）100,000×19％）

ⅲ）持分変動差額の認識

（借）			（貸）		
	Ａ社株式	(※１) 32,100		持分変動差額	(※２) 36,100
	組織再編により生じた株式の特別勘定	(※３) 4,000			

（※１）差額で算出。
（※２）移転事業の時価のうち，他の株主に移転したとみなされる部分28,500（＝吸収分割承継会社に対して投資したとみなされる額37,500×76％）と，移転事業に係る吸収分割会社の持分の減少額△7,600（＝移転事業の株主資本相当額△10,000×76％）との差額。
（※３）会計処理②で発生した「組織再編により生じた株式の特別勘定」を相殺する。

以上の会計処理により，Ｐ社連結上のＡ社株式の持分法評価額は32,100（＝個別財務諸表上の簿価△4,000＋持分変動差額36,100）となる。この金額は，会社分割後のＡ社純資産21,600（＝(移転事業の簿価純資産△10,000＋既存（Ａ社）事業の時価純資産100,000)×24%)，会計処理③ⅱ）で算定されたのれんの金額9,500および既存持分（5%）に係るのれんの金額1,000（会計処理③ⅰ））の合計額から構成されている。

---

③　会社分割により吸収分割承継会社が共同支配企業を形成するケース

共同支配企業の形成の会計処理については，「４ 共同支配企業の形成の場合」で説明する。

④　会社分割により吸収分割承継会社が①から③以外となるケース

会社分割により，吸収分割承継会社が子会社，関連会社および共同支配企業以外となる場合，すなわち，吸収分割承継会社の株式がその他有価証券に分類される場合には，吸収分割会社の個別財務諸表上，原則として移転損益を認識する（企業結合適用指針103項）。

当該ケースにおいては，移転事業が債務超過であるか否かによる会計処理の論点は特段ない。

（4）事業譲渡における事業譲渡会社の会計処理（受取対価が現金等の財産のみである場合）

当該ケースは株式を対価としないため，会社分割ではなく事業譲渡である。移転事業の対価として現金等の財産のみを受け取った場合には，事業承継会社が子会社であるか否かによって，会計処理が異なる。

①　子会社を事業承継会社として行われるケース

当該ケースにおいては，共通支配下の取引として扱う（企業結合適用指針95項）。共通支配下の取引の会計処理は，本章「5　共通支配下の取引等の場合」を参照されたい。

②　子会社以外を事業承継会社として行われるケース

個別財務諸表上の会計処理では，原則として，現金等の財産に，取得に直接要した支出額（対価性が認められるものに限る。）を加算した額により当該財産を計上し，移転事業に係る株主資本相当額との差額は，移転損益として認識する（企業結合適用指針96項(1)）。

また，関連会社を分離先企業として計上された移転損益は，連結財務諸表上，持分法会計基準における未実現損益の消去に準じて処理する（企業結合適用指針96項(2)）。

当該ケースにおいては，移転事業が債務超過であるか否かによる会計処理の論点は特段ない。

（5）吸収分割会社の会計処理（受取対価が現金等の財産と吸収分割承継会社の株式である場合）

移転事業の対価として，現金等の財産と吸収分割承継会社の株式を受け取った場合の会計処理の方法は，「受取対価が吸収分割承継会社の株式のみである場合」と同様，以下のケースに分類される。

① 会社分割により吸収分割承継会社が子会社となるケース（逆取得）
② 会社分割により吸収分割承継会社が関連会社となるケース
③ 会社分割により吸収分割承継会社が共同支配企業を形成するケース
④ 会社分割により吸収分割承継会社が①から③以外となるケース

① 会社分割により吸収分割承継会社が子会社となるケース（逆取得）

当該ケースにおいては，共通支配下の取引またはこれに準じて取り扱う（企業結合適用指針104項本文）。共通支配下の取引の会計処理は，本章「5 共通支配下の取引等の場合」を参照されたい。

なお，会社分割前において，吸収分割会社が吸収分割承継会社の株式を保有していた場合には，「（3）吸収分割会社の会計処理（受取対価が吸収分割承継会社の株式のみである場合）」「①会社分割により吸収分割承継会社が子会社となるケース（逆取得）」における，当該場合に準じて処理する（企業結合適用指針104項なお書き，99項）。

② 会社分割により吸収分割承継会社が関連会社となるケース

個別財務諸表上の会計処理では，受け取った現金等の財産は，原則として，時価により計上する。この結果，当該時価が移転事業に係る株主資本相当額を上回る場合には，原則として当該差額を移転利益として認識し（受け取った吸収分割承継会社の株式の取得原価はゼロとする。），下回る場合には，当該差額を受け取った吸収分割承継会社の株式の取得原価とする。吸収分割承継会社から受け取った現金以外の財産（吸収分割承継会社の株式を含む。）の取得原価には，取得に直接要した支出額（対価性が認められるものに限る。）を含める。

なお，移転事業に係る株主資本相当額がマイナス（債務超過事業）の場合には，受け取った現金等の財産の時価と等しい金額については，移転利益に計上し，マイナスとなる移転事業に係る株主資本相当額については，まず，会社分割前から保有している吸収分割承継会社の株式の帳簿価額に充て，これを超えることとなったマイナスの金額を「組織再編により生じた株式の特別勘定」等，適切な科目によって負債に計上する（企業結合適用指針105項(1)）。

次に，連結財務諸表上の会計処理としては，個別財務諸表上で認識した移転利益を，持分法会計基準における未実現損益の消去に準じて処理する。

また，関連会社に係る吸収分割会社の持分の増加額と，移転事業に係る吸収分割会社の持分の減少額との間に生じる差額は，「（3）吸収分割会社の会計処理（受取対価が吸収分割承継会社の株式のみである場合）」「②会社分割により吸収分割承継会社が関連会社となるケース」に準じ，原則として，のれん（または負ののれん）と持分変動差額に区分して処理する（企業結合適用指針105項(2)）。

③　会社分割により吸収分割承継会社が共同支配企業を形成するケース

共同支配企業の形成の会計処理については，「4　共同支配企業の形成の場合」で説明する。

④　会社分割により吸収分割承継会社が①から③以外となるケース

会社分割により，吸収分割承継会社が子会社，関連会社および共同支配企業以外となる場合，すなわち，吸収分割承継会社の株式がその他有価証券に分類される場合には，吸収分割会社の個別財務諸表上，原則として移転損益を認識する（企業結合適用指針103項）。

4　共同支配企業の形成の場合

（1）吸収分割承継会社（共同支配企業）の会計処理

吸収分割承継会社における会計処理は，基本的には「3　取得に該当する場合」「（2）吸収分割において逆取得となる場合の吸収分割承継会社の会計処理」と同様である（企業結合適用指針192項，193項，193－2項，194項）。

ただし，吸収分割会社等の中に一般投資企業が含まれているときは，共同支配企業が一般投資企業から取得した事業（資産および負債）に対して，パーチェス法を適用する（企業結合適用指針195項）。

なお，一般投資企業とは次のいずれかに該当する企業をいう（企業結合適用指針176項）。

① 共同支配となる契約等を締結していないが，共同支配企業へ投資する企業
② 共同支配となる契約等を締結し，共同支配企業へ投資する企業の役割が契約書に明示されていても，事実上，共同支配企業の重要な役割を担っていないと認められる当該企業

（2）吸収分割会社（共同支配投資企業）の会計処理

個別財務諸表上の会計処理では，移転事業の株主資本相当額に基づいて吸収分割承継会社に対する投資（共同支配企業株式）の取得原価を算定する。

なお，当該金額がマイナス（債務超過事業）となる場合は，当該マイナスの金額を「組織再編により生じた株式の特別勘定」等，適切な科目により負債に計上する（企業結合適用指針196項）。

また，連結財務諸表上の会計処理としては，共同支配企業に対する投資について持分法を適用する（企業結合適用指針197項）。

5　共通支配下の取引等の場合

（1）子会社が親会社に分社型分割により事業を移転する場合（受取対価が親会社株式のみである場合）

① 親会社（吸収分割承継会社）の個別財務諸表上の会計処理

子会社から受け入れる資産および負債を，分割期日の前日における適正な帳簿価額により計上する（企業結合適用指針214項(1)）。なお，親会社の連結財務諸表上，移転事業に係る子会社の資産および負債の帳簿価額を修正している場合には，修正後の帳簿価額によって資産および負債を受け入れる（企業結合適用指針215項）。

移転事業に係る株主資本相当額は，払込資本（資本金または資本剰余金）として処理する。増加すべき払込資本の内訳項目（資本金，資本準備金またはその他資本剰余金）は，会社法の規定に基づき決定する。

ここで，移転事業に係る株主資本相当額がマイナス（債務超過事業）となる

場合には，払込資本をゼロとし，その他利益剰余金のマイナスとして処理する（企業結合適用指針214項(2)，会社計算規則37条２項ただし書き）。

②　子会社（吸収分割会社）の会計処理

会社分割の対価として受け入れる親会社株式の取得原価を，移転事業に係る株主資本相当額に基づいて算定する。

移転事業に係る株主資本相当額がマイナスの場合には，会社分割前から保有している親会社株式があれば，当該株式の帳簿価額を充て，これを超えることとなったマイナスの金額を「組織再編により生じた株式の特別勘定」等，適切な科目によって負債に計上する（企業結合適用指針216項，226項）。

③　連結財務諸表上の会計処理

子会社が会社分割の対価として受け入れた親会社株式のうち，分割期日の前日における親会社持分相当額と，これに対応する親会社の払込資本の増加額は，内部取引として消去する。

また，当該株式のうち，分割期日の前日における非支配株主持分相当額を，非支配株主持分から控除する。

設例15－４　子会社が親会社に分社型分割により事業を移転する場合（受取対価が親会社株式のみである場合）

前提条件

①　×１年４月１日，子会社Ｓ社は親会社Ｐ社に対して債務超過事業を移転し，Ｐ社は移転事業の対価として，新株を90株発行した。なお，×１年３月31日，Ｐ社はＳ社の発行済株式総数の80％を120,000千円で取得している。

②　×１年４月１日におけるＰ社の株価は，１株当たり1,000千円であった。

③　移転事業に係る諸資産の適正な帳簿価額は△10,000千円（資産400,000千円，負債410,000千円，株主資本相当額△10,000千円）であり，当該事業に係る諸資産の時価（純額）は50,000千円（資産460,000千円，負債410,000千円），当該事業の時価は90,000千円である。

④　Ｓ社の会社分割直前の貸借対照表は次のとおりである。

（単位：千円）

科目	金額	科目	金額
資産	700,000	負債	600,000
		資本金	100,000

⑤　会社分割期日前日のＳ社の時価は150,000千円である。また，資産および負債の簿価は時価と一致している。

⑥　税効果会計については考慮しない。

会計処理　（単位：千円）

①　会社分割時の吸収分割承継会社（親会社Ｐ社）の個別財務諸表上の仕訳

（借）	資産	（※1）400,000	（貸）	負債	（※1）410,000
	その他利益剰余金（※2）	（※1）10,000			

（※1）前提条件③参照。

（※2）株主資本相当額がマイナスであるため，その他利益剰余金のマイナスとして処理する。

②　会社分割時の吸収分割会社（子会社Ｓ社）の個別財務諸表上の仕訳

会社分割の対価として受け取った親会社株式（その他有価証券）の取得原価を，移転事業に係る株主資本相当額に基づいて算定する。移転事業に係る株主資本相当額がマイナス（債務超過事業）の場合には，当該マイナスの金額を「組織再編により生じた株式の特別勘定」等，適切な科目によって負債に計上する。

（借）	負債	（※1）410,000	（貸）	資産	（※1）400,000
				組織再編により生じた株式の特別勘定（※2）	（※1）10,000

（※1）前提条件③参照。

（※2）株主資本相当額がマイナスであるため，「組織再編により生じた株式の特別勘定」として処理する。

③　会社分割時の吸収分割会社（親会社Ｐ社）の連結修正仕訳

ⅰ）開始仕訳

（借）	資本金	（※1）100,000	（貸）	S社株式	（※2）120,000
	のれん	（※3）40,000		非支配株主持分	（※4）20,000

（※1）前提条件④参照。

（※2）前提条件①参照。

（※3）40,000＝Ｓ社株式の取得価額120,000（※2）－株主資本100,000（※1）×親会社持分比率80％（※1）

（※４）20,000＝株主資本100,000（※１）×非支配株主持分比率20％（※１）

ⅱ）内部取引の消去

（借）	組織再編により生じた株式の特別勘定	（※１）10,000	（貸）	その他利益剰余金	（※２）8,000
				非支配株主持分	（※３）2,000

（※１）会計処理②参照。
（※２）その他利益剰余金△10,000（会計処理①参照）×親会社持分比率80％（前提条件①参照）
（※３）その他利益剰余金△10,000（会計処理①参照）×非支配株主持分比率20％（前提条件①参照）

（2）子会社が親会社に分割型分割により事業を移転する場合（受取対価が親会社株式のみである場合）

①　親会社（吸収分割承継会社）の個別財務諸表上の会計処理

分割型分割の場合，親会社は子会社の株主，すなわち，親会社および非支配株主に，会社分割の対価としての親会社株式（自己株式）を支払う。したがって，親会社は，分社型分割における会計処理に加え，自己株式の取得に係る会計処理を行う。

まず，子会社から受け入れる資産および負債を，分割期日の前日における適正な帳簿価額により計上する（企業結合適用指針218項⑴）。なお，親会社の連結財務諸表上，移転事業に係る子会社の資産および負債の帳簿価額を修正している場合には，修正後の帳簿価額によって資産および負債を受け入れる（企業結合適用指針220項）。

また，親会社は，子会社から受け入れる資産および負債の差額のうち株主資本の額を，分割期日直前の持分比率に基づいて，親会社持分相当額と非支配株主持分相当額に按分し，それぞれ次のように処理する（企業結合適用指針218項⑵，206項⑵）。

ｉ）親会社持分相当額の会計処理

親会社が会社分割直前に保有していた子会社株式（分割に係る抱合せ株式）の適正な帳簿価額のうち，受け入れた資産および負債と引き換えられたものとみなされる額との差額を，特別損益（抱合せ株式消滅差損益）に計上する。

なお，分割に係る抱合せ株式の適正な帳簿価額のうち，受け入れた資産および負債と引き換えられたものとみなされる額は，以下のいずれかの方法によって合理的に按分して算定する（企業結合適用指針219項）。

a）時価純資産価額の比率で按分する方法
b）時価総額の比率で按分する方法
c）簿価純資産価額で按分する方法（連結財務諸表上の帳簿価額を含む。）

ii）非支配株主持分相当額の会計処理

非支配株主持分相当額と，取得の対価（非支配株主に交付した親会社株式の時価）との差額をその他資本剰余金とする。合併により増加する親会社の株主資本の額は，払込資本とする。

なお，当該分割型分割において，親会社は子会社の株主，すなわち，親会社および非支配株主に，会社分割の対価としての親会社株式（自己株式）を支払う。親会社は，新株の発行（または自己株式の処分）と当該自己株式の取得を一体の取引とみなし，新株発行の場合には，親会社が受け入れる自己株式の帳簿価額をゼロとし，自己株式の処分の場合には，当該自己株式に対応する適正な帳簿価額を付す（企業結合適用指針218項(2)なお書き）。

②　子会社（吸収分割会社）の会計処理

分割型分割においては，「分社型分割」と，「受け取った親会社株式の現物配当」という２つの取引に係る会計処理を行う。

まず，分社型分割に係る会計処理としては，会社分割の対価として受け入れる親会社株式の取得原価を，移転事業に係る株主資本相当額に基づいて算定する。

なお，移転事業に係る株主資本相当額がマイナスの場合には，会社分割前から保有している親会社株式があれば，当該株式の帳簿価額を充て，これを超えることとなったマイナスの金額を「組織再編により生じた株式の特別勘定」等，適切な科目によって負債に計上する（企業結合適用指針221項，226項）。

次に，現物配当に係る会計処理としては，受け取った親会社株式の取得原価により，株主資本を減少させる。減少させる株主資本の内訳は，取締役会等の企業の意思決定機関において定められた結果に従うこととなる（自己株・準備金減少適用指針10項）。

③　連結財務諸表上の会計処理

親会社が減少させた子会社株式（分割に係る抱合せ株式）の適正な帳簿価額および発生した抱合せ株式消滅差額は，内部取引として消去する（企業結合適用指針222項）。

設例15－5　子会社が親会社に分割型分割により事業を移転する場合

前提条件

①　×1年4月1日，S社はP社に対して債務超過事業を移転し，P社は移転事業の対価として，新株を100株発行した。S社は受け取った新株（親会社株式）を取得と同時に配当した（現物配当）。最終的にS社の非支配株主へと現物配当される部分については，その他資本剰余金として処理する。当該現物配当の内訳は，P社に90株，S社の非支配株主に10株であり，S社はその他利益剰余金を変動させる。なお，×1年3月31日，P社はS社の発行済株式総数の80％を80,000千円で取得している。

②　×1年4月1日におけるP社の株価は，1株当たり1,000千円であった。

③　移転事業に係る諸資産の適正な帳簿価額は△10,000千円（資産400,000千円，負債410,000千円，株主資本相当額△10,000千円）であり，当該事業に係る諸資産の時価（純額）は50,000千円（資産460,000千円，負債410,000千円），当該事業の時価は90,000千円である。

④　S社の会社分割直前の貸借対照表は次のとおりである。

（単位：千円）

科目	金額	科目	金額
資産	700,000	負債	600,000
		資本金	100,000

⑤　会社分割期日前日のS社の時価は150,000千円であり，資産および負債の時価は，それぞれ750,000千円，600,000千円である。

⑥　税効果会計については考慮しない。

会計処理　（単位：千円）

①　会社分割時の吸収分割承継会社（親会社Ｐ社）の個別財務諸表上の仕訳

（借）	資産	(※1) 320,000	（貸）	負債	(※1) 328,000
	抱合せ株式消滅差損	(※2) 28,000		S社株式	(※3) 20,000
（借）	資産	(※1) 80,000	（貸）	負債	(※1) 82,000
	その他資本剰余金	(※4) 12,000		その他資本剰余金	(※5) 10,000

（※１）移転事業に係る資産および負債は，分割期日前日における適正な帳簿価額（資産400,000，負債410,000）（前提条件③参照）により計上する。また，移転事業に係る株主資本相当額△10,000（前提条件③参照）については，親会社持分相当額と非支配株主持分相当額に按分する。

・親会社持分相当額　△8,000=△10,000×80％（前提条件①参照）
（資産400,000×80％＝320,000　負債410,000×80％＝328,000）
・非支配株主持分相当額　△2,000=△10,000×20％（前提条件①参照）

なお，Ｐ社はＳ社に株式を発行するものの，同時にＳ社から当該株式が交付されるため，Ｐ社は自己株式を保有することになる。会計上，当該株式の発行と自己株式を一体とみなし，自己株式の帳簿価額はゼロとなる。

（※２）28,000：受け入れた資産と負債の差額のうち，株主資本の親会社持分相当額△8,000（※1）と，抱合せ株式の帳簿価額のうち，受け入れた資産および負債と引き換えられたものとみなされる額20,000（※3）との差額。

（※３）20,000=Ｓ社株式の簿価80,000×25％

本設例では，抱合せ株式の帳簿価額のうち，受け入れた資産および負債と引き換えられたものとみなされる額を，時価純資産価額の比率25％（＝移転事業に係る株主資本相当額の時価50,000（前提条件③参照）÷（同左50,000＋S社の分割直前の株主資本の時価150,000（前提条件⑤参照）））で按分する方法によって算定している。

（※４）非支配株主に係る増加すべき株主資本は，非支配株主に交付したＰ社株式の時価10,000（＝1,000（前提条件②参照）×10株（前提条件①参照））で算定し，非支配株主持分相当額△2,000（※1）との差額12,000はその他資本剰余金として処理する。

（※５）非支配株主に交付したＰ社株式の時価10,000（＝1,000（前提条件②参照）×10株（前提条件①参照）。

②　会社分割時の吸収分割会社（子会社Ｓ社）の個別財務諸表上の仕訳

（借）	負債	(※1) 410,000	（貸）	資産	(※1) 400,000
				組織再編により生じた株式の特別勘定(※2)	(※1) 10,000
（借）	組織再編により生じた株式の特別勘定	(※3) 10,000	（貸）	繰越利益剰余金	(※3) 10,000

（※１）前提条件③参照。

（※２）株主資本相当額がマイナスであるため，「組織再編により生じた株式の特別勘定」として処理する。

（※３）事業移転に伴う資産および負債の変動に対応して，その他資本剰余金，またはその他利益剰余金を変動させる。本設例では，その他利益剰余金を変動させることとしている（前提条件①参照）。

③　会社分割時の吸収分割会社（親会社Ｐ社）の連結修正仕訳

ⅰ）開始仕訳

（借）	資本金	（※１）100,000	（貸）	Ｓ社株式	（※２）80,000
				非支配株主持分	（※３）20,000

（※１）前提条件④参照。
（※２）前提条件①参照。
（※３）20,000＝資本金100,000（※１）×非支配株主持分20％（※２）

ⅱ）内部取引の消去

（借）	Ｓ社株式	（※１）20,000	（貸）	抱合せ株式消滅差損	（※１）28,000
	繰越利益剰余金	（※１）8,000			
（借）	繰越利益剰余金	（※２）2,000	（貸）	非支配株主持分	（※２）2,000

（※１）会計処理①参照。
（※２）2,000＝現物配当により増加した利益剰余金10,000×20％

（３）親会社が子会社に事業譲渡により事業を移転する場合（受取対価が現金等の財産のみである場合）

①　親会社（事業譲渡会社）の個別財務諸表上の会計処理

事業譲渡会社である親会社は，子会社から受け取った現金等の財産を，譲渡前における適正な帳簿価額により計上し，当該価額と譲渡した事業に係る株主資本相当額との差額は，原則として，移転損益として認識する。

なお，移転事業に係る株主資本相当額がマイナス（債務超過事業）となる場合も，同様に処理する（企業結合適用指針223項）。

②　子会社（事業承継会社）の会計処理

親会社から受け入れる資産および負債は，親会社が譲渡した事業に係る資産および負債の譲渡直前の適正な帳簿価額により計上する。

また，移転事業に係る株主資本相当額と，交付した現金等の財産の適正な帳簿価額との差額は，のれん（または負ののれん）として処理する。

なお，移転事業に係る株主資本相当額がマイナス（債務超過事業）となる場合も同様に処理する（企業結合適用指針224項(1)）。

③　連結財務諸表上の会計処理

親会社の個別財務諸表上で認識された移転損益は，連結会計基準における未実現損益の消去に準じて処理する（企業結合適用指針225項）。

(4) 親会社が子会社に分社型分割により事業を移転する場合（受取対価が子会社株式のみである場合）

①　親会社（吸収分割会社）の個別財務諸表上の会計処理

会社分割の対価として受け入れる子会社株式の取得原価を，移転事業に係る株主資本相当額に基づいて算定する。

移転事業に係る株主資本相当額がマイナスの場合には，会社分割前から保有している子会社株式の帳簿価額を充て，これを超えることとなったマイナスの金額を「組織再編により生じた株式の特別勘定」等，適切な科目によって負債に計上する（企業結合適用指針226項）。

②　子会社（吸収分割承継会社）の会計処理

親会社から受け入れる資産および負債は，分割期日の前日における適正な帳簿価額により計上する（企業結合適用指針227項(1)）。なお，親会社の連結財務諸表上，移転事業に係る子会社の資産および負債の帳簿価額を修正している場合には，修正後の帳簿価額によって資産および負債を受け入れる（企業結合適用指針228項）。

移転事業に係る株主資本相当額は，払込資本（資本金または資本剰余金）として処理する。増加すべき払込資本の内訳項目（資本金，資本準備金またはその他資本剰余金）は，会社法の規定に基づき決定する。

ここで，移転事業に係る株主資本相当額がマイナス（債務超過事業）となる場合には，払込資本をゼロとし，その他利益剰余金のマイナスとして処理する（企業結合適用指針227項(2)，会社計算規則37条２項ただし書き）。

③　連結財務諸表上の会計処理

事業の移転取引および子会社の増資に関する取引は，内部取引として消去する。

次に親会社は，会社分割により追加取得した子会社に係る親会社の持分の増加額（追加取得持分）と移転事業に係る親会社持分の減少額との差額を，資本剰余金に計上する（企業結合適用指針229項）。

設例15－6　親会社が子会社に分社型分割により事業を移転する場合（受取対価が子会社株式のみである場合）

前提条件

① ×1年4月1日，P社はS社に対して債務超過事業を移転し，S社は移転事業の対価として，新株を20株発行した。なお，×1年3月31日，P社はS社の発行済株式総数の80%を80,000千円で取得している。

② 移転事業に係る諸資産の適正な帳簿価額は△90,000千円（資産400,000千円，負債490,000千円，株主資本相当額△90,000千円）であり，当該事業に係る諸資産の時価と簿価は一致している。なお，当該事業の時価は0円である。

③ S社の発行済株式数および資本関係は下記表のとおりである。

（S社発行済株式）

	会社分割前	新株発行	会社分割後
P社	64株（80%）	20株	84株（84%）
非支配株主	16株（20%）	0株	16株（16%）
	80株	20株	100株

④ S社の会社分割直前の貸借対照表は次のとおりである。

（単位：千円）

科目	金額	科目	金額
資産	700,000	負債	600,000
		資本金	100,000

⑤ 会社分割直前のS社の企業自体の時価は150,000千円である。また，資産および負債の簿価は時価と一致している。

⑥ 税効果会計については考慮しない。

会計処理　（単位：千円）

① 会社分割時の吸収分割承継会社（子会社S社）の個別財務諸表上の仕訳

（借）	資産	（※1）400,000	（貸）	負債	（※1）490,000
	繰越利益剰余金（※2）	（※1）90,000			

（※1）前提条件②参照。

（※２）株主資本相当額がマイナスであるため，その他利益剰余金のマイナスとして処理する。

②　会社分割時の吸収分割会社（親会社Ｐ社）の個別財務諸表上の仕訳

（借）	負債	（※１）490,000	（貸）	資産	（※１）400,000
				S社株式	（※２）80,000
				組織再編により生じた株式の特別勘定（※３）	（※１）10,000

（※１）前提条件②参照。
（※２）前提条件①参照。
（※３）株主資本相当額がマイナスであるため，まず会社分割前から保有している子会社株式の帳簿価額を充て，これを超えることとなったマイナスの金額を，「組織再編により生じた株式の特別勘定」として処理する。

③　会社分割時の吸収分割会社（親会社Ｐ社）の連結修正仕訳

ⅰ）開始仕訳

（借）	資本金	（※１）100,000	（貸）	S社株式	（※２）80,000
				非支配株主持分	（※３）20,000

（※１）前提条件④参照。
（※２）前提条件①参照。
（※３）20,000＝資本金100,000（※１）×非支配株主持分20％（※２）

ⅱ）子会社の増資に関する内部取引の消去

ａ）親会社の持分変動による差額の計上

（借）	非支配株主持分	（※）20,400	（貸）	資本剰余金	（※）20,400

（※）20,400＝Ｓ社に対して追加投資したとみなされる額6,000（＝Ｓ社の会社分割前の時価150,000（前提条件⑤参照）×４％（前提条件③参照）－移転事業に係る親会社持分の減少額△14,400（＝株主資本相当額△90,000（前提条件②参照）×非支配株主持分比率16％（前提条件③参照））

ｂ）支配獲得後の資本連結

（借）	Ｓ社株式	（※１）80,000	（貸）	その他利益剰余金	（※２）90,000
	組織再編により生じた株式の特別勘定	（※１）10,000			

（※１）会計処理②参照。
（※２）前提条件②参照。

（5）親会社が子会社に分社型分割により事業を移転する場合（受取対価が子会社株式と現金等の財産の場合）

①　親会社（吸収分割会社）の個別財務諸表上の会計処理

移転事業に係る株主資本相当額がプラスの場合において，受け取った現金等の財産の適正な帳簿価額が，移転事業に係る株主資本相当額より小さい場合には，当該差額を子会社株式の取得原価とし，大きい場合には，当該差額を移転利益に計上する。

また，移転事業に係る株主資本相当額がマイナス（債務超過事業）の場合は，現金等の財産の適正な帳簿価額と等しい金額については，移転利益に計上し，マイナスとなる移転事業に係る株主資本相当額については，まず，会社分割前から保有している子会社株式の適正な帳簿価額を充て，これを超えることとなったマイナスの金額を「組織再編により生じた株式の特別勘定」等，適切な科目によって負債に計上する（企業結合適用指針230項）。

②　子会社（吸収分割承継会社）の会計処理

親会社から受け入れる資産および負債は，親会社が移転した事業に係る資産および負債の移転直前の適正な帳簿価額により計上する（企業結合適用指針231項⑴）。

増加すべき払込資本については，移転事業に係る株主資本相当額が，交付した現金等の財産の適正な帳簿価額より大きい場合は，当該差額を払込資本の増加として処理し，増加すべき払込資本の内訳項目（資本金，資本準備金またはその他資本剰余金）を，会社法の規定に基づき決定する（企業結合適用指針231項⑵①）。

また，移転事業に係る株主資本相当額が，交付した現金等の財産の適正な帳簿価額より小さい場合は，払込資本をゼロとし，当該差額をのれんに計上する（企業結合適用指針231項⑵②）。

なお，移転事業に係る株主資本相当額がマイナス（債務超過事業）の場合には，払込資本をゼロとし，当該マイナス金額をその他利益剰余金のマイナスとして処理する。また，交付した現金等の財産の適正な帳簿価額と等しい金額を，のれんに計上する（企業結合適用指針231項⑵なお書き，会社計算規則37条２項ただし書き）。

③　連結財務諸表上の会計処理

個別財務諸表上で認識された移転利益は，連結会計基準における未実現損益の消去に準じて会計処理する。

また，子会社に係る分離元企業の持分の増加額と，移転した事業に係る分離元企業の持分の減少額との間に生じる差額は，本節「（4）親会社が子会社に分社型分割により事業を移転する場合（受取対価が子会社株式のみである場合）」に準じて，資本剰余金に計上する（企業結合適用指針232項）。

（6）親会社が子会社に分割型分割により事業を移転する場合

①　親会社（吸収分割会社）の個別財務諸表上の会計処理

分割型分割においては，分社型分割と，受け取った子会社株式の現物配当という２つの取引に係る会計処理を行う。

まず，分社型分割に係る会計処理としては，会社分割の対価として受け入れる子会社株式の取得原価を，移転事業に係る株主資本相当額に基づいて算定する。移転事業に係る株主資本相当額がマイナスの場合には，会社分割前から保有している子会社株式の帳簿価額を充て，これを超えることとなったマイナスの金額を「組織再編により生じた株式の特別勘定」等，適切な科目によって負債に計上する。また，会社分割に要した支出額は，発生時の事業年度に費用処理する。

次に，現物配当に係る会計処理としては，受け取った子会社株式の取得原価により，株主資本を変動させる。変動させる株主資本の内訳は，取締役会等の企業の意思決定機関において定められた結果に従うこととなる（企業結合適用指針233項，226項，自己株式・準備金減少適用指針10項）。

②　子会社（吸収分割承継会社）の会計処理

親会社から受け入れる資産および負債は，分割期日の前日における適正な帳簿価額により計上する（企業結合適用指針234項(1)）。なお，親会社の連結財務諸表上，移転事業に係る子会社の資産および負債の帳簿価額を修正している場合には，修正後の帳簿価額によって資産および負債を受け入れる（企業結合適用指針234項(2)本文，228項）。

移転事業に係る株主資本相当額は，払込資本（資本金または資本剰余金）として処理する。増加すべき払込資本の内訳項目（資本金，資本準備金またはその他資本剰余金）は，会社法の規定に基づき決定する。

なお，移転事業に係る株主資本相当額がマイナス（債務超過事業）となる場合には，払込資本をゼロとし，その他利益剰余金のマイナスとして処理する（企業結合適用指針234項⑵本文，227項，会社計算規則37条２項ただし書き）。

ただし，受け入れた資産および負債の対価として，子会社の株式のみを交付している場合には，親会社で計上されていた株主資本の内訳を適切に配分した額をもって計上することができ，この場合の株主資本の内訳の配分額は，親会社が減少させた株主資本の内訳の額と一致させる（企業結合適用指針234項⑵ただし書き）。

③　連結財務諸表上の会計処理

子会社が親会社から受け入れた事業の対価として，親会社の株主に子会社株式を交付したことにより減少する親会社持分の金額は，連結財務諸表上の帳簿価額により非支配株主持分に振り替える（企業結合適用指針235項）。

（７）子会社が他の子会社に分社型分割により事業を移転する場合

①　吸収分割会社（子会社）の個別財務諸表上の会計処理

吸収分割会社の会計処理は，親会社が子会社に，分社型分割により事業を移転する場合に準じて会計処理する（企業結合適用指針254－２項，226項）（本節「（４）親会社が子会社に分社型分割により事業を移転する場合（受取対価が子会社株式のみである場合）」参照）。

②　吸収分割承継会社（他の子会社）の会計処理

吸収分割承継会社の会計処理は，親会社が子会社に，分社型分割により事業を移転する場合の子会社の会計処理に準じて処理する（企業結合適用指針254－３項，227項，231項）（本節「（４）親会社が子会社に分社型分割により事業を移転する場合（受取対価が子会社株式のみである場合）」および「（５）親会社が子会社に分社型分割により事業を移転する場合（受取対価が子会社株式と現金等の財産の場合）」参照）。

③　吸収分割会社（子会社）の連結財務諸表上の会計処理

ⅰ）吸収分割承継会社（他の子会社）が，吸収分割会社（子会社）の子会社となる場合

事業の移転および吸収分割承継会社の増資に係る取引は，内部取引として消去する。

また，吸収分割会社は，移転事業に係る株主資本相当額に基づいて算定された，吸収分割承継会社の株式（子会社株式）の取得原価と，これに対応する吸収分割承継会社の会社分割直後の資本（会社分割期日における適正な帳簿価額による吸収分割承継会社の資本に，会社分割により増加する吸収分割会社の持分比率を乗じた額）との差額を，資本剰余金として処理する（企業結合適用指針254－４項⑴）。

ⅱ）吸収分割承継会社（他の子会社）が，吸収分割会社（子会社）の関連会社となる場合

吸収分割会社は，移転事業に係る株主資本相当額に基づいて算定された，受け入れた吸収分割承継会社の株式（関連会社株式）の取得原価と，これに対応する吸収分割承継会社の会社分割直後の資本（会社分割期日における適正な帳簿価額による吸収分割承継会社の資本に，会社分割により増加する吸収分割会社の持分比率を乗じた額）との差額を，持分変動差額として処理する。

なお，当該会社分割により，のれん（または負ののれん）は計上されない（企業結合適用指針254－４項⑵）。

④　親会社の連結財務諸表上の会計処理

企業集団の最上位である親会社における，連結財務諸表上の会計処理としては，会社分割の結果，吸収分割会社および吸収分割承継会社の資本に対する持分比率の変動を，資本剰余金として処理する（企業結合適用指針［設例11－４］⑵⑥参照）。

（８）子会社が他の子会社に分割型分割により事業を移転する場合

①　吸収分割会社（子会社）の個別財務諸表上の会計処理

吸収分割会社の会計処理は，分割型分割により親会社が子会社に事業を移転する場合の，親会社の会計処理に準じて処理する（企業結合適用指針255項，

233項）（本節「（６）親会社が子会社に分割型分割により事業を移転する場合」参照）。

②　吸収分割承継会社（他の子会社）の個別財務諸表上の会計処理

吸収分割承継会社の会計処理は，分割型の会社分割により親会社が子会社に事業を移転する場合の，子会社の会計処理に準じて処理する（企業結合適用指針256項，234項）（本節「（６）親会社が子会社に分割型分割により事業を移転する場合」参照）。

③　親会社の個別財務諸表上の会計処理

吸収分割会社の株主（親会社）がこれまで保有していた吸収分割会社の株式のうち，会社分割により受け入れた資産および負債と引き換えられたとみなされる額については，吸収分割承継会社株式の帳簿価額に付け替える（企業結合適用指針257項，295項）。

この「みなされる額」の算定の詳細については，「第16章　債務超過会社の株式交換・株式移転等」「５　債務超過である孫会社株式の子会社から親会社への現物配当」「（１）会計上の取扱い」「②　親会社での会計処理」をご参照いただきたい。

また，移転する事業が債務超過の場合には，以下のいずれかの考え方より，会社分割の実態も鑑み，適切な方法を選択して引き換えられたとみなされる株式の金額を算定することになると考えられる。

- 移転事業が債務超過であるため，時価をゼロとみなし，帳簿価額の付替えを行わない。
- 債務超過事業の時価がプラスである場合に，当該時価を用いて金額を算定する。
- 移転元では債務超過事業の切離しにより企業価値が増加し，一方，移転先では債務超過事業を受け入れることにより企業価値が減少する実態を表すものとして，マイナスの帳簿価額を用いて帳簿価額の付替えを行う（移転元の株式を増額し，移転先の株式を減額する）。

（９）完全親子会社関係にある会社分割において何ら対価を交付しない場合

移転事業が債務超過事業である場合等のように，実務上，何ら対価を交付しない会社分割（無対価分割）の場合がある。吸収分割会社における会計処理としては，吸収分割承継会社の株式が交付されないことを理由として，分割型分割として取り扱うこととなる。

一方，吸収分割承継会社における会計処理としては，以下のケースに分類される（企業結合適用指針203－２項(2)）。

①　親会社が子会社に事業を移転する場合
②　子会社が他の子会社に事業を移転する場合
③　子会社が親会社に事業を移転する場合

なお，法人税法上，上記①については分社型分割，②および③については分割型分割として取り扱われる（詳細は「6　会社分割に係る税務上の会計処理」参照）。

①　親会社が子会社に事業を移転する場合

吸収分割承継会社である子会社は，親会社が子会社に，分割型分割により事業を移転する場合の，子会社（吸収分割承継会社）の会計処理と同様に処理する。

なお，親会社の株主は会計処理を要しない（企業結合適用指針203－２項(2)①）。

②　子会社が他の子会社に事業を移転する場合

吸収分割承継会社である他の子会社の会計処理は，分割型の会社分割により親会社が子会社に事業を移転する場合の，子会社の会計処理に準じて処理する。

なお，吸収分割承継会社である他の子会社が，分割期日に吸収分割会社である子会社の株式を保有している場合には，分割後の吸収分割会社の財務内容等を勘案して，期末において，吸収分割会社の株式の帳簿価額について，相当の減額の要否を検討する。

また，吸収分割会社の株主（親会社）は，受け取る吸収分割承継会社の株式と，これまで保有していた吸収分割会社の株式が実質的に引き換えられたものとみなし，分割型分割における吸収分割会社の株主に係る会計処理に準じて処理する（企業結合適用指針203－２項(2)②）。

③　子会社が親会社に事業を移転する場合

吸収分割承継会社である親会社は，子会社が親会社に分割型分割により事業を移転する場合の親会社の会計処理に準じて処理する。

ただし，移転する事業に子会社株式（親会社からみて孫会社株式）や関連会社株式が含まれている場合には，親会社は，当該子会社株式等の受入れについて，子会社が他の子会社に分割型分割により事業を移転する場合の株主（親会社）の会計処理に準じて処理する（企業結合適用指針203－２項⑵③）。

いずれの場合であっても，株主資本等の変動額は，会社計算規則38条２項に基づき，吸収分割により変動する吸収分割会社の資本金および資本剰余金の合計額を，吸収分割承継会社のその他資本剰余金の変動額とし，吸収分割会社の利益剰余金の変動額を，吸収分割承継会社のその他利益剰余金に引き継ぐと考えられる。したがって，移転する事業が債務超過であり，移転する事業に係る利益剰余金がマイナスである場合には，吸収分割会社の利益剰余金が増加し，吸収分割承継会社のその他利益剰余金が減少することとなる。

また，子会社が他の子会社に事業を移転する場合の親会社の処理は，企業結合適用指針295項に定められる方法により算定した額をもって，子会社株式の帳簿価額の付替えを行うことになるが，移転する事業が債務超過である場合，その実態に応じて適切な会計処理を選択する必要があるものと考えられる（本節「（８）子会社が他の子会社に分割型分割により事業を移転する場合」「③親会社の個別財務諸表上の会計処理」参照）。

なお，分割後の債務超過事業をその後廃止する予定である場合，事業移転というよりも対象となる資産および負債を対価ゼロで譲渡したに過ぎないとも考えられる。この場合は企業結合会計の対象とみるべきではないことから，このようなケースでは，経済実態を考慮して慎重に検討する必要がある。資産および負債の対価ゼロの譲渡とみる場合には，吸収分割会社においては，譲渡する資産および負債の差額について債務免除益，事業譲渡益等の科目で計上することが考えられ，吸収分割承継会社においては，当該差額について子会社支援損，事業譲受損等の科目で計上することが考えられる。

6　会社分割に係る税務上の会計処理

本節では，会社分割の際の税務処理について解説する。なお，税務上の処理を受けた税効果会計上の取扱いについては，「第18章　組織再編と繰越欠損金等」「6　組織再編と税効果会計」で解説しているため，そちらをご参照いただきたい。

(1) 非適格分割の場合の税務処理

①　分社型分割

会社分割において，その対価を分割法人が受け取る場合のほか，会社分割が無対価で行われ，分割法人が分割承継法人の株式を保有している場合（分割承継法人が分割法人の株式のすべてを保有している場合を除く。）に関して，税務上分社型分割として取り扱われる（法人税法2条12号の10）。

i）分割法人における取扱い

非適格分社型分割となる場合，分割法人では，会社分割の対価と純資産額との差額が譲渡損益として課税されることになる（法人税法62条1項）。

分割される事業が債務超過の場合，課税される譲渡利益の額は以下の算式で求められる。

譲渡利益＝分割対価－（移転する資産の税務上の簿価－移転する負債の税務上の簿価）

税務上の会計処理

（借）	分割承継法人株式（※1）	（※2）150	（貸）資　産	（※3）200
	負　債	（※3）300	譲渡利益	（※4）250

（※1）対価が株式であることを前提としている。
（※2）分割承継法人株式の時価により算定する。
（※3）会社分割直前の税務上の帳簿価額により算定する。
（※4）差額で算出する。

また，分割される事業が債務超過であることにより，無対価会社分割が行われるような場合でも，分割対価に相当する移転する事業の時価に受け入れた負債の額から資産の額を差し引いた債務超過相当額を加えた額が譲渡利益として課税されることに変わりはないと考えられる。さらに，グループ法人税制が適用となる会社間で会社分割が行われ，かつ非適格会社分割となる場合には，譲渡利益のうち，譲渡損益調整資産に係る移転利益は税務上，繰延処理が行われることになる点に留意が必要である（法人税法61条の11第1項）。

なお，後述するように分割承継法人で寄附金が計上される場合，分割法人と分割承継法人との間に完全支配関係（通算完全支配関係を除く。）があるようなときは，寄附金および受贈益がそれぞれ損金不算入および益金不算入となった上で，寄附修正事由に該当するものとして，株式の金額の修正が行われる点に留意が必要である。

税務上の会計処理

（借）利益積立金額	250	（貸）分割承継法人株式	250

ⅱ）分割承継法人における取扱い

分割承継法人では，会社分割の対価と受け入れた純資産額との差額が原則として資産調整勘定として計上されることになる（法人税法62条の8第1項）。

資産調整勘定＝分割対価（※1）－（移転する資産の税務上の簿価－移転する負債の税務上の簿価）（※2）

（※1）当該対価には，分割法人からの受贈益が含まれ，分割法人への寄附金相当額が除かれる（法人税法62条の8第1項）。
（※2）下記のただし書きを参照のこと。

ただし，移転事業が債務超過である場合，実質的に分割法人における欠損金相当額は資産等超過差額に該当するものとして，資産調整勘定の計上は認められない（法人税法施行令123条の10第4項，法人税法施行規則27条の16第2項）。

なお，無対価会社分割の場合などで，資産調整勘定としての価値が認められず，分割承継法人から分割法人に対する寄附が行われたとみなされる場合には，借方は資産調整勘定（または資産等超過差額）ではなく，寄附金となる。

税務上の会計処理

（借）	資　産	(※1) 200	（貸）	負　債	(※1) 300
	資産調整勘定	(※2) 250		資本金等 (※3)	(※4) 150

（※１）時価により算定する（ここでは，分割法人における簿価と時価に差額がなかったものとしている）。
（※２）差額で算出する。
（※３）対価が株式であることを前提としている。
（※４）株式の時価により算定する。

②　分割型分割

会社分割において，その対価を分割法人の株主が受け取る場合のほか，会社分割が無対価で行われ，分割法人が分割承継法人の株式を保有していない場合または分割承継法人が分割法人の株式のすべてを保有している場合に関して，税務上分割型分割として取り扱われる（法人税法２条12号の９）。

分割型分割における分割承継法人における取扱いは分社型分割のケースと変わらないためここでの説明は省略し，分割法人および分割法人の株主における取扱いを解説する。

ｉ）分割法人における取扱い

非適格分割型分割となる場合，分割法人において，会社分割の対価と純資産額との差額が譲渡損益として課税されることになる点は分社型分割と変わりはない（法人税法62条１項）。分割される事業が債務超過の場合，課税される譲渡利益の額は以下の算式で求められる。

譲渡利益＝分割対価－（移転する資産の税務上の簿価－移転する負債の税務上の簿価）

分割型分割の場合，分社型分割の会計処理に加えて，分割法人の株主に対する分割承継法人株式の交付の会計処理が必要となる。

通常の分割型分割の場合，分割法人の資本金等の額に（分割直前の移転事業に係る純資産額÷前期末の分割法人の純資産額）を乗じて減ずべき資本金等の額を算定する（法人税法施行令８条１項15号）。ただし，分割法人が前期末時点で債務超過でなく，かつ，移転事業が債務超過の場合には，資本金等の額は減少しないため（法人税法施行令８条１項15号柱書きカッコ書き），分割承継法人株式の額全額が利益積立金から減額され，無対価会社分割として行われる場合には，変動すべき利益積立金はゼロとなる。

以下の説明では，分割法人が前期末時点で債務超過でなく，かつ，移転事業が債務超過であることを前提とする。

税務上の会計処理

（借）			（貸）		
分割承継法人株式（※１）	（※２）	150	資　産	（※３）	200
負　債	（※３）	300	譲渡利益	（※４）	250
資本金等	（※５）	－	分割承継法人株式	（※２）	150
利益積立金	（※６）	150			

（※１）対価が株式であることを前提としている。
（※２）分割承継法人株式の時価により算定する。
（※３）会社分割直前の帳簿価額により算定する。
（※４）差額で算出する。
（※５）分割法人が前期末時点で債務超過でなく，かつ，移転事業に係る純資産額がマイナスの場合，減少する資本金等はゼロとなる。
（※６）減少する資本金等がゼロであるため（（※５）参照），株主へと交付される分割承継法人株式の時価相当を利益積立金から減額する。

このほかの取扱いについては，分社型分割のケースと同じであるため，そちらを参照されたい。

ⅱ）分割法人の株主における取扱い

ここでは，株式以外の交付は受けていない前提で税務上の処理を確認する。

分割法人の株主が，非適格分割型分割に際して分割承継法人の株式のみを受け取る場合，株式の譲渡損益の計上はない（法人税法61条の２第４項，１項１号）。この場合，みなし配当として以下の金額が計上される。

みなし配当＝分割承継法人株式の時価－対応する資本金等の額

また，分割承継法人の株式の取得価額は，上記のみなし配当の額に加えて，分割法人の株主が保有していた分割法人株式の帳簿価額に（分割直前の移転事業に係る純資産額÷前期末の分割法人の純資産額）を乗じた額を加算して算定される（法人税法施行令119条１項６号，119条の８第１項）が，移転事業が債務超過の場合，減額される分割法人株式の金額はゼロになると考えられる。

税務上の会計処理

（借）	分割承継法人株式	（※１）150	（貸）	みなし配当	（※２）150
				分割法人株式	（※３）－

（※１）貸方金額の合計で算定される。
（※２）分割法人が前期末時点で債務超過でなく，かつ，移転事業が債務超過の場合，対応する資本金等の額がゼロになるため，分割承継法人株式の時価でみなし配当が計上される。
（※３）分割法人株式の簿価に乗じる比率の分子（分割直前の移転事業に係る純資産額）はゼロを下限とすると考えられるため，ゼロとなる。
なお，前提として，分割法人株式の簿価を300，前期末の純資産（簿価）を1,000，分割事業が債務超過（△100とする）であるものとする。

当該会社分割が無対価で行われる場合，みなし配当は生じず，株式の簿価の付替えも行われない。

なお，分割法人・分割承継法人間で寄附金が計上され，株主においてグループ法人税制上の寄附修正事由に該当する場合には，分割法人株式・分割承継法人株式の修正を行う必要がある点に留意が必要である。

（２）適格分割の場合の税務処理

①　分社型分割

税務上，分社型分割に該当するかどうかの条件に関しては，非適格分割の項に記載しているため，そちらをご参照いただきたい。

ｉ）分割法人における取扱い

適格分社型分割となる場合，分割法人では，分割される事業の簿価（移転する資産と負債の差額）が分割承継法人株式の取得価額となる（法人税法施行令119条１項７号）。

分割される事業が債務超過の場合，対価の有無にかかわらず，分割承継法人株式の取得価額はマイナスとなる（法人税法施行令119条の３第23項）。

税務上の会計処理

（借）	分割承継法人株式	（※１）△100	（貸）	資　産	（※２）200
	負　債	（※２）300			

（※１）差額で算出する。
（※２）会社分割直前の帳簿価額により算定する。

ii）分割承継法人における取扱い

分割される事業が債務超過の場合，分割承継法人では，分割法人から資産および負債を簿価で受け入れ，差額をマイナスの資本金等として処理することになる（法人税法施行令８条１項７号）。

税務上の会計処理

（借）	資　産	（※１）200	（貸）	負　債	（※１）300
				資本金等	（※２）△100

（※１）会社分割直前の帳簿価額により算定する。
（※２）差額で算出する。

②　分割型分割

税務上，分割型分割に該当するかどうかの条件に関しては，非適格分割の項に記載しているため，そちらをご参照いただきたい。

i）分割法人における取扱い

適格分割型分割となる場合，分割法人では，分割承継法人株式を株主に分配する際に分割法人において減算すべき資本金等の額に相当する金額が，分割承継法人株式の取得価額となる（法人税法62条の２第３項，法人税法施行令123条の３第２項）。この減算すべき資本金等の額は，分割直前の分割法人の資本金等の額に（分割直前の移転事業に係る純資産額÷前期末の分割法人の純資産額）を乗じた額として算出される（法人税法施行令８条１項15号）。

なお，分割法人が前期末時点で債務超過でなく，かつ，分割される事業が債務超過の場合，前述の資本金等の額はゼロとなり，資産と負債の差額は利益積立金のマイナスとして処理される（法人税法施行令９条１項10号）。

税務上の会計処理

（借）分割承継法人株式	（※1）－	（貸）資　産	（※2）200
負　債	（※2）300		
利益積立金	（※3）△100		
（借）資本金等	（※1）－	（貸）分割承継法人株式	（※1）－

（※1）受け取った分割承継法人株式の株主への交付の際に減額すべき資本金等の額はゼロとなる。
（※2）会社分割直前の帳簿価額により算定する。
（※3）差額で算出する。

ⅱ）分割承継法人における取扱い

分割法人が前期末時点で債務超過でなく，かつ，分割される事業が債務超過の場合，分割承継法人では，分割法人から資産および負債を簿価で受け入れ，差額をマイナスの利益積立金として処理することになる（法人税法施行令123条の3第3項，8条1項6号，9条1項3号）。

税務上の会計処理

（借）資　産	（※1）200	（貸）負　債	（※1）300
		利益積立金	（※2）△100

（※1）会社分割直前の帳簿価額により算定する。
（※2）差額で算出する。

ⅲ）分割法人株主における取扱い

分割法人株主では，適格分割型分割における分割事業が債務超過であった場合，対価の有無にかかわらず，税務上会計処理は行われない（法人税法24条1項2号，61条の2第4項，法人税法施行令119条1項6号，119条の8第1項，23条1項2号，119条の3第21項，22項，119条の4第1項）。

7　無対価分割における税制適格要件の判定

無対価分割とは，対価としての株式その他の資産が交付されない会社分割のことをいう。無対価分割における税制適格要件は，分社型分割と分割型分割とで異なる。分割型分割では当事者間の関係によっても異なる要件が定められている（法人税法施行令４条の３第６項）。以下では，無対価分割の代表的なケースについて，解説する。

①　親会社が100%子会社に事業を移転する場合（分社型分割）

親会社から子会社に事業を移転する無対価の分社型分割では，親会社が子会社の発行済株式等の全部を直接保有する場合において，分割後に完全支配関係の継続が見込まれている場合，適格要件を満たす。

②　100%子会社から親会社に事業を移転する場合（分割型分割）

子会社から親会社に事業を移転する無対価の分割型分割では，親会社が子会社の発行済株式等の全部を直接保有する完全支配関係がある場合に，適格要件を満たす。

③　100%子会社が他の100%子会社に事業を移転する場合（分割型分割）

分割法人と分割承継法人の間に同一の者による完全支配関係がある無対価の分割型分割は，以下のｉ）またはⅱ）の関係があり，分割後に同一の者と分割承継法人との間に同一の者による完全支配関係が継続することが見込まれる場合に，適格要件を満たす。

ｉ）分割承継法人が分割法人の発行済株式等の全部を保有する関係
ⅱ）分割法人の株主等（分割法人および分割承継法人を除く。）および分割承継法人の株主等（分割承継法人を除く。）のすべてについて，その者が保有する分割法人の株式の数の分割法人の発行済株式等（分割承継法人が保有する分割法人の株式を除く。）の総数のうちに占める割合とその者が保有する分割承継法人の株式の数の分割承継法人の発行済株式等の総数のうちに占める割合とが等しい場合における分割法人と分割承継法人との間の関係

第16章

債務超過会社の株式交換・株式移転等

本章のポイント

- 株式交換・株式移転または株式交付により親会社が取得する子会社株式の取得原価は，時価で算定されるケースと子会社の株主資本を基礎として算定されるケースがあり，時価で算定されるケースでは子会社が債務超過であることの影響はない。
- 一方，子会社の株主資本を基礎として算定されるケースでは，「組織再編により生じた株式の特別勘定」等が負債に計上されるものと考えられる。
- 無対価株式交換が行われた場合，会計基準上で明示的な会計処理の定めはなく，実態に即して会計処理を適切に選択することが考えられる。
- 現物配当により投資先から株式を受領した場合または無対価株式交換の場合には，これまで保有していた株式のうち実質的に引き換えられたものとみなされた額を適切に算定し，会計処理を行う。
- 税務上は，適格株式交換，適格株式移転または適格現物分配に該当するかどうかで，その取扱いが異なってくる。

1　総　　論

（1）株式交換・株式移転・株式交付

①　株式交換手続

ⅰ）株式交換とは

株式交換とは，株式会社がその発行済株式の全部を他の株式会社（または合同会社）に取得させることをいう（会社法2条31号）。

図表16－1をベースに具体的に解説すると，A社がB社を完全子会社（100％子会社）化することを目的として，A社がB社株主からB社株式を受け取り，引換えにA社株式をB社株主に引き渡す取引である。多くのケースで，A社が会計上の取得企業となるが，B社の規模が相対的に大きい場合などでは，B社が会計上の取得企業となる「逆取得の株式交換」となるケースもある。

また，A社が従前よりB社の株式の過半数を保有し，子会社としているようなときに，B社を完全子会社とするために株式交換が利用されるケースも多い。

図表16－1　株式交換実施前後の関係

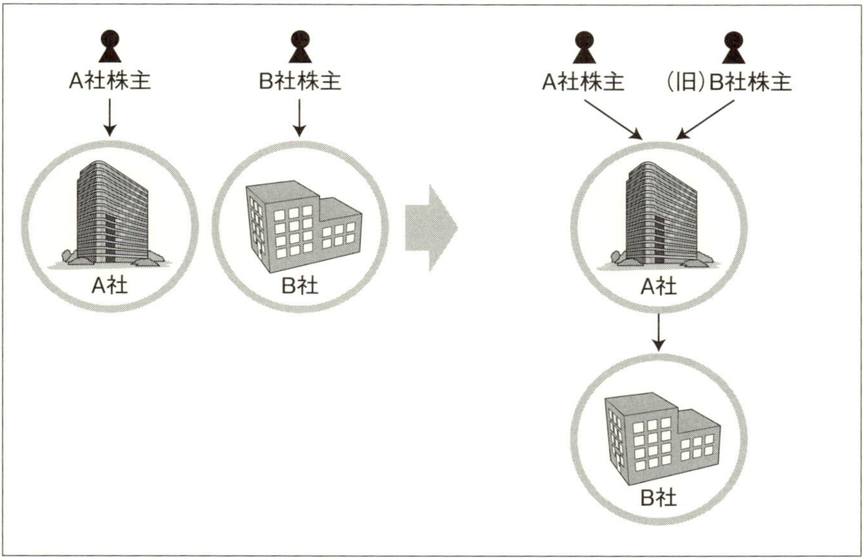

ii）株式交換に係る会社法上の手続（概略）

完全子会社となる会社（図表16－1におけるＢ社。以下，本章において「株式交換完全子会社」という。）は株式会社に限られ，完全親会社となる会社（図表16－1におけるＡ社。以下，本章において「株式交換完全親会社」という。）との間で，株式交換契約を締結する（会社法767条）。なお，株式交換完全親会社となる会社は，株式会社だけでなく，合同会社であってもよいとされている。

株式交換完全親会社および株式交換完全子会社の株主総会における承認の要否については，図表16－2にまとめている。

図表16－2　株式交換に係る株主総会での承認

	株式交換完全親会社	株式交換完全子会社
原則	特別決議（会社法795条１項，309条２項12号）	特別決議（会社法783条１項，309条２項12号）
例外	株式交換完全子会社となる会社の株主に交付する自社の株式の数に１株当たり純資産額を乗じた額が，自社の純資産額の20％以下の場合は不要（簡易株式交換，会社法796条２項）	株式交換完全子会社が特別支配会社（株式交換完全親会社となる会社に発行済株式の90％以上の株式を保有されている会社）である場合は不要（略式株式交換，会社法784条１項）

②　株式移転手続

i）株式移転とは

株式移転とは，１または２以上の株式会社がその発行済株式の全部を新たに設立する株式会社に取得させることをいう（会社法２条32号）。

図表16－3は２社が主体となって株式移転を行う例であるが，Ａ社とＢ社が経営統合することを目的としてその親会社となるＰ社を設立する。Ａ社株主・Ｂ社株主が保有していたＡ社株式・Ｂ社株式はＰ社に移転し，引換えにＰ社株式をＡ社株主・Ｂ社株主に引き渡すこととなる。

なお，定義にもあるとおり，１社が単独で親会社を設立したり，３社以上の会社が共同して持株会社であるような親会社を設立したりすることも可能である。

図表16－3　株式移転実施前後の関係

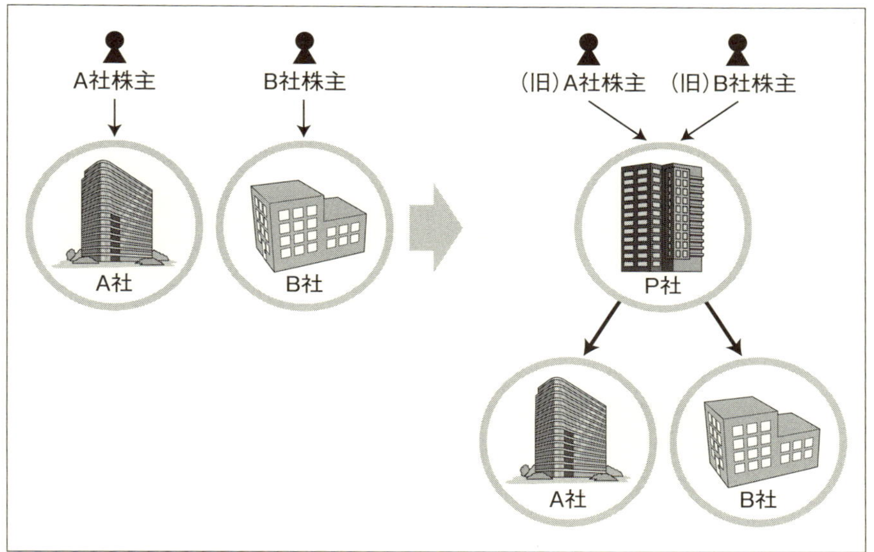

ii）株式移転に係る会社法上の手続（概略）

完全子会社となる会社（図表16－3におけるA社およびB社。以下，本章において「株式移転完全子会社」という。）は株式会社に限られ，また，株式移転計画を作成する必要がある（会社法772条）。なお，株式交換と異なり，設立される完全親会社となる会社（図表16－3におけるP社。以下，本章において「株式移転設立完全親会社」という。）も株式会社に限定されている。

株式移転完全子会社は，株式移転計画の承認を株主総会の特別決議によって受ける必要がある（会社法804条１項）。

③　株式交付手続

i）株式交付とは

株式交付とは，株式会社が他の株式会社をその子会社とするために当該他の株式会社の株式を譲り受け，当該株式の譲渡人に対して当該株式の対価として当該株式会社の株式を交付することをいう（会社法２条32号の２）。ここでいう「子会社」は，議決権の過半数を直接または間接に保有することにより支配を獲得することになる子会社を指す（会社法施行規則４条の２）。

当該手続は，2019年の会社法改正により導入され（施行日は2021年３月１日），既存の会社同士で他社を子会社化するために行われる組織再編という意味では株式交換に類似しているが，完全親子会社関係ではない子会社化という点で，株式交換とは異なることになる。これまでは，自社の株式を対価とする子会社化を行う際に，完全親子会社関係を創出する株式交換以外には現物出資の方法によることが考えられたが，現物出資の場合には検査役の検査などの会社法上の規制を受けることで，必ずしも使い勝手がよい形とはなっていなかった。この株式交付制度の創設によって，完全子会社化するケースでなくとも，会社法の規定により，自社の株式を対価とした組織再編が相対的にスムーズに実施できるようになった。

なお，株式交付制度は，他社を議決権の50％超保有する子会社にするために行われるものであり，これに満たない株式の取得（50％以下でも子会社になるケースを含む。）や，すでに50％超の議決権を保有して子会社としている会社の株式を追加取得するケースには用いられない。

図表16－４をベースに具体的に解説すると，Ａ社がＢ社を子会社化（完全子会社ではない）することを目的として，一部のＢ社株主からＢ社株式を受け取り，引換えにＡ社株式を当該Ｂ社株主に引き渡す取引である。株式交換と同じく，多くのケースで，Ａ社が会計上の取得企業となるが，Ｂ社の規模が相対的に大きい場合などでは，Ｂ社が会計上の取得企業となる「逆取得の株式交付」となるケースもある。

また，Ａ社（子会社を含む。）が従前よりＢ社の議決権の40％以上，50％以下を保有し，かつ，自己と出資，人事，資金，技術，取引等において緊密な関係があることにより自己の意思と同一の内容の議決権を行使すると認められる者（いわゆる緊密な者）および自己の意思と同一の内容の議決権を行使することに同意している者（いわゆる同意している者）が所有している議決権とを合わせて，Ｂ社の議決権の過半数を保有して子会社化しているケースで，緊密な者等を除いても議決権を50％超保有することを目的に株式交付を実施することもできると考えられ[1]，この場合の株式交付は共通支配下の取引等（非支配株

１　「特別企画　2019年会社法改正でどう変わる？　会計・開示の論点整理　株式交付」波多野直子著，企業会計，2020年３月号，中央経済社.

主との取引）に該当するものと考えられる。

図表16－4　株式交付実施前後の関係

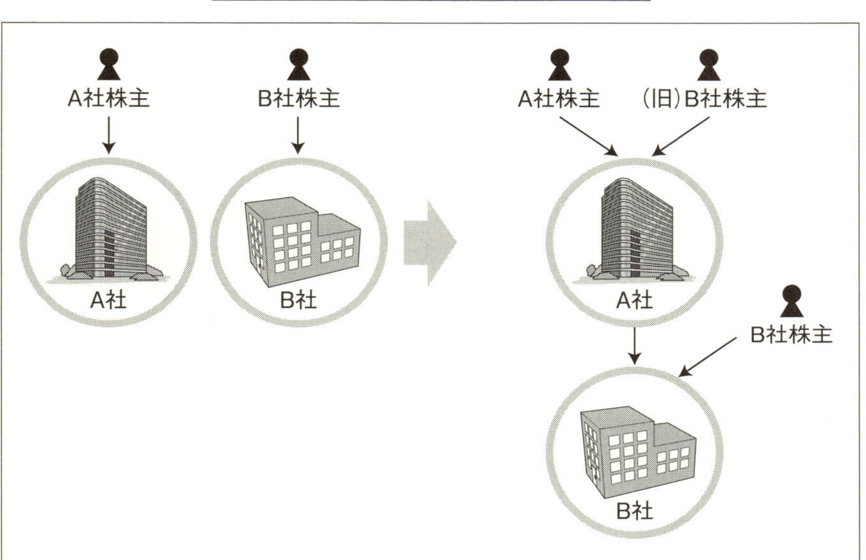

ii）株式交付に係る会社法上の手続

親会社となる会社（図表16－4におけるA社。以下，本章において「株式交付親会社」という。）と子会社となる会社（図表16－4におけるB社。以下，本章において「株式交付子会社」という。）はともに株式会社に限られる。

また，株式交付親会社は株式交付計画を作成し，株主総会の特別決議による承認を受ける必要がある（会社法774条の2後段，816条の3第1項，309条2項12号）。ただし，一定の要件を満たす場合に株主総会の決議を不要とする簡易株式交付の規定が設けられている（会社法816条の4第1項本文）。

そして，株式交付親会社は株式交付子会社の株式の譲渡しの申込みをしようとする者に対し，一定の事項を通知し（会社法774条の4第1項），株式交付子会社の株式の譲渡しの申込みをする者は，一定の事項を記載した書面を株式交付親会社に交付する（同条2項）。

④　債務超過会社を100%子会社化する株式交換等の意義

株式交換・株式移転という会社法上の手続を経ることで，これまで非支配株主（外部株主）が存在した会社を100%子会社化することができる。100%子会社化することで，親会社との関係をより緊密化し，経営再建の実効性をより高めていくような効果が期待される。

また，株式交付手続によっても，これまで非支配株主（外部株主）が存在した会社を子会社化することになる。前述の株式交換等と異なり完全子会社とはならないものの，協力的な既存株主を引き続き株主として関与させた上で，親会社主導の下での経営再建を着実に実行していくことができるものと考えられる。

なお，第19章で触れるわが国のグループ通算制度は，100%子会社のみが参加できる制度となっており，いまだグループ通算制度を適用していない会社グループは，その範囲を拡大させるために，株式交換等で100%化してから通算グループに加入させるシナリオが考えられる。ただし，その繰越欠損金に関しては，一定の持込制限が課されているため，留意が必要である。

(2) 現物配当手続

株主に行う剰余金の分配は，会社法上，金銭以外の財産によることもできるとされている（ただし，自社の株式を除く。会社法454条１項１号）。

会社法上は，合併・株式交換などの組織再編行為に該当しないとされているが，税務上の取扱いは合併等の組織再編税制に含める形で規定されている。

2　債務超過会社の株式交換

(1) 被取得企業が債務超過の場合の株式交換

①　取得企業の個別財務諸表上の会計処理

取得と判定された株式交換において株式交換完全親会社が取得する株式交換完全子会社株式の取得原価は，取得の対価に，付随費用を加算して算定する（企業結合適用指針110項）。ここで，取得の対価は，基本的に交付した取得企業の株式の時価で算定される（企業結合会計基準23項，企業結合適用指針38項）。

このように，被取得企業が債務超過であったとしても，親会社の個別財務諸表上での子会社株式の取得原価は，子会社の純資産額とは関係なく時価ベースで算定されるため，被取得企業が債務超過であることの影響はない。

なお，会社法上は，非支配株主に対価を交付しない無対価株式交換という制度も設けられている。被取得企業が債務超過の場合であったとしても，被取得企業の株主に対して対価を交付しない無対価株式交換を行うケースは，企業価値がゼロないしマイナスである場合が想定されるため，受領する子会社株式はゼロとして会計処理することになるのではないかと考えられる。

②　取得企業の連結財務諸表上の会計処理

ｉ）投資と資本の相殺消去

連結財務諸表上は，通常の連結手続と同様，親会社における投資と子会社における資本を相殺し，消去差額であるのれんまたは負ののれんを認識する（企業結合適用指針116項)。この点も，子会社が債務超過であるかどうかで会計処理が変わることはない。

なお，個別財務諸表で子会社株式の取得原価に含められた取得関連費用は，連結財務諸表上のみ純損益へと振り替えることになる（企業結合会計基準26項)。

ⅱ）みなし取得日の取扱い

株式交換日が子会社の決算日以外の日である場合，株式交換日の前後いずれかの決算日，いわゆるみなし取得日に株式交換が行われたものとして会計処理することができる（企業結合適用指針117項，連結会計基準（注５))。

（2）債務超過の子会社を完全子会社化する株式交換

①　親会社の個別財務諸表上の会計処理

ｉ）非支配株主から取得する子会社株式の会計処理

非支配株主が存在する子会社を完全子会社とする株式交換において，親会社が非支配株主から追加取得する子会社株式の取得原価は，「（１）被取得企業が債務超過の場合の株式交換」のケースと同様，取得の対価に付随費用を加算して算定する。ここで，取得の対価は，交付した親会社の株式の時価で算定される（企業結合会計基準45項，企業結合適用指針236項⑴)。

このように，被取得企業が債務超過であることの影響がない点は「(1) 被取得企業が債務超過の場合の株式交換」における取得と判定される株式交換の場合と同じである。

ⅱ）他の子会社から取得する子会社株式の会計処理

株式交換完全子会社となる子会社の株式を連結グループ内の他の子会社（中間子会社）が保有している場合には，「ⅰ）非支配株主から取得する子会社株式の会計処理」における非支配株主から追加取得するケースと取扱いが異なる。具体的には，株式交換日の前日に株式交換完全子会社が付していた適正な帳簿価額による株主資本の額に，同日の持分比率を乗じた中間子会社持分相当額により算定することとされている（企業結合適用指針236－４項）（図表16－５参照）。

図表16－５　他の子会社も株式を保有する場合の株式交換

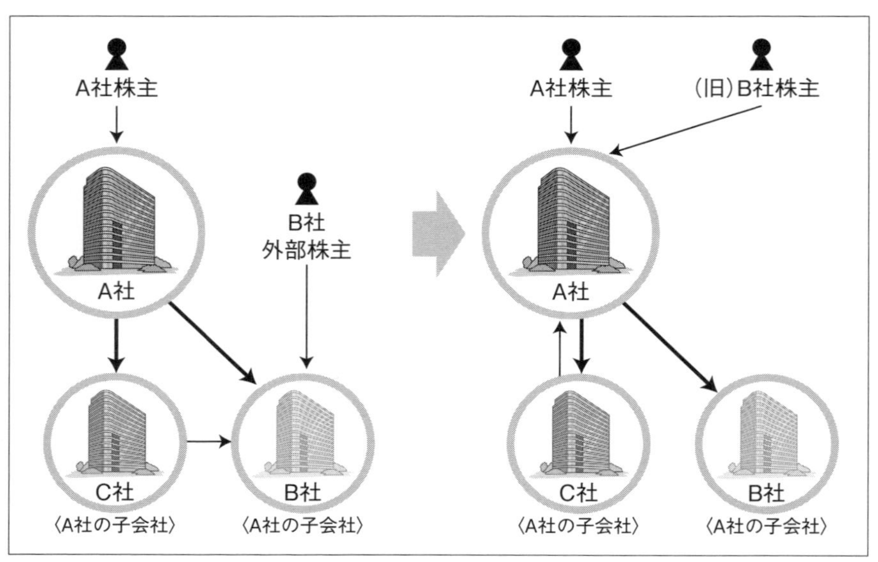

株式交換完全子会社となる会社が債務超過の場合には，株主資本の額がマイナスとなるため，親会社の個別財務諸表において，子会社株式をゼロとした上で，「組織再編により生じた株式の特別勘定」等，適切な科目で負債に計上す

ることが考えられる。また，その相手勘定は払込資本とはならないため，その他利益剰余金を減少させることになると考えられる（会社計算規則39条３項）。

また，株式交換に要した費用については，発生した事業年度の費用として会計処理することが考えられる。

なお，この株式交換が無対価で行われた場合，他の子会社の株主たる地位に基づいて株式交換完全子会社株式を受領することになるが，この場合の会計処理については，無対価会社分割の場合の取扱いを準用することが考えられる（企業結合適用指針203－２項⑵③ただし書き，257項参照）。具体的には，本章「５　債務超過である孫会社株式の子会社から親会社への現物配当」の項をご参照いただきたい。

②　親会社の連結財務諸表上の会計処理

ｉ）投資と資本の相殺消去

株式交換により子会社株式を追加取得した場合，連結財務諸表上，通常の連結手続と同様，追加取得した子会社株式の取得原価と追加取得により増加した親会社持分との消去差額を資本剰余金として処理するとされている（企業結合適用指針237項）。

このとき，子会社が債務超過である場合には，当該債務超過部分を連結財務諸表上でどのように処理しているかにより取扱いが異なる。

債務超過部分は，子会社の非支配株主が負担する特約などがない限り，連結財務諸表上親会社が負担することとされているが（連結会計基準27項），この場合，追加取得しても連結財務諸表上親会社持分に変動はなく，子会社株式の取得原価が資本剰余金として計上される（設例16－１参照）。一方，債務超過部分を非支配株主に負担させていた場合には，これまで非支配株主が負担していた損失が追加取得によって今後は親会社の負担となるため，子会社株式の取得原価とこれまで借方計上されていたマイナスの非支配株主持分の合計額が資本剰余金の額となる（連結会計基準28項，企業結合適用指針237項）。

設例16－１　債務超過の子会社を完全子会社化する株式交換

前提条件

①　親会社Ｐ社（３月決算）は子会社Ｓ社（同じく３月決算）の発行済株式の

80％を保有している。投資原価は800千円であり，過年度に全額減損処理を行っている。また，債務超過部分（前提条件②参照）については，個別財務諸表で関係会社事業損失引当金を計上している。

② Ｓ社の×１年３月期決算の個別貸借対照表は以下のとおりであり，連結財務諸表上，債務超過部分は親会社が負担する形となっている。

（単位：千円）

科目	金額	科目	金額
資産	10,000	負債	12,000
		資本金	1,000
		利益剰余金	△3,000

③ Ｐ社は，Ｓ社を完全子会社化するために×１年４月１日を効力発生日として株式交換を実施した。株式交換の対価として発行されたＰ社株式の時価は500千円であり，株式発行に際し増加する資本金はゼロ（全額をその他資本剰余金）とする。なお，取得に要した費用はなかったものとする。

④ 税効果会計については考慮しない。

会計処理　（単位：千円）

① 親会社（Ｐ社）個別財務諸表上の会計処理

ｉ）株式交換の会計処理

（借）Ｓ社株式	(※) 500	（貸）その他資本剰余金	(※) 500

（※）前提条件③参照。

なお，当該子会社株式の評価について，一定期間で投資原価までの回復可能性が認められない場合には，投資時に即時減損される可能性もあるが，ここでは，回復可能性が認められる前提とする。

② 親会社（Ｐ社）連結修正仕訳

ｉ）開始仕訳

ａ）個別財務諸表の修正仕訳

（過年度減損処理の振戻し）

（借）Ｓ社株式	(※) 800	（貸）利益剰余金（期首）	(※) 800

（※）前提条件①参照。

（引当金の振戻し）

（借）子会社事業損失引当金	(※) 2,000	（貸）利益剰余金（期首）	(※) 2,000

（※）前提条件①参照。

b）投資と資本の相殺消去

（借）	資本金	（※1） 1,000	（貸）	S社株式	（※2） 800
				利益剰余金(期首)（※3）	（※4） 200

（※1）前提条件②（S社貸借対照表）参照。
（※2）前提条件①参照。
（※3）非支配株主が負担した過年度の欠損金（非支配株主の投資額見合い）。投資額を超える欠損（債務超過部分）は親会社が負担しているため，マイナスの非支配株主持分は計上されない。
（※4）過年度の非支配株主に帰属する当期純損益（(※3）参照)。

ii）株式交換に係る投資と資本の相殺消去

（借）	資本剰余金	（※1） 500	（貸）	S社株式	（※2） 500

（※1）S社株式と同額。
（※2）前提条件③参照。

また，「(1）被取得企業が債務超過の場合の株式交換」「②　取得企業の連結財務諸表上の会計処理」「i）投資と資本の相殺消去」のとおり，個別財務諸表で子会社株式の取得原価に含められた追加取得に要した関連費用は連結財務諸表上のみ純損益へと振り替える（企業結合会計基準26項)。

ii）みなし取得日の取扱い

株式交換日が子会社の決算日以外の日である場合，株式交換日の前後いずれかの決算日，いわゆるみなし取得日に株式交換が行われたものとして会計処理を行うことができる（企業結合適用指針238項，連結会計基準（注5))。

(3）債務超過の孫会社を子会社が完全子会社化する株式交換

ここでは，持株関係が親会社P社，子会社S1社，孫会社S2社という階層にある場合に，子会社であるS1社がその傘下の子会社（P社から見た孫会社）であるS2社を完全子会社化する場合の取扱いを確認する。なお，P社が株式交換完全親会社となって孫会社S2社を完全子会社化する場合の取扱いは，「(2）債務超過の子会社を完全子会社化する株式交換」「①　親会社の個別財務諸表上の会計処理」「ii）他の子会社から取得する子会社株式の会計処理」をご参照いただきたい。

①　子会社（株式交換完全親会社）の個別財務諸表上の会計処理

孫会社を完全子会社とするために，子会社（Ｓ１社）が孫会社の非支配株主との間で株式交換を行った場合，最上位の親会社（Ｐ社）と子会社（Ｓ２社）の非支配株主との取引ではないため，時価による算定は行われない。この場合，子会社（株式交換完全親会社）が取得する孫会社株式の取得原価は，中間子会社に対価を支払う場合（「（２）債務超過の子会社を完全子会社化する株式交換」「①　親会社の個別財務諸表上の会計処理」「ⅱ）他の子会社から取得する子会社株式の会計処理」参照）に準じて算定される。

具体的には，株式交換日の前日に孫会社（株式交換完全子会社）が付していた適正な帳簿価額による株主資本の額に，同日の持分比率を乗じた非支配株主持分相当額により算定することとなる（企業結合適用指針236－５項，236－４項）。

このとき，孫会社が債務超過の場合には，株主資本の額がマイナスとなるため，子会社の個別財務諸表において受け入れた孫会社株式をゼロとした上で，「組織再編により生じた株式の特別勘定」等，適切な科目で負債に計上することが考えられる。また，その相手勘定は払込資本とはならないため，その他利益剰余金を減少させることになると思われる（会社計算規則39条３項）。

なお，株式交換に要した費用については，発生した事業年度の費用として会計処理を行うことが考えられる。

②　親会社の連結財務諸表上の会計処理

親会社の連結財務諸表上は，子会社の持分減少と孫会社の持分増加のそれぞれについて会計処理が行われることになる。孫会社を完全子会社化した結果，孫会社に対する持分比率は増加する（100％持分となる）が，これまで孫会社の非支配株主であった外部株主が子会社の非支配株主となるため，子会社の持分比率は減少する（図表16－６参照）。

図表16－6　子会社と孫会社の間の株式交換（スキーム図）

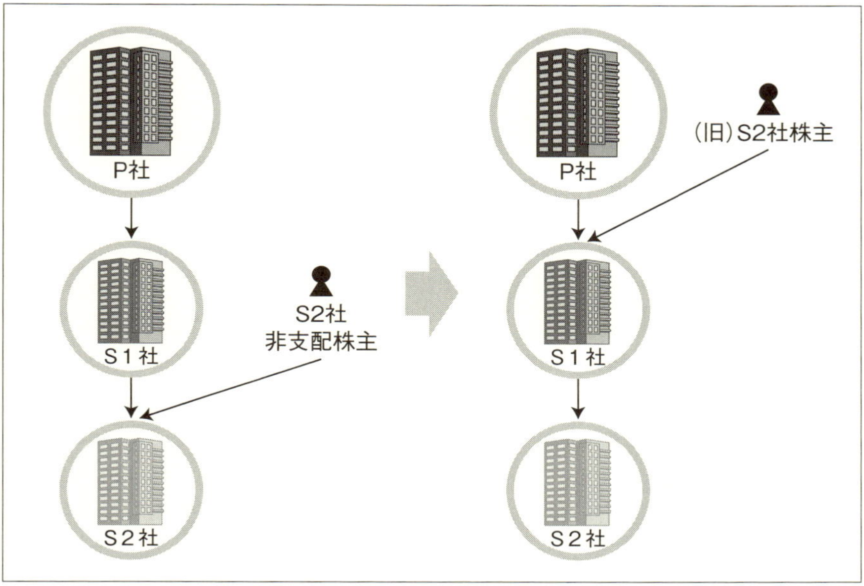

P社
S1社
S2社
S2社
非支配株主
P社
(旧)S2社株主
S1社
S2社

i ）投資と資本の相殺消去

子会社株式を追加取得した場合および支配の喪失を伴わずに一部売却した場合の連結財務諸表上の処理について，投資と資本の相殺消去により生じる差額および売却価格と減少持分との間に生じる差額は資本剰余金として処理される（連結会計基準28項，29項）。このため，孫会社を完全子会社とする株式交換が行われた場合も，子会社株式の持分変動に伴い生じる差額は資本剰余金として計上されることとなる（企業結合適用指針［設例29－5］参照）。

孫会社が債務超過の場合，原則として債務超過部分は直接の投資会社である子会社が負担していたと考えられ（連結会計基準27項参照），その場合，子会社における孫会社株式の取得原価は全額が連結財務諸表上資本剰余金に振り替えられることになる（設例16－2参照）。

設例16－2　債務超過の孫会社を子会社が完全子会社化する株式交換

前提条件

① 親会社Ｐ社（３月決算）は子会社Ｓ１社（同じく３月決算）の株式の100％（投資原価は49,500千円，発行済株式総数は4,950株）を保有している。また，Ｓ１社は子会社（Ｐ社からみた孫会社）Ｓ２社（同じく３月決算）の発行済株式の80％（投資原価は800千円）を保有している。なお，子会社が保有する孫会社株式は過年度に全額減損処理を行っている。また，債務超過部分については，個別財務諸表で同額の関係会社事業損失引当金を計上している。

② Ｓ１社およびＳ２社の×１年３月期決算の貸借対照表は以下のとおりである。なお，Ｐ社の連結財務諸表上，Ｓ２社の債務超過部分は親会社が負担する形となっている。

＜Ｓ１社貸借対照表＞

（単位：千円）

科目	金額	科目	金額
Ｓ２社株式	−	負債	60,000
その他資産	180,000	資本金	49,500
		利益剰余金	70,500

＜Ｓ２社貸借対照表＞

（単位：千円）

科目	金額	科目	金額
資産	10,000	負債	12,000
		資本金	1,000
		利益剰余金	△3,000

③ Ｓ１社は，Ｓ２社を完全子会社化するために×１年４月１日を効力発生日として株式交換を実施した。株式交換の対価として発行されたＳ１社株式の時価は500千円であり，株数は50株である。また，株式発行に際し増加する資本金はゼロ（全額をその他資本剰余金）とする。なお，取得に要した費用はなかったものとする。

④ 税効果会計については考慮しない。

会計処理　（単位：千円）

①　子会社（S１社）個別財務諸表上の会計処理

ⅰ）株式交換の会計処理

（借）	その他利益剰余金	(※) 400	（貸）	組織再編により生じた株式の特別勘定	(※) 400

（※）△400＝S２社マイナス純資産△2,000×20％（非支配株主持分比率）

②　親会社（P社）の連結修正仕訳

ⅰ）開始仕訳

a）子会社（S１社）個別財務諸表の修正仕訳

（過年度減損処理の振戻し）

（借）	S２社株式	(※) 800	（貸）	利益剰余金（期首）	(※) 800

（※）前提条件①参照。

（引当金の振戻し）

（借）	関係会社事業損失引当金	(※) 2,000	（貸）	利益剰余金（期首）	(※) 2,000

（※）前提条件①参照。

b）投資と資本の相殺消去（S１社）

（借）	資本金（S１社）	(※１) 49,500	（貸）	S１社株式	(※２) 49,500

（※１）前提条件②（S１社貸借対照表）参照。
（※２）前提条件①参照。

c）投資と資本の相殺消去（S２社）

（借）	資本金（S２社）	(※１) 1,000	（貸）	S２社株式	(※２) 800
				利益剰余金(期首)	(※３)(※４) 200

（※１）前提条件②（S２社貸借対照表）参照。
（※２）前提条件①参照。
（※３）非支配株主が負担した過年度の欠損金（非支配株主の投資額見合い）。投資額を超える欠損（債務超過部分）は親会社が負担しているため，マイナスの非支配株主持分は計上されない。
（※４）過年度の非支配株主に帰属する当期純損益（（※３）参照）。

ⅱ）株式交換に係る投資と資本の相殺消去

（借）	組織再編により生じた株式の特別勘定	(※1) 400	（貸）	その他利益剰余金	(※2) 400
（借）	資本剰余金	(※3) 1,196	（貸）	非支配株主持分	(※3) 1,196

（※1）Ｓ１社株式と同額。
（※2）会計処理①参照。
（※3）1,196＝(49,500＋70,500－400)×{50株÷(4,950＋50)株}

ⅱ）みなし取得日の取扱い

株式交換日が孫会社の決算日以外の日である場合のいわゆる「みなし取得日」の取扱いについては，「（２）債務超過の子会社を完全子会社化する株式交換」「②親会社の連結財務諸表上の会計処理」参照のこと。

（４）債務超過会社の株式交換における税務上の取扱いの概要

①　税制適格要件

対価の交付を伴う株式交換について，税務上課税関係が生じない適格株式交換とするための要件は図表16－７のとおりである（法人税法２条12号の17，法人税法施行令４条の３第18項から20項）。

図表16－７　適格株式交換の要件

内　容	グループ内		共同事業
	100%	100%未満	
対価要件（原則株式のみ）(※2)・支配関係継続要件(※3)	○	○	○
従業員引継要件（80%）・事業継続要件		○	○
事業関連性要件・規模要件または役員留任要件・株式継続保有要件			○

（※1）○は当該要件が必要なことを指す。
（※2）株式交換完全親法人が株式交換完全子法人の発行済株式総数（自己株式を除く。）の３分の２以上を有する場合における金銭等を対価とする株式交換を含む（いわゆるスクイーズアウト）。
（※3）「支配関係継続要件」とはグループ内の株式交換では，従前の支配関係が継続すること（100％の場合は，株式交換の前後で完全支配関係が継続すること，100％未満の場合は，株式交換の前後で50％超100％未満の保有（支配）関係が継続することを指す。一方，共同事業を営むための株式交換では，株式交換後の完全親子関係の継続を指している。

なお，無対価株式交換の場合には，その株式交換に交付を省略したと考えることができる場合（株主均等割合保有関係）の要件が追加される（法人税法施行令４条の３第18項から20項）。

②　適格株式交換の場合

適格株式交換とされた場合，株式交換完全親法人が取得する株式交換完全子会社株式の取得価額は，株式交換完全子法人の株主数によって図表16－８のとおり取扱いが異なる（法人税法施行令119条１項10号）。

図表16－８　適格株式交換の場合の子会社株式の取得原価

株主数が50名未満	株主数が50名以上
各株主が有していた子会社株式の帳簿価額の合計額	子会社の簿価純資産に相当する金額（取得した持株比率見合い）

また，会計上の取得原価と税務上の取得価額が異なる場合でも，税務上適格株式交換とされる限りにおいて，当該子会社株式を予測可能な期間に売却する予定がない場合，税効果は認識しない（税効果適用指針８項(1)ただし書き，(2)②）。

なお，株式交換完全子会社でも課税関係は生じない（法人税法62条の９参照）。

③　非適格株式交換の場合

非適格株式交換とされた株式交換において，株式交換完全親会社が取得する株式交換完全子会社株式の取得価額は，当該株式の取得のために通常要する価額（時価）であるとされる（法人税法施行令119条１項27号）。なお，無対価株式交換の場合には資本金等の額が増加しないため，受贈益が発生する（法人税法25条の２第２項，なお同条３項参照）。

また，対価の有無にかかわらず株式交換完全子会社では時価評価課税の対象となるが，完全支配関係がある場合にはその対象とならない（法人税法62条の９第１項）。

3　債務超過会社の株式移転

(1) 被取得企業が債務超過の場合の株式移転

①　親会社の個別財務諸表上の会計処理

取得と判定された株式移転において，株式移転設立完全親会社が取得する株式移転完全子会社（被取得企業）株式の取得原価は，取得の対価に，付随費用を加算して算定する（企業結合適用指針121項(2)）。ここで，取得の対価は，時価を基礎として算定される（企業結合会計基準23項，企業結合適用指針38項）。

このように，被取得企業が債務超過であったとしても，親会社の個別財務諸表上での子会社（被取得企業）株式の取得原価は，当該子会社の純資産額とは関係なく時価ベースで算定されるため，被取得企業が債務超過であることの影響はない。

②　取得企業の連結財務諸表上の会計処理

i）投資と資本の相殺消去

連結財務諸表上は，通常の連結手続と同様，親会社における投資と子会社における資本を相殺し，消去差額であるのれんまたは負ののれんを認識する（企業結合適用指針124項(2)）。この点も，子会社が債務超過であるかどうかで会計処理が変わることはない。

なお，個別財務諸表で子会社株式の取得原価に含められた取得関連費用は，連結財務諸表上のみ純損益へと振り替えることになる（企業結合会計基準26項）。

ii）みなし取得日の取扱い

株式移転の場合にも，株式交換と同様に，いわゆる「みなし取得日」の取扱いが設けられている（企業結合適用指針126項）。

(2) 取得企業が債務超過の場合の株式移転

①　親会社の個別財務諸表上の会計処理

取得と判定された株式移転において，株式移転設立完全親会社が取得する株式移転完全子会社（取得企業）株式の取得原価は，原則として株式移転日の前日における当該子会社の適正な帳簿価額による株主資本の額に基づいて算定する（企業結合適用指針121項(1)①）。

株式移転完全子会社となる会社（取得企業）が債務超過の場合には，株主資本の額がマイナスとなるため，親会社の個別財務諸表において，子会社株式をゼロとした上で，「組織再編により生じた株式の特別勘定」等，適切な科目で負債に計上することが考えられる。また，その相手勘定は払込資本とはならないため，マイナスのその他利益剰余金を計上することになると考えられる（会社計算規則52条２項）。

②　親会社の連結財務諸表上の会計処理

連結財務諸表上は，①にて算定された「組織再編により生じた株式の特別勘定」とマイナスの株主資本とを相殺消去する。この場合，消去差額は生じない（企業結合適用指針124項(1)）。

（３）債務超過の子会社を完全子会社化する株式移転

ここでは，持株関係が親会社Ｓ１社，子会社Ｓ２社（非支配株主あり）という関係にある場合に，両社が共同して完全親会社であるＰ社を設立する場合の取扱いを確認する（図表16－９参照）。

図表16－９　親会社と子会社が共同で行う株式移転

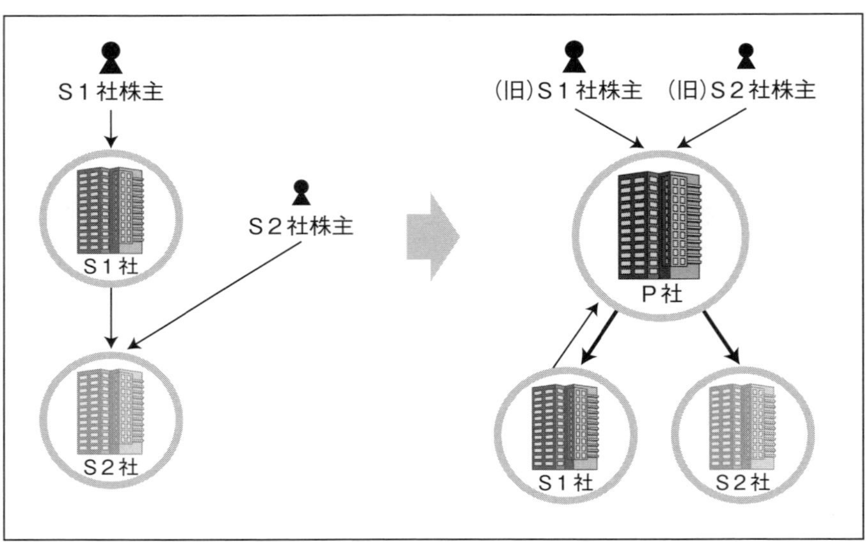

① 親会社（P社）の個別財務諸表上の会計処理

親会社における株式移転完全子会社（旧子会社（Ｓ２社））株式の取得原価は，旧親会社（Ｓ１社）持分相当額と非支配株主持分相当額に分けて算定される（企業結合適用指針239項⑴②）。

ⅰ）旧親会社（Ｓ１社）持分相当額

株式移転設立完全親会社が旧親会社（Ｓ１社）から取得する旧子会社（Ｓ２社）株式の取得原価は，株式移転日の前日における当該子会社の適正な帳簿価額による株主資本の額に基づいて算定される（企業結合適用指針239項⑴②ア）。

旧子会社（Ｓ２社）が債務超過の場合には，株主資本の額がマイナスとなるため，親会社の個別財務諸表において，子会社株式をゼロとした上で，「組織再編により生じた株式の特別勘定」等，適切な科目で負債に計上することが考えられる。また，その相手勘定は，株主資本増加額がすべての子会社を合算して算定することとされているため（会社計算規則52条１項２号，１号），当該株式移転全体での株主資本増加額がゼロ未満の場合のみマイナスのその他利益剰余金を計上することになり（会社計算規則52条２項），それ以外の場合には払込資本（資本金，資本準備金，その他資本剰余金）で調整されることになる。

なお，旧親会社（Ｓ１社）が債務超過である場合も，同様にマイナスの株主資本を基礎として会計処理が行われ，「組織再編により生じた株式の特別勘定」等の負債が計上される（企業結合適用指針239項(1)①参照）。

ⅱ）非支配株主持分相当額

旧子会社（Ｓ２社）の非支配株主から取得する旧子会社株式の取得原価は，取得の対価に付随費用を加算して算定する（企業結合適用指針239項(1)②イ）。ここで，取得の対価は，交付した株式移転設立完全親会社株式の時価で算定される（企業結合会計基準45項，企業結合適用指針236項(1)）。

このように，非支配株主から取得する株式の取得原価については，旧親会社から取得するものと異なり，旧子会社（Ｓ２社）が債務超過であることの影響はない。

②　親会社の連結財務諸表上の会計処理

ⅰ）投資と資本の相殺消去

旧子会社（Ｓ２社）が債務超過である場合，連結財務諸表上の処理（投資と資本の相殺消去）も，旧親会社持分と従来の非支配株主持分に分けて行われることが考えられる。

旧親会社持分については，「組織再編により生じた株式の特別勘定」とマイナスの株主資本（旧親会社持分相当）が相殺され，消去差額は生じない。一方，非支配株主から取得した部分については，連結財務諸表上，通常の連結手続と同様，子会社株式の取得原価と株主資本（旧非支配株主持分相当）との消去差額を資本剰余金として処理することになる（企業結合適用指針240項(1)②）。

このとき，子会社が債務超過である場合には，当該債務超過部分を連結財務諸表上でどのように処理しているかにより取扱いが異なる。

債務超過部分は，子会社の非支配株主が負担する特約などがない限り，連結財務諸表上親会社が負担することとされているが（連結会計基準27項），この場合，追加取得しても連結財務諸表上親会社持分に変動はなく，子会社株式の取得原価が資本剰余金として計上される（株式交換のケースにおける設例16－１参照）。一方，債務超過部分を非支配株主に負担させていた場合には，子会社株式の取得原価から振り替えられる資本剰余金の額にマイナスの非支配株主持分部分が上乗せされる形となる。

また，個別財務諸表で子会社株式の取得原価に含められた追加取得に要した関連費用は連結財務諸表上のみ純損益へと振り替える（企業結合会計基準26項）。

ⅱ）みなし取得日の取扱い

株式移転の場合にも，株式交換と同様に，いわゆる「みなし取得日」の取扱いが設けられている（企業結合適用指針238項，241項）。

（4）債務超過会社の単独株式移転

会社が単独で株式移転を行い，自社の上位に持株会社を設けるような組織再編を行った場合，株式移転設立完全親会社において，株式移転完全子会社となる会社の株式の取得原価は，同社の株主資本を基礎として算定される（企業結合適用指針258項，239項(1)①）。

このとき，当該子会社となる会社が債務超過であった場合，株主資本の額がマイナスとなるため，親会社の個別財務諸表において，子会社株式をゼロとした上で，「組織再編により生じた株式の特別勘定」等，適切な科目で負債に計上することが考えられる。また，その相手勘定は払込資本とはならないため，マイナスのその他利益剰余金を計上することになると考えられる（会社計算規則52条２項）。なお，連結財務諸表上は，「組織再編により生じた株式の特別勘定」とマイナスの株主資本とが相殺消去され，消去差額は生じない（企業結合適用指針259項，240項(1)①）。

（5）債務超過会社の株式移転における税務上の取扱いの概要

①　税制適格要件

株式移転において，税務上課税関係が生じない適格株式移転とするための要件は，株式交換とほぼ同様とされているため，図表16－７をご参照いただきたい（法人税法２条12号の18，法人税法施行令４条の３第21項から24項）。

②　適格株式移転の場合

適格株式移転とされた場合，株式移転設立完全親法人が取得する株式移転完全子会社株式の取得価額は，株式移転完全子法人の株主数によって異なるが，その内容は株式交換の際と同様のため，図表16－８をご参照いただきたい（法人税法施行令119条1項12号)。また，会計上の取得原価と税務上の取得価額が異なる場合でも，税務上適格株式移転とされる限りにおいて，当該子会社株式を予測可能な期間に売却する予定がない場合，税効果は認識しない（税効果適用指針8項(1)ただし書き，(2)②)。

なお，株式移転完全子法人でも課税関係は生じない（法人税法62条の9参照)。

③　非適格株式移転の場合

非適格株式移転とされた株式移転において，株式移転設立完全親法人が取得する株式移転完全子会社株式の取得価額は，当該株式の取得のために通常要する価額（時価）であるとされる（法人税法施行令119条1項27号)。また，対価の有無にかかわらず株式移転完全子法人では時価評価課税の対象となるが，完全支配関係がある場合にはその対象とならない（法人税法62条の9第1項)。

4　債務超過会社の株式交付

（1）被取得企業が債務超過の場合の株式交付

「1　総論」「（1）株式交換・株式移転・株式交付」「③　株式交付手続」「i）株式交付とは」に記載したとおり，株式交付は2019年の会社法改正において新たに設けられた制度であるが，その具体的な会計処理は会計基準等において特に定められていない。しかしながら，他社を子会社化する株式交付については，ある企業と他の企業とが1つの報告単位に統合される，という企業結合の定義を満たしている（企業結合会計基準5項本文)。このため，企業結合会計基準や企業結合適用指針の定めも参照しながら，適切な会計処理を実施していく必要がある。

なお，子会社が完全子会社となるかどうか，という違いはあるものの，既存の会社同士が実施する企業結合であって，親会社となる会社が自社の株式を対価として子会社化する，という点において，株式交換に類似していることから，株式交換に係る会計処理の定めも参考になるものと考えられる（図表16－10参照)。

図表16－10　被取得企業が債務超過の場合の株式交付の会計処理

個別／連結の別	具体的な会計処理
取得企業の個別財務諸表上の会計処理	被取得企業株式の取得価額について，取得の対価（時価）に，付随費用を加算して算定すると考えられる（企業結合会計基準23項，企業結合適用指針38項，110項参照）
取得企業の連結財務諸表上の会計処理	
投資と資本の相殺消去	親会社における投資と子会社における資本を相殺し，消去差額であるのれんまたは負ののれんを認識する（企業結合会計基準31項，連結会計基準24項，企業結合適用指針116項参照）
みなし取得日の取扱い	株式交換のケースと同様，株式交付日のいずれか前後の決算日に株式交付が行われたものとして会計処理できるものと考えられる（連結会計基準（注５），企業結合適用指針117項参照）

（２）債務超過会社の株式交付における税務上の取扱いの概要

ここまで記載したように，株式交付は会社法上で組織再編の１つの手法として規定され，また，会計上は企業結合に該当する。その一方で，税務上でこの株式交付は，法人税法上の組織再編税制の中で適格要件などを規定する形を取らず，租税特別措置法の中に税制上の取扱いを規定する形を取っている。

①　株式交付親会社の課税関係

株式交付親会社が取得する株式交付子会社の株式の取得価額は，株式交付子会社の株主（売却に応じた株主に限る。）の数によって取扱いが異なるが，その内容は株式交換の際と同様のため，図表16－８をご参照いただきたい（租税特別措置法施行令39条の10の２第４項１号）。また，会計上の取得原価と税務上の取得価額が異なる場合でも，当該子会社株式を予測可能な期間に売却する予定がない場合，税効果は認識しない（税効果適用指針８項⑴ただし書き，⑵②）。

②　株式交付子会社の課税関係

法人税法上，税制適格要件のようなものは設けられていないが，非適格株式交換のような時価評価課税の規定はなく，株式交付子会社において課税関係は生じない。

5　債務超過である孫会社株式の子会社から親会社への現物配当

（1）会計上の取扱い

企業グループ内での再編目的で，孫会社を親会社直下の子会社とするために，100％子会社から親会社に孫会社株式を現物配当するケースが増えている。ここでは，現物配当の対象となる孫会社が債務超過の場合の取扱いを確認する。

①　現物配当の会計処理（総論）

子会社から親会社へ現物配当が行われた場合，原則として，これまで保有していた株式と現物配当の対象財産が実質的に引き換えられたものとみなして，被結合企業の株主に係る会計処理に準じて処理することとなる（事業分離等会計基準52項，35項から37項）。

このため，本件とは異なり，株式ではない財産が配当された場合（投資が継続しているとみなされない場合），当該財産は移転前に子会社で付された適正な帳簿価額で資産計上され，これまで保有していた株式のうち実質的に引き換えられたものとみなされた額が子会社株式から減額され，差額が損益に計上される（事業分離等会計基準35項，14項，144項，企業結合適用指針297項，295項）（図表16－11参照（図の上側））。

図表16－11　現物配当の会計処理

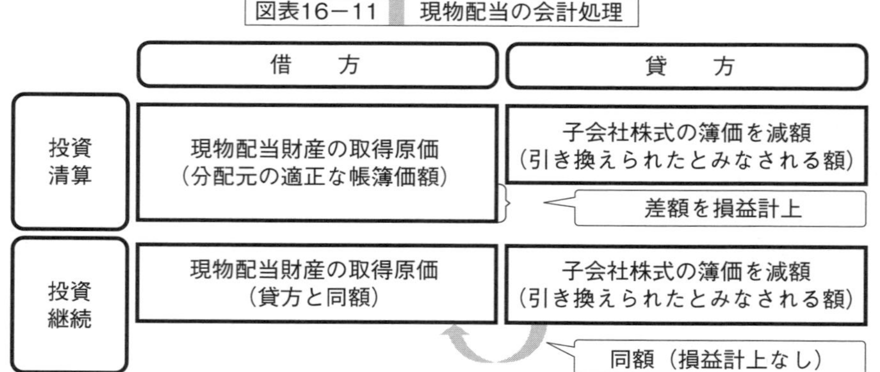

② 親会社での会計処理

①に記載した会計処理に対して，孫会社株式を配当対象財産とする場合には，間接投資が直接投資に置き換わるに過ぎないものであるため，親会社の投資は継続していることが考えられる。このような場合，配当された財産（孫会社株式）の取得価額は，100％子会社において計上されていた孫会社株式の適正な帳簿価額を用いるのではなく，これまで保有していた子会社株式のうち実質的に引き換えられたものとみなされた額をもって計上し，損益を計上しないこととなると考えられる（事業分離等会計基準144項，企業結合適用指針203－２項⑵③ただし書き，257項）（図表16－11参照（図の下側））。

次に，「これまで保有していた子会社株式のうち実質的に引き換えられたものとみなされた額」の算定は，企業結合適用指針295項の定めにより，次のような方法が考えられるとされ，実態に応じて適切に選択する必要がある。

ⅰ）関連する時価の比率で按分する方法
ⅱ）時価総額の比率で按分する方法
ⅲ）関連する帳簿価額の比率（連結財務諸表上の帳簿価額を含む。）で按分する方法

実務上は，ⅲ）の帳簿価額を用いる方法が採用されるケースが多いのではないかと思われるが，具体的には，以下の算式で引き換えられたものとみなされた額を算定する。

$$\frac{\text{子会社における孫会社株式の帳簿価額}}{\text{現物配当直前の子会社の株主資本の適正な帳簿価額}} \times \text{親会社における子会社株式の帳簿価額}$$

さらに，孫会社が債務超過である場合には，子会社における孫会社株式の帳簿価額としてどの価額を用いるかが更なる論点となり，実務上は以下の選択肢が考えられる。

- 連結財務諸表上の帳簿価額として，孫会社の純資産額（マイナス）を用いる方法
- 子会社の個別財務諸表上の帳簿価額を用いる方法
  i ）子会社が孫会社株式について全額減損を行っていればゼロ
  ii ）子会社において，回復可能性が十分に認められるものとして減損処理を行っていなければ，当該帳簿価額

ただし，マイナスの純資産額を用いたとしても，子会社の企業価値が増加するわけではないため，通常は子会社株式と孫会社株式との間で帳簿価額の付替えは行われない。稀なケースにおいて，子会社の企業価値が増加するような場合（たとえば，子会社が当該孫会社の債務に保証を入れており，当該保証を現物配当と同時に親会社へと移転するような場合）には，孫会社株式は「組織再編により生じた株式の特別勘定」等，適切な科目で負債に計上し，子会社株式を増加させることも考えられる。

なお，受け入れた孫会社株式の帳簿価額が税務上の簿価と不一致となり，将来減算一時差異が発生した場合でも，税効果適用指針第８項⑴ただし書きの要件を満たす場合には，税効果は認識しないものと考えられる。

③　子会社での会計処理

企業集団内の会社への現物配当に該当するため，配当の効力発生日の配当財産（孫会社株式）の適正な帳簿価額をもって，その他資本剰余金またはその他利益剰余金を減額する（自己株・準備金減少適用指針10項⑶）。また，当該孫会社株式に税効果を認識している場合には，その繰延税金資産または繰延税金負債は取り崩され，法人税等調整額が計上される（企業結合適用指針409項⑶なお書き参照）。

なお，孫会社株式をゼロまたは備忘価額まで減損した上で，債務超過見合い

の引当金を計上している場合には，当該引当金は配当財産とはならないため，引当金の戻入れが発生する。また，このようなケースでは，親会社において「組織再編により生じた株式の特別勘定」を計上した場合を除き，親会社でも引当金の計上が必要になるものと考えられる。

(2) 税務上の取扱いの概要

① 適格現物分配の要件

現物分配（現物配当）が税制適格とされ，分配する側で譲渡損益が計上されず，分配される側で益金不算入となるための要件は以下の２要件である（法人税法２条12号の15)。

- 完全支配関係がある会社間の現物分配であること
- 内国法人間の現物分配であること

（１）に記載した例は，100％子会社からの現物分配となっているため１つ目の要件を満たすこととなり，両社が内国法人であれば，税制適格となる。

このとき，税制適格要件を満たしたとしても，分配を受ける側での欠損金の使用制限（法人税法57条４項）や特定資産譲渡等損失額の損金算入制限（法人税法62条の７第１項）を受ける可能性があるため，留意が必要である。

なお，税務上現物分配に類似した規定として「株式分配」という規定がある(法人税法２条12号の15の２)。これは，現物分配のうち，完全親会社が保有する完全子会社株式のすべてを現物配当し，かつ，配当を実施する会社と株主との間に完全支配関係がないケースが該当する。当該規定は，平成29年度税制改正により設けられた「スピンオフ税制」に係るもので，一定の要件を満たす場合には適格株式分配として課税の繰延べが行われるとともに，令和５年度税制改正においては，新たに「パーシャルスピンオフ税制」と呼ばれる，一定の株式が親会社に残る（子会社株式のすべてを配当しない）ケースでも税制適格となる規定が設けられている（法人税法２条12号の15の３，租税特別措置法68条の２の２，租税特別措置法施行令39条の34の３)。

② 適格現物分配の税務上の処理

（１）に会計処理を記載した現物分配が税制適格とされても，会計と税務の処理が一致するわけではない。税務処理の概要を図表16－12にまとめているので，ご確認いただきたい。

図表16－12　適格現物分配の税務上の処理

	項　　目	内　　容
分配する側	減額する株式の額（貸方）	簿価により減額（処理は会計と同様だが，金額が相違する可能性あり）
	減額する資本の額（借方）	配当原資（その他資本剰余金またはその他利益剰余金）により，資本金等の額と利益積立金額に按分（通常の配当と同様）
分配を受ける側	受け入れる株式の額（借方）	会計と異なり，子会社で計上されていた金額をそのまま引き継ぐ
	減額する株式の額（貸方）	配当原資がその他資本剰余金の場合，資本の払戻しとして株式の譲渡原価を算定
	受取配当金計上額（貸方）	受け入れた株式の価額から分配側で減少した資本金等の額を控除した額が受取配当金として計上される。また，同額が益金不算入として調整される（減算・流出）
	増額または減額する資本金等の額（借方）	上記３項目の差額を資本金等の増減額として計上する

第Ⅴ部

繰越欠損金の取扱いと税効果会計

業績不振が継続すると利益剰余金がマイナスとなり，会計上「資本の欠損」の状態となる。マイナスの利益剰余金は欠損金とも呼ばれ，貸借対照表上は繰越利益剰余金が「△」で表記される。

また，業績不振さらには債務超過の状況に陥ると，通常は欠損が累積した状態となり，これは「繰越欠損金」と呼ばれる。一定のルールの下で繰り越された欠損金は翌期以降の所得と相殺され，税額を減らす効果があるが，税務上の取扱いだけでなく，それを受けた税効果会計上の取扱いも重要な論点となる。

このように，業績不振（債務超過）と税務上の繰越欠損金は切っても切り離せない関係にあるが，この第Ⅴ部では繰越欠損金の取扱いと税効果会計について解説していく。

まず，第17章では，繰越欠損金の一般的な取扱いと，これに係る税効果会計上の論点を解説した上で，続く第18章で組織再編が行われた場合の繰越欠損金の処理について述べる。さらに，第19章では，所得通算が行われるだけでなく，繰越欠損金を効果的に消化する制度であるグループ通算制度について解説し，複雑な欠損金の取扱いをわかりやすく解説するとともに，税効果会計上の論点にも触れている。最後に，第20章では，関係会社を清算した場合の繰越欠損金の取扱いと税効果会計上の論点に関して記載している。

繰越欠損金は，有効に活用することで支出を軽減することができるため，制度を充分に把握し，また，税効果会計上の処理を適切に行うことが重要である。

第17章

繰越欠損金の利用と繰戻還付

本章のポイント

- 繰越欠損金の繰越期間は10年とされており，中小法人等以外の法人にあっては，繰越控除前の所得金額の50%相当額が控除限度額とされている。

1　繰越欠損金

(1) 問題の所在

景気後退期，または停滞した状況下においては，一時的に業績不振に陥り赤字決算となることは避けられない。また，災害等による損失が発生する場合も想定される。そのような状況下において，企業は欠損金の繰越控除制度を利用することができる。これは，企業の欠損金を次期以降の課税所得と相殺することができる制度であり，この制度を有効に活用することにより，企業は納税の負担を軽減することが可能となる。

債務超過会社はこの点，赤字決算となっており，多額の繰越欠損金を持っていることが多く，これを有効に活用することが経営上の課題となっている。

そこで，本章では，特に債務超過となった場合の繰越欠損金の利用と繰戻還付を中心として，欠損金の繰越控除制度，また，これに付随した税効果会計の適用について見ていきたい。

（2）欠損金の繰越控除制度

①　青色申告書を提出した事業年度の欠損金の繰越控除制度

i）制度の概要と繰越期間

この制度は，内国法人の各事業年度開始の日前10年以内に開始した事業年度において生じた欠損金額（この項の規定により当該各事業年度前の事業年度の所得の金額の計算上損金の額に算入されたものおよび法人税法第80条（欠損金の繰戻しによる還付）の規定により還付を受けるべき金額の計算の基礎となったものを除く。）がある場合には，当該欠損金額に相当する金額は，当該各事業年度の所得の金額の計算上，損金の額に算入するという制度である（法人税法57条１項）。

ただし，欠損金額の生じた事業年度について青色申告書である確定申告書を提出し，かつ，その後において連続して確定申告書を提出していることが必要となる（法人税法57条10項）。欠損金額が生じた事業年度において青色申告書である確定申告書を提出していれば，その後の事業年度について提出した確定申告書が白色申告書であっても，この繰越控除の規定が適用される。

ii）繰越控除される欠損金額

繰越控除される欠損金額は，上述のとおり，各事業年度開始の日前10年以内に開始した事業年度において生じた欠損金額である。ただし，この欠損金からは，この繰越控除の規定の適用を受けようとする事業年度前の各事業年度の所得金額の計算上損金の額に算入された欠損金額および「欠損金の繰戻しによる還付」の規定により還付を受けるべき金額の計算の基礎となった欠損金額は除かれる。また，損金の額に算入される欠損金額は，欠損金の繰越控除の規定等を適用せず，その事業年度の控除限度額に制限される。

たとえば，繰越欠損金の額が150万円で，その事業年度の控除限度額が100万円の場合には，150万円のうち100万円が損金の額に算入され，その事業年度の所得金額はゼロとなる。

この控除限度額は所得金額が基本となるが，中小法人等（資本金の額または出資金の額が１億円以下の法人のうち大法人（資本金の額または出資金の額が５億円以上の法人等）の100％子法人等を除く法人）以外の法人については，その控除限度額は，繰越控除をする事業年度のその繰越控除前の所得の金額の

100分の50相当額となっている。

設例17－1　欠損金の繰越控除

前提条件

① 3月決算会社であり，中小法人等に該当しない会社であるとする（当期は2024年3月期）。
② 2023年3月期に生じた税務上の欠損金は2,000千円とする。
③ 毎期，青色申告書により確定申告書を提出している。
④ 当期の欠損金控除前所得金額は1,000千円とする。

当期の欠損金控除限度額，当期の欠損金控除額，当期の欠損金控除後所得金額と，翌期の繰越欠損金額を算定する。

算定の結果　（単位：千円）

① 当期の欠損金控除限度額500…当期欠損金控除前所得金額1,000（前提条件④参照）×50%
② 当期の欠損金控除額500…当期の欠損金控除限度額500（①）＜前期までの繰越欠損金2,000（前提条件②参照）
③ 当期の欠損金控除後所得金額500…当期の欠損金控除前所得金額1,000（前提条件④参照）－当期の欠損金控除額500（②）
④ 翌期の繰越欠損金額1,500…当期の繰越欠損金額2,000（前提条件②参照）－当期の欠損金控除額500（②）

（算定のまとめ）

	2023年3月期	2024年3月期
控除前所得金額		1,000
欠損金控除限度額		500
欠損金控除額		500
控除後所得金額		500
翌期繰越欠損金額	2,000	1,500

②　災害による損失金の繰越控除制度

この制度は，青色申告書を提出していない会社において，災害による損失金については繰越控除を認めるものである。

具体的には，法人税法第57条第１項で定めている欠損金の繰越控除の規定について，青色事業年度でない事業年度に生じた欠損金額については災害損失金額についてのみ認められており，災害損失金額を超える欠損金についてはないものとして取り扱われる（法人税法58条１項）。

災害損失金額とは棚卸資産，固定資産及び固定資産に準ずる繰延資産について震災，風水害，火災等の災害により生じた損失額で一定のものをいう。

なお，青色申告書を提出している会社においては法人税法57条１項の規定で災害損失金額を含めたすべての欠損金額について繰越控除が認められている。

③　会社更生等による債務免除等があった場合の欠損金の損金算入制度

この制度は，更生手続開始の決定があった場合において，一定の要件のもとに債務免除等による利益の合計額に達するまで期限切れ欠損金の損金算入を認めるものである。

具体的には，以下のいずれかに該当するときは，その該当することとなった日の属する事業年度前の各事業年度において生じた欠損金額から上記①および②の制度の適用がある欠損金額または上記①および②の制度により損金の額に算入される欠損金額を控除した金額に相当する金額のうち，その債務免除益等の合計額を基礎として計算した損金算入限度額の範囲内で損金の額に算入することができる（法人税法59条１項）。

要件

ⅰ）当該更生手続開始の決定があった時においてその内国法人に対し政令で定める債権を有する者（当該内国法人が通算法人である場合（当該適用年度終了の日が当該内国法人に係る当該通算親法人の事業年度終了の日である場合に限る。）には，他の通算法人で当該適用年度終了の日にその事業年度が終了するものを除く。）から当該債権につき債務の免除を受けた場合

ⅱ）当該更生手続開始の決定があったことに伴いその内国法人の役員等（役員若しくは株主等である者またはこれらであった者をいい，当該内国法人が通算法人である場合（当該適用年度終了の日が当該内国法人に係る通算親法人の事業年度終了の日である場合に限る。）には他の通算法人で当該適用年度終了の日にその事業年度が終了するものを除く。）から金銭その他の資産の贈与

を受けた場合
ⅲ）法人税法第25条第２項（資産の評価益の益金不算入等）に規定する評価換えをした場合

④　欠損金額に係る更正の期間制限

法人税に係る欠損金額で当該事業年度において生じたものを増加させ，もしくは減少させる更正または当該金額があるものとする更正は，その更正に係る法人税の法定申告期限から10年を経過する日まで行うことができるとされている（国税通則法70条２項）。

⑤　欠損金額に係る更正の請求期間

申告書に記載した課税標準等もしくは税額等の計算が国税に関する法律の規定に従っていなかったことまたは当該計算に誤りがあったことにより，当該申告書に記載した欠損金額が過少であるときまたは当該申告書に欠損金額の記載がなかったときには，当該申告書の法定申告期限から10年以内に限り，税務署長に対し，更正の請求をすることができるとされている（国税通則法23条１項）。

2　欠損金の繰戻しによる還付

（1）制度の概要

この制度は，青色申告書である確定申告書を提出する事業年度に欠損金額が生じた場合（以下，本章においてこの事業年度を「欠損事業年度」という。）において，その欠損金額をその事業年度開始の日前１年以内に開始したいずれかの事業年度（以下，本章において「還付所得事業年度」という。）に繰り戻して法人税額の還付を請求できるという制度である。

ただし，この制度は，中小企業者等以外の法人の1992年４月１日から2028年３月31日までの間に終了する各事業年度において生じた欠損金額については適用しないこととされているが，中小企業者等以外の法人であっても，（1）清算中に終了する各事業年度の欠損金額，（2）解散等の事実が生じた場合の欠損金額，（3）災害損失欠損金額および（4）銀行等保有株式取得機構の欠損金額については，欠損金の繰戻しによる還付制度を適用できることとされている。

(2) 適用対象法人

青色申告書を提出する法人が対象となる。

(3) 還付金額の計算

（算式）

$$\text{還付所得事業年度の法人税額} \times \frac{^{(※)}\text{欠損事業年度の欠損金額}}{\text{還付所得事業年度の所得金額}}$$

(※)　法人が還付金額の計算の基礎として還付請求書に記載した金額が限度となる。また，分母の金額が限度になる。

(4) 適用要件

次の要件をすべて満たさなければならない。

①　還付所得事業年度から欠損事業年度の前事業年度までの各事業年度について連続して青色申告書である確定申告書を提出していること。
②　欠損事業年度の青色申告書である確定申告書をその提出期限までに提出していること。
③　上記②の確定申告書と同時に欠損金の繰戻しによる還付請求書を提出すること。

3　繰越欠損金に係る税効果会計

(1) 繰越欠損金に係る税効果会計

繰越欠損金は，翌期以降に繰り越すことで将来の納税額を減少させる効果を持つため，会計上は繰延税金資産の計上を検討する必要がある。繰越欠損金に係る繰延税金資産の計上を検討する際には，回収可能性の検討が特に重要となる。これについては，「第4章　繰延税金資産」を参照して頂きたい。

（2）繰越欠損金の控除限度額の制限

青色申告書を提出した事業年度の欠損金の繰越控除制度における控除限度額について，その繰越控除をする事業年度の，その繰越控除前の所得の金額の50％相当額に制限されている。中小法人等については所得の金額の100％相当額が維持されている。

税効果会計のルールでは，将来の課税所得と相殺可能な繰越欠損金については，一時差異と同様に取り扱い，回収可能性があると判断されるものについては繰延税金資産を計上することになる。

（3）回収可能性適用指針による課税所得の見積り期間

回収可能性適用指針における課税所得の見積可能期間について留意が必要である。スケジューリングに用いられる課税所得の見積可能期間は，企業の分類が（分類３）の会社においてはおおむね５年以内としている。そのため，欠損金の繰越期間が10年であったとしても，繰延税金資産の回収可能性の判断に際しては，５年までしか課税所得を見積ることができない。

設例17－２　欠損金の税効果会計

前提条件

① ３月決算会社であり，中小法人等に該当しない会社であるとする（当期は2024年３月期）。

② 2021年３月期に生じた税務上の欠損金が2,000千円とする。

③ 回収可能性適用指針における企業の分類が（分類３）の会社とし，課税所得の合理的な見積可能期間を５年とする。

④ 欠損金の繰越期間は10年，控除限度額については，繰越控除前の所得の金額の50％とする。

⑤ 簡便的に将来減算一時差異は発生していないものと仮定する。

⑥ 将来の課税所得の見積額は以下のとおりである。

（単位：千円）

2025/３期	2026/３期	2027/３期	2028/３期	2029/３期	2030/３期
300	280	240	320	300	280

前提条件に基づき，税務上の繰越欠損金に対する繰延税金資産の回収可能性を判断し，当期末（2024年３月期）に計上すべき金額を検討する。

繰延税金資産の回収可能性の検討結果　（単位：千円）

① **繰延税金資産の回収可能性の検討**

	2024/３期	2025/３期	2026/３期	2027/３期	2028/３期	2029/３期
課税所得（見積り）		300	280	240	320	300
控除限度額（※１）		150	140	120	160	150
欠損金の控除（※２）		150	140	120	160	150
欠損金残高（※３）	2,000	1,850	1,710	1,590	1,430	1,280

（※１）控除限度額＝課税所得（前提条件⑥参照）×50%（前提条件④参照）

② **税務上の繰越欠損金に対する繰延税金資産の計上金額**

繰延税金資産の回収可能性があると判断できる税務上の繰越欠損金は720（＝150＋140＋120＋160＋150）（※２）となる。

控除限度額が繰越控除前の所得の金額の50%となる（前提条件④参照）ので，2025年３月期以降の課税所得の見積額に対して50%を乗じて計算した額が繰越欠損金の控除額になる前提で回収可能性を判断する。

また，繰越欠損金の繰越期間は10年（前提条件④参照）のため，３年前（2021年３月期）に生じた欠損金は，10年後の2031年３月期末に繰越期間が期限切れとなる。ただし，本設例で前提とした会社は，回収可能性適用指針の企業の分類が（分類３）の会社（前提条件③参照）であるため，将来の合理的な見積可能期間は５年内の課税所得の見積額を限度とすることになる。よって，2030年３月期の課税所得の見積額280（前提条件⑥参照）は見積りに使用できず，2029年３月期末の欠損金残高1,280（※３）については，2024年３月期決算においては，回収可能性がないため繰延税金資産を計上することができない。

税務上の繰越欠損金のある会社の中間期（第２四半期）における税金費用の計算

（1）中間決算における法人税等の計算

中間決算における法人税等については，原則として年度決算と同様の方法により計算（原則法）するものとされているが，中間特有の会計処理として，年度の税引前当期純利益に対する税効果会計適用後の実効税率を合理的に見積り，税引前中間純利益に当該見積実効税率を乗じて計算する方法が認められている（中間会計基準18項）。なお，四半期決算においても同様の処理が認められている（四半期財務諸表に関する会計基準14項）。

（2）原則法

上記のとおり，原則法においては年度決算と同様の方法により計算することとされており，税務上の繰越欠損金のある会社においては，税引前中間純利益に税務上の調整項目を加えた繰越欠損金控除前の課税所得より，繰越欠損金の控除限度額を控除した課税所得について実効税率を乗じて税金費用を計算することとなる。

（3）中間特有の会計処理

一方で，中間特有の会計処理においては税引前中間純利益に年度の見積実効税率を乗じて税金費用を計算することとされており，中間特有の会計処理において用いられる見積実効税率については，以下のように，予想年間税金費用（一時差異に該当しない差異に係る税金費用を含む。）を予想年間税引前当期純利益で除して算定した税率によることが考えられる（中間税効果実務指針12項）。

$$見積実効税率 = \frac{予想年間税金費用^{(注)}}{予想年間税引前当期純利益}$$

（注）予想年間税金費用＝(予想年間税引前当期純利益＋一時差異等に該当しない差異）×法定実効税率

中間特有の会計処理においては，税金費用は納付税額と法人税等調整額（税効果額）に区分することなく一括して計算されるため，見積実効税率の算定にあたっては，上記の算式を用いる場合には基本的に一時差異等を考慮する必要はないが，前期末において繰延税金資産を計上しなかった重要な一時差異等がある場合（たとえば，税務上の繰越欠損金があり，それに対する繰延税金資産を前期末において計上していなかった場合）で当期または将来に繰延税金資産が回収可能となったときには，当該見積実効税率の算定にあたり，繰延税金資産として計上していなかった税金の回収見込額を上記の算式の分子の額から控除しなくてはならない（中間税効果実務指針12項参照）。

ただし，中間特有の会計処理を採用している場合であっても，税金の回収見込額を控除するなどにより，予想年間税金費用がゼロまたは損失となる場合や，予想年間税引前当期純利益がゼロまたは損失となる場合など，見積実効税率を用いて中間会計期間に係る税金費用を計算すると著しく合理性を欠く結果となる場合には，見積実効税率ではなく法定実効税率を使用する方法によることも考えられる（中間税効果実務指針11項参照）。

（4）繰越欠損金の発生している会社が売却元となった未実現利益に対する税効果

連結手続上，消去された未実現利益に関する税効果は，未実現利益が発生した連結会社と一時差異の対象となった資産を保有する連結会社が異なるという特殊性を考慮し，かつ，従来からの実務慣行を勘案し，売却元で発生した税金額を繰延税金資産として計上し，当該未実現利益の実現に対応させて取り崩すこととされている（税効果適用指針34項）。

未実現損益の消去に係る一時差異は，必ずしも連結消去手続上の未実現損益の消去額によるのではなく，売却元における売却年度の課税所得の額を上限とする制限を設けている。これは，①当該税効果額は売却元が実際に支払った金額または支払税金が軽減された金額と，②未実現損益に関連する一時差異の解消に係る税効果，との合計額または差引額を限度としなければならないという考え方に基づいている（税効果適用指針36項）。

また，グループ通算制度の下では，一定の要件（100％グループ内の内国法人間で譲渡される簿価1,000万円以上の固定資産や土地など）を満たす，法人間の資産の売買取引により生じた譲渡損益は，税務上繰り延べられることとなる（法人税法61条の11）[1]。

設例17－3　繰越欠損金の発生している会社が売却元となった未実現利益に対する税効果

前提条件

① ３月決算会社であり，中小法人等に該当しない会社であるとする（当期は2024年３月期）。
② 2023年３月期に生じた税務上の繰越欠損金が100,000千円とする。
③ 欠損金の繰越期間は10年，控除限度額については，繰越控除前の所得の金額の50％とする。
④ 当期，連結子会社に対して，簿価30,000千円の建物を50,000千円で売却し，未実現利益20,000千円が発生している。
⑤ 当期の繰越欠損金控除前の所得金額は20,000千円である。
⑥ 法定実効税率は30％とする。
⑦ 100％グループ内法人間の資産の譲渡損益を繰り延べる場合には該当しないものとする。
⑧ その他，課税所得に影響を与える事項はないものとする。

前提条件に基づき，未実現利益20,000千円に対する，連結上の未実現利益消去と，税効果会計の処理を検討する。

1　企業会計ナビ　ダイジェスト「連結税効果会計とグループ法人税制」
https://assets.ey.com/content/dam/ey-sites/ey-com/ja_jp/topics/library/info-sensor/2018/10/pdf/info-sensor-2018-10-10.pdf

会計処理　（単位：千円）

① **連結修正仕訳（未実現利益の戻し）**

（借）	建物売却益	(※) 20,000	（貸）	建物	(※) 20,000

（※）未実現利益（前提条件④参照）。

② **連結修正仕訳（税効果）**

（借）	繰延税金資産	(※1) 3,000	（貸）	法人税等調整額	(※1) 3,000

（※１）3,000=10,000(※２)×実効税率30%（前提条件⑥参照）

（※２）10,000…未実現利益20,000＞課税所得(※３)10,000

（※３）課税所得10,000=当期の繰越控除前の所得金額20,000（前提条件⑤参照）－繰越欠損金の控除限度額10,000(※４)

（※４）10,000…当期の繰越控除前の所得金額20,000（前提条件⑤参照）×控除限度額50%（前提条件③参照）＜繰越欠損金100,000（前提条件②参照）

未実現利益の全額に対して繰延税金資産を計上するのではなく，課税所得を上限として，繰延税金資産を計上することとなる。

第18章

組織再編と繰越欠損金等

本章のポイント

- 一定の要件を満たす組織再編は，税務上の適格組織再編として取り扱われ，組織再編により移転される事業の資産および負債は簿価により引き継がれる。
- 適格組織再編が行われた場合，原則として被合併法人等の繰越欠損金は合併法人等に引き継がれることとなる。また，繰越欠損金の引継規定は，組織再編を通じた不当な租税回避を防止する目的で，一定の場合には引継制限が設けられている。
- 一定の場合における合併法人等の繰越欠損金についても，逆さ合併などにより繰越欠損金の引継制限が潜脱されることを防止する目的で，使用制限が設けられている。
- 組織再編に関する会計上の取扱い（企業結合・事業分離）と，税務上の取扱い（税制適格要件）は概念が異なるため，それぞれの処理方法に相違が生じることがある。その場合，組織再編の結果として一時差異が生じることになり，税効果会計の対象となる。

1　債務超過会社と組織再編

債務超過会社の組織再編を考える際には欠損金の取扱いが論点となる。

支配関係がある法人間で組織再編が行われる場合，当該組織再編が税制適格要件を満たすか否かなどによって，再編される法人がそれぞれ有している繰越欠損金等の取扱いに影響が生じるためである。

たとえば，債務超過会社を整理する目的で組織再編が行われる場合，その法人が多額の欠損金を有している場合も多いが，税務上の取扱いを誤ると，タックスメリットを十分に享受できない場合がある。

これは，選択する組織再編の方法によって企業グループ全体の租税負担が異なってくることによるため，組織再編のスキームおよび効果を検討する際には，十分な留意が必要となるのである。

2　税制適格要件

組織再編の税務上の影響を検討する際は，まず，その組織再編が税制適格要件に該当するか否かを確認することになる。

税制適格要件を満たす組織再編の場合，当該組織再編により移転する資産および負債が被合併法人，分割法人（以下，本章において「被合併法人等」という。）から合併法人，分割承継法人（以下，本章において「合併法人等」という。）に簿価で移転することになる。

税制適格要件は，（1）完全支配関係がある法人間の適格組織再編，（2）支配関係がある法人間の適格組織再編（3）共同事業を営むための適格組織再編の３つに分類することができる。

なお，株式交換および株式移転における取扱いは「第16章　債務超過会社の株式交換・株式移転等」で解説しているため，ここでは割愛する。

（1）完全支配関係がある法人間の適格組織再編

完全支配関係がある法人間で組織再編を行った場合で，被合併法人等の株主に対して合併法人等の株式，または合併法人等を100%子会社とする親法人（以下，本章において「合併親法人等」という。）の株式のみが交付されるとき，当該組織再編は適格組織再編となる。

（2）支配関係がある法人間の適格組織再編

支配関係がある法人間で組織再編を行った場合で，以下の要件をすべて満たすとき，当該組織再編は適格組織再編となる。

なお，支配関係とは，一の者が法人の発行済株式等の50%超を直接もしくは間接に保有する関係，または一の者との間に当事者間の支配の関係がある法人相互の関係（法人税法２条12号の７の５）をいう（図表18－１参照）。

① 被合併法人等の株主等に合併法人等の株式または合併親法人等の株式の株式のみが交付されること(※)
② （分割の場合のみ）分割により分割事業に係る主要な資産および負債が，分割承継法人に引き継がれていること
③ 組織再編により移転される事業に係る従業者のうち，その総数のおおむね80％以上に相当する者が，組織再編後に合併法人等の業務に従事することが見込まれていること
④ 被合併法人等が組織再編直前に営んでいた主要な事業（分割の場合は，分割事業）が，組織再編後に合併法人等において引き続き営まれることが見込まれていること

（※）合併直前に被合併法人の３分の２以上の株式を直接保有している場合，株式以外の対価を交付しても要件を満たす（法人税法２条12号の８柱書き）。

図表18－1　支配関係の意義

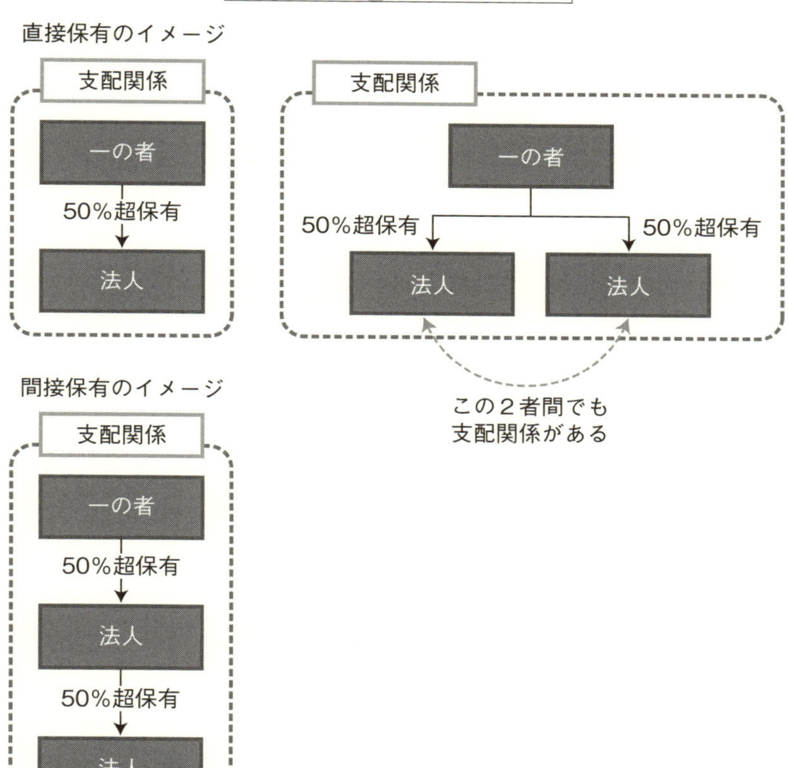

（3）共同事業を営むための適格組織再編

支配関係がない法人間で組織再編を行った場合で，以下の要件をすべて満たすときは，当該組織再編は適格組織再編となる。

ただし，⑥と⑦についてはいずれか一方を満たせばよく，両方を満たす必要はない。

① 被合併法人等の株主等に合併法人等の株式または合併親法人等の株式の株式のみが交付されること

② （分割の場合のみ）分割により分割事業に係る主要な資産および負債が，

分割承継法人に引き継がれていること（法人税法施行令４条の３第８項３号）

③　組織再編により移転される事業に係る従業者のうち，その総数のおおむね80％以上に相当する者が，組織再編後に合併法人等の業務に従事することが見込まれていること

④　被合併法人等の被合併事業（合併法人の合併事業と関連する事業に限る。）または分割事業が，組織再編後に合併法人等において引き続き営まれることが見込まれていること

⑤　被合併法人等の移転事業と合併法人等が組織再編前に営む事業が相互に関連するものであること

ⅰ）合　　併

被合併法人が合併前に営む「主要な」事業のうちいずれかの事業と，合併法人が合併前に営むいずれかの事業（当該合併が新設合併である場合には，他の被合併法人が合併前に営む事業）とが相互に関連するものであること

ⅱ）分　　割

分割法人が分割前に営む事業のうち，分割承継法人において営まれることになる事業と，分割承継法人が分割前に営む事業のうちいずれかの事業とが相互に関連するものであること

⑥　被合併法人等の移転事業と合併法人等が組織再編前に営む事業（被合併事業または分割事業と関連する事業に限る。）のそれぞれの売上金額，従業者の数，（合併の場合には資本金の額，）またはこれらに準ずるものの規模の割合が，おおむね５倍を超えないこと

⑦　組織再編前の被合併法人等の特定役員（社長，副社長，代表取締役，代表執行役，専務取締役もしくは常務取締役またはこれらに準ずる者で法人経営に従事している者をいう。）のいずれかと，合併法人等の特定役員のいずれかが組織再編後に合併法人等の特定役員となることが見込まれていること

3　適格合併と繰越欠損金～被合併法人の繰越欠損金等

(1) 概　要

適格合併があった場合，原則として，合併法人は被合併法人の繰越欠損金を引き継ぐことができる。しかしながら，租税回避を目的とした組織再編を防止する観点から，支配関係がある法人間での適格合併が行われた場合には繰越欠損金の引継ぎが制限されている。

ただし，支配関係法人間での適格合併であっても，合併事業年度開始の日の５年前の日（または設立の日のいずれか遅い日）から支配関係が継続している，またはみなし共同事業要件を充足する場合には，繰越欠損金の引継制限は適用されない。

なお，適格合併に該当しない場合には，合併法人は被合併法人の繰越欠損金を引き継ぐことはできない。

(2) 支配関係がない法人間の適格合併

支配関係がない法人間の適格合併があった場合には，適格合併の日前10年以内に開始した事業年度において生じた被合併法人の繰越欠損金（青色申告書を提出した事業年度に発生した欠損金で，当期に繰り越しているもの）について，それぞれ繰越欠損金が生じた被合併法人の事業年度開始の日の属する合併法人の各事業年度に生じた欠損金とみなす。つまり，被合併法人の繰越欠損金を合併法人に引き継ぐことが可能ということである。

なお，合併法人の合併事業年度開始の日以後に開始した被合併法人の事業年度において生じた繰越欠損金については，合併法人の合併事業年度の前事業年度において生じた繰越欠損金とみなして処理することになる（法人税法57条２項）（図表18－２参照）。

図表18－2　合併事業年度における繰越欠損金の引継ぎ

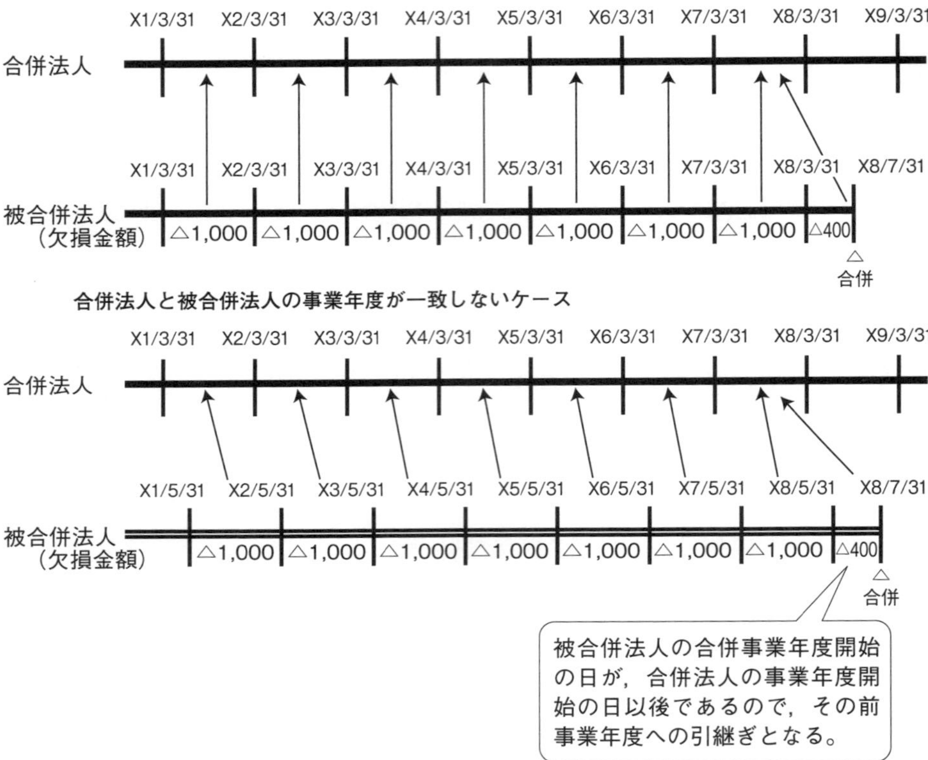

（3）みなし共同事業要件を満たす適格合併

支配関係がある法人間の適格合併があった場合でも，みなし共同事業要件を満たす適格合併である場合には，後述の「（4）支配関係がある法人間の適格合併」で示す各制限は適用されず，被合併法人の繰越欠損金を合併法人に引き継ぐことができる。

みなし共同事業要件を満たすとは，以下の①から⑤の要件のうち，①から④のすべてを満たすか，①および⑤を満たす適格合併のことをいう（法人税法施行令112条３項）。

①　被合併法人の被合併事業（当該被合併法人の当該適格合併の前に営む主要な事業のうちのいずれかの事業をいう。以下②・③において同じ。）と合併法人の合併事業とが相互に関連するものであること

②　被合併事業と合併事業（当該被合併事業に関連する事業に限る。以下，②と④において同じ。）のそれぞれの売上金額，被合併事業と合併事業のそれぞれの従業者の数，被合併法人と合併法人のそれぞれの資本金の額もしくは出資金の額またはこれらに準ずるものの規模の割合がおおむね５倍を超えないこと

③　被合併事業が，被合併法人と合併法人との間に最後に支配関係が生じた時から，当該適格合併の直前の時まで継続して営まれており，かつ，支配関係発生時と当該適格合併の直前の時における当該被合併事業の規模の割合（②において規模の割合の計算の基礎とした指標に限る。）がおおむね２倍を超えないこと

④　合併事業が，合併法人と被合併法人との間に最後に支配関係が生じた時から，当該適格合併の直前の時まで継続して営まれており，かつ，支配関係発生時と当該適格合併の直前の時における当該合併事業の規模の割合（②において規模の割合の計算の基礎とした指標に限る。）がおおむね２倍を超えないこと

⑤　被合併法人の当該適格合併の前における特定役員（社長，副社長，代表取締役，代表執行役，専務取締役もしくは常務取締役またはこれらに準ずる者で法人経営に従事している者をいう。）である者のいずれかの者と，合併法人の当該適格合併の前における特定役員である者のいずれかの者とが当該適格合併の後に当該合併法人の特定役員となることが見込まれていること（なお，ここでいう特定役員は，支配関係発生日前における役員等である者に限られる。）

（※）みなし共同事業の要件は，「２　税制適格要件」「（３）共同事業を営むための適格組織再編」と同一ではない点に注意が必要である。

（４）支配関係がある法人間の適格合併

支配関係がある法人間の適格合併があった場合には，以下のような制限があるため留意を要する。

支配関係が，合併法人の適格合併の日の属する事業年度開始の日の５年前の日，合併法人の設立の日または被合併法人の設立の日のうち最も遅い日以後から生じていると認められない場合で，みなし共同事業要件についても満たしていないときは，次の①または②に該当する繰越欠損金は，合併法人へ引き継ぐ欠損金に含まないものとする（法人税法57条３項）。

①　被合併法人の支配関係事業年度前の各事業年度において生じた欠損金額

被合併法人の支配関係事業年度前の各事業年度において生じた欠損金額は，その全額について合併法人への引継ぎが制限される（図表18－３参照）。

図表18－３　支配関係事業年度前の繰越欠損金額の引継ぎ制限

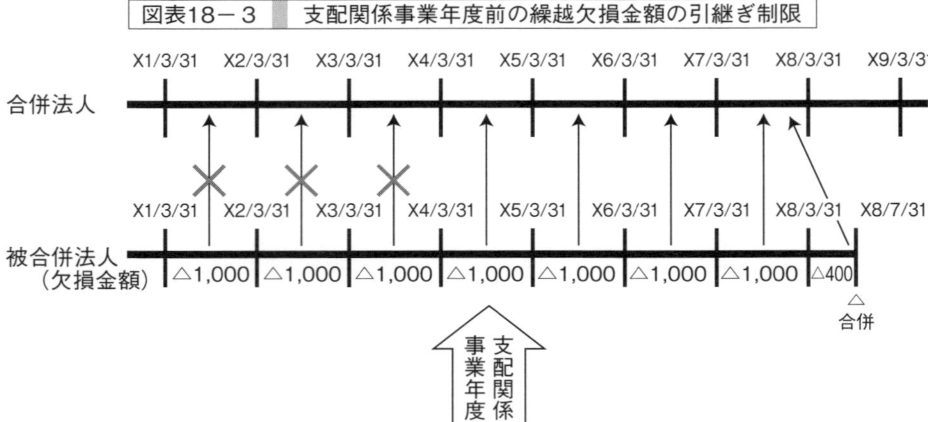

支配関係事業年度とは，被合併法人の事業年度のうち合併法人との間に最後に支配関係を有することとなった日の属する事業年度をいう（法人税法57条３項１号）。

また，最後に支配関係を有することとなった日とは，適格合併の日の直前まで継続して支配関係を有する場合のその支配関係を有することとなった日（支配関係が開始された日）をいう（法人税基本通達12－１－５）。

これは，繰越欠損金を有する法人を買収等した後に適格合併を行うことにより，不当に租税回避を図る目的の組織再編が行われることを防止するために設けられた制限である。

②　被合併法人の支配関係事業年度後の各事業年度において生じた欠損金額のうち，事業年度ごとに次のⅰ）からⅱ）の金額を控除した欠損金の額

支配関係事業年度後に発生した欠損金であっても，その欠損金の発生原因が，支配関係事業年度前から被合併法人が所有していた含み損のある特定資産を譲渡等することにより生じたもの（以下，本章において「特定資産譲渡等損失」という。）である場合，これを制限しないと上記①の取扱いの潜脱となり得る

図表18－4　支配関係事業年度後の繰越欠損金額の引継ぎ制限

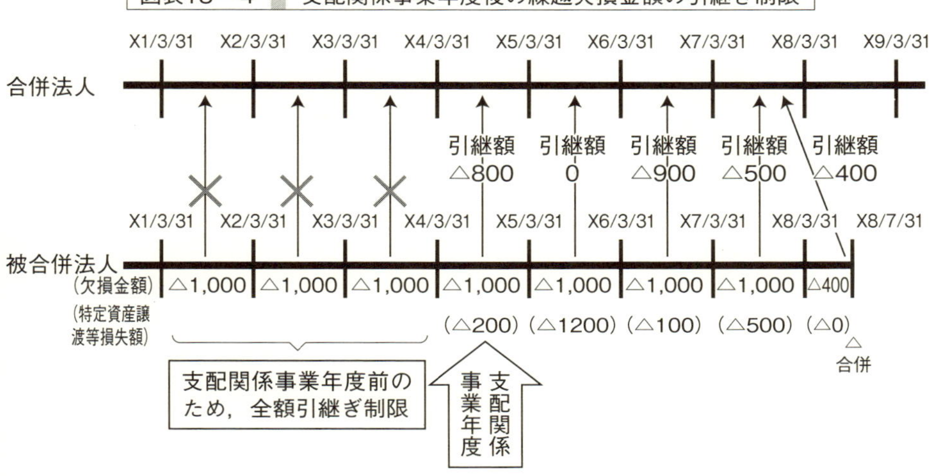

ことから，欠損金の引継ぎが制限されている（法人税法57条３項２号）（図表18－４参照）（用語の定義は③参照）。

> ｉ）各事業年度に生じた欠損金の額のうち，その事業年度における特定資産に係る譲渡等損失に達するまでの金額
> ⅱ）各事業年度に生じた欠損金の額のうち，すでに繰越控除または繰戻還付の適用を受けた欠損金の額

③　特定引継資産譲渡等損失の損金算入の制限

適格合併により，被合併法人が保有する資産は合併法人に簿価で移転されることになるが，含み損のある資産を被合併法人から合併法人に移転させた後に売却する方法により，上記②の制限が潜脱されることが考えられる。これを防止する目的で，被合併法人から引き継いだ特定資産の譲渡等損失（以下，本章において「特定引継資産譲渡等損失」という。）について，損金算入の制限が設けられている（法人税法62条の７第１項）。

支配関係が，合併法人の適格合併の日の属する事業年度開始の日の５年前の日，合併法人の設立の日または被合併法人の設立の日のうち最も遅い日以後から生じていると認められない場合で，みなし共同事業要件についても満たしていないときは，特定引継資産譲渡等損失について損金算入が制限される。

ⅰ）特定資産の意義

特定資産とは，支配関係が生じた日前から所有していた資産のうち次に掲げる資産以外の資産をいい，特定資産に係る譲渡等損失とは，その資産に係る譲渡，評価換え，除却その他これらに類する事由による損失の額から利益の額を控除した額をいう（法人税法62条の７第２項１号，法人税法施行令123条の８第２項）。

- 棚卸資産（ただし，土地は除く。）
- 短期売買商品
- 売買目的有価証券
- 適格合併の日における１単位当りの帳簿価額または取得価額が1,000万円に満たない資産
- 支配関係が生じた日における時価が同日の帳簿価額を下回っていない資産
- 適格合併に該当しない合併により移転を受けた資産で譲渡損益調整資産以外のもの

ⅱ）制限期間

この特定資産譲渡等損失の損金不算入の制限規定の適用期間は，合併事業年度開始の日から，以下のうち最も早い日までの期間とされている。

- 合併事業年度開始の日以後３年を経過する日
- 最後に支配関係があることとなった日以後５年を経過する日
- グループ通算制度の開始に伴う資産の時価評価損益の適用を受ける場合，通算制度開始直前事業年度終了の日
- グループ通算制度への加入に伴う資産の時価評価損益の適用を受ける場合，通算制度加入直前事業年度終了の日
- 非適格株式交換，非適格株式移転に係る株式交換完全子法人等の有する資産の時価評価損益の適用を受ける場合，当該非適格株式交換，非適格株式移転の日の属する事業年度終了の日

④　被合併法人の純資産に含み益がある場合等の特例

上記①・②・③の規定について，被合併法人が十分な含み益のある資産を有していた場合には，特例の取扱いが設けられている（図表18－５参照）。

実現していない含み損益を考慮した場合に，含み損がないと認められる場合においては，組織再編を通じて課税所得が不当に圧縮されるおそれがないと考

えられ，制限を行う必要がないためである。

ⅰ）被合併法人の支配関係事業年度の前事業年度終了の時における時価純資産超過額（時価純資産額から簿価純資産額を減算した金額）が，被合併法人の支配関係前繰越欠損金額以上である，または支配関係前繰越欠損金額が存在しないとき

この場合は，上記①・②の制限にかかわらず，被合併法人の繰越欠損金の合併法人への引継ぎは制限されないことになる（法人税法施行令113条１項１号）。

また，上記③の制限にかかわらず，特定引継資産譲渡等損失の損金算入について制限されない（法人税法施行令123条の９第１項１号）。

なお，この判定を行う時点は，合併の日ではなく支配関係事業年度の直前事業年度末であるという点に留意が必要である。

ⅱ）被合併法人の支配関係事業年度の前事業年度終了の時における時価純資産超過額が，被合併法人の支配関係前繰越欠損金額に満たないとき

この場合は，上記①の制限が軽減され，支配関係事業年度の前事業年度末の時価純資産超過額が被合併法人の支配関係前繰越欠損金の合計額に満たない場合，被合併法人の繰越欠損金の制限対象金額となる。

なお，この場合において，上記②の制限にかかわらず，支配関係事業年度以後に生じた繰越欠損金については，全額が引継ぎの対象として認められる（法人税法施行令113条１項２号）。

また，上記③の制限にかかわらず，特定引継資産譲渡等損失の損金算入について制限されない。

ⅲ）被合併法人の支配関係事業年度の前事業年度終了の時における簿価純資産超過額（時価純資産額が簿価純資産額に満たない金額）が，被合併法人の支配関係前繰越欠損金額のうち特定資産譲渡等損失相当額の合計額に満たないとき

この場合は，上記②の制限が軽減され，被合併法人の支配関係事業年度後の各事業年度において生じた欠損金額のうちの特定資産譲渡等損失について，当該簿価純資産超過額の範囲内で繰越制限されることになる（法人税法施行令113条１項３号）（図表18－６参照）。

また，上記③の制限についても同様に軽減され，特定引継資産譲渡等損失について，当該簿価純資産超過額の範囲内で繰越制限されることになる（法人税

図表18－5　被合併法人の純資産に含み益がある場合等の特例

	①　支配関係事業年度前の各事業年度において生じた繰越欠損金	②　支配関係事業年度後の各事業年度において生じた繰越欠損金額のうちの特定資産譲渡等損失	③　特定引継資産譲渡等損失の損金算入の制限
a．被合併法人の支配関係事業年度の前事業年度終了の時における時価純資産超過額（時価純資産額から簿価純資産額を減算した金額）が，被合併法人の支配関係前繰越欠損金額以上である，または支配関係前繰越欠損金額が存在しないとき	引継制限なし	引継制限なし	損金算入の制限なし
b．被合併法人の支配関係事業年度に前事業年度終了の時における時価純資産超過額が，被合併法人の支配関係前繰越欠損金額に満たないとき	支配関係事業年度の前事業年度末の，時価純資産超過額を，被合併法人の支配関係前繰越欠損金額が時価純資産超過額を上回る範囲を制限		
c．被合併法人の支配関係事業年度の前事業年度終了の時における簿価純資産超過額（時価純資産額が簿価純資産額に満たない金額）が，被合併法人の支配関係前繰越欠損金額のうち特定資産譲渡等損失相当額の合計額に満たないとき	引継制限あり	支配関係事業年度の前事業年度末の，簿価純資産超過額の範囲を制限	

法施行令123条の９第１項２号)。

なお，上記①の制限については，軽減されない。

図表18－6　被合併法人の支配関係事業年度の前事業年度終了の時における簿価純資産超過額が，被合併法人の支配関係前繰越欠損金額のうち特定資産譲渡等損失相当額の合計額に満たない場合

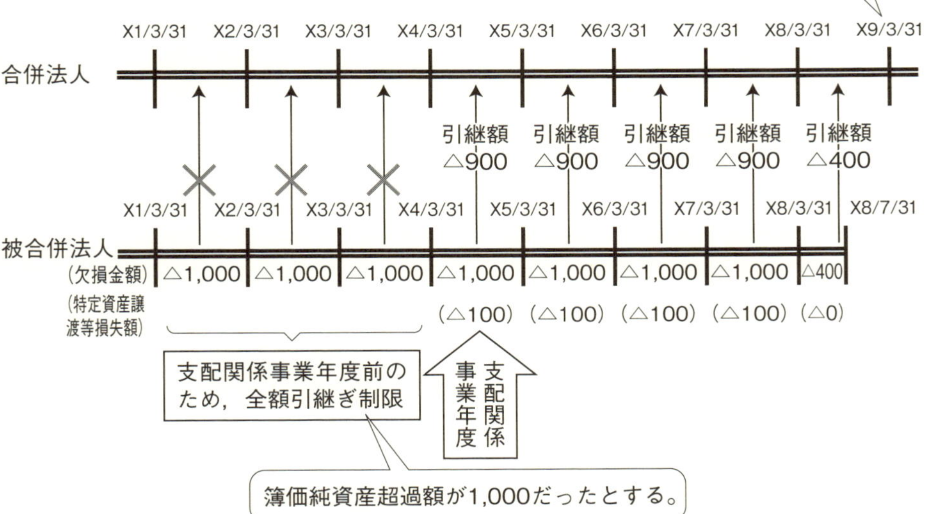

この場合，制限されるのは簿価純資産超過額の1,000までとなるため，特定引継資産の譲渡損失の制限額は以下のとおりとなる。

簿価純資産超過額　1,000
繰越欠損金のうちの特定資産譲渡等損失　△400
合併後の特定引継資産の譲渡損失の制限額　1,000+△400=600
合併後の特定引継資産の譲渡損失　△700
合併後の特定引継資産の譲渡損失の損金算入可能額　600+△700=△100

譲渡損失△100については，損金算入可能となる。

4　適格合併と繰越欠損金～合併法人の繰越欠損金等

（1）概　　要

適格合併があった場合，合併法人の繰越欠損金の取扱いに関しても，一定の制限が設けられている。これは，合併法人と被合併法人を形式的に入れ替えることによって，「3　適格合併と繰越欠損金～被合併法人の繰越欠損金等」で説明した各制限が潜脱されることを防止する目的であるため，被合併法人側の制限規定と平仄を合わせている（法人税法57条4項）。

よって，支配関係法人間での適格合併であっても，みなし共同事業要件を充足する場合には，繰越制限は適用されない。

また，非適格合併の場合には，合併法人の繰越欠損金の使用に関して制限はない。ただし，平成22年度税制改正に導入されたグループ法人税制により，非適格合併であっても100%グループ間で行われるものに関しては，譲渡損益調整資産について，原則的に帳簿価額で合併法人に移転することとなった。よって，100%グループ内の法人間の非適格合併においては，合併法人において繰越欠損金等の使用制限が適用される。

（2）支配関係がない法人間の適格合併

支配関係がない法人間の適格合併があった場合には，合併法人の繰越欠損金の使用について，制限が課せられることはない。

（3）みなし共同事業要件を満たす適格合併

支配関係がある法人間の適格合併があった場合でも，みなし共同事業要件を満たす適格合併である場合には，後述の「（4）支配関係がある法人間の適格合併」で示す各制限は適用されず，合併法人の繰越欠損金の使用について，制限が課せられることはない。

みなし共同事業要件の具体的な内容については，被合併法人の場合と同様であるため，前述の「3　適格合併と繰越欠損金～被合併法人の繰越欠損金等」「（3）みなし共同事業要件を満たす適格合併」を参照のこと。

(4) 支配関係がある法人間の適格合併

支配関係がある法人間の適格合併があった場合には，以下のような制限があるため，留意を要する。

支配関係が，合併法人の適格合併の日の属する事業年度開始の日の５年前の日，合併法人の設立の日または被合併法人の設立の日のうち最も遅い日以前から生じていると認められない場合で，みなし共同事業要件についても満たしていないときは，次の①または②に掲げる合併法人の欠損金額は，合併法人の合併の日を含む事業年度以後の各事業年度において使用が制限される。

①　合併法人の支配関係事業年度前の各事業年度において生じた欠損金額

合併法人の支配関係事業年度前の各事業年度において生じた欠損金額は，その全額について使用が制限される（図表18－７参照）。

支配関係事業年度とは，合併法人の事業年度のうち合併法人との間に最後に支配関係があることとなった日の属する事業年度をいう。

また，最後に支配関係があることとなった日については，適格合併の日の直前まで継続して支配関係がある場合のその支配関係があることとなった日（支配関係が開始された日）をいう（法人税基本通達12－１－５）。

図表18－7　支配関係事業年度前の繰越欠損金額の使用制限

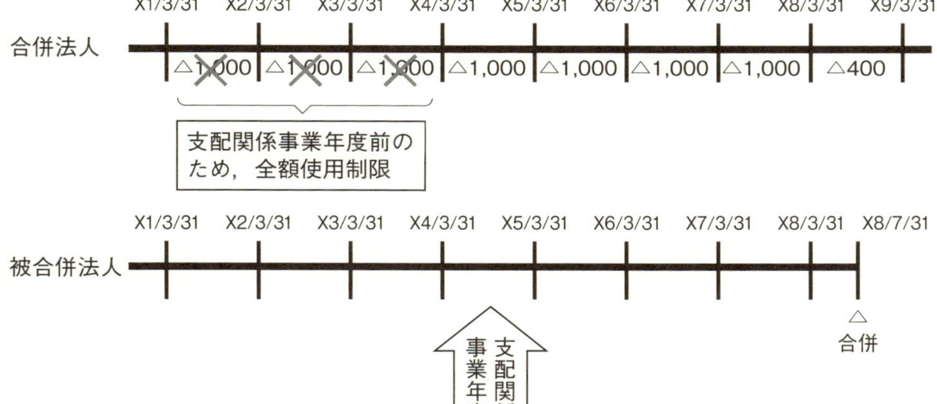

②　合併法人の支配関係事業年度以後の各事業年度において生じた欠損金のうち，事業年度ごとに次のⅰ）からⅱ）の金額を控除した欠損金の額

支配関係事業年度後に発生した欠損金であっても，その欠損金の発生原因が，支配関係事業年度前から合併法人が所有していた含み損のある特定資産を譲渡等することにより生じたものである場合，「①　合併法人の支配関係事業年度前の各事業年度において生じた欠損金額」の取扱いの潜脱となり得ることから，欠損金の使用が制限されている（法人税法57条４項２号）。

ⅰ）各事業年度に生じた欠損金の額のうち，その事業年度における特定資産に係る譲渡等損失に達するまでの金額
ⅱ）各事業年度に生じた欠損金の額のうち，すでに繰越控除または繰戻還付の適用を受けた欠損金の額

③　特定保有資産譲渡等損失の損金算入の制限

適格合併の前から合併法人が保有していた特定資産の譲渡等損失（以下，本章において「特定保有資産譲渡等損失」という。）についても，被合併法人の場合と同様に，制限規定が設けられている（法人税法62条の７第１項）。

支配関係が，合併法人の適格合併の日の属する事業年度開始の日の５年前の日，合併法人の設立の日または被合併法人の設立の日のうち最も遅い日以後から生じていると認められない場合で，みなし共同事業要件についても満たしていないときは，特定保有資産に係る譲渡等損失について損金算入が制限される（図表18－８参照）。

なお，この制限規定の適用は，合併の日の属する事業年度開始の日から適用されるため，当該事業年度の開始の日から合併の日までの間に生じた特定保有資産等譲渡損失についても，適用対象となる点に留意が必要である。

ⅰ）特定資産の意義

被合併法人と同様のため，本章「３　適格合併と繰越欠損金～被合併法人の繰越欠損金等」「（４）支配関係がある法人間の適格合併」を参照のこと。

ⅱ）制限期間

被合併法人と同様のため，本章「３　適格合併と繰越欠損金～被合併法人の

繰越欠損金等」「（4）支配関係がある法人間の適格合併」を参照のこと。

図表18－8　特定保有資産等譲渡損失の使用制限

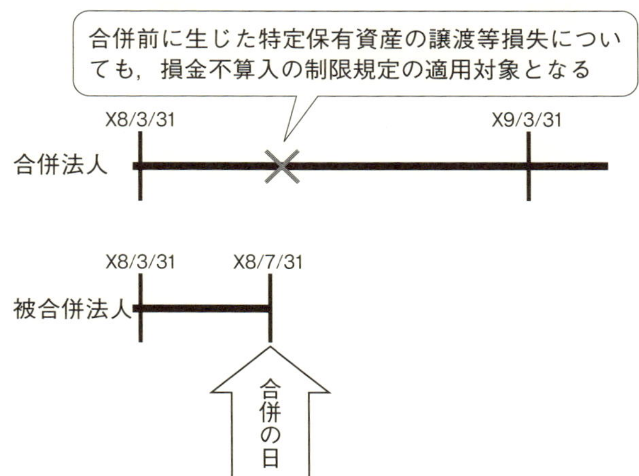

④　**合併法人の純資産に含み益がある場合等の特例**

上記①・②・③の規定について，合併法人が十分な含み益のある資産を有していた場合には，特例の取扱いが設けられている（図表18－9参照）。

実現していない含み損益を考慮した場合に，十分な含み損がないと認められる場合においては，組織再編を通じて課税所得が不当に圧縮されるおそれもないと考えられ，制限を行う必要がないためである。

ｉ）合併法人の支配関係事業年度の前事業年度終了の時における時価純資産超過額（時価純資産額から簿価純資産額を減算した金額）が，合併法人の支配関係前繰越欠損金額以上である，または支配関係前繰越欠損金額が存在しないとき

この場合は，上記①・②の制限にかかわらず，合併法人の繰越欠損金の使用は制限されない（法人税法施行令113条４項）。

また，上記③の制限にかかわらず，特定保有資産譲渡等損失の損金算入について制限されない（法人税法施行令123条の９第４項）。

なお，この判定を行う時点は，合併の日ではなく支配関係事業年度の直前事業年度末であるという点に留意が必要である。

図表18－9　合併法人の純資産に含み益がある場合等の特例

<table>
<tr><th></th><th>① 支配関係事業年度前の各事業年度において生じた繰越欠損金</th><th>② 支配関係事業年度後の各事業年度において生じた繰越欠損金額のうちの特定資産譲渡等損失</th><th>③ 特定保有資産譲渡等損失の損金算入の制限</th></tr>
<tr><td>a．合併法人の支配関係事業年度の前事業年度終了の時における時価純資産超過額（時価純資産額から簿価純資産額を減算した金額）が，合併法人の支配関係前繰越欠損金額以上である，または支配関係前繰越欠損金額が存在しないとき</td><td>使用制限なし</td><td rowspan="2">使用制限なし</td><td rowspan="2">損金算入の制限なし</td></tr>
<tr><td>b．合併法人の支配関係事業年度の前事業年度終了の時における時価純資産超過額が，合併法人の支配関係前繰越欠損金額に満たないとき</td><td>支配関係事業年度の前事業年度末の，時価純資産超過額を，合併法人の支配関係前繰越欠損金額が時価純資産超過額を上回る範囲を制限</td></tr>
<tr><td>c．合併法人の支配関係事業年度の前事業年度終了の時における簿価純資産超過額（時価純資産額が簿価純資産額に満たない金額）が，合併法人の支配関係前繰越欠損金額のうち特定資産譲渡等損失相当額の合計額に満たないとき</td><td>使用制限あり</td><td colspan="2">支配関係事業年度の前事業年度末の，簿価純資産超過額の範囲を制限</td></tr>
</table>

ⅱ）合併法人の支配関係事業年度の前事業年度終了の時における時価純資産超過額が，合併法人の支配関係前繰越欠損金額に満たないとき

この場合は，上記①の制限が軽減され，支配関係事業年度の前事業年度末の時価純資産超過額を，合併法人の支配関係前繰越欠損金額が上回る金額が，合併法人の繰越欠損金の制限対象金額となる（法人税法施行令113条４項）。

なお，この場合において，上記②の制限にかかわらず，支配関係事業年度以後に生じた繰越欠損金については，全額が使用の対象として認められる。

また，上記③の制限にかかわらず，特定保有資産譲渡等損失の損金算入について制限されない（法人税法施行令123条の９第４項）。

ⅲ）合併法人の支配関係事業年度の前事業年度終了の時における簿価純資産超過額（時価純資産額が簿価純資産額に満たない金額）が，合併法人の支配関係前繰越欠損金額のうち特定資産譲渡等損失相当額の合計額に満たないとき

この場合は，上記②の制限が軽減され，合併法人の支配関係事業年度後の各事業年度において生じた欠損金額のうちの特定資産譲渡等損失について，当該簿価純資産超過額の範囲内で繰越制限されることになる（法人税法施行令113条４項）。

また，上記③の制限についても同様に軽減され，特定保有資産譲渡等損失について，当該簿価純資産超過額の範囲内で使用制限されることになる（法人税法施行令123条の９第４項）。

なお，上記①の制限については軽減されない。

5　適格分割・適格現物出資・適格現物分配と繰越欠損金

（1）概　　要

適格分割があった場合については，分割法人の繰越欠損金を分割承継法人に引き継ぐことはできない。適格現物出資および適格現物分配の場合においても，原則として同様である。ただし，完全支配子会社を清算する場合には，繰越欠損金を引き継ぐことが可能である（法人税法57条２項）。

(2) 繰越欠損金の使用制限

適格分割により，事業の承継が行われた場合には，分割会社の資産および負債は簿価により分割承継会社に承継されることになる。この際，含み益のある資産を分割法人から分割承継法人に移転させた後に売却し，分割承継法人の繰越欠損金と相殺する方法で，不当に租税回避が行われることを防止する目的で，繰越欠損金の使用制限が設けられている。

支配関係が，適格分割の日の属する事業年度開始の日の５年前の日，分割承継法人の設立の日または分割承継法人等の設立の日のうち最も遅い日以後から生じていると認められない場合で，みなし共同事業要件についても満たしていないときは，次の①または②に該当する繰越欠損金は，分割承継法人の分割の日を含む事業年度以後において使用が制限される（法人税法57条４項）。

なお，適格現物出資，適格現物分配においても同様に使用制限が課されることになるが，適格現物分配の場合にはみなし共同事業要件の取扱いが認められていない点に留意が必要である。

①　分割承継法人等の支配関係事業年度前の各事業年度において生じた欠損金額

支配関係事業年度前の各事業年度において生じた欠損金額は，その全額について繰越欠損金としての使用が制限される（図表18－10参照）。

支配関係事業年度とは，分割承継法人の事業年度のうち分割法人との間に最後に支配関係があることとなった日の属する事業年度をいう（法人税法57条４項１号）。

また，最後に支配関係があることとなった日とは，適格分割等の日の直前まで継続して支配関係がある場合のその支配関係があることとなった日（支配関係が開始された日）をいう（法人税基本通達12－１－５）。

②　分割承継法人等の支配関係事業年度後の各事業年度において生じた欠損金額のうち，事業年度ごとに次のⅰ）からⅱ）の金額を控除した欠損金の額

支配関係事業年度後に発生した欠損金であっても，その欠損金の発生原因が，支配関係事業年度前から分割承継法人が所有していた含み損のある特定資産を譲渡等することにより生じたものである場合，これを制限しないと①の取扱い

図表18－10　支配関係事業年度前の繰越欠損金額の使用制限

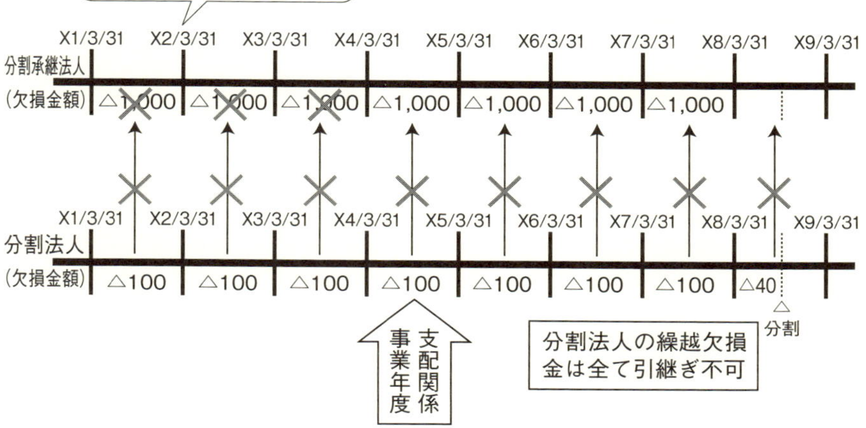

の潜脱となり得ることから，欠損金の使用が制限されている（法人税法57条４項２号）（図表18－11参照）。

ⅰ）各事業年度に生じた欠損金の額のうち，その事業年度における特定資産に係る譲渡等損失に達するまでの金額
ⅱ）各事業年度に生じた欠損金の額のうち，すでに繰越控除または繰戻還付の適用を受けた欠損金の額

適格現物出資，適格現物分配が行われた場合の，被現物出資法人または被現物分配法人の繰越欠損金においても，同様の使用制限が課されることになる。

③　特定引継資産譲渡等損失の損金算入の制限

適格分割により，吸収分割が行われた場合には，分割会社の資産および負債は簿価により吸収分割会社に承継されることになる。この際，含み損のある資産を分割法人から分割承継法人に移転させた後に売却し，分割承継法人が保有する資産の売却益と相殺する等の方法で，不当に租税回避が行われることを防止する目的で，繰越欠損金の損金算入の制限が設けられている（法人税法62条の７第１項）。

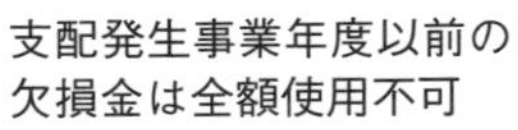
図表18－11　支配関係事業年度後の繰越欠損金額の使用制限

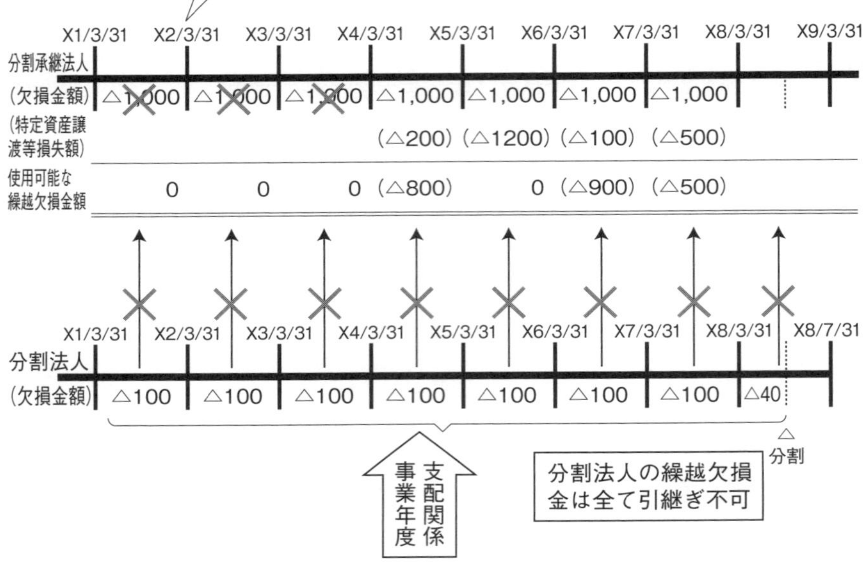

支配関係が，適格分割の日の属する事業年度開始の日の５年前の日，分割法人の設立の日または分割承継法人の設立の日のうち最も遅い日以後から生じていると認められない場合で，みなし共同事業要件についても満たしていないときは，特定引継資産譲渡等損失について損金算入が制限される。

また，適格現物出資や適格現物配当の場合には，適格吸収分割の場合と同様に損金算入制限が課されることになる。

④　特定保有資産譲渡等損失の損金算入の制限

特定引継資産の譲渡等損失を用いた租税回避の方法とは逆に，含み益のある資産を分割法人から分割承継法人に移転させた後に売却し，分割承継法人が適格分割前から保有する資産の売却損と相殺する等の方法で，不当に租税回避が行われることも考えられる。

よって，分割承継法人，被現物出資法人，被現物分配法人の特定保有資産譲渡等損失についても，同様に損金算入が制限される（法人税法62条の７第２項２号）。

ｉ）特定資産の意義

適格合併と同様のため，本章「３　適格合併と繰越欠損金～被合併法人の繰越欠損金等」「（４）支配関係がある法人間の適格合併」を参照のこと。

ⅱ）制限期間

適格合併と同様のため，本章「３　適格合併と繰越欠損金～被合併法人の繰越欠損金等」「（４）支配関係がある法人間の適格合併」を参照のこと。

⑤　分割法人等または分割承継法人等の純資産に含み益がある場合等の特例

上記①・②・③・④の規定について，支配関係があることとなった日において，制限を受ける法人が保有する資産について十分な含み益がある場合には，特例の取扱いが設けられている（図表18－12参照）。

実現していない含み損益を考慮した場合に，含み損がないと認められる場合においては，組織再編を通じて課税所得が不当に圧縮されるおそれがないと考えられ，制限を行う必要がないためである。

ｉ）支配関係事業年度の前事業年度終了の時における時価純資産超過額（時価純資産から簿価純資産を減額した金額）が，支配関係前繰越欠損金額以上である，または支配関係前繰越欠損金額が存在しないとき

この場合は，上記①・②の制限にかかわらず，分割承継法人の繰越欠損金の使用は制限されないことになる（法人税法施行令113条１項１号）。

また，上記③・④の制限にかかわらず，特定引継資産譲渡等損失および特定保有資産譲渡等損失の損金算入について制限されない（法人税法施行令123条の９第１項１号）。

なお，この判定を行う時点は，分割の日ではなく支配関係事業年度の直前事業年度末であるという点に留意が必要である。

図表18－12 分割法人等または分割承継法人等の純資産に含み益がある場合等の特例

	① 支配関係事業年度前の各事業年度において生じた繰越欠損金	② 支配関係事業年度後の各事業年度において生じた繰越欠損金額のうちの特定資産譲渡等損失	③ 特定引継資産譲渡等損失及び特定保有資産譲渡等損失の損金算入の制限
a．支配関係事業年度の前事業年度終了の時における時価純資産超過額（時価純資産から簿価純資産を減額した金額）が，支配関係前繰越欠損金額以上である，または支配関係前繰越欠損金額が存在しないとき	使用制限なし	使用制限なし	損金算入の制限なし
b．支配関係事業年度の前事業年度終了の時における時価純資産超過額が，支配関係前繰越欠損金額未満であるとき	支配関係事業年度の前事業年度末の，時価純資産超過額を，支配関係前繰越欠損金額が上回る範囲を制限		
c．支配関係事業年度の前事業年度終了の時における簿価純資産超過額が，支配関係前繰越欠損金額のうち特定資産譲渡等損失相当額の合計額に満たないとき	使用制限あり	支配関係事業年度の前事業年度末の，簿価純資産超過額の範囲を制限	

ⅱ）支配関係事業年度の前事業年度終了の時における時価純資産超過額が，分割承継法人の支配関係前繰越欠損金額未満であるとき

この場合は，上記①の制限が軽減され，支配関係事業年度の前事業年度末の時価純資産超過額を，分割承継法人の支配関係前繰越欠損金額が上回る金額が，分割承継法人の繰越欠損金の使用制限対象金額となる。

なお，この場合において，上記②の制限にかかわらず，支配関係事業年度以後に生じた繰越欠損金については，全額が使用の対象として認められる（法人税法施行令113条１項２号）。

また，上記③・④の制限にかかわらず，特定引継資産譲渡等損失および特定保有資産譲渡等損失の損金算入について制限されない（法人税法施行令123条の９第１項１号）。

ⅲ）支配関係事業年度の前事業年度終了の時における簿価純資産超過額が，分割承継法人の支配関係前繰越欠損金額のうち特定資産譲渡等損失相当額の合計額に満たないとき

この場合は，上記②の制限が軽減され，分割承継法人の支配関係事業年度後の各事業年度において生じた欠損金額のうちの特定資産譲渡等損失について，当該簿価純資産超過額の範囲内で使用制限されることになる（法人税法施行令113条１項３号）。

また，上記③・④の制限についても同様に軽減され，特定引継資産譲渡等損失および特定保有資産譲渡等損失について，当該簿価純資産超過額の範囲内で損金算入が制限されることになる（法人税法施行令123条の９第１項２号）。

なお，上記①の制限については軽減されない。また，純資産に含み益がある場合等の特例については，適格現物出資，適格現物配当の場合でも同様の取扱いとなる。

（3）みなし共同事業要件を満たす適格分割等

支配関係がある法人間の適格分割があった場合でも，みなし共同事業要件を満たす適格分割である場合には，「（２）繰越欠損金の使用制限」で示す各制限は適用されず，分割承継法人の繰越欠損金を使用することができる。

みなし共同事業要件を満たすとは，以下の①から⑤の要件のうち，①から④のすべてを満たすか，または①および⑤を満たす適格分割のことをいう（法人税法施行令112条３項，10項）。

① 分割承継法人の分割承継事業（当該分割承継法人の当該適格分割の前に営む事業のうちのいずれかの事業をいう。以下②・③において同じ。）と分割法人の分割事業（当該分割により分割承継法人において営まれることになる事業をいう）とが相互に関連するものであること
② 分割事業と分割承継事業（分割事業と関連する事業に限定）のそれぞれの売上金額，分割事業と分割承継事業のそれぞれの従業者の数もしくはこれらに準ずるものの規模の割合がおおむね５倍を超えないこと
③ 分割事業が，分割法人と分割承継法人との間に最後に支配関係があることとなった時から，当該適格分割の直前の時まで継続して営まれており，かつ，支配関係発生時と当該適格分割の直前の時における当該分割承継事業の規模の割合がおおむね２倍を超えないこと
④ 分割承継事業が，分割法人と分割承継法人との間に最後に支配関係があることとなった時から，当該適格分割の直前の時まで継続して営まれており，かつ，支配関係発生時と当該適格分割の直前の時における当該分割事業の規模の割合がおおむね２倍を超えないこと
⑤ 分割前の分割承継法人の特定役員（社長，副社長，代表取締役，代表執行役，専務取締役もしくは常務取締役またはこれらに準ずる者で法人の経営に従事している者をいう。）である者のいずれかの者と，分割法人の当該適格分割の前における特定役員である者のいずれかの者とが当該適格分割の後に当該分割承継法人の特定役員となることが見込まれていること（なお，ここでいう特定役員は，支配関係発生日前における役員等である者に限られる。）

※　みなし共同事業の要件は，「２　税制適格要件」「（３）共同事業を営むための適格組織再編」と同一ではない点に注意が必要である。

※　適格現物分配については，みなし共同事業要件を満たす場合の特例が設けられていない点に留意が必要である。

（４）支配関係がない法人間の適格分割等

適格分割において，分割法人と分割承継法人との間に支配関係があると認められない場合には，分割承継法人の繰越欠損金を使用することができる。

これは，適格現物出資，適格現物配当においても同様である。

支配関係の意義については，適格合併と同様であるため，本章「２　税制適格要件」「（２）支配関係がある法人間の適格組織再編」を参照とする。

6　組織再編と税効果会計

（1）企業結合と税効果会計

企業結合による組織再編が行われた場合，会計上は，その企業結合が「共同支配企業の形成」または「共通支配下の取引」に該当する組織再編である場合，組織再編により移転する資産および負債は適正な帳簿価額により計上される。

それ以外の場合には「取得」に該当し，移転される資産および負債は時価で算定された金額で計上される。

一方，税務処理においては，その組織再編が税制適格要件に該当する場合には，資産および負債の簿価を引き継ぐ処理を行うが，非適格組織再編の場合には，時価によって資産および負債の移転処理を行うことになる。

これらの会計上の取扱いと税務上の取扱いの組み合わせが相違する場合や繰越欠損金の引継ぎが行われる場合には，一時差異等が生じることになり，税効果会計の対象となる。

特に，債務超過会社の組織再編では，多額の繰越欠損金が引き継がれるケースが考えられるが，この金額はそのまま将来減算一時差異等として認識されるため，会計上の影響が大きくなることも想定される。

①　合併等（直接取得）による組織再編

ｉ）税効果会計の適用

組織再編の形式が，事業を直接取得することとなる合併，会社分割（分割承継会社）等の場合には，取得企業は，企業結合日において，被取得企業または取得した事業から生じる一時差異等（会計上の資産および負債と税務上の資産および負債の計上額の差額，ならびに取得企業に引き継がれる被取得企業の税務上の繰越欠損金等）に係る税金の額を，将来の事業年度において回収または支払が見込まれない額を除き，繰延税金資産または繰延税金負債として計上する（企業結合適用指針71項）。

ⅱ）税効果会計の適用時期

企業結合日において，税効果会計を適用する（企業結合適用指針71項）。

iii）回収可能性の判断

企業結合日において計上される繰延税金資産の回収可能性は，取得企業の収益力に基づく一時差異等加減算前課税所得等により判断する。

また，将来年度の課税所得の見積額による繰延税金資産の回収可能性を過去の業績等に基づいて判断する場合には，企業結合年度以後，取得した企業に係る過年度の業績等を取得企業の既存事業に係るものと合算した上で課税所得を見積ることになる（企業結合適用指針75項）。

なお，繰延税金資産の回収可能性を判断する際には，企業結合年度からその影響を反映させる。

つまり，企業結合年度前の事業年度においては，将来において組織再編が予定されているとしても，取得される企業および事業から生じると見込まれる課税所得を織り込んで判断することはできないということである。

iv）のれんの処理

のれんまたは負ののれんは取得原価の配分残余であるため，税効果は認識しない取扱いとなる（企業結合適用指針72項）。

一方で，非適格合併等の際に生じる税務上の資産調整勘定または差額負債調整勘定については一時差異に該当し，税効果会計の対象となる。具体的には，資産調整勘定または差額負債調整勘定に係る繰延税金資産または繰延税金負債を認識した上で，会計上ののれん（または負ののれん）の額を算出する（企業結合適用指針378－３項なお書き）。

②　株式交換等（間接取得）による組織再編

株式交換または株式移転により株式交換完全親会社または株式移転設立完全親会社が受け入れた子会社株式に係る一時差異に関する税効果は原則として認識しない（企業結合適用指針115項，123項）。

これは，継続保有を前提として新規に子会社株式を取得したにもかかわらず，税効果を通じて株式の取得時に損益を認識することは適当ではないためである。

③　「共同支配企業の形成」「共通支配下の取引」による組織再編

ⅰ）回収可能性の検討

「共同支配企業の形成」または「共通支配下の取引」に該当する組織再編が

行われた場合には，会計上，組織再編により移転する資産および負債は適正な帳簿価額により引き継がれることになる。

これは繰延税金資産および繰延税金負債においても同様であり，移転先での回収可能性の有無にかかわらず，適正な帳簿価額をそのまま引き継ぐことになる。

なお，移転した資産および負債に係る一時差異に対する繰延税金資産の回収可能性は，通常と同様に，期末において見直されることになる（企業結合適用指針［設例35］参照）。

ii）のれんの計上と資産調整勘定に係る税効果

共通支配下の取引であっても，たとえば，下に記載するような現金等の財産などを対価とする事業譲渡のときなどには，移転事業（消滅会社）の株主資本相当額と対価としての現金等の財産の差額がのれんとして計上される（企業結合適用指針448項⑵②）。

- 親会社から子会社への事業譲渡・会社分割（対価が現金等の財産または現金等と株式の併用）（企業結合適用指針224項⑴，231項⑵②）
- 同一の株主に支配されている子会社同士の合併（対価が現金等の財産または現金等と株式の併用）（企業結合適用指針243項⑴，251項⑵①）
- 消滅会社または移転事業の株主資本相当額がマイナスの場合で，対価が現金等の財産と株式の併用のときの以下の取引（現金等の財産等の帳簿価額と同額がのれんとなる。）
  —親会社から子会社への会社分割（企業結合適用指針231項⑵②）
  —同一の株主に支配されている子会社同士の合併（企業結合適用指針251項⑵②）

また，このとき，税務上は非適格組織再編となり，資産調整勘定およびこれに係る繰延税金資産が計上されたとき，当該繰延税金資産の金額をのれんから控除すべきかどうかが論点となる。

「①　合併等（直接取得）による組織再編」「iv）のれんの処理」では，取得とされた企業結合において資産調整勘定等に係る繰延税金資産等が計上されたときに，当該繰延税金資産等を計上した上で，差額としてののれん（または負ののれん）を算定すべき考え方が示されている（企業結合適用指針378－３項なお書き）。しかしながら，現金等の財産を対価とした共通支配下の取引にて生じた資産調整勘定に係る税効果の取扱いは，これとは異なることになると考えられる。共通支配下の取引においては，企業結合の前後で帳簿価額が相違しないことが基本となっており（企業結合会計基準119項参照），このため，のれんの額も交付した対価（現金等の財産の帳簿価額）と移転した事業等の株主資本相当額との差額で算定される。したがって，現金等の財産を対価とした共通支配下の取引で税務上非適格合併となる場合，資産調整勘定および差額負債調整勘定に係る税効果も，のれんの額で調整することなく，企業結合後最初に到来することになる決算において，回収可能性を勘案した上で，相手勘定を法人税等調整額として計上することになるものと考えられる。

設例18－1　合併による組織再編と税効果会計

前提条件

① P社はS社を吸収合併する。

② 当該合併が税務上適格合併と判定された場合のS社の合併期日前日の貸借対照表は以下のとおりである。

（単位：千円）

科目	金額	科目	金額
A事業資産（※）	1,000	資本金	1,500
繰延税金資産	210	利益剰余金	△290

（※）A事業資産の税務上の帳簿価額は1,500であり，会計上の帳簿価額との差額（500＝1,500－1,000）および繰越欠損金200に対して，繰延税金資産を計上している。また，A事業資産の時価は1,800，A事業の時価（＝取得するS社株式の時価）は2,100とする。なお，法定実効税率は30%とする。

③ 当該合併が税務上非適格合併と判定された場合のS社の合併期日前日（税金計算および税効果会計反映後）の貸借対照表は以下のとおりである。

（単位：千円）

科目	金額	科目	金額
A事業資産（※）	1,000	未払法人税等	120
繰延税金資産	330	資本金	1,500
		利益剰余金	△290

（※）A事業資産の税務上の帳簿価額は1,800（時価）であり，会計上の帳簿価額との差額（800＝1,800－1,000）および資産調整勘定相当額（300＝2,100－1,800）に対して，繰延税金資産を計上している。また，A事業資産の時価は1,800，A事業の時価（＝取得するS社株式の時価）は2,100とする。なお，法定実効税率は30%とする。

④　Ｐ社では増加すべき資本をすべて資本金としている。
⑤　Ｓ社の回収可能性適用指針の企業の分類は（分類３）であるものとし，また，本設例における将来減算一時差異に係る繰延税金資産の回収可能性には特段の問題がないものとする。

＜パターン１　会計：取得　税務：適格＞

会計処理　（単位：千円）

Ｐ社での合併仕訳

（借）	Ａ事業資産	（※１）1,800	（貸）	資本金	（※２）2,100
	繰延税金資産	（※３）60		繰延税金負債	（※４）90
	のれん	（※５）330			

（※１）Ａ事業資産の時価（前提条件②参照）で計上。
（※２）交付する株式の時価（前提条件②参照）で計上。
（※３）60＝繰越欠損金200×法定実効税率30%
税制適格合併であるため，繰越欠損金を存続会社（Ｐ社）に引き継ぐことになる。
（※４）90＝（Ａ事業資産に係る会計上の簿価（時価に洗替）1,800－税務上の簿価1,500）×法定実効税率30%
（※５）差額で算出。なお，のれんに対しては税効果を認識しない（企業結合適用指針72項）。

＜パターン２　会計：取得　税務：非適格＞

会計処理　（単位：千円）

Ｐ社での合併仕訳

（借）	Ａ事業資産	（※１）1,800	（貸）	資本金	（※２）2,100
	繰延税金資産	（※３）126		未払法人税等	（※４）120
	のれん	（※５）294			

（※１）Ａ事業資産の時価（前提条件③参照）で計上。
（※２）交付する株式の時価（前提条件③参照）で計上。
（※３）126＝税務上の資産調整勘定420（＝合併の対価2,100－（Ａ事業資産の税務上の簿価（時価）1,800－引き継ぐ未払法人税等120））×法定実効税率30%
　税務上の資産調整勘定に対しては，税効果を認識して，その後差額によりのれんを算定する（企業結合適用指針378－３項なお書き）。なお，Ａ事業資産の時価（取得原価の配分額）と税務上の取得価額（時価）が同一であり，繰越欠損金も引き継がれないため，その他に一時差異は認識されない。
（※４）120＝（譲渡対価2,100－Ａ事業資産の税務上の簿価1,500－繰越欠損金200）×法定実効税率30%
　被合併会社で合併期日の前日に課税される譲渡利益に係る未払法人税等を引き継ぐ（前提条件③（貸借対照表）参照）。
（※５）差額で算出。

<パターン３　会計：共通支配下の取引　税務：適格>

前提条件（パターン１の前提条件に追加）

⑥　Ｓ社はＰ社の子会社（持分比率80%）であったものとする。

⑦　吸収合併の際，Ｓ社の非支配株主に交付されたＰ社株式の時価は420であり，増加する払込資本は全額資本金として処理する。

⑧　Ｐ社の合併期日前日の貸借対照表に計上されているＳ社株式の帳簿価額は1,200千円であるとする。

会計処理　（単位：千円）

Ｐ社での合併仕訳

	借方	金額		貸方	金額
（借）	Ａ事業資産	（※１）800	（貸）	Ｓ社株式	（※２）1,200
	繰延税金資産	（※１）168			
	抱合せ株式消滅差損	（※３）232			
（借）	Ａ事業資産	（※４）200	（貸）	資本金	（※５）420
	繰延税金資産	（※４）42			
	資本剰余金	（※６）178			

Ａ事業資産および繰延税金資産を親会社持分と非支配株主持分に分割しているのは，会計処理の説明のためである。

（※１）帳簿価額（前提条件②参照）の80%（親会社持分）を計上。
（※２）前提条件⑧参照。
（※３）差額で算出。
（※４）帳簿価額（前提条件②参照）の20%（非支配株主持分）を計上。
（※５）交付する株式の時価（前提条件⑦参照）で計上。
（※６）差額で算出。

<パターン４　会計：共通支配下の取引　税務：非適格>

会計処理　（単位：千円）

Ｐ社での合併仕訳

	借方	金額		貸方	金額
（借）	Ａ事業資産	（※１）800	（貸）	Ｓ社株式	（※２）1,200
	繰延税金資産	（※３）271		未払法人税等	（※４）96
	抱合せ株式消滅差損	（※５）225			
（借）	Ａ事業資産	（※６）200	（貸）	資本金	（※７）420
	繰延税金資産	（※８）73		未払法人税等	（※９）24
	資本剰余金	（※10）171			

A事業資産および繰延税金資産を親会社持分と非支配株主持分に分割しているのは，会計処理の説明のためである。
（※１）帳簿価額（前提条件③参照）の80%（親会社持分）を計上。
（※２）前提条件⑧参照。
（※３）271＝{A事業資産に係る将来減算一時差異800（＝A事業資産の税務上の簿価1,800－会計上の簿価1,000）＋税務上の資産調整勘定420（＝合併の対価2,100－（A事業資産の税務上の簿価（時価）1,800－引き継ぐ未払法人税等120））}×法定実効税率30%×80%（親会社持分）
（※４）96＝合併前日に被合併会社で課税される譲渡利益に係る未払法人税等120（＝(譲渡対価2,100－A事業資産の税務上の簿価1,500－繰越欠損金200)×法定実効税率30%)×80%（親会社持分）
（※５）差額で算出。
（※６）帳簿価額（前提条件③参照）の20%（非支配株主持分）を計上。
（※７）交付する株式の時価（前提条件⑦参照）で計上。
（※８）73＝{A事業資産に係る将来減算一時差異800（＝A事業資産の税務上の簿価1,800－会計上の簿価1,000）＋税務上の資産調整勘定420（＝合併の対価2,100－（A事業資産の税務上の簿価（時価）1,800－引き継ぐ未払法人税等120））}×法定実効税率30%×20%（非支配株主持分）
（※９）24＝合併前日に被合併会社で課税される譲渡利益に係る未払法人税等120（＝（譲渡対価2,100－A事業資産の税務上の簿価1,500－繰越欠損金200)×法定実効税率30%)×20%（非支配株主持分）
（※10）差額で算出。

（２）事業分離と税効果会計

事業分離による組織再編が行われた場合の会計処理では，移転した事業に関する投資がそのまま継続しているとみる場合，分離元企業において移転損益を認識せず，分離先企業からの受取対価の取得原価は，移転した事業に係る株主資本相当額に基づいて算定される。

他方，投資が清算されたとみる場合，その事業の受取対価の時価と，移転した事業に係る株主資本相当額との差額を移転損益として認識するとともに，改めて当該受取対価の時価にて投資を行ったものとして処理される。

税務処理においては，その事業分離が適格組織再編に該当する場合には，分離先企業からの受取対価の取得原価は，税務上の帳簿価額に基づいた金額で処理される。一方，非適格組織再編の場合には，受取対価は時価に基づいた金額により処理されることとなる。

これらの会計上の取扱いと税務上の取扱いの組み合わせによっては，一時差異が生じることになり，税効果会計の対象となる。

①　投資が継続している適格組織再編

ⅰ）税効果会計の適用

投資が継続しているとみる場合，分離元企業において移転損益は認識されず，移転事業の受取対価の取得原価は，移転事業に係る株主資本相当額に基づいて算定される。

適格組織再編に該当する場合，税務上も，受取対価の取得原価は，移転事業に係る資産および負債の税務上の帳簿価額に基づくため，この場合には，受取対価について，移転事業に係る資産および負債の一時差異と同額の一時差異が生じることになる。

結果として，事業分離直前に分離元企業で認識されていた一時差異が，移転後もそのまま引き継がれるような形になる（企業結合適用指針398項(1)）。

ⅱ）税効果会計の適用時期

事業分離日において，移転事業の受取対価に係る資産および負債の一時差異に対する繰延税金資産および繰延税金負債として計上する（企業結合適用指針108項(2)）。

ⅲ）回収可能性の判断

事業分離により移転する事業に係る繰延税金資産と，残存する事業に係る繰延税金資産とに区分して判断を行う。

移転する事業に係る繰延税金資産の回収可能性は，事業分離が行われないものと仮定したうえで，移転する事業に係る将来年度の収益力に基づく一時差異等加減算前課税所得等を勘案して判断する。なお，受け取った分離先企業の株式の取得原価には，移転した事業に係る資産および負債の一時差異（当該事業分離により新たに生じた一時差異（税務上の移転損益相当額）を含む。）に関する繰延税金資産および繰延税金負債を含めない。この繰延税金資産および繰延税金負債の額は受け取った分離先企業の株式に係る一時差異に関する繰延税金資産および繰延税金負債として引き継がれる。また，当該一時差異が将来減算一時差異である場合，その回収可能性は，回収可能性適用指針の企業の分類が（分類１），（分類２）および（分類３）の会社に関して，その回収可能性があると判断できるものとされている（企業結合適用指針108項(2)）。

残存する事業に係る繰延税金資産の回収可能性は，事業分離を考慮した実際の分離元企業における将来年度の収益力に基づく一時差異等加減算前課税所得等により判断する。

また，移転事業において一時差異等加減算前課税所得等と相殺し切れなかった将来減算一時差異が生じ，残存する事業では相殺後に一時差異等加減算前課税所得等の残余が生じている場合には，原則としてこれらを相殺することにより移転する事業に係る繰延税金資産の回収可能性を判断する（企業結合適用指針107項(2)）。

②　投資が継続している非適格組織再編

ⅰ）税効果会計の適用

投資が継続しているとみる場合，分離元企業において移転損益は認識されず，移転事業の受取対価の取得原価は，移転事業に係る株主資本相当額に基づいて算定される。

適格組織再編に該当しない場合，税務上，受取対価の取得原価は，当該受取対価の時価に基づくため，この場合には，受取対価に関して，移転した事業に係る資産および負債の一時差異と同額の一時差異に加え，新たに税務上の移転損益相当額が一時差異として生じることになる（企業結合適用指針398項(2)）。

ⅱ）税効果会計の適用時期

「（２）事業分離と税効果会計」「①　投資が継続している適格組織再編」と同様の取扱いとなる。

ⅲ）回収可能性の判断

「（２）事業分離と税効果会計」「①　投資が継続している適格組織再編」と同様の取扱いとなる。

残存する事業に係る繰延税金資産の回収可能性は，事業分離を考慮した実際の分離元企業における将来年度の収益力に基づく一時差異等加減算前課税所得等により判断することになるが，ここには事業分離による税務上の移転損益相当額も含めて考慮される点に留意が必要である（企業結合適用指針［設例36］参照）。

③　投資が清算されたとみる適格組織再編

ⅰ）税効果会計の適用

投資が清算されたとみる場合，受取対価の取得原価は，当該受取対価の時価または移転した事業の時価に基づいて算定される。

これが適格組織再編に該当する場合，税務上，受取対価の取得原価は，移転した事業に係る資産および負債の税務上の帳簿価額に基づくため，この場合には，受取対価に関して，当該受取対価の時価または移転した事業の時価と移転した事業に係る資産および負債の税務上の帳簿価額との差額が，一時差異として生じることになる（企業結合適用指針398項(3)）。

ⅱ）税効果会計の適用時期

原則として，事業分離日以後最初に到来する事業年度末に適用する。したがって，期末に繰延税金資産および繰延税金負債が計上され，その差額を期首と期末で比較した増減額が法人税等調整額として計上されることになる（企業結合適用指針108項(1)）。

ⅲ）回収可能性の判断

分離元企業における事業分離日以後の将来年度の収益力に基づく一時差異等加減算前課税所得等により判断し，分離先企業の将来年度の収益力に基づく一時差異等加減算前課税所得等は勘案されない（企業結合適用指針107項(1)）。

④　投資が清算されたとみる非適格組織再編

ⅰ）税効果会計の適用

投資が清算されたとみる場合，受取対価の取得原価は，当該受取対価の時価または移転した事業の時価に基づいて算定される。

これが適格組織再編に該当しない場合，税務上の受取対価の取得原価についても，当該受取対価の時価に基づくことになる。

受取対価の時価の測定時点が企業会計と課税所得計算とでは異なるなどの場合には，一時差異が生じることになる。

ⅱ）税効果会計の適用時期

「（2）事業分離と税効果会計」「③　投資が清算されたとみる適格組織再編」

と同様の取扱いとなる。

ⅲ）回収可能性の判断

「（2）事業分離と税効果会計」「③　投資が清算されたとみる適格組織再編」と同様の取扱いとなる。

設例18－2　会社分割による組織再編と税効果会計

前提条件

① Ｐ社はＳ社に対して，Ａ事業を会社分割（分社型）で移転する。

② Ｐ社の会社分割直前の貸借対照表は以下のとおりである。なお，Ｐ社はＳ社株式を保有していないものとする。

（単位：千円）

科目	金額	科目	金額
Ａ事業資産（※）	1,000	Ａ事業負債	2,000
繰延税金資産（Ａ事業見合い）	150	その他負債	600
		資本金	800
その他資産	3,000	利益剰余金	800

（※）Ａ事業資産の税務上の帳簿価額は1,500であり，会計上の帳簿価額との差額（500＝1,500－1,000）に対して，繰延税金資産を計上している。また，Ａ事業資産の時価は1,800，Ａ事業の時価（＝取得するＳ社株式の時価）は500とする。なお，法定実効税率は30%とし，また，Ａ事業負債については，会計上の帳簿価額と税務上の帳簿価額は一致しているものとする。

③ Ｓ社では増加すべき資本をすべて資本金としている。なお，Ｓ社において当該企業結合は逆取得に該当するものとする。

④ 非適格分割のケース（パターン２およびパターン４）において，分割承継法人であるＳ社では，会社分割の対価（500）に受け入れたマイナスの純資産（200）を加算した額（700）を，税務上資産調整勘定として処理している（資産等超過差額または寄附金としては処理していない）ものとする。

⑤ Ｐ社およびＳ社の回収可能性適用指針の企業の分類は（分類３）であるものとし，また，本設例における将来減算一時差異に係る繰延税金資産の回収可能性には特段の問題がないものとする。

＜パターン１　会計：投資継続　税務：適格＞

会計処理　（単位：千円）

① Ｐ社の会計処理

（借）	Ａ事業負債	(※1) 2,000	（貸）	Ａ事業資産	(※1) 1,000
	繰延税金資産 （Ｓ社株式(特別勘定)見合い）	(※2) 150		組織再編により生じた株式の特別勘定	(※3) 1,000
				繰延税金資産 （Ａ事業資産見合い）	(※1) 150

（※１）前提条件②（貸借対照表）参照。

（※２）移転資産等に係る繰延税金資産を分離先企業（Ｓ社）株式（組織再編により生じた株式の特別勘定）に係る将来減算一時差異500（＝税務上の簿価△500－会計上の簿価△1,000）に対する繰延税金資産として引き継ぐ。

（※３）事業分離前から保有しているＳ社株式がないため，マイナスの株主資本相当額を「組織再編により生じた株式の特別勘定」として処理する。

② Ｓ社の会計処理

（借）	Ａ事業資産	(※1) 1,000	（貸）	Ａ事業負債	(※1) 2,000
	繰延税金資産	(※1) 150			
	繰越利益剰余金	(※2) 850			

（※１）前提条件②（貸借対照表）参照。

（※２）移転する資産と負債の差額がマイナスとなる場合，払込資本をゼロとし，その他利益剰余金のマイナスとして処理する。

＜パターン２　会計：投資継続　税務：非適格＞

会計処理　（単位：千円）

① Ｐ社の会計処理

（借）	Ａ事業負債	(※1) 2,000	（貸）	Ａ事業資産	(※1) 1,000
				組織再編により生じた株式の特別勘定	(※2) 1,000
（借）	法人税等	(※3) 300	（貸）	未払法人税等	(※3) 300
（借）	繰延税金資産 （Ａ事業見合い（課税分））	(※4) 300	（貸）	法人税等調整額	(※4) 300
（借）	繰延税金資産 （Ｓ社株式(特別勘定)見合い）	(※5) 450	（貸）	繰延税金資産 （Ａ事業資産見合い(既存分)）	(※1) 150
				繰延税金資産 （Ａ事業見合い（課税分））	(※5) 300

（※１）前提条件②（貸借対照表）参照。

（※２）事業分離前から保有しているＳ社株式がないため，マイナスの株主資本相当額を「組織再編により生じた株式の特別勘定」として処理する。
（※3）300＝（時価500－税務上の簿価△500（＝資産に係る税務上の簿価1,500－負債に係る税務上の簿価2,000））（いずれも前提条件②参照）×法定実効税率30％
（※4）新たに生じた将来減算一時差異（税務上は非適格となるため，税務上の価額は時価である500となっている）に対して，繰延税金資産を計上する。
（※5）移転資産等に係る繰延税金資産（既存分・新規（課税）分双方）を分離先企業（S社）株式（組織再編により生じた株式の特別勘定）に係る将来減算一時差異1,500（＝税務上の簿価500－会計上の簿価△1,000）に対する繰延税金資産として引き継ぐ。

②　S社の会計処理

（借）	A事業資産	（※1）1,000	（貸）	A事業負債	（※1）2,000
	繰越税金資産	（※2）450			
	繰越利益剰余金	（※3）550			

（※1）前提条件②（貸借対照表）参照。
（※2）450＝｛資産調整勘定の金額700（会社分割の対価500－（税務上の資産の簿価1,800－税務上の負債の簿価2,000））＋（A事業資産に係る税務上の簿価1,800－会計上の簿価1,000）｝×法定実効税率30％
　投資が継続しているとみる場合，事業分離日において分離元企業で認識された繰延税金資産および負債が分離先企業へ移転するため（企業結合適用指針400項），企業分離日の前日に計上されていた繰延税金資産だけでなく，事業分離日に認識される税務上の移転利益に対応する繰延税金資産についても，S社に引き継がれる。
（※3）移転する資産と負債の差額がマイナスとなる場合，払込資本をゼロとし，その他利益剰余金のマイナスとして処理する。

＜パターン3　会計：投資清算（取得）　税務：適格＞

会計処理　（単位：千円）

①　P社の会計処理

（借）	S社株式	（※1）500	（貸）	A事業資産	（※2）1,000
	A事業負債	（※2）2,000		移転利益	（※3）1,500
（借）	法人税等調整額	（※4）150	（貸）	繰延税金資産	（※4）150
（借）	法人税等調整額	（※5）300	（貸）	繰延税金負債	（※5）300

（※1）A事業の時価（前提条件②参照）でS社株式を計上する。
（※2）前提条件②（貸借対照表）参照。
（※3）差額で算出。
（※4）従前のA事業資産に係る将来減算一時差異に対する繰延税金資産を取り崩す。
（※5）300＝（S社株式簿価（会計上）500－S社株式簿価（税務上…A事業資産の税務上の簿価（1,500）とA事業負債の税務上の簿価（2,000）の差額を引き継ぐ）△500）×法定実効税率30％

② Ｓ社の会計処理

（借）	Ａ事業資産	（※１）1,800	（貸）	Ａ事業負債	（※２）2,000
	のれん	（※３）790		資本金	（※４）500
				繰延税金負債	（※５）90

（※１）Ａ事業資産の時価（前提条件②参照）で計上。
（※２）前提条件②（貸借対照表）参照。
（※３）差額で算出。
（※４）交付する株式の時価（前提条件②参照）で計上。
（※５）90＝（Ａ事業資産の会計上の簿価1,800－Ａ事業資産の税務上の簿価1,500）×法定実効税率30%

＜パターン４　会計：投資清算（取得）　税務：非適格＞

会計処理　（単位：千円）

① Ｐ社の会計処理

（借）	Ｓ社株式	（※１）500	（貸）	Ａ事業資産	（※２）1,000
	Ａ事業負債	（※２）2,000		移転利益	（※３）1,500
（借）	法人税等	（※４）300	（貸）	未払法人税等	（※４）300
（借）	法人税等調整額	（※５）150	（貸）	繰延税金資産	（※５）150

（※１）Ａ事業の時価（前提条件②参照）でＳ社株式を計上する。
（※２）前提条件②（貸借対照表）参照。
（※３）差額で算出。
（※４）300＝（時価500－Ａ事業資産の税務上の簿価（1,500）とＡ事業負債の税務上の簿価（2,000）の差額△500））（税務上の移転利益）×法定実効税率30%
（※５）従前のＡ事業資産に係る将来減算一時差異に対する繰延税金資産を取り崩す。

② Ｓ社の会計処理

（借）	Ａ事業資産	（※１）1,800	（貸）	Ａ事業負債	（※２）2,000
	繰延税金資産	（※３）210		資本金	（※４）500
	のれん	（※５）490			

（※１）Ａ事業資産の時価（前提条件②参照）で計上。
（※２）前提条件②（貸借対照表）参照。
（※３）210＝税務上の資産調整勘定700（会社分割の対価（時価）500－（税務上の資産の簿価1,800－税務上の負債の簿価2,000））×法定実効税率30%
（※４）交付する株式の時価（前提条件②参照）で計上。
（※５）差額で算出。

第19章

グループ通算制度と繰越欠損金

本章のポイント

- わが国のグループ通算制度は法人税にのみ適用されるため，地方税（住民税・事業税）では他社との損益通算が行われない。
- グループ通算制度が法人税にのみ適用となることから，繰越欠損金は税金の種類により異なった金額となることがあり，この関係を理解することが，税効果会計の正しい計算のためにも必要となる。
- グループ通算制度の適用下では，繰延税金資産の回収可能性の判断のためのいわゆる企業の分類は，通算グループベース（法人税）と個別ベース（法人税および地方税）に分けて検討する。
- 繰越欠損金を含むグループ通算制度適用会社の繰延税金資産の回収可能性を適切に判断するに際しては，他社との通算税効果額のやり取りや税金の種類ごとの関係など，税務上の取扱いを正しく理解することが必要となる。

1　グループ通算制度の概要と債務超過

（1）グループ通算制度の概要

グループ通算制度とは，一定の企業グループにおける法人税の計算において，損益通算を認める制度である。当該制度は，令和２年度税制改正において，これまでの連結納税制度を改訂する形で導入が決められたものであり，2022年４月１日以後に開始する事業年度から適用されている。従来の連結納税制度は，平成14年度税制改正により導入され，一定のグループを１つの納税単位として捉えて，連結親法人が法人税の申告を行うものであったが，グループ通算制度は損益通算というメカニズムは同様であるものの，各グループ内法人が個別に申告を行うという点で異なる。なお，いずれの制度も，国内の完全支配関係のある企業グループを対象とするという点で相違はない。

グループ通算制度の適用の有無は，金融商品取引法の規定に基づいて有価証券報告書（以下，本章において「有報」という。）を提出する会社において，連結財務諸表の作成が義務付けられる（ただし，連結子会社が存しない場合を除く。）こととは異なり，通算親法人となる企業の選択により決定できる。また，グループ通算制度を適用する場合，完全支配関係のあるすべての会社を対象とすることとされており，企業の任意で一部の子法人をその対象から除外することは認められていない（図表19－１参照）。

図表19－１　会計と税務の連結制度（グループ通算制度）の相違

項　目	会　計	税　務
適用の有無	一定の場合に強制	あくまで企業の任意
対象となる企業グループ（子会社）	親会社が支配している子会社	通算完全支配関係がある子会社に限定
グループ内企業の除外の可否	重要性の乏しい子会社等は除外可能	企業の任意で除外することはできない
親会社となる会社	有報の提出義務があればすべての会社が親会社となる可能性がある	通算子法人としてグループ通算制度に参加している会社は通算親法人になれない
決算期	３か月ズレまで許容される	通算親法人に合わせた事業年度を用いる
適用対象の法令	金商法で連結財務諸表を作成する会社は原則として連結計算書類を作成する（※）	法人税のみグループ通算制度が適用され，地方税（住民税（法人税割）・事業税（所得割））には適用されない

（※）会社法上の大会社でない場合には，有報提出会社であったとしても，連結計算書類の作成は求められない（会社法444条３項）。

なお，グループ通算制度の導入状況につき，2023年３月末決算の有報提出会社（日本基準適用会社に限る。）2,550社を母集団としてグループ通算制度を導入している旨の注記の有無を集計したところ，543社（約21%）が導入している旨を記載していたという調査結果が出ている[1]。

（2）グループ通算制度導入のメリットと債務超過

グループ通算制度は，「（1）グループ通算制度の概要」に記載したとおり法人税にのみ適用され，その申告に際して，損益通算がなされる。すなわち，黒字会社の所得と赤字会社の欠損とが単年度で相殺されることになり，通算グループ内の他社に所得がある限りにおいては，業績不振会社の単年度欠損が実質的に損金として取り扱われ，納付する税額を軽減する効果がある。また，単年度欠損を相殺しきれずに繰越欠損金が生じるケースでも，将来のグループ内所得で繰越欠損金を利用できるというメリットもある。

債務超過の場合には，当該企業に繰越欠損金があることが想定されるが，グループ通算制度を開始した場合や非支配株主（外部株主）が存在した子会社が100%化され，通算グループへ加入した場合でも，一定の要件を満たすときはそれまでの欠損金は切り捨てられることなく特定欠損金（後述の「３　繰越欠損金の持込制限および特定欠損金の取扱い」「（３）特定欠損金と非特定欠損金」参照）として通算グループへと持ち込めることとなる。ただし，その場合でも，将来の他社所得との通算ができない点には留意する必要がある。

なお，100%化の手法としては，現金を対価とする株式の購入のほか，株式交換や会社分割[2]といった方法を用いることが考えられ，これらの手法については「第15章　債務超過事業の会社分割」や「第16章　債務超過会社の株式交換・株式移転等」において詳細に解説している。

1　「2023年３月期「有報」分析」兵藤伸考・須賀勇介・中澤範之・大浦佑季・大山文隆著，旬刊経理情報，2023年９月20日号，中央経済社，pp.22-23，「2023年３月期　有報開示事例分析　第８回：グループ通算制度を適用している会社」EY新日本有限責任監査法人HP（https://www.ey.com/ja_jp/corporate-accounting/commentary/presentation-of-financial-statements/commentary-presentation-of-financial-statements-2023-11-30-08）

2　一例であるが，債務超過子会社Ｓ２社の株式を親会社（Ｐ社）が80%，子会社Ｓ１社が20%を保有しており，Ｓ１社に外部株主がいるためにＳ２社がグループ通算制度の範囲に含まれていなかった場合，Ｓ１社が保有するＳ２社株式を会社分割でＰ社に移転することが考えられる。もちろん，Ｓ１社を100%化することでも，Ｓ２社はグループ通算制度の範囲に含まれてくることになる。

2　グループ通算制度と繰越欠損金の取扱いの概要等

（1）グループ通算制度における繰越欠損金の概要

グループ通算制度ではない通常の単体申告を適用している青色申告法人においては，前10年以内に生じた欠損金額は，繰越控除前所得金額の100分の50相当額を限度として，損金算入できることとされている。

一方，グループ通算制度下においても，同様に当事業年度に生じた繰越欠損金を10年間にわたって繰り越せる制度が設けられている。通常の単体申告と異なる点として，グループ通算制度開始または加入時において，繰越欠損金の持込制限があることが挙げられ（詳細については本章「3　繰越欠損金の持込制限および特定欠損金の取扱い」参照），これは赤字会社を買い取ってその会社の欠損金を活用するなどした租税回避行為の防止のために設けられているものである。

（2）グループ通算制度下の地方税の欠損金の取扱い

①　概　　要

図表19－1に記載したとおり，グループ通算制度は法人税のみに適用される制度であり，法人税の税額や所得を課税標準とする住民税（法人税割）・事業税（所得割）（特別法人事業税を含む。以下同じ）はグループ通算制度を適用したとしても，損益通算がされない単体ベースの申告となる（図表19－2参照）。

図表19－2　グループ通算制度の適用の有無

税　　目	適　用　の　有　無
法人税	通算グループ内の他社と損益通算される
住民税（法人税割）	グループ通算制度を適用していても，地方税は他社と損益通算されない
事業税（所得割）	

グループ通算制度を適用している会社では，グループ通算制度の規定に基づいて所得や税額を計算することになるが，通算グループの全社で所得が発生し

ている限りにおいて，グループ通算制度と通常の単体申告に大きな差は生じない。確かに，グループ通算制度を適用している場合にのみ適用される申告調整項目など（たとえば，グループ通算制度固有の全体計算項目として，関連法人株式等に係る配当等の額から控除する支払利子等の特例計算などが挙げられる。）はあるものの，地方税の計算においても，当該調整を経た後の金額をベースに税額が計算されるためである。

しかしながら，欠損金がある場合には，法人税・住民税・事業税のそれぞれの繰越欠損金の金額が異なることとなるため，非常にわかりにくい状況となる。ここでは，まず地方税における繰越控除の取扱いを確認した後に，簡単な設例で法人税・住民税・事業税のそれぞれの欠損金の関係を確認したい。

②　住民税の繰越欠損金

i）グループ通算制度適用下の住民税の繰越欠損金の基礎

住民税の課税標準は法人税額であり，当該税額はすでに欠損金の繰越控除を考慮した後の金額であるため，法人税の繰戻しが行われていない限り，通常の単体申告においては法人税に係る繰越欠損金がそのまま住民税でも繰越欠損金として機能する。

しかしながら，グループ通算制度を導入している場合には，法人税の計算において，自社で生じた欠損金が他社の所得で相殺されるようなケースが生じる。このとき，法人税は損益通算が行われるため，当該相殺を反映して各社の課税所得を計算することになるが，住民税は損益通算が行われないため，法人税の計算上は他社で使われた欠損金に法人税率を乗じた金額を「住民税固有の欠損金」（当期の自社の欠損が損益通算によって益金算入で相殺されたケースで生じたものを「控除対象通算対象所得調整額」と，欠損金の通算により自社の欠損金を他の通算法人で損金算入したケースで生じたものを「控除対象配賦欠損調整額」という。）として次年度以降に繰り越して，自社の所得が発生した年度に，住民税の計算上，繰越控除を行うこととなる（地方税法53条13項，14項，321条の８第13項，14項）。すなわち，繰越欠損金や当期欠損が他社所得で相殺された場合，住民税の計算上はいまだ欠損金の損金算入のメリットを享受していないため，住民税固有の欠損金として繰り越していくこととなる。

ⅱ）繰越欠損金の繰越期間

（1）にも記載したが，青色欠損金の繰越期間は10年となっている。これは通常の単体申告・グループ通算制度ともに同様であるが，住民税固有の欠損金である控除対象配賦欠損調整額に関しては，制度全体でみると，若干異なる取扱いとなるため留意が必要である。

通常の繰越欠損金であれば，たとえば，2024年３月期に発生したものは2034年３月期まで繰り越すことができる。また，控除対象配賦欠損調整額は，その「発生時」より10年間繰り越すことができるとされているため（地方税法53条13項，14項，321条の８第13項，14項），先ほどの例で，2034年３月期に2024年３月期に発生した法人税の繰越欠損金が他社の所得で相殺されたとすると，この控除対象配賦欠損調整額は2034年３月期に生じたこととなるため，ここから起算し10年間繰り越すことができる。すなわち，2044年３月期まで繰り越すことが可能であり，当初の法人税の繰越欠損金（非特定欠損金）の発生から20年間繰り越すことができるという制度となっている（図表19－３参照）。

図表19－３　控除対象配賦欠損調整額の繰越期間

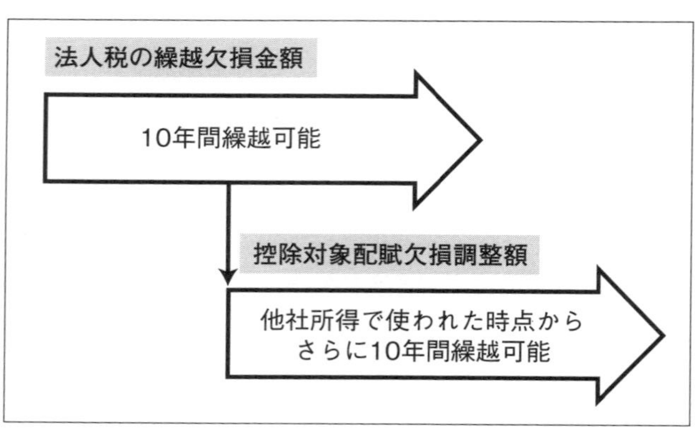

ⅲ）住民税と繰越欠損金の控除制限（50%制限）との関係

過去の税制改正で導入され，徐々に拡大されてきた繰越欠損金に係る控除制限の制度であるが，現状は，中小法人等への優遇税制を除き，欠損金控除前の所得の50%を限度として繰越欠損金を損金算入できるというものであり，常に所得の50%相当は課税の対象となるというものである（法人税法57条）。

ただし，住民税に関しては，このような欠損金の繰越控除の50%制限の規定は設けられていないため（地方税法53条13項，14項，321条の８第13項，14項参照），申告や税効果会計の適用上，留意を要する。なお，同じ地方税でも事業税については，50%制限の規定が設けられている（地方税法72条の23第１項，地方税法施行令20条の３）。

③　事業税の繰越欠損金

法人事業税のうち所得割について，その課税標準は所得金額となる（地方税法72条の12）。また，繰越欠損金の制度が設けられており，10年間の繰越しが認められるが，事業税の課税所得は他の通算法人と通算しないため，法人税の繰越欠損金とは連動しない。

④　設　例

ここでは，シンプルな例で，法人税・住民税・事業税のそれぞれの繰越欠損金の金額の関係を整理する。これらの関係を理解することが，税効果会計における繰延税金資産の回収可能性の検討にもつながっていくため，しっかりと確認しておきたい。

設例19－１　グループ通算制度下の繰越欠損金

前提条件

①　親会社Ｐ社と100%子会社Ｓ社はグループ通算制度を適用している。なお，本設例上，法人税率は20%とし，また，単純化のため，繰越欠損金の控除制限（50%制限）はないものとする。

②　×１年度末では法人税・地方税ともに欠損金の残高はなく，×２年度および×３年度の所得（欠損）の状況は以下のとおりとする。

（単位：千円）

会社名	×２年度	×３年度
Ｐ社	△100	60
Ｓ社	△50	△30

［税金の種類別の欠損金の状況］

（単位：千円）

会社名	欠損金の種別	×２年度	×３年度	解説
Ｐ社	非特定欠損金（法人税）	△100	△80	①
	控除対象通算対象所得調整額（住民税）	－	－	②
	繰越欠損金（事業税）	△100	△40	③
Ｓ社	非特定欠損金（法人税）	△50	△40	④
	控除対象通算対象所得調整額（住民税）	－	△8	⑤
	控除対象配賦欠損調整額（住民税）	－	△2	⑥
	繰越欠損金（事業税）	△50	△80	⑦

解　説　（単位：千円）

×２年度は，Ｐ社・Ｓ社ともに欠損であるため，法人税と事業税の繰越欠損金の双方が増加し，繰越しの対象となる。

次に，×３年度であるが，［税金の種類別の欠損金の状況］の表の解説の列の①～⑦の順に沿って説明する。

① **Ｐ社：非特定欠損金（法人税）**

△80＝Ｐ社非特定欠損金保有額△100＋Ｐ社非特定欠損金保有額100×非特定欠損金損金算入割合0.2（通算グループ全体の損金算入限度額の合計30÷通算グループ全体の非特定欠損金保有額の合計150）

非特定欠損金のうち使用済みになる金額は，後述の「４　グループ通算制度下の繰越欠損金の繰越控除」「（２）非特定欠損金の計算」「②　非特定欠損金の控除計算と使用済み金額」で解説のとおり，非特定欠損金保有額×非特定欠損金損金算入割合により計算される。

② **Ｐ社：控除対象通算対象所得調整額（住民税）**

自社で所得が出ているため，住民税固有の欠損金は生じない。

③ **Ｐ社：繰越欠損金（事業税）**

△40＝△100（前年度末繰越欠損金）＋60（Ｐ社当期所得）

事業税は他社所得との通算がないため，当期所得から欠損金を控除し，翌期に繰り越される欠損金を算定する。

④ **Ｓ社：非特定欠損金（法人税）**

△40＝Ｐ社非特定欠損金保有額△50＋Ｓ社非特定欠損金保有額50×非特定欠損金損金算入割合0.2（通算グループ全体の損金算入限度額の合計

30÷通算グループ全体の非特定欠損金保有額の合計150）

計算過程は①と同様である。

⑤　**S社：控除対象通算対象所得調整額（住民税）**

△６＝△30（他社所得で相殺された当期欠損）×20％（法人税率）

住民税固有の繰越欠損金は，前述の②ⅰ）の解説のとおり，法人税の繰越欠損金（非特定欠損金）や当期欠損が他社の所得で相殺された場合に生じる。この控除対象通算対象所得調整額は，当期欠損が他社の所得により相殺された場合に生じる住民税固有の繰越欠損金である。

⑥　**S社：控除対象配賦欠損調整額（住民税）**

△２＝△10（他社所得で相殺された非特定欠損金）×20％（法人税率）

こちらの控除対象配賦欠損調整額は，法人税の繰越欠損金（非特定欠損金）が他社の所得により相殺された場合に生じる住民税固有の繰越欠損金である。

なお，法人税の繰越欠損金残高△40に法人税率20％を乗じ，控除対象通算対象所得調整額△６と控除対象配賦欠損調整額△２を加えた△16については，法人税率（20％）で割り戻すと事業税の繰越欠損金△80と一致する。

⑦　**S社：繰越欠損金（事業税）**

△80＝△50（前年度末繰越欠損金）＋△30（Ｓ社当期欠損）

事業税は他社所得との通算がないため，前期から繰り越してきた欠損に当期欠損を加算して，翌期に繰り越される欠損金を算定する。

3　繰越欠損金の持込制限および特定欠損金の取扱い

（1）グループ通算制度の開始時の欠損金の持込制限

グループ通算制度開始時（新たにグループ通算制度を適用する場合）における繰越欠損金の持込制限については，図表19－４にまとめている（法人税法64条の７第２項１号）。なお，グループ通算制度開始時に切り捨てられた欠損金は，単体申告に戻ったとしても，原則として，復活しない（法人税法57条６項，８項参照）。

図表19－4　グループ通算制度開始時の欠損金の持込制限

区分		取扱い
時価評価対象法人		引き継げない
時価評価対象外法人	支配関係５年超，支配関係５年以下・共同事業性あり，支配関係５年以下・共同事業性なし・支配関係発生日以後に新たな事業の開始なし	特定欠損金(※)として引き継ぐ
	上記以外	引き継げない

(※) 特定欠損金については，「(３) 特定欠損金と非特定欠損金」参照。

なお，以下の①および②の法人は，グループ通算制度の開始時に時価評価を要しないこととされている（法人税法64条の11第１項，法人税法施行令131条の15第３項，４項）。

① 通算親法人となる法人と通算子法人となる法人のいずれかとの間に完全支配関係が継続することが見込まれている場合におけるその通算親法人となる法人
② 通算親法人となる法人と通算子法人となる法人との間に完全支配関係が継続することが見込まれている場合におけるその通算子法人となる法人

(２) 通算グループへの加入時の欠損金の持込制限

通算子法人として通算グループに参加する場合の取扱いは，グループ通算制度開始時の取扱いと同様である。このため，当該取扱いについては，図表19－4をご参照いただきたい。

なお，グループ通算制度への加入時において，通算法人がその通算法人に係る通算親法人による完全支配関係がある法人を設立した場合におけるその法人や，通算法人を株式交換等完全親法人とする適格株式交換等に係る株式交換等完全子法人などは，時価評価を要しない法人に該当するものとされている（法人税法64条の12第１項，法人税法施行令131条の16第３項，４項）。

(３) 特定欠損金と非特定欠損金

図表19－4に示した，グループ通算制度の開始時，または子会社のグループ通算制度への加入時に持込みが認められた欠損金などを特定欠損金といい，当

該法人の所得の額を上限として控除することが認められる欠損金を指す（法人税法64条の７第２項）。

これに対して，特定欠損金以外のグループ通算制度における繰越欠損金を非特定欠損金と呼び，主としてグループ通算制度の開始後，加入後に発生した繰越欠損金から構成される（法人税法64条の７第１項２号，３号）。当該欠損金は，特定欠損金とは異なり，通算グループ内の他社の所得でも控除可能である。

（4）通算グループからの離脱時等の欠損金の引継ぎ

子法人が通算グループから離脱した場合には，グループ通算制度下で保有していた繰越欠損金を離脱後の通常の単体申告へと，原則として，引き継げることとされている（法人税法57条９項参照）。

（5）欠損等法人

グループ通算制度が適用されている場合にも，通常の単体申告のケースと同様に欠損等法人の規定は適用される（法人税法57条の２，60条の３）。

すなわち，繰越欠損金や含み損のある資産を有する通算親法人において，他の者（買収者）との間に特定支配関係が生じた場合，当該親法人の繰越欠損金の利用が制限されるとともに，グループ内の他社所得との相殺も認められなくなり（法人税法57条の２，64条の７第１項２号イ），租税回避に一定の歯止めが掛けられている。同様の状況では，特定資産譲渡等損失額（「第18章　組織再編と繰越欠損金等」「３　適格合併と繰越欠損金～被合併法人の繰越欠損金等」「（４）支配関係がある法人間の適格合併」参照）の損金算入も認められず，損益通算も認められない（法人税法60条の３第１項）。

4　グループ通算制度下の繰越欠損金の繰越控除

（1）繰越欠損金の繰越控除

グループ通算制度が適用される会社の繰越欠損金には特定欠損金と非特定欠損金の双方が含まれることとなるが，その繰越控除の順序は以下のようになっている。図表19－５は，連結納税制度適用下の連結欠損金の控除順序を解説した図表をベースにしたものであるが，基本的なメカニズムはグループ通算制度でも変わりがないため，当該解説図表を一部修正して特定欠損金と非特定欠損金の関係を示している。

> ①　最も古い年度に生じた繰越欠損金から控除
> ②　同じ年度に特定欠損金と非特定欠損金がある場合，まず特定欠損金を控除し，次に非特定欠損金を控除
> ③　同じ年度に特定欠損金がない場合，非特定欠損金から控除

図表19－5　グループ通算制度下の繰越欠損金の繰越控除

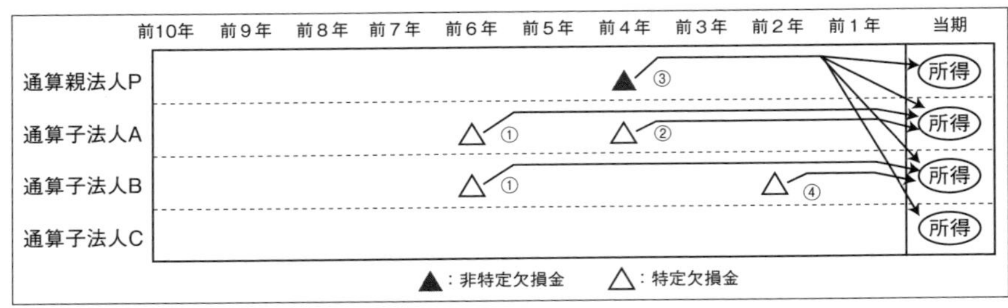

（出典）財務省「平成22年度税制改正の解説」p.253を一部修正

（2）非特定欠損金の計算

①　非特定欠損金の発生時の配賦

非特定欠損金が生じた年度の各社への配賦額は，以下の式で算定される。

$$\text{非特定欠損金の配賦額} = \text{非特定欠損金額の通算グループ合計額} \times \frac{\text{当該法人の損金算入限度額残額}}{\text{損金算入限度額残額の通算グループ合計額}}$$

②　非特定欠損金の控除計算と使用済み金額

非特定欠損金は，「①　非特定欠損金の発生時の配賦」で配賦された金額に，各法人で計算された損金算入割合を乗じて，損金算入金額を計算することになる。具体的には，以下の式で算定される。

非特定損金算入限度額＝配賦された当該法人の非特定欠損金額×非特定損金算入割合
非特定損金算入割合＝通算グループ全体の損金算入限度額合計残額÷配賦計算後の通算グループ全体の非特定欠損金の合計額（1が上限）

そして，次年度の以降の繰越欠損金の控除計算を行うに際して，すでに使用された欠損金として取り扱われる額の計算は以下のように行われる。前述の非特定欠損金に係る損金算入限度額の計算と，この使用済みの非特定欠損金の金額が各々計算される点が，グループ通算制度の特徴の１つといえる。

使用された非特定欠損金額＝非特定欠損金額の残高×非特定損金算入割合（前掲）

5　グループ通算制度下の組織再編と法人税

（1）合併と繰越欠損金

①　通算親法人が通算グループ外の会社を吸収合併した場合

通算親法人が通算グループ外の会社を適格合併により吸収合併した場合，当該被合併会社の繰越欠損金は，原則としてグループ通算制度における特定欠損金として通算親法人が引き継ぐことになる（法人税法57条２項，３項，64条の７第２項２号）。ただし，一定のケースでは，当該被合併会社の繰越欠損金が引き継げなかったり，通算親法人の繰越欠損金が切り捨てられたり等するケースがある（法人税法57項３項，４項，62条の７第１項）。

また，被合併会社が完全子会社を有する場合には当該完全子会社はグループ通算制度に加入することになるが，当該完全子会社の繰越欠損金については，時価評価対象外法人のケースで一定の要件を満たすときには，特定欠損金として通算グループに持ち込むことになる（法人税法57条８項，64条の７第２項１号）。なお，当該完全子会社が時価評価対象法人に該当する場合には，その繰越欠損金は引き継がれない（法人税法57条６項）。

②　通算親法人が通算グループ内の会社を吸収合併した場合

通算親法人が通算グループ内の会社を適格合併により吸収合併した場合，当該被合併会社の繰越欠損金はそのまま通算親法人に引き継がれる（法人税法57条２項，３項，64条の７第３項）。

（2）会社分割と繰越欠損金

通算法人が分割承継法人，通算グループ外法人が分割法人となる適格分割においては，その支配関係により繰越欠損金の切捨て等が行われる場合があるため，留意が必要である（法人税法57条４項，62条の７第１項）。

（3）株式交換と繰越欠損金

適格株式交換により，株式交換完全子法人および同法人の一定の条件を満たす子法人が有していた繰越欠損金は，時価評価対象外法人に該当する場合には特定欠損金としてグループ通算制度に持ち込むことができる（法人税法57条６項，８項，64条の７第２項１号，64条の12第１項）。

6　通算税効果額

連結納税制度からグループ通算制度へと移管され，新たに導入された概念が通算税効果額である。

連結納税制度においては，連結納税グループ会社間での損益通算や会社を跨いだ連結欠損金の控除が行われた場合，当該グループ会社間で金銭のやり取りを行うことができるものとされ，その金額は連結納税の個別帰属額とされていた。

他方，グループ通算制度においても通算グループ会社間での損益通算や会社を跨いだ繰越欠損金（非特定欠損金）の控除が行われるケースがあるが，これにより各社で減少した法人税の負担額のことを通算税効果額と呼び，実際に金銭のやり取りを行うかどうかは任意とされている（法人税法26条４項）。

7　グループ通算制度と税効果会計

（1）総　　論

従前の連結納税制度を適用していた場合の税効果会計上の取扱いについては，実務対応報告第５号「連結納税制度を適用する場合の税効果会計に関する当面の取扱い（その１）」（以下，本章において「報告その１」という。）および実務対応報告第７号「連結納税制度を適用する場合の税効果会計に関する当面の取扱い（その２）」（以下，本章において「報告その２」という。）に詳細な定めが設けられていた。

そして，税務上のグループ通算制度の導入に合わせて，実務対応報告第42号「グループ通算制度を適用する場合の会計処理及び開示に関する取扱い」（以下，本章において「グループ通算制度取扱い」という。）が公表され，税効果会計上の取扱いと併せて，当期税金の取扱いについても当該実務対応報告に定められている。グループ通算制度取扱いにおける税効果会計上の定めは，基本的に報告その１および報告その２の定めを引き継ぐように定められており，一部の定めについては明示的にグループ通算制度取扱いに引き継がれていないものもあるが（グループ通算制度取扱いの「公表にあたって」の（別紙２）参照），必ずしも取扱いが変わったわけではなく，引き続き報告その１および報告その２を参考にすべきケースがあることに留意が必要である。

グループ通算制度を適用している場合の税効果会計上の取扱いについては，法人税部分は損益通算される一方，地方税（住民税（法人税割）・事業税（所得割））部分は損益通算されないため，税効果会計の適用（繰延税金資産の回収可能性の検討など）においても，法人税と地方税を分けて検討する必要がある（グループ通算制度取扱い８項，９項，11項から17項参照）。また，法人税部分については，各個社（各通算会社）での繰延税金資産の回収可能性の検討に加え，通算グループ全体（通算グループ内のすべての納税申告書の作成主体を１つに束ねた単位）での回収可能性も併せて検討することになる（グループ通算制度取扱い13項から17項参照）。

なお，グループ通算制度取扱いは前述の「６　通算税効果額」に記載した通算税効果額の授受を行うことを前提として開発されており，通算税効果額の授受を行わない場合の会計処理等については定められていない（グループ通算制度取扱い３項なお書き）。また，以降の解説についても，同様に通算税効果額の授受を行うことを前提としている。

（２）繰越欠損金がある場合の回収可能性の検討

①　地方税における欠損金の回収可能性の検討

グループ通算制度を適用している場合において，住民税の繰越欠損金に相当するものは，法人税の繰越欠損金と控除対象配賦欠損調整額の双方がある。

法人税の繰越欠損金については，自社の所得による繰越控除額の見積額により相殺可能な部分については，繰延税金資産の回収可能性があると判断される。また，通算グループの他社所得による繰越控除額の見積額により相殺される部分は，将来において住民税の繰越欠損金等となる部分のため，期末時点の住民税の繰越欠損金等と併せて，その繰延税金資産の回収可能性を判断する（報告その２　Ｑ３のＡ⑵②参照）。

また，住民税の繰越欠損金等については，将来の法人税額の見積額と相殺可能な部分について，回収可能性があると判断される（報告その２　Ｑ３のＡ⑵③参照）。

なお，事業税の繰越欠損金に係る繰延税金資産の回収可能性は，これまでどおり，将来の個別所得見積額を基礎として判断され，特別な取扱いは特にない(報告その２　Ｑ３のＡ⑶参照)。

②　法人税における欠損金の回収可能性の検討

法人税における繰越欠損金のうち非特定欠損金に係る繰延税金資産の回収可能性は，通算グループ全体の一時差異等加減算前課税所得の見積額に基づいてその繰延税金資産の回収可能性を判断する（グループ通算制度取扱い13項⑶，17項また書き）。

（３）特定欠損金がある場合の回収可能性の検討

特定欠損金は当該会社の個別所得を上限として繰越控除されるため，繰越欠損金に特定欠損金が含まれている場合には，繰越欠損金に係る繰延税金資産の通算グループ全体における回収可能性を判断するにあたって，通算グループ全体の所得見積額だけでなく各社の課税所得の見積額（個別所得見積額）も考慮する必要がある。具体的には，個別所得見積額が十分でない場合には，通算グループ全体の所得見積額が十分にある場合であっても，特定欠損金部分の繰延税金資産の回収可能額は個別所得見積額にとどまることになる。一方，個別所得見積額が十分にある場合であっても，通算グループ全体の所得見積額が十分でない場合には，特定欠損金部分の繰延税金資産の回収可能額は通算グループ全体の所得見積額にとどまる（グループ通算制度取扱い13項(3)，報告その２Ｑ３のＡなお書き参照）。

ここまでの（２）②および（３）の取扱いをまとめると図表19－６のように整理できる。

図表19－６　通算会社における法人税部分の繰延税金資産の回収可能性

<table>
<tr><th colspan="2">（繰延税金資産）</th><th colspan="2">（回収可能性の判断）</th></tr>
<tr><td colspan="2" rowspan="2">将来減算一時差異</td><td>（連結財務諸表）</td><td>通算グループ全体の所得見積額に基づいて回収可能性を判断</td></tr>
<tr><td>（個別財務諸表）</td><td>個別所得見積額に基づいて判断し，回収可能性が認められないものについて通算グループ全体の所得見積額に基づき判断</td></tr>
<tr><td rowspan="2">繰越欠損金</td><td>特定欠損金が含まれていない場合</td><td colspan="2">通算グループ全体を一体とみなした上で回収可能性を判断（通算グループ全体の所得見積額に基づいて回収可能性を判断）</td></tr>
<tr><td>特定欠損金が含まれている場合</td><td colspan="2">通算グループ全体を一体とみなした上で回収可能性を判断（通算グループ全体の所得見積額および個別所得見積額の両方を考慮して回収可能性を判断）</td></tr>
</table>

（４）企業の分類とグループ通算制度

①　企業の分類と繰延税金資産の回収可能性の関係

繰延税金資産の回収可能性は，回収可能性適用指針第15項から第31項の定めに従い，過去の業績等に基づいて決定されたいわゆる「企業の分類」に従い，判断することとされている。

（１）に記載したように，グループ通算制度を適用している場合には，法人税と地方税に分けて繰延税金資産の回収可能性を検討し，法人税については通算グループ全体における回収可能性と各社での回収可能性を併せて検討することとなっている。このため，上記の企業の分類についても，通算グループ全体における企業の分類と各個社（通算会社）での企業の分類の双方を決定し，それらを踏まえて繰延税金資産の回収可能性を判断する。

通算会社の個別財務諸表における「将来減算一時差異に係る」繰延税金資産（法人税部分）の回収可能性の判断は，通算グループ全体の企業の分類が通算会社のそれよりも上位にあるときは，通算グループ全体の企業の分類に応じた判断を行う。一方，通算会社の企業の分類が上位にあるときには，まず自己の個別所得見積額に基づいて判断することになるため，当該通算会社の企業の分類に応じて判断する（グループ通算制度取扱い13項(2)）。

また，通算グループを含む連結財務諸表における法人税に係る繰延税金資産の回収可能性の判断について，個別財務諸表における計上額を単に合計するのではなく，通算グループ全体としての回収可能額が個別財務諸表の回収可能合計額を下回る場合には，その差額を連結調整として減額する必要がある。この場合において，回収可能性適用指針の企業の分類の相違による差額につき，特に調整処理を行わないとする定めはなく，原則どおり，一定の取崩し処理が必要と考えられる（グループ通算制度取扱い14項）。

②　繰越欠損金に特定欠損金が含まれている場合の取扱い

繰越欠損金に係る繰延税金資産の回収可能性の判断にあたっては，繰越欠損金に特定欠損金が含まれていない場合には，通算グループ全体の所得見積額を考慮することとされており，したがって，通算グループ全体の企業の分類に応じて判断される。また，繰越欠損金に特定欠損金が含まれている場合には，通算グループ全体の所得見積額と個別所得見積額の双方を考慮するため，通算グループ全体と通算会社の企業の分類のいずれか低い方に従うことになると考えられる。これらの取扱いは，通算会社の個別財務諸表だけではなく，通算グループを含む連結財務諸表でも変わらない（グループ通算制度取扱い14項，17項）。さらに，税金の種類ごとに回収可能性が異なる場合でその影響が大きいときや，事業税のみ欠損金がありその損金算入効果が見込めない場合などでは，その影響も考慮して税率を算定する（グループ通算制度取扱い９項，［設例５］参照）。

以上の取扱いに関して，会社の地方税に係る繰越欠損金に係る取扱いも含め，図表19－７にまとめているので，ご参照いただきたい。

図表19－7　グループ通算制度を適用している場合の「企業の分類」の取扱い

		通算グループ全体を含んだ連結財務諸表	通算会社各社の個別財務諸表
将来減算一時差異に係る繰延税金資産	法人税部分	通算分類	通算分類と個別分類のいずれか高い方
	地方税部分	個別分類	
繰越欠損金（法人税）に係る繰延税金資産	特定欠損金なし	通算分類	
	特定欠損金あり	通算分類と個別分類のいずれか低い方	
繰越欠損金（地方税）に係る繰延税金資産		個別分類	

通算分類…通算グループ全体の企業の分類
個別分類…各個社（通算会社）の企業の分類

第20章

繰越欠損金と清算

本章のポイント

- 会社が解散した後も，残余財産が確定するまでは，清算中の事業年度として，事業年度ごとに課税所得が計算されることになる。
- 清算中の会社において，残余財産がないにもかかわらず債務免除益課税などの租税負担が発生する場合には，期限切れ欠損金を損金算入することが認められている。
- 完全支配子会社が清算する場合，残余財産が確定したタイミングで，清算される子会社の繰越欠損金について，親会社に引き継ぐことができる。
- 子会社の清算を利用した租税回避を防止する目的から，適格組織再編の繰越欠損金の取扱いと同様の引継制限規定が設けられている。

1　債務超過会社の清算

債務超過会社は，事業を継続することにより，将来における会社財産の流出が見込まれる場合に，これを防止する観点から清算の検討がなされる場合がある。

現行の法人税制においては，清算中の各事業年度においても課税所得が計算され，租税負担が生じることになる。ゆえに，清算に際して採用する手順によって，各事業年度の課税所得が変わることが考えられるため，この点について適切な手当てを行わない場合，租税負担により会社財産が流出することが考えられる。租税債務は，一般債務や株主より優先して財産が分配されるため，これらの関係者にとっては影響が重大となることも想定される。

債務超過会社が清算される場合，その会社には繰越欠損金が存在している場合がほとんどであるといえる。

また，完全子会社である債務超過会社が有していた繰越欠損金は，清算時に親会社に引き継ぐことができる場合が多いと考えられるが，組織再編の場合とおおむね同様の平仄による制限が設けられている。

2　会社の解散・清算

会社は株主総会の特別決議により解散を決議した場合，解散の日以降は，清算手続に入ることになる。その後，資産処分や債務整理等の清算手続の結了により会社の法人格が消滅する。つまり，解散によって会社の法人格が直ちに消滅するわけではなく，清算手続の結了をもって法人格は消滅することになる。

解散の日でその事業年度は終了し，この事業年度は解散事業年度といわれる。その後は解散の日の翌日から１年ごとの期間が清算中の事業年度（会社法上は「清算事務年度」という。）となる。つまり，清算中の会社の事業年度は定款に定められた事業年度にかかわらず，１年で区切ることになるのである（法人税基本通達１－２－９，会社法494条）。

また，清算中の事業年度開始日以後，事業年度末までに残余財産が確定した場合には，その残余財産の確定の日までの期間が最後の事業年度となる（図表20－１参照）。

図表20－１　解散と清算の関係

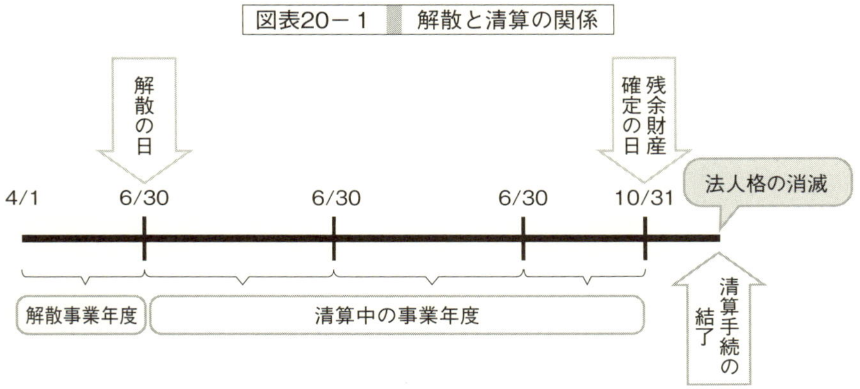

3　清算中の事業年度における課税所得計算

清算中の事業年度であっても，通常の法人税の課税所得の計算とおおむね同様の所得計算を行うことになる。保有資産の処分による譲渡益や債務整理の結果としての債務免除による債務免除益などが益金に算入され，結果として課税所得が発生することが想定される。

4　期限切れ欠損金

債務超過会社が清算される際，債務免除益が認識される一方で，十分な繰越欠損金がない場合が想定される。この場合，残余財産がないにもかかわらず法人税等の課税負担が発生してしまい，結果として債権者への返済原資が減少してしまうという問題がある。

このため，清算中の事業年度において残余財産がないと見込まれるときには，その清算中に終了する事業年度（以下，本章において「適用年度」という。）前の各事業年度において生じた欠損金額を基礎として政令で定める方法により計算した金額（以下，本章において「期限切れ欠損金」という。）について，損金の額に算入することが認められている（法人税法59条４項）。

（1）期限切れ欠損金の計算方法

期限切れ欠損金とは，「適用年度終了の時における前事業年度以前の事業年度から繰り越された欠損金額の合計額」から「適用年度の所得金額の計算上，損金の額に算入される青色欠損金額または災害損失金額」を控除した金額とされている（法人税法施行令117条の５）。

「適用年度終了の時における前事業年度以前の事業年度から繰り越された欠損金額の合計額」とは，適用年度の法人税確定申告書に添付する別表五（一）「利益積立金額及び資本金等の額の計算に関する明細書」に期首現在利益積立金額の合計額として記載されるべき金額で，当該金額が負（マイナス）である場合の当該金額である（法人税基本通達12－３－２）（図表20－２参照）。

図表20－2　期限切れ欠損金の計算方法

別表五（一）抜粋

区分	期首現在 利益積立金額	当期の増減		差引翌期首現在 利益積立金額
		減	増	
××××	××××	××××	××××	××××
繰越損益金（損は赤）	××××	××××	××××	××××
納税充当金	××××	××××	××××	××××
未納法人税等	××××	××××	××××	××××
差引合計額	△50,000,000	××××	××××	××××

適用年度終了の時における前事業年度以前の事業年度から繰り越された欠損金額の合計額

別表七（一）抜粋

事業年度	区分	控除未済欠損金額	当期控除額	翌期繰越額
××・×・× ××・×・×	青色欠損・連結みなし欠損・災害損失	××××	××××	0
××・×・× ××・×・×	青色欠損・連結みなし欠損・災害損失	××××	××××	0
××・×・× ××・×・×	青色欠損・連結みなし欠損・災害損失	××××	××××	0
計		30,000,000	30,000,000	0

適用年度の所得金額の計算上，損金の額に算入される青色欠損金額または災害損失金額

期限切れ欠損金
　＝「適用年度終了の時における前事業年度以前の事業年度から繰り越された欠損金額の合計額」
　　－「適用年度の所得金額の計算上，損金の額に算入される青色欠損金額または災害損失金額」
　＝50,000,000－30,000,000
　＝20,000,000

（2）残余財産がないと見込まれるとき

期限切れ欠損金を損金に算入することが認められるのは，「残余財産がないと見込まれるとき」とされるが，その判定は，その法人が解散した時点（解散の日）ではなく，その法人の清算中に終了する各事業年度終了の時の現況によることとされている。

なお,「残余財産がないと見込まれる」と判断して期限切れ欠損金を損金算入した後に，状況が変わって当初の見込みと異なることになっても，過去において行った期限切れ欠損金の損金算入をさかのぼって修正する必要はない（法人税基本通達12－３－７）。

清算中の会社が「残余財産がないと見込まれる」かどうかは一様ではないと考えられるが，その法人が当該事業年度終了の時において債務超過の状態にあるときは,「残余財産がないと見込まれるとき」に該当することとなる（法人税基本通達12－３－８）。

なお，清算中に終了する各事業年度において期限切れ欠損金を損金の額に算入する場合には，当該事業年度の確定申告書に「残余財産がないと見込まれることを説明する書類」を添付することが求められている（法人税法施行規則26条の６）。

このような添付すべき書類として，たとえば，清算中に終了する各事業年度終了の時の実態貸借対照表（その法人の有する資産および負債の価額により作成される貸借対照表）が挙げられる。

法人が実態貸借対照表を作成する場合のその資産の価額は，清算を前提にする場合には，資産は処分されることが一般的であると考えられることから，処分価格によることになる。一方で，法人の解散が事業譲渡等を前提としたもので，その法人の資産が継続して他の法人の事業の用に供される見込みであるときには，処分価格によることは適当ではなく，当該資産が使用収益されるものとして譲渡される場合に通常付される価額によることになるとされる（法人税基本通達12－３－９）（図表20－３参照）。

図表20－3　残余財産がないと見込まれるケース

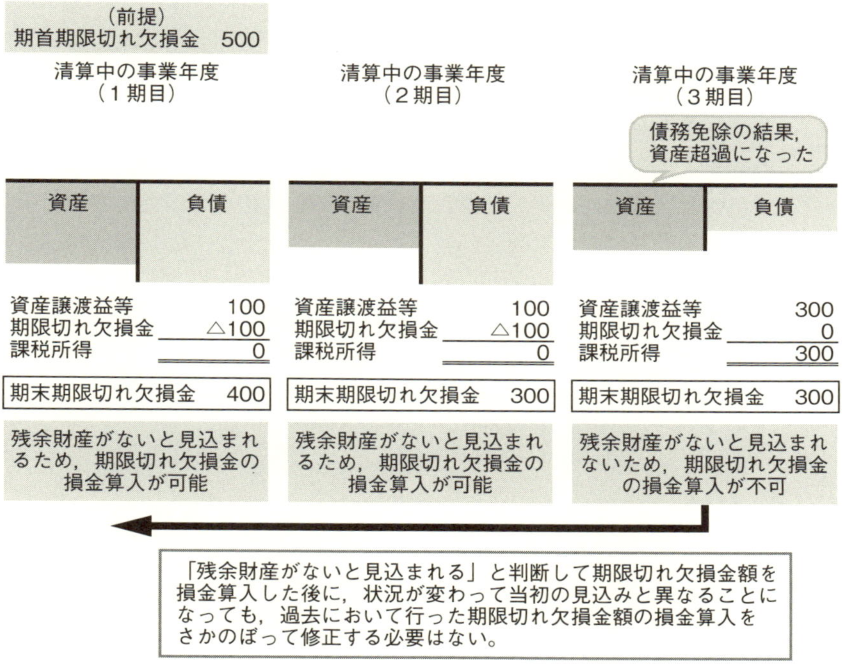
（前提）
期首期限切れ欠損金　500
清算中の事業年度（１期目）
資産
負債
資産譲渡益等　100
期限切れ欠損金　△100
課税所得　0
期末期限切れ欠損金　400
残余財産がないと見込まれるため，期限切れ欠損金の損金算入が可能
清算中の事業年度（２期目）
資産
負債
資産譲渡益等　100
期限切れ欠損金　△100
課税所得　0
期末期限切れ欠損金　300
残余財産がないと見込まれるため，期限切れ欠損金の損金算入が可能
清算中の事業年度（３期目）
債務免除の結果，資産超過になった
資産
負債
資産譲渡益等　300
期限切れ欠損金　0
課税所得　300
期末期限切れ欠損金　300
残余財産がないと見込まれないため，期限切れ欠損金の損金算入が不可
「残余財産がないと見込まれる」と判断して期限切れ欠損金額を損金算入した後に，状況が変わって当初の見込みと異なることになっても，過去において行った期限切れ欠損金額の損金算入をさかのぼって修正する必要はない。

5　実在性のない資産

清算手続において，管財人等の独立した第三者が財産調査をする中で，貸借対照表上は資産として計上されているものの実際には存在しない資産（以下，本章において「実在性のない資産」という。）が把握される場合がある。

たとえば，実際には存在しない売掛金が計上されている例などが挙げられる。当該売掛金の計上経緯の１つとして考えられるのは，過去に架空売上が計上された際に，売掛金として計上されたものの，清算時まで滞留債権として継続して資産計上されていたこと等である。

このような場合の取扱いについては，「平成22年度税制改正に係る法人税質疑応答事例（グループ法人税制その他の資本に関係する取引等に係る税制関係）」として公表されている。

(1) 期限切れ欠損金の損金算入の可否

清算中に終了する各事業年度末の実態貸借対照表において，債務超過の状態にあるときは，「残余財産がないと見込まれる」ことになるが，実在性のない資産は実態貸借対照表において存在しないものとして評価されることから，その評価の結果，当該実態貸借対照表上，債務超過の状態にあるときには，「残余財産がないと見込まれる」ことになり，期限切れ欠損金を損金の額に算入することができることになる（図表20－4参照）。

図表20－4　実在性のない資産と残余財産がないと見込まれることの関係

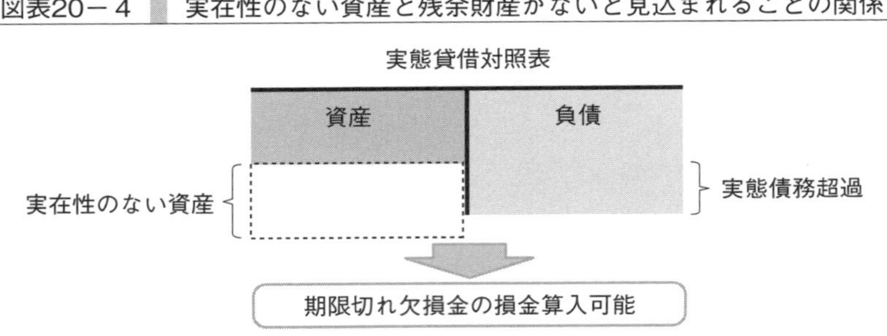

(2) 実在性のない資産の取扱い

会社が解散した場合における期限切れ欠損金額の損金算入措置の適用上，実在性のない資産については，過去の帳簿書類等の調査結果に応じて，それぞれ次のとおり取り扱う。

① 過去の帳簿書類等を調査した結果，実在性のない資産の計上根拠（発生原因）等が明らかである場合

ⅰ）実在性のない資産の発生原因が更正期限内の事業年度中に生じたものである場合

実在性のない資産の発生原因が更正期限内の事業年度中に生じたものである場合には，法人税法第129条第１項（更正に関する特例）の規定により，会社において当該原因に応じた修正の経理を行い，かつ，その修正の経理を行った事業年度の確定申告書を提出した後，税務当局による更正手続を経て，当該発生原因の生じた事業年度の欠損金（その事業年度が青色申告の場合は繰越欠損金，青色申告でない場合には期限切れ欠損金）となる。

つまり，通常の更正請求の手続を経ることによって，当然に，繰越欠損金または期限切れ欠損金を構成するということである。

ⅱ）実在性のない資産の発生原因が更正期限を過ぎた事業年度中に生じたものである場合

実在性のない資産の発生原因が更正期限を過ぎた事業年度中に生じたものである場合には，税務当局による更正手続はないものの，実在性のない資産は当該発生原因の生じた事業年度に計上したものであることから，会社において当該原因に応じた修正の経理を行う。そして，その修正の経理を行った事業年度の確定申告書上で，仮に更正期限内であればその修正の経理により当該発生原因の生じた事業年度の損失が増加したであろう金額を，その事業年度から繰り越された欠損金として処理する（期首利益積立金額から減算する）。この欠損金は，当該発生原因の生じた事業年度の欠損金（その事業年度が青色申告であるかどうかにかかわらず期限切れ欠損金）として扱われる（図表20－5参照）。

②　過去の帳簿書類等を調査した結果，実在性のない資産の計上根拠（発生原因）等が不明である場合

裁判所が関与する破産等の法的整理手続，または公的機関が関与もしくは一定の準則に基づき独立した第三者が関与する私的整理手続を経て，資産につき実在性のないことが確認された場合には，実在性のないことの客観性が担保されていると考えられる。このように客観性が担保されている場合に限っては，その実在性のない資産がいつの事業年度でどのような原因により発生したものかを特定できないとしても，その帳簿価額に相当する金額分だけ過大となっている利益積立金額を適正な金額に修正することが適当と考えられる。

したがって，このような場合にあっては，会社において修正の経理を行い，その修正の経理を行った事業年度の確定申告書上で，その実在性のない資産の帳簿価額に相当する金額を過去の事業年度から繰り越されたものとして処理する（期首利益積立金額から減算する）ことにより，期限切れ欠損金とする。

具体的な処理のイメージは図表20－5のとおりである。

図表20－5　実在性のない資産の発生原因が更正期限を過ぎた事業年度中に生じたものである場合

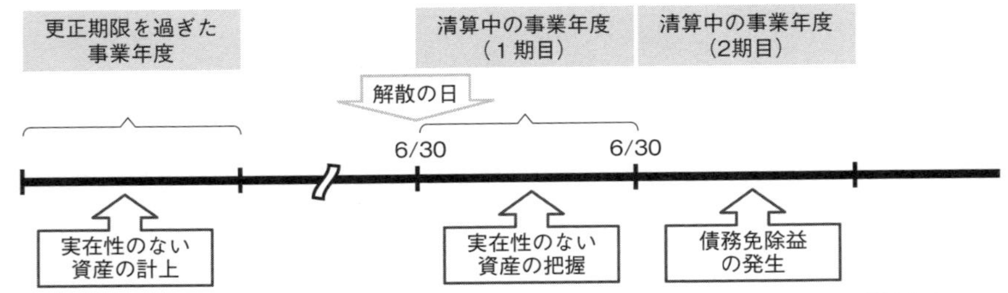

上記のような例について，清算中の事業年度（１期目）の会計上・税務上の処理について確認する。

（前提）

青色欠損金	400
期限切れ欠損金	0

（実在性のない資産）

売掛金	600

（１期目）

（会計上の仕訳）（※）

（借）	繰越利益剰余金	600	（貸）	売掛金	600

（※）企業会計基準第24号の定めに従い，過去の誤謬の訂正により，期首残高の修正を行った前提とする。

実在性のない資産に相当する金額を，前期以前から繰り越されてきた欠損金額として処理する

別表五（一）抜粋

区　分	期首現在利益積立金額	当期の増減		差引翌期首現在利益積立金額
		減	増	
売掛金（過年度遡及）	600			600
除斥期間経過分受入（売掛金）	△600			△600
繰越損益金	△1,000	△1,000	△1,000	△1,000
差引合計額	△1,000	△400	△400	△1,000

相殺されるため，翌期には繰り越されない

（２期目）

（会計上の仕訳）

（借）借入金等	1,000	（貸）債務免除益	1,000

（税務上の処理）

別表四抜粋

区分		総額	処分	
			留保	社外流出
当期純利益又は純損失の額		1,000	1,000	
加算				
減算				
差引計		1,000	1,000	
欠損金の当期控除額		△1,000		△1,000
所得金額又は欠損金額		0	1,000	△1,000

別表五（一）抜粋

区分	期首現在利益積立金額	当期の増減		差引翌期首現在利益積立金額
		減	増	
繰越損益金	△1,000	△1,000	0	0
差引合計額	△1,000	△1,000	0	0

別表七（一）抜粋

事業年度	区分	控除未済欠損金額	当期控除額	翌期繰越額
××・×・× ××・×・×	青色欠損・連結みなし欠損・災害損失	400	400	0
××・×・× ××・×・×	青色欠損・連結みなし欠損・災害損失			
××・×・× ××・×・×	青色欠損・連結みなし欠損・災害損失			
計		400	400	0

別表七（四）抜粋

欠損金額等の計算	適用年度終了の時における前期以前の事業年度から繰り越された欠損金額	1,000	
	適用年度終了の時における資本金等の額（プラスの場合は０）	0	青色欠損金の金額
	欠損金の当期控除額	400	期限切れ欠損金の金額
	差引欠損金額	600	青色欠損金控除後の所得
	所得金額差引計	600	使用される期限切れ欠損金の金額
	当期控除額	600	

なお,「①　過去の帳簿書類等を調査した結果，実在性のない資産の計上根拠（発生原因）等が明らかである場合」「ⅱ）実在性のない資産の発生原因が更正期限を過ぎた事業年度中に生じたものである場合」と「②　過去の帳簿書類等を調査した結果，実在性のない資産の計上根拠（発生原因）等が不明である場合」の処理方法は同じである。

6　完全支配関係がある子会社の清算時の繰越欠損金の引継ぎ

(1) 清算される子会社株式の処理

子会社の清算が見込まれる場合やすでに清算中である場合，有価証券の評価損の損金算入要件を満たす場合が多いと思われるが，子会社が完全支配子会社の場合には特別の取扱いがあるため，留意が必要である。

親会社と子会社との間に完全支配関係がある際には，その子会社の清算が見込まれる内国法人である場合，またはその子会社が清算中の内国法人である場合には，親会社において子会社株式の評価損は損金に算入されない（法人税法33条５項，法人税法施行令68条の３第１号，２号)。同様に，その子会社が清算した場合の消滅損についても，同様に損金に算入されない（法人税法61条の２第17項)。

これは，後述の「(２）繰越欠損金の引継ぎ」で説明するように，清算中の子会社の残余財産が確定した際には，子会社の繰越欠損金が親会社に引き継がれるため，親会社において評価損の損金算入を認めると，実質的に損金の二重計上になってしまうためである。

(2) 繰越欠損金の引継ぎ

完全支配関係がある子会社の残余財産が確定した場合には，当該子会社の当該残余財産の確定の日の翌日前10年以内に開始した事業年度において生じた繰越欠損金は，親会社に引き継がれる（法人税法57条２項)。

引き継がれる繰越欠損金は，残余財産が確定した完全支配関係がある会社において繰越欠損金が生じた各事業年度の開始の日の属する，親会社の各事業年度となる。

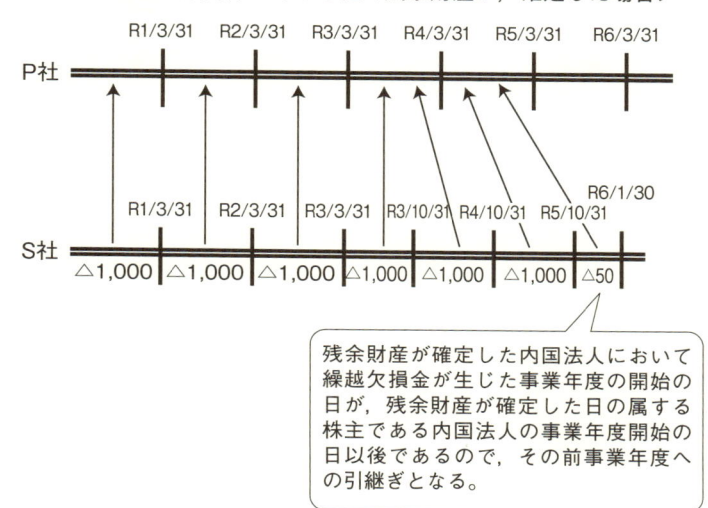

図表20－6　繰越欠損金の引継方法

＜Ｐ社と完全支配関係のあるＳ社の残余財産が，確定した場合＞

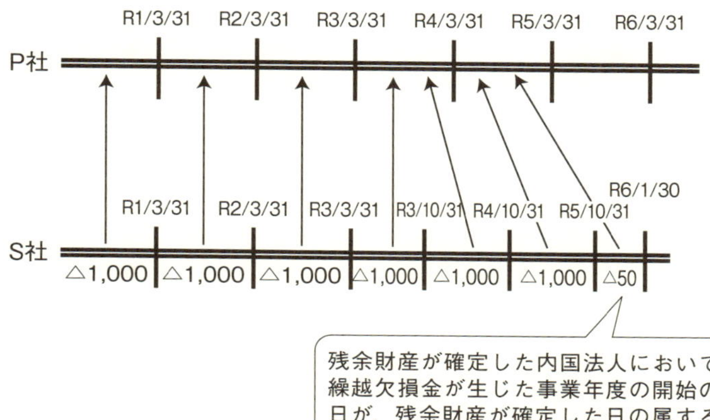

なお，残余財産が確定した完全支配関係がある子会社において繰越欠損金が生じた事業年度の開始の日が，残余財産が確定した日の属する親会社の事業年度開始の日以後であるときは，その前事業年度に帰属することになる（図表20－６参照）。

（３）繰越欠損金の引継ぎ制限

繰越欠損金を多額に有している法人を買収し，その後，当該法人（子会社）を清算することで，繰越欠損金を引き継ぐことにより租税回避が行われることを防ぐ目的で，繰越欠損金の引継ぎ制限が設けられている。

残余財産が確定した完全支配関係がある子会社との支配関係が，残余財産確定の日の翌日の属する事業年度開始の日の５年前の日，当該子会社の設立の日または親会社の設立の日のうち最も遅い日以後から生じている場合には，次の

①または②に該当する繰越欠損金は，株主である親会社へ引き継ぐ欠損金に含まれない（法人税法57条３項）。

①　残余財産が確定した完全支配関係がある子会社の支配関係事業年度前の各事業年度において生じた欠損金額

残余財産が確定した完全支配関係がある子会社の支配関係事業年度前の各事業年度において生じた欠損金額は，その全額について親会社への引継ぎが制限される。

支配関係事業年度とは，当該親会社と子会社との間に支配関係があることとなった日の属する事業年度をいう。

②　残余財産が確定した完全支配関係がある子会社の支配関係事業年度後の各事業年度において生じた欠損金額のうち，事業年度ごとに次のⅰ）からⅱ）の金額を控除した欠損金の額

支配関係事業年度後に発生した欠損金であっても，その欠損金の発生原因が，支配関係事業年度前から完全支配関係がある子会社が所有していた含み損のある特定資産を譲渡等することにより生じたものである場合には，欠損金の引継ぎが制限される。

ⅰ）各事業年度に生じた欠損金の額のうち，その事業年度における特定資産に係る譲渡等損失に達するまでの金額
ⅱ）各事業年度に生じた欠損金の額のうち，すでに繰越控除または繰戻還付の適用を受けた欠損金の額等

③　当該子会社の純資産に含み益等がある場合の特例

ⅰ）残余財産が確定した完全支配関係がある子会社の支配関係事業年度の前事業年度終了の時における時価純資産超過額（時価純資産から簿価純資産を減額した金額）が，当該子会社の支配関係前繰越欠損金額以上である，または支配関係前繰越欠損金額が存在しないとき

この場合は，上述の①・②にかかわらず，当該子会社の繰越欠損金について親法人への引継ぎは制限されないことになる。これらの制限は，組織再編を通じた租税回避を防止する目的であるため，一定以上の含み益を有する法人を買収した場合には，制限の対象から除外されることになる。

ⅱ）完全支配関係がある子会社の支配関係事業年度の前事業年度終了の時における時価純資産超過額が，当該子会社の支配関係前繰越欠損金額未満である場合

支配関係事業年度の前事業年度末の時価純資産超過額を，完全支配関係がある子会社の支配関係前繰越欠損金額が上回る金額が，当該子会社の繰越欠損金の制限対象金額となる。

なお，この場合において，前述の②の規定は適用されず，支配関係事業年度以後に生じた欠損金については，全額が引継ぎの対象として認められる。

ⅲ）完全支配関係がある子会社の支配関係事業年度の前事業年度終了の時点における簿価純資産超過額（時価純資産価額が簿価純資産価額に満たない場合におけるその満たない金額）が，当該子会社の支配関係事業年度以後に生じた欠損金額に係る特定資産譲渡等損失相当額未満である場合

この場合は，上記②の制限が軽減され，支配関係事業年度後の各事業年度において生じた欠損金額のうちの特定資産譲渡等損失について，当該簿価純資産超過額の範囲内で繰越制限されることになる（法人税法施行令113条１項３号）。

なお，上記①の制限については軽減されない。

（4）株主が複数存在するケース

株主が複数存在するケースでは，発行済株式総数（自己株式を除く。）に対する持分割合によって，繰越欠損金をそれぞれの株主に按分して引き継ぐことになる（図表20－７参照）。

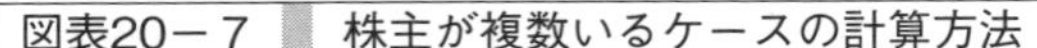

図表20－7　株主が複数いるケースの計算方法

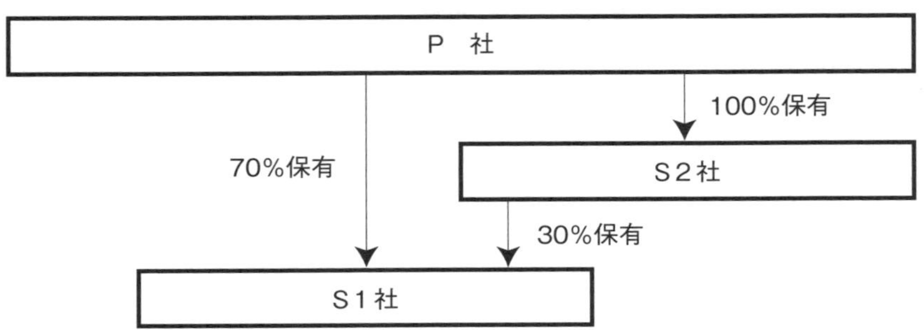

例）　上図の支配関係のあるＳ１社の残余財産が確定した場合で，
繰越欠損金が1,000あった場合

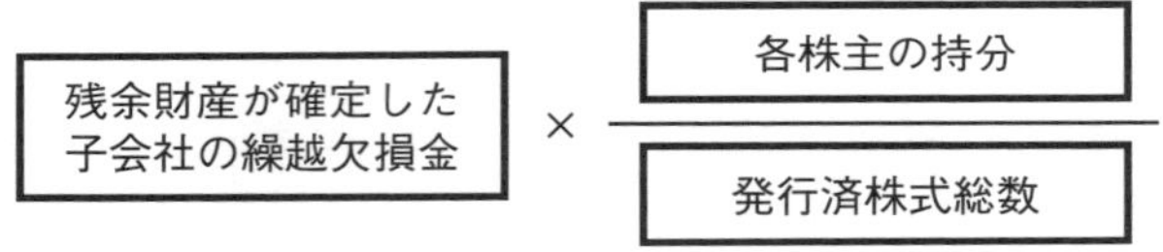

Ｐ社の繰越欠損金引継ぎ額　1,000×70%=700
Ｓ２社の繰越欠損金引継ぎ額　1,000×30%=300

なお，繰越欠損金の引継ぎ制限については，それぞれの株主ごとに支配継続要件を判定しなければならない点に留意が必要である。

（5）税効果会計の適用

①　完全支配関係がある子会社の清算が見込まれる場合の処理

子会社が債務超過となっている場合，当該子会社株式について減損処理を行っていることが想定される。税務上の要件を満たしていない場合，この会計上の評価損については将来減算一時差異が生じることとなるが，当該子会社株式を企業グループ外に売却した場合には売却損が損金算入される（一時差異が解消する）ことから，スケジューリングに基づいて繰延税金資産を計上することが可能である。

しかしながら，完全支配関係がある子会社が清算する場合には，当該株式の評価損・消滅損は損金に算入できないこととされている。

よって，当該子会社株式を売却するか当該子会社を清算するかが判明していない場合，将来減算一時差異として取り扱うか否かが税効果会計上の問題となる。

このような場合，個別貸借対照表に計上された資産の額と課税所得計算上の資産の額との差額は，当該差額が解消する時にその期の課税所得を減額する効果を有する可能性があることから，将来減算一時差異に該当するものとされている。そして，清算に関する何らかの意思決定が行われた時点において，評価損が将来損金に算入できないことが実質的に決定することから，将来減算一時差異の定義を満たさないこととなり，繰延税金資産の計上は認められなくなると考えられる。

つまり，完全支配関係がある子会社の解散が見込まれる場合や，清算中の場合には，当該子会社株式の評価損に係る一時差異について，繰延税金資産を計上することはできない（回収可能性適用指針67－２項～67－４項）。

②　完全支配関係がある子会社の残余財産が確定した場合の処理

完全支配関係がある子会社の残余財産が確定した場合には，当該子会社が有する繰越欠損金について，親会社に引き継ぐことになる（法人税法57条２項）。

親会社においては，この引き継がれた繰越欠損金について，将来減算一時差異として税効果会計を適用することが可能となるが，繰延税金資産をいつの時点で認識するかについて論点がある。

この点，合併等の場合には，企業結合時において被取得会社から生じる一時差異等を認識することに鑑みれば，清算の場合には子会社の残余財産が確定した時点において，当該繰越欠損金に係る繰延税金資産を計上することになると考えられる。

つまり，完全支配子会社が清算中の場合には，清算後に引き継がれる見込みとなる繰越欠損金については繰延税金資産を認識せず，残余財産が確定した時点において処理されることとなる。

［引用・参考文献］

- 「資金調達の実務ガイドブック」税理士法人フェニックス編，中央経済社
- 「経理の状況作成マニュアル」新日本有限責任監査法人編，中央経済社
- 「コベナンツ・ファイナンス入門」コベナンツ研究会著，金融財政事情研究会
- 「Q&A税効果会計の実務（第２版）」EY新日本有限責任監査法人，中央経済社
- 「組織再編における繰越欠損金の税務詳解（第３版）」佐藤信祐著，中央経済社
- 「実務詳解　組織再編・資本等取引の税務Q&A」稲見誠一・佐藤信祐著，中央経済社
- 「繰越欠損金と含み損の引継ぎを巡る法人税実務Q&A」髙野総合会計事務所編，税務研究会出版局
- 「「解散・清算の実務」完全解説―法律・会計・税務のすべて」太田達也著，税務研究会出版局
- 「第九次改訂　会社税務マニュアルシリーズ２　資本戦略」今西浩之著，ぎょうせい
- 「改訂版　DES・DDSの実務」藤原総一郎著，金融財政事情研究会
- 「グループ内再編の税務―ストラクチャー選択の有利・不利判定」佐藤信祐著，中央経済社
- 「問答式　会社の資本戦略（第４版）」新日本監査法人編，中央経済社
- 「グループ経営と会計・税務」日本公認会計士東京会編，清文社
- 「法人税法―理論と計算―［九訂版］」成松洋一著，税務経理協会
- 「三訂版 事例詳解 資本等取引をめぐる法人税実務」諸星健司著，税務研究会出版局
- 「連結財務諸表の会計実務（第３版）」EY新日本有限責任監査法人，中央経済社
- 「会計学・簿記入門」新田忠誓他著，白桃書房
- 「相違点でみる　会計と税務　実務ポイントＱ＆Ａ」日本公認会計士協会東京会編，清文社
- 「実務解説　会社法と企業会計・税務Q&A」平野敦士編・大野貴史他著，青林書院
- 「会社法の計算詳解（第２版）」郡谷大輔・和久友子編著，中央経済社
- 「【図解でざっくり会計シリーズ】５ 連結会計のしくみ（第２版）」EY新日本有限責任監査法人編，中央経済社
- 「新・会社法100問（初版）」葉玉匡美編著，ダイヤモンド社
- 「債務超過会社における組織再編・資本等取引の会計・税務Q&A」佐藤信祐著，中央経済社
- 「【図解でざっくり会計シリーズ】３ 金融商品会計のしくみ（第２版）」EY新日本

有限責任監査法人編，中央経済社
- 「Q&A金融商品会計の実務（第２版）」EY新日本有限責任監査法人編，中央経済社
- 「欠損金の繰越し・繰戻し（法人税の実務Q&Aシリーズ）」税理士法人プライスウォーターハウスクーパース編，中央経済社
- 「逐条詳解　組織再編税制の実務（第３版）」税理士法人山田&パートナーズ編著，中央経済社
- 「グループ法人税制における無対価取引の税務Q&A」佐藤信祐・松村有紀子著，中央経済社
- 「現物分配制度の実務詳解」勝間田学・西村美智子・中島礼子・松下欣親・金井孝晃著，中央経済社
- 「グループ法人税制・連結納税制度の実務ガイダンス」新日本アーンスト アンド ヤング税理士法人編，中央経済社
- 「改訂増補版「純資産の部」完全解説―「増資・減資の実務」を中心に―」太田達也著，税務研究会出版局
- 「会計処理アドバンストQ&A」新日本有限責任監査法人編，中央経済社
- 「『継続企業の前提に関する注記』に係る制度改正と実務上の対応」三井秀範著，企業会計，平成21年６月号，中央経済社
- 「『継続企業の前提に関する注記』に係る四半期連結財務諸表規則等の改正について」平松朗・大橋英樹著，企業会計，平成21年10月号，中央経済社
- 「過年度遡及会計基準適用後の連結財務諸表・財務諸表の作成上の留意点」 徳重昌宏・中村慎二著，旬刊経理情報，平成24年４月10日号，中央経済社
- 「非上場会社株式の評価損について」 週刊税務通信，2020年2月17日号，税務研究会
- 「会社法下における剰余金の配当に関する会計処理」和久友子著，旬刊商事法務，平成20年10月５日号，商事法務研究会
- 「東京地裁商事部における現物出資等検査役専任事件の現状」針塚遵著，商事法務，平成13年３月25日号，商事法務研究会
- 「デット・エクイティ・スワップ再論」針塚遵著，商事法務，平成14年６月25日号，商事法務研究会
- 「中小企業再生における擬似DESに係る課税問題」林幸一著，大阪経大論集・第61巻第３号（平成22年9月）
- 日本証券業協会　HP（コベナンツモデル（参考モデル））
https://www.jsda.or.jp/about/kaigi/chousa/shasai_kon/files/covenant120918.pdf
- 日本司法書士会連合会　HP（債務引受とは）
https://www.shiho-shoshi.or.jp/cms/wp-content/uploads/2014/02/130415-minpou

kaisei.pdf
- 杉野泰雄公認会計士事務所　HP（合併のまとめ）
  http://www.sugino-jpcpa.com/m-and-a/gappei.html
- 全国銀行協会　HP（金融商品会計）
  https://www.zenginkyo.or.jp/education/free-publication/pamph/pamph-09b/
- 国税庁　HP
  （「上場有価証券の評価損に関するQ&A」）
  https://www.nta.go.jp/law/joho-zeikaishaku/hojin/090400/pdf/01.pdf
  （No.5763　欠損金の繰戻しによる還付）
  https://www.nta.go.jp/taxes/shiraberu/taxanswer/hojin/5763.htm
  （No.5762　青色申告書を提出した事業年度の欠損金の繰越控除）
  https://www.nta.go.jp/taxes/shiraberu/taxanswer/hojin/5762.htm
- 金融庁　HP（報道発表資料）
  http://www.fsa.go.jp/news
- 税理士原俊之事務所　HP（非上場会社の株式売買における株価）
  http://www.hara-zei.jp/category/1230637.html
- あすな会計事務所　HP（会計税務情報　減資）
  http://www.asuna-accounting.com/info/reduce.html
- 日本取引所グループ　HP
  （上場維持基準の詳細（プライム市場，スタンダード市場，グロース市場））
  https://www.jpx.co.jp/equities/listing/continue/details/05.html
- 名古屋証券取引所　HP
  （上場維持基準（プレミア市場））
  https://www.nse.or.jp/listed/delisting/premier.html
  （上場維持基準（メイン市場））
  https://www.nse.or.jp/listed/delisting/main.html
  （上場維持基準（ネクスト市場））
  https://www.nse.or.jp/listed/delisting/next.html
- 札幌証券取引所　HP（アンビシャスについて）
  https://www.sse.or.jp/ambitious
- EY新日本有限責任監査法人　HP
  （太田達也の視点―デット・エクイティ・スワップに係る債務者側の会計・税務）
  https://www.shinnihon.or.jp/corporate-accounting/ota-tatsuya-point-of-view/2013-01-07.html
  （企業会計ナビ　会計実務Q&A　連結　債務超過の持分法適用関連会社）

https://www.ey.com/ja_jp/corporate-accounting/qa/consolidated/qa-consolidated-saimutyouka-motibunpoutekiyou-kanrengaisya
（企業会計ナビ　会計実務Q&A　企業再編，債務超過の100％子会社との合併の可否と合併差損の会計処理）
https://www.shinnihon.or.jp/corporate-accounting/qa/restructuring/2012-01-17-03.html
（企業会計ナビ　ダイジェスト「連結税効果会計とグループ法人税制」）
https://assets.ey.com/content/dam/ey-sites/ey-com/ja_jp/topics/library/info-sensor/2018/10/pdf/info-sensor-2018-10-10.pdf
（わかりやすい解説シリーズ　金融商品）
https://www.shinnihon.or.jp/corporate-accounting/commentary/financial-instruments/2012-10-08.html
https://www.shinnihon.or.jp/corporate-accounting/commentary/financial-instruments/2013-05-24.html
（貸倒損失の計上に関する留意点～法人税基本通達９－６－３に焦点を当てて～）
https://www.ey.com/ja_jp/library/info-sensor/2021/info-sensor-2021-08-03
（貸倒損失の計上に関する留意点―法人税基本通達９－６－１(1)～(3)および２を中心に―）
https://www.ey.com/ja_jp/library/info-sensor/2016/info-sensor-2016-12-04
（太田達也の視点―繰越欠損金に係る税制改正と税効果会計への影響）
https://www.shinnihon.or.jp/corporate-accounting/ota-tatsuya-point-of-view/2012-05-01.html

【執筆者（五十音順）】

門田　功（かどた　いさお）（第10章，第12章担当）
シニアマネージャー　公認会計士
主にインターネット企業や総合商社，大手製紙企業の会計監査，IFRS対応業務等に関与。
著書（共著）に「図解でスッキリ　収益認識の会計入門（第２版）」，「現場の疑問に答える会計シリーズ⑧　Q&A組織再編の会計実務」等がある。

佐久間　大輔（さくま　だいすけ）（第11章，第14章，第15章担当）
シニアマネージャー　公認会計士
銀行業を中心に，リース業，信用組合等の監査業務，大手金融機関の内部統制高度化支援に関与するほか，法人内外のセミナー講師なども務める。
共著に「設例でわかる資本連結の会計実務」，「そこが知りたい！　「のれん」の会計実務」，「ヘッジ会計の実務詳解Q&A」等がある。

仙葉　尭（せんば　たかし）（第６章，第７章，第17章担当）
マネージャー　公認会計士
主に資産運用会社の会社監査，投資信託や未公開株を投資対象とする投資事業有限責任組合の監査に関与。

中谷　真久（なかや　まさひさ）（第８章，第９章，第13章担当）
シニアマネージャー　公認会計士
主に小売業，卸売業，製造業，信用金庫を中心とした監査業務のほか，上場準備業務に関与。

松下　郁浩（まつした　いくひろ）（第３章，第４章，第５章担当）
シニアマネージャー　公認会計士
主に化学産業，総合商社，製造業を中心とした監査業務のほか，IFRS対応業務等に関与。

松本　雄一（まつもと　ゆういち）（第１章，第２章，第20章担当）
パートナー　公認会計士
大手製造業，物流業，小売業，卸売業，人材サービス，信用金庫，パブリック等の監査，J-SOXの導入支援，上場準備業務等に関与。

著書（共著）に「「経理の状況」の計算ロジック＆計算構造」，「業種別会計シリーズ　自動車産業」等がある。

吉田　剛（よしだ　たけし）（第16章，第18章，第19章担当）
パートナー　公認会計士
会計上の判断に係る質問対応，監査部門への会計に関する情報提供，会計基準に関する調査・研究等の業務などに従事するとともに，建設業，物流業を中心とした監査業務にも関与。現在，企業会計基準委員会（ASBJ）税効果会計専門委員会専門委員及び企業結合専門委員会専門委員を務めるとともに，日本公認会計士協会会計制度委員会委員長，同協会業種別委員会建設業研究部会幹事を務める。
著書（共著）に「連結財務諸表の会計実務（第３版）」，「現場の疑問に答える会計シリーズ⑦ Q&A純資産の会計実務」，「こんなときどうする？　引当金の会計実務（第２版）」他多数。

【編集責任者】
山岸　聡

【レビューア（五十音順）】

井尾　稔	甲斐　靖裕	櫻井　雄一郎
柴本　岳志	野田　正和	山澤　伸吾
吉岡　昌樹		

【編集】
門田　功
佐久間　大輔

【編者紹介】

EY新日本有限責任監査法人について

EY新日本有限責任監査法人は，EYの日本におけるメンバーファームであり，監査および 保証業務を中心に，アドバイザリーサービスなどを提供しています。

詳しくはey.com/ja_jp/people/ey-shinnihon-llcをご覧ください。

EY | Building a better working world

EYは，「Building a better working world～より良い社会の構築を目指して」をパーパス（存在意義）としています。クライアント，人々，そして社会のために長期的価値を創出し，資本市場における信頼の構築に貢献します。

150カ国以上に展開するEYのチームは，データとテクノロジーの実現により信頼を提供し，クライアントの成長，変革および事業を支援します。

アシュアランス，コンサルティング，法務，ストラテジー，税務およびトランザクションの全サービスを通して，世界が直面する複雑な問題に対し優れた課題提起（better question）をすることで，新たな解決策を導きます。

EYとは，アーンスト・アンド・ヤング・グローバル・リミテッドのグローバルネットワークであり，単体，もしくは複数のメンバーファームを指し，各メンバーファームは法的に独立した組織です。アーンスト・アンド・ヤング・グローバル・リミテッドは，英国の保証有限責任会社であり，顧客サービスは提供していません。EYによる個人情報の取得・利用の方法や，データ保護に関する法令により個人情報の主体が有する権利については，ey.com/privacyをご確認ください。EYのメンバーファームは，現地の法令により禁止されている場合，法務サービスを提供することはありません。EYについて詳しくは，ey.comをご覧ください。

本書は一般的な参考情報の提供のみを目的に作成されており，会計，税務およびその他の専門的なアドバイスを行うものではありません。EY新日本有限責任監査法人および他のEYメンバーファームは，皆様が本書を利用したことにより被ったいかなる損害についても，一切の責任を負いません。具体的なアドバイスが必要な場合は，個別に専門家にご相談ください。

ey.com/ja_jp

ケース別 債務超過の会計実務（第２版）
個別・連結上の論点と組織再編・繰越欠損金の取扱い

2014年４月10日　第１版第１刷発行
2015年１月15日　第１版第２刷発行
2024年９月20日　第２版第１刷発行

編　者　EY新日本有限責任監査法人
発行者　山　本　　　継
発行所　㈱　中　央　経　済　社
発売元　㈱中央経済グループパブリッシング

〒101-0051　東京都千代田区神田神保町１－35
電話　03（3293）3371（編集代表）
03（3293）3381（営業代表）
https://www.chuokeizai.co.jp
印刷／三英グラフィック・アーツ㈱
製本／誠　製　本　㈱

＊頁の「欠落」や「順序違い」などがありましたらお取り替えいたしますので発売元までご送付ください。（送料小社負担）
ISBN978-4-502-50341-2　C3034